Actes et Parole

Victor Hugo

Alpha Editions

This edition published in 2023

ISBN : 9789357950633

Design and Setting By
Alpha Editions
www.alphaedis.com
Email - info@alphaedis.com

LE DROIT ET LA LOI

I

Toute l'eloquence humaine dans toutes les assemblees de tous les peuples et de tous les temps peut se resumer en ceci: la querelle du droit contre la loi. Cette querelle, et c'est la tout le phenomene du progres, tend de plus en plus a decroitre. Le jour ou elle cessera, la civilisation touchera a son apogee, la jonction sera faite entre ce qui doit etre et ce qui est, la tribune politique se transformera en tribune scientifique; fin des surprises, fin des calamites et des catastrophes; on aura double le cap des tempetes; il n'y aura pour ainsi dire plus d'evenements; la societe se developpera majestueusement selon la nature; la quantite d'eternite possible a la terre se melera aux faits humains et les apaisera.

Plus de disputes, plus de fictions, plus de parasitismes; ce sera le regne paisible de l'incontestable; on ne fera plus les lois, on les constatera; les lois seront des axiomes, on ne met pas aux voix deux et deux font quatre, le binome de Newton ne depend pas d'une majorite, il y a une geometrie sociale; on sera gouverne par l'evidence; le code sera honnete, direct, clair; ce n'est pas pour rien qu'on appelle la vertu la droiture; cette rigidite fait partie de la liberte; elle n'exclut en rien l'inspiration, les souffles et les rayons sont rectilignes. L'humanite a deux poles, le vrai et le beau; elle sera regie, dans l'un par l'exact, dans l'autre par l'ideal. Grace a l'instruction substituee a la guerre, le suffrage universel arrivera a ce degre de discernement qu'il saura choisir les esprits; on aura pour parlement le concile permanent des intelligences; l'institut sera le senat. La Convention, en creant l'institut, avait la vision, confuse, mais profonde, de l'avenir.

Cette societe de l'avenir sera superbe et tranquille. Aux batailles succederont les decouvertes; les peuples ne conquerront plus, ils grandiront et s'eclaireront; on ne sera plus des guerriers, on sera des travailleurs; on trouvera, on construira, on inventera; exterminer ne sera plus une gloire. Ce sera le remplacement des tueurs par les createurs. La civilisation qui etait toute d'action sera toute de pensee; la vie publique se composera de l'etude du vrai et de la production du beau; les chefs-d'oeuvre seront les incidents; on sera plus emu d'une Iliade que d'un Austerlitz. Les frontieres s'effaceront sous la lumiere des esprits. La Grece etait tres petite, notre presqu'ile du Finistere, superposee a la Grece, la couvrirait; la Grece etait immense pourtant, immense par Homere, par Eschyle, par Phidias et par Socrate. Ces quatre hommes sont quatre mondes. La Grece les eut; de la sa grandeur. L'envergure d'un peuple se mesure a son rayonnement. La Siberie, cette geante, est une naine; la colossale Afrique existe a peine. Une ville, Rome, a ete l'egale de l'univers; qui lui parlait parlait a toute la terre. *Urbi et orbi.*

Cette grandeur, la France l'a, et l'aura de plus en plus. La France a cela d'admirable qu'elle est destinee a mourir, mais a mourir comme les dieux, par la transfiguration. La France deviendra Europe. Certains peuples finissent par la sublimation comme Hercule ou par l'ascension comme Jesus-Christ. On pourrait dire qu'a un moment donne un peuple entre en constellation; les autres peuples, astres de deuxieme grandeur, se groupent autour de lui, et c'est ainsi qu'Athenes, Rome et Paris sont pleiades. Lois immenses. La Grece s'est transfiguree, et est devenue le monde paien; Rome s'est transfiguree, et est devenue le monde chretien; la France se transfigurera et deviendra le monde humain. La revolution de France s'appellera l'evolution des peuples. Pourquoi? Parce que la France le merite; parce qu'elle manque d'egoisme, parce qu'elle ne travaille pas pour elle seule, parce qu'elle est creatrice d'esperances universelles, parce qu'elle represente toute la bonne volonte humaine, parce que la ou les autres nations sont seulement des soeurs, elle est mere. Cette maternite de la genereuse France eclate dans tous les phenomenes sociaux de ce temps; les autres peuples lui font ses malheurs, elle leur fait leurs idees. Sa revolution n'est pas locale, elle est generale; elle n'est pas limitee, elle est indefinie et infinie. La France restaure en toute chose la notion primitive, la notion vraie. Dans la philosophie elle retablit la logique, dans l'art elle retablit la nature, dans la loi elle retablit le droit.

L'oeuvre est-elle achevee? Non, certes. On ne fait encore qu'entrevoir la plage lumineuse et lointaine, l'arrivee, l'avenir.

En attendant on lutte.

Lutte laborieuse.

D'un cote l'ideal, de l'autre l'incomplet.

Avant d'aller plus loin, placons ici un mot, qui eclaire tout ce que nous allons dire, et qui va meme au dela.

La vie et le droit sont le meme phenomene. Leur superposition est etroite.

Qu'on jette les yeux sur les etres crees, la quantite de droit est adequate a la quantite de vie.

De la, la grandeur de toutes les questions qui se rattachent a cette notion, le Droit.

II

Le droit et la loi, telles sont les deux forces; de leur accord nait l'ordre, de leur antagonisme naissent les catastrophes. Le droit parle et commande du sommet des verites, la loi replique du fond des realites; le droit se meut dans le juste, la loi se meut dans le possible; le droit est divin, la loi est terrestre. Ainsi, la liberte, c'est le droit; la societe, c'est la loi. De la deux tribunes; l'une ou sont les hommes del'idee, l'autre ou sont les hommes du fait; l'une qui est l'absolu, l'autre qui est le relatif. De ces deux tribunes, la premiere est necessaire, la seconde est utile. De l'une a l'autre il y a la fluctuation des consciences. L'harmonie n'est pas faite encore entre ces deux puissances, l'une immuable, l'autre variable, l'une sereine, l'autre passionnee. La loi decoule du droit, mais comme le fleuve decoule de la source, acceptant toutes les torsions et toutes les impuretes des rives. Souvent lapratique contredit la regle, souvent le corollaire trahit le principe, souvent l'effet desobeit a la cause; telle est la fatale condition humaine. Le droit et la loi contestent sans cesse; et de leur debat, frequemment orageux, sortent, tantot les tenebres, tantot la lumiere. Dans le langage parlementaire moderne, on pourrait dire: le droit, chambre haute; la loi, chambre basse.

L'inviolabilite de la vie humaine, la liberte, la paix, rien d'indissoluble, rien d'irrevocable, rien d'irreparable; tel est le droit.

L'echafaud, le glaive et le sceptre, la guerre, toutes les varietes de joug, depuis le mariage sans le divorce dans la famille jusqu'a l'etat de siege dans la cite; telle est la loi.

Le droit: aller et venir, acheter, vendre, echanger.

La loi: douane, octroi, frontiere.

Le droit: l'instruction gratuite et obligatoire, sans empietement sur la conscience de l'homme, embryonnaire dans l'enfant, c'est-a-dire l'instruction laique.

La loi: les ignorantins.

Le droit: la croyance libre.

La loi: les religions d'etat.

Le suffrage universel, le jury universel, c'est le droit; le suffrage restreint, le jury trie, c'est la loi.

La chose jugee, c'est la loi; la justice, c'est le droit.

Mesurez l'intervalle.

La loi a la crue, la mobilite, l'envahissement et l'anarchie de l'eau, souvent trouble; mais le droit est insubmersible.

Pour que tout soit sauve, il suffit que le droit surnage dans une conscience.

On n'engloutit pas Dieu.

La persistance du droit contre l'obstination de la loi; toute l'agitation sociale vient de la.

Le hasard a voulu (mais le hasard existe-t-il?) que les premieres paroles politiques de quelque retentissement prononcees a titre officiel par celui qui ecrit ces lignes, aient ete d'abord, a l'institut, pour le droit, ensuite, a la chambre des pairs, contre la loi.

Le 2 juin 1841, en prenant seance a l'academie francaise, il glorifia la resistance a l'empire; le 12 juin 1847, il demanda a la chambre des pairs [Footnote: Et obtint. Voir page 151 de *Avant l'exil.*] la rentree en France de la famille Bonaparte, bannie.

Ainsi, dans le premier cas, il plaidait pour la liberte, c'est-a-dire pour le droit; et, dans le second cas, il elevait la voix contre la proscription, c'est-a-dire contre la loi.

Des cette epoque une des formules de sa vie publique a ete: *Pro jure contra legem.*

Sa conscience lui a impose, dans ses fonctions de legislateur, une confrontation permanente et perpetuelle de la loi que les hommes font avec le droit qui fait les hommes.

Obeir a sa conscience est sa regle; regle qui n'admet pas d'exception.

La fidelite a cette regle, c'est la, il l'affirme, ce qu'on trouvera dans ces trois volumes, *Avant l'exil, Pendant l'exil, Depuis l'exil.*

III

Pour lui, il le declare, car tout esprit doit loyalement indiquer son point de depart, la plus haute expression du droit, c'est la liberte.

La formule republicaine a su admirablement ce qu'elle disait et ce qu'elle faisait; la gradation de l'axiome social est irreprochable. Liberte, Egalite, Fraternite. Rien a ajouter, rien a retrancher. Ce sont les trois marches du perron supreme. La liberte, c'est le droit, l'egalite, c'est le fait, la fraternite, c'est le devoir. Tout l'homme est la.

Nous sommes freres par la vie, egaux par la naissance et par la mort, libres par l'ame.

Otez l'ame, plus de liberte.

Le materialisme est auxiliaire du despotisme.

Remarquons-le en passant, a quelques esprits, dont plusieurs sont meme eleves et genereux, le materialisme fait l'effet d'une liberation.

Etrange et triste contradiction, propre a l'intelligence humaine, et qui tient a un vague desir d'elargissement d'horizon. Seulement, parfois, ce qu'on prend pour elargissement, c'est retrecissement.

Constatons, sans les blamer, ces aberrations sinceres. Lui-meme, qui parle ici, n'a-t-il pas ete, pendant les quarante premieres annees de sa vie, en proie a une de ces redoutables luttes d'idees qui ont pour denouement, tantot l'ascension, tantot la chute?

Il a essaye de monter. S'il a un merite, c'est celui-la.

De la les epreuves de sa vie. En toute chose, la descente est douce et la montee est dure. Il est plus aise d'etre Sieyes que d'etre Condorcet. La honte est facile, ce qui la rend agreable a de certaines ames.

N'etre pas de ces ames-la, voila l'unique ambition de celui qui ecrit ces pages.

Puisqu'il est amene a parler de la sorte, il convient peut-etre qu'avec la sobriete necessaire il dise un mot de cette partie du passe a laquelle a ete melee la jeunesse de ceux qui sont vieux aujourd'hui. Un souvenir peut etre un eclaircissement. Quelquefois l'homme qu'on est s'explique par l'enfant qu'on a ete.

IV

Au commencement de ce siecle, un enfant habitait, dans le quartier le plus desert de Paris, une grande maison qu'entourait et qu'isolait un grand jardin. Cette maison s'etait appelee, avant la revolution, le couvent des Feuillantines. Cet enfant vivait la seul, avec sa mere et ses deux freres et un vieux pretre, ancien oratorien, encore tout tremblant de 93, digne vieillard persecute jadis et indulgent maintenant, qui etait leur clement precepteur, et qui leur enseignait beaucoup de latin, un peu de grec et pas du tout d'histoire. Au fond du jardin, il y avait de tres grands arbres qui cachaient une ancienne chapelle a demi ruinee. Il etait defendu aux enfants d'aller jusqu'a cette chapelle. Aujourd'hui ces arbres, cette chapelle et cette maison ont disparu. Les embellissements qui ont sevi sur le jardin du Luxembourg se sont prolonges jusqu'au Val-de-Grace et ont detruit cette humble oasis. Une grande rue assez inutile passe la. Il ne reste plus des Feuillantines qu'un peu d'herbe et un pan de mur decrepit encore visible entre deux hautes batisses neuves; mais cela ne vaut plus la peine d'etre regarde, si ce n'est par l'oeil profond du souvenir. En janvier 1871, une bombe prussienne a choisi ce coin de terre pour y tomber, continuation des embellissements, et M. de Bismark a acheve ce qu'avait commence M. Haussmann. C'est dans cette maison que grandissaient sous le premier empire les trois jeunes freres. Ils jouaient et travaillaient ensemble, ebauchant la vie, ignorant la destinee, enfances melees au printemps, attentifs aux livres, aux arbres, aux nuages, ecoutant le vague et tumultueux conseil des oiseaux, surveilles par un doux sourire. Sois benie, o ma mere!

On voyait sur les murs, parmi les espaliers vermoulus et decloues, des vestiges de reposoirs, des niches de madones, des restes de croix, et ca et la cette inscription: *Propriete nationale.*

Le digne pretre precepteur s'appelait l'abbe de la Riviere. Que son nom soit prononce ici avec respect.

Avoir ete enseigne dans sa premiere enfance par un pretre est un fait dont on ne doit parler qu'avec calme et douceur; ce n'est ni la faute du pretre ni la votre. C'est, dans des conditions que ni l'enfant ni le pretre n'ont choisies, une rencontre malsaine de deux intelligences, l'une petite, l'autre rapetissee, l'une qui grandit, l'autre qui vieillit. La senilite se gagne. Une ame d'enfant peut se rider de toutes les erreurs d'un vieillard.

En dehors de la religion, qui est une, toutes les religions sont des a peu pres; chaque religion a son pretre qui enseigne a l'enfant son a peu pres. Toutes les religions, diverses en apparence, ont une identite venerable; elles sont terrestres par la surface, qui est le dogme, et celestes par le fond, qui est Dieu. De la, devant les religions, la grave reverie du philosophe qui, sous leur chimere, apercoit leur realite. Cette chimere, qu'elles appellent articles de foi et mysteres, les religions la melent a Dieu, et l'enseignent. Peuvent-elles faire autrement? L'enseignement de la mosquee et de la synagogue est etrange, mais c'est innocemment qu'il est funeste; le pretre, nous parlons du pretre convaincu, n'en est pas coupable; il est a peine responsable; il a ete lui-meme anciennement le patient de cet enseignement dont il est aujourd'hui l'operateur; devenu maitre, il est reste esclave. De la ses lecons redoutables. Quoi de plus terrible que le mensonge sincere? Le pretre enseigne le faux, ignorant le vrai; il croit bien faire.

Cet enseignement a cela de lugubre que tout ce qu'il fait pour l'enfant est fait contre l'enfant; il donne lentement on ne sait quelle courbure a l'esprit; c'est de l'orthopedie en sens inverse; il fait torse ce que la nature a fait droit; il lui arrive, affreux chefs-d'oeuvre, de fabriquer des ames difformes, ainsi Torquemada; il produit des intelligences inintelligentes, ainsi Joseph de Maistre; ainsi tant d'autres, qui ont ete les victimes de cet enseignement avant d'en etre les bourreaux.

Etroite et obscure education de caste et de clerge qui a pese sur nos peres et qui menace encore nos fils!

Cet enseignement inocule aux jeunes intelligences la vieillesse des prejuges, il ote a l'enfant l'aube et lui donne la nuit, et il aboutit a une telle plenitude du passe que l'ame y est comme noyee, y devient on ne sait quelle eponge de tenebres, et ne peut plus admettre l'avenir.

Se tirer de l'education qu'on a recue, ce n'est pas aise. Pourtant l'instruction clericale n'est pas toujours irremediable. Preuve, Voltaire.

Les trois ecoliers des Feuillantines etaient soumis a ce perilleux enseignement, tempere, il est vrai, par la tendre et haute raison d'une femme; leur mere.

Le plus jeune des trois freres, quoiqu'on lui fit des lors epeler Virgile, etait encore tout a fait un enfant.

Cette maison des Feuillantines est aujourd'hui son cher et religieux souvenir. Elle lui apparait couverte d'une sorte d'ombre sauvage. C'est la qu'au milieu des rayons et des roses se faisait en lui la mysterieuse ouverture de l'esprit. Rien de plus tranquille que cette haute masure fleurie, jadis couvent, maintenant solitude, toujours asile. Le tumulte imperial y retentissait pourtant. Par intervalles, dans ces vastes chambres d'abbaye, dans ces decombres de monastere, sous ces voutes de cloitre demantele, l'enfant voyait aller et venir, entre deux guerres dont il entendait le bruit, revenant de l'armee et repartant pour l'armee, un jeune general qui etait son pere et un jeune colonel qui etait son oncle; ce charmant fracas paternel l'eblouissait un moment; puis, a un coup de clairon, ces visions de plumets et de sabres s'evanouissaient, et tout redevenait paix et silence dans cette ruine ou il y avait une aurore.

Ainsi vivait, deja serieux, il y a soixante ans, cet enfant, qui etait moi.

Je me rappelle toutes ces choses, emu.

C'etait le temps d'Eylau, d'Ulm, d'Auersaedt et de Friedland, de l'Elbe force, de Spandau, d'Erfurt et de Salzbourg enleves, des cinquante et un jours de tranchee de Dantzick, des neuf cents bouches a feu vomissant cette victoire enorme, Wagram; c'etait le temps des empereurs sur le Niemen, et du czar saluant le cesar; c'etait le temps ou il y avait un departement du Tibre, Paris chef-lieu de Rome; c'etait l'epoque du pape detruit au Vatican, de l'inquisition detruite en Espagne, du moyen age detruit dans l'agregation germanique, des sergents faits princes, des postillons faits rois, des archiduchesses epousant des aventuriers; c'etait l'heure extraordinaire; a Austerlitz la Russie demandait grace, a Iena la Prusse s'ecroulait, a Essling l'Autriche s'agenouillait, la confederation du Rhin annexait l'Allemagne a la France, le decret de Berlin, formidable, faisait presque succeder a la deroute de la Prusse la faillite de l'Angleterre, la fortune a Potsdam livrait l'epee de Frederic a Napoleon qui dedaignait de la prendre, disant: *J'ai la mienne.* Moi, j'ignorais tout cela, j'etais petit.

Je vivais dans les fleurs.

Je vivais dans ce jardin des Feuillantines, j'y rodais comme un enfant, j'y errais comme un homme, j'y regardais le vol des papillons et des abeilles, j'y cueillais des boutons d'or et des liserons, et je n'y voyais jamais personne que ma mere, mes deux freres et le bon vieux pretre, son livre sous le bras. Parfois, malgre la defense, je m'aventurais jusqu'au hallier farouche du fond du jardin; rien n'y remuait que le vent, rien n'y parlait que les nids, rien n'y vivait que les arbres; et je considerais a travers les branches la vieille chapelle dont les vitres defoncees laissaient voir la muraille interieure bizarrement incrustee de coquillages marins. Les oiseaux entraient et sortaient par les fenetres. Ils etaient la chez eux. Dieu et les oiseaux, cela va ensemble.

Un soir, ce devait etre vers 1809, mon pere etait en Espagne, quelques visiteurs etaient venus voir ma mere, evenement rare aux Feuillantines. On se promenait dans le jardin; mes freres etaient restes a l'ecart. Ces visiteurs etaient trois camarades de mon pere; ils venaient apporter ou demander de ses nouvelles; ces hommes etaient de haute taille; je les suivais, j'ai toujours aime la compagnie des grands; c'est ce qui, plus tard, m'a rendu facile un long tete-a-tete avec l'ocean.

Ma mere les ecoutait parler, je marchais derriere ma mere.

Il y avait fete ce jour-la, une de ces vastes fetes du premier empire. Quelle fete? je l'ignorais. Je l'ignore encore. C'etait un soir d'ete; la nuit tombait, splendide. Canon des Invalides, feu d'artifice, lampions; une rumeur de triomphe arrivait jusqu'a notre solitude; la grande ville celebrait la grande armee et le grand chef; la cite avait une aureole, comme si les victoires etaient une aurore; le ciel bleu devenait lentement rouge; la fete imperiale se reverberait jusqu'au zenith; des deux domes qui dominaient le jardin des Feuillantines, l'un, tout pres, le Val-de-Grace, masse noire, dressait une flamme a son sommet et semblait une tiare qui s'acheve en escarboucle; l'autre, lointain, le Pantheon gigantesque et spectral, avait autour de sa rondeur un cercle d'etoiles, comme si, pour feter un genie, il se faisait une couronne des ames de tous les grands hommes auxquels il est dedie.

La clarte de la fete, clarte superbe, vermeille, vaguement sanglante, etait telle qu'il faisait presque grand jour dans le jardin.

Tout en se promenant, le groupe qui marchait devant moi etait parvenu, peut-etre un peu malgre ma mere, qui avait des velleites de s'arreter et qui semblait ne vouloir pas aller si loin, jusqu'au massif d'arbres ou etait la chapelle.

Ils causaient, les arbres etaient silencieux, au loin le canon de la solennite tirait de quart d'heure en quart d'heure. Ce que je vais dire est pour moi inoubliable.

Comme ils allaient entrer sous les arbres, un des trois interlocuteurs s'arreta, et regardant le ciel nocturne plein de lumiere, s'ecria:

—N'importe! cet homme est grand.

Une voix sortit de l'ombre et dit:

—Bonjour, Lucotte[1], bonjour, Drouet[2], bonjour, Tilly[3].

Et un homme, de haute stature aussi lui, apparut dans le clair-obscur des arbres.

Les trois causeurs leverent la tete.

—Tiens! s'ecria l'un d'eux.

Et il parut pret a prononcer un nom.

Ma mere, pale, mit un doigt sur sa bouche.

Ils se turent.

Je regardais, etonne.

L'apparition, c'en etait une pour moi, reprit:

—Lucotte, c'est toi qui parlais.

—Oui, dit Lucotte.

—Tu disais: cet homme est grand.

—Oui.

—Eh bien, quelqu'un est plus grand que Napoleon.

—Qui?

—Bonaparte.

Il y eut un silence. Lucotte le rompit.

—Apres Marengo?

L'inconnu repondit:

—Avant Brumaire.

Le general Lucotte, qui etait jeune, riche, beau, heureux, tendit la main a l'inconnu et dit:

—Toi, ici! je te croyais en Angleterre.

L'inconnu, dont je remarquais la face severe, l'oeil profond et les cheveux grisonnants, repartit:

—Brumaire, c'est la chute.

—De la republique, oui.

—Non, de Bonaparte.

Ce mot, Bonaparte, m'etonnait beaucoup. J'entendais toujours dire "l'empereur". Depuis, j'ai compris ces familiarites hautaines de la verite. Ce jour-la, j'entendais pour la premiere fois le grand tutoiement de l'histoire.

Les trois hommes, c'etaient trois generaux, ecoutaient stupefaits et serieux.

Lucotte s'ecria:

—Tu as raison. Pour effacer Brumaire, je ferais tous les sacrifices. La France grande, c'est bien; la France libre, c'est mieux.

—La France n'est pas grande si elle n'est pas libre.

—C'est encore vrai. Pour revoir la France libre, je donnerais ma fortune. Et toi?

—Ma vie, dit l'inconnu.

Il y eut encore un silence. On entendait le grand bruit de Paris joyeux, les arbres etaient roses, le reflet de la fete eclairait les visages de ces hommes, les constellations s'effacaient au-dessus de nos tetes dans le flamboiement de Paris illumine, la lueur de Napoleon semblait remplir le ciel.

Tout a coup l'homme si brusquement apparu se tourna vers moi qui avais peur et me cachais un peu, me regarda fixement, et me dit:

—Enfant, souviens-toi de ceci: avant tout, la liberte.

Et il posa sa main sur ma petite epaule, tressaillement que je garde encore.

Puis il repeta:

—Avant tout la liberte.

Et il rentra sous les arbres, d'ou il venait de sortir.

Qui etait cet homme?

Un proscrit.

Victor Fanneau de Lahorie etait un gentilhomme breton rallie a la republique. Il etait l'ami de Moreau, breton aussi. En Vendee, Lahorie connut mon pere, plus jeune que lui de vingt-cinq ans. Plus tard, il fut son ancien a l'armee du Rhin; il se noua entre eux une de ces fraternites d'armes qui font qu'on donne sa vie l'un pour l'autre. En 1801 Lahorie fut implique dans la conspiration de Moreau contre Bonaparte. Il fut proscrit, sa tete fut mise a prix, il n'avait pas d'asile; mon pere lui ouvrit sa maison; la vieille chapelle des Feuillantines, ruine, etait bonne a proteger cette autre ruine, un vaincu. Lahorie accepta l'asile comme il l'eut offert, simplement; et il vecut dans cette ombre, cache.

Mon pere et ma mere seuls savaient qu'il etait la.

Le jour ou il parla aux trois generaux, peut-etre fit-il une imprudence.

Son apparition nous surprit fort, nous les enfants. Quant au vieux pretre, il avait eu dans sa vie une quantite de proscription suffisante pour lui oter l'etonnement. Quelqu'un qui etait cache, c'etait pour ce bonhomme quelqu'un qui savait a quel temps il avait affaire; se cacher, c'etait comprendre.

Ma mere nous recommanda le silence, que les enfants gardent si religieusement. A dater de ce jour, cet inconnu cessa d'etre mysterieux dans la maison. A quoi bon la continuation du mystere, puisqu'il s'etait montre? Il mangeait a la table de famille, il allait et venait dans le jardin, et donnait ca et la des coups de beche, cote a cote avec le jardinier; il nous conseillait; il ajoutait ses lecons aux lecons du pretre; il avait une facon de me prendre dans ses bras qui me faisait rire et qui me faisait peur; il m'elevait en l'air, et me laissait presque retomber jusqu'a terre. Une certaine securite, habituelle a tous les exils prolonges, lui etait venue. Pourtant il ne sortait jamais. Il etait gai. Ma mere etait un peu inquiete, bien que nous fussions entoures de fidelites absolues.

Lahorie etait un homme simple, doux, austere, vieilli avant l'age, savant, ayant le grave heroisme propre aux lettres. Une certaine concision dans le courage distingue l'homme qui remplit un devoir de l'homme qui joue un role; le premier est Phocion, le second est Murat. Il y avait du Phocion dans Lahorie.

Nous les enfants, nous ne savions rien de lui, sinon qu'il etait mon parrain. Il m'avait vu naitre; il avait dit a mon pere: *Hugo est un mot du nord, il faut l'adoucir par un mot du midi, et completer le germain par le romain*. Et il me donna le nom de Victor, qui du reste etait le sien. Quant a son nom historique, je l'ignorais. Ma mere lui disait *general*, je l'appelais *mon parrain* Il habitait toujours la masure du fond du jardin, peu soucieux de la pluie et de la neige qui, l'hiver, entraient par les croisees sans vitres; il continuait dans cette chapelle son bivouac. Il avait derriere l'autel un lit de camp, avec ses pistolets dans un coin, et un Tacite qu'il me faisait expliquer.

J'aurai toujours present a la memoire le jour ou il me prit sur ses genoux, ouvrit ce Tacite qu'il avait, un in-octavo relie en parchemin, edition Herhan, et me lut cette ligne: *Urbem Romam a principio reges habuere.*

Il s'interrompit et murmura a demi-voix:

—Si Rome eut garde ses rois, elle n'eut pas ete Rome.

Et, me regardant tendrement, il redit cette grande parole:

—Enfant, avant tout la liberte.

Un jour il disparut de la maison. J'ignorais alors pourquoi.[4] Des evenements survinrent, il y eut Moscou, la Beresina, un commencement d'ombre terrible. Nous allames rejoindre mon pere en Espagne. Puis nous revinmes aux Feuillantines. Un soir d'octobre 1812, je passais, donnant la main a ma mere, devant l'eglise Saint-Jacques-du-Haut-Pas. Une grande affiche blanche etait placardee sur une des colonnes du portail, celle de droite; je vais quelquefois revoir cette colonne. Les passants regardaient obliquement cette affiche, semblaient en avoir un peu peur, et, apres l'avoir entrevue, doublaient le pas. Ma mere s'arreta, et me dit: Lis. Je lus. Je lus ceci: "—Empire francais.—Par sentence du premier conseil de guerre, ont ete fusilles en plaine de Grenelle, pour crime de conspiration contre l'empire et l'empereur, les trois ex-generaux Malet, Guidal et Lahorie." —Lahorie, me dit ma mere. Retiens ce nom.

Et elle ajouta:

—C'est ton parrain.

Notes:

[1] Depuis comte de Sopetran.

[2] Depuis comte d'Erlon.

[3] Depuis gouverneur de Segovie.

[4] Voir le livre *Victor Hugo raconte par un temoin de sa vie.*

V

Tel est le fantome que j'apercois dans les profondeurs de mon enfance.

Cette figure est une de celles qui n'ont jamais disparu de mon horizon.

Le temps, loin de la diminuer, l'a accrue.

En s'eloignant, elle s'est augmentee, d'autant plus haute qu'elle etait plus lointaine, ce qui n'est propre qu'aux grandeurs morales.

L'influence sur moi a ete ineffacable.

Ce n'est pas vainement que j'ai eu, tout petit, de l'ombre de proscrit sur ma tete, et que j'ai entendu la voix de celui qui devait mourir dire ce mot du droit et du devoir: Liberte.

Un mot a ete le contre-poids de toute une education.

L'homme qui publie aujourd'hui ce recueil, *Actes et Paroles*, et qui dans ces volumes, *Avant l'exil, Pendant l'exil, Depuis l'exil*, ouvre a deux battants sa vie a ses contemporains, cet homme a traverse beaucoup d'erreurs. Il compte, si Dieu lui en accorde le temps, en raconter les peripeties sous ce titre: *Histoire des revolutions interieures d'une conscience honnete.* Tout homme peut, s'il est sincere, refaire l'itineraire, variable pour chaque esprit, du chemin de Damas. Lui, comme il l'a dit quelque part, il est fils d'une vendeenne, amie de madame de la Rochejaquelein, et d'un soldat de la revolution et de l'empire, ami de Desaix, de Jourdan et de Joseph Bonaparte; il a subi les consequences d'une education solitaire et complexe ou un proscrit republicain donnait la replique a un proscrit pretre. Il y a toujours eu en lui le patriote sous le vendeen; il a ete napoleonien en 1813, bourbonnien en 1814; comme presque tous les hommes du commencement de ce siecle, il a ete tout ce qu'a ete le siecle; illogique et probe, legitimiste et voltairien, chretien litteraire, bonapartiste liberal, socialiste a tatons dans la royaute; nuances bizarrement reelles, surprenantes aujourd'hui; il a ete de bonne foi toujours; il a eu pour effort de rectifier son rayon visuel au milieu de tous ces mirages; toutes les approximations possibles du vrai ont tente tour a tour et quelquefois trompe son esprit; ces aberrations successives, ou, disons-le, il n'y a jamais eu un pas en arriere, ont laisse trace dans ses oeuvres; on peut en constater ca et la l'influence; mais, il le declare ici, jamais, dans tout ce qu'il a ecrit, meme dans ses livres d'enfant et d'adolescent, jamais on ne trouvera une ligne contre la liberte. Il y a eu lutte dans son ame entre la royaute que lui avait imposee le pretre catholique et la liberte que lui avait recommandee le soldat republicain; la liberte a vaincu.

La est l'unite de sa vie.

Il cherche a faire en tout prevaloir la liberte. La liberte, c'est, dans la philosophie, la Raison, dans l'art, l'Inspiration, dans la politique, le Droit.

VI

En 1848, son parti n'etait pas pris sur la forme sociale definitive. Chose singuliere, on pourrait presque dire qu'a cette epoque la liberte lui masqua la republique. Sortant d'une serie de monarchies essayees et mises au rebut tour a tour, monarchie imperiale, monarchie legitime, monarchie constitutionnelle, jete dans des faits inattendus qui lui semblaient illogiques, oblige de constater a la fois dans les chefs guerriers qui dirigeaient l'etat l'honnetete et l'arbitraire, ayant malgre lui sa part de l'immense dictature anonyme qui est le danger des assemblees uniques, il se decida a observer, sans adhesion, ce gouvernement militaire ou il ne pouvait reconnaitre un gouvernement democratique, se borna a proteger les principes quand ils lui parurent menaces et se retrancha dans la defense du droit meconnu. En 1848, il y eut presque un dix-huit fructidor; les dix-huit fructidor ont cela de funeste qu'ils donnent le modele et le pretexte aux dix-huit brumaire, et qu'ils font faire par la republique des blessures a la liberte; ce qui, prolonge, serait un suicide. L'insurrection de juin fut fatale, fatale par ceux qui l'allumerent, fatale par ceux qui l'eteignirent; il la combattit; il fut un des soixante representants envoyes par l'assemblee aux barricades. Mais, apres la victoire, il dut se separer des vainqueurs. Vaincre, puis tendre la main aux vaincus, telle est la loi de sa vie. On fit le contraire. Il y a bien vaincre et mal vaincre. L'insurrection de 1848 fut mal vaincue. Au lieu de pacifier, on envenima; au lieu de relever, on foudroya; on acheva l'ecrasement; toute la violence soldatesque se deploya; Cayenne, Lambessa, deportation sans jugement; il s'indigna; il prit fait et cause pour les accables; il eleva la voix pour toutes ces pauvres familles desesperees; il repoussa cette fausse republique de conseils de guerre et d'etat de siege. Un jour, a l'assemblee, le representant Lagrange, homme vaillant, l'aborda et lui dit: "Avec qui etes-vous ici? il repondit: Avec la liberte.—Et que faites-vous? reprit Lagrange; il repondit: J'attends."

Apres juin 1848, il attendait; mais, apres juin 1849, il n'attendit plus.

L'eclair qui jaillit des evenements lui entra dans l'esprit. Ce genre d'eclair, une fois qu'il a brille, ne s'efface pas. Un eclair qui reste, c'est la la lumiere du vrai dans la conscience.

En 1849, cette clarte definitive se fit en lui.

Quand il vit Rome terrassee au nom de la France, quand il vit la majorite, jusqu'alors hypocrite, jeter tout a coup le masque par la bouche duquel, le 4 mai 1848, elle avait dix-sept fois crie: Vive la republique! quand il vit, apres le 13 juin, le triomphe de toutes les coalitions ennemies du progres, quand il vit cette joie cynique, il fut triste, il comprit, et, au moment ou toutes les mains des vainqueurs se tendaient vers lui pour l'attirer dans leurs rangs, il sentit dans le fond de son ame qu'il etait un vaincu. Une morte etait a terre, on criait: c'est la republique! il alla a cette morte, et reconnut que c'etait la liberte. Alors il se pencha vers ce cadavre, et il l'epousa. Il vit devant lui la chute, la defaite, la ruine, l'affront, la proscription, et il dit: C'est bien.

Tout de suite, le 15 juin, il monta a la tribune, et il protesta. A partir de ce jour, la jonction fut faite dans son ame entre la republique et la liberte. A partir de ce jour, sans treve, sans relache, presque sans reprise d'haleine, opiniatrement, pied a pied, il lutta pour ces deux grandes calomniees. Enfin, le 2 decembre 1851, ce qu'il attendait, il l'eut; vingt ans d'exil.

Telle est l'histoire de ce qu'on a appele son apostasie.

VII

1849. Grande date pour lui.

Alors commencerent les luttes tragiques.

Il y eut de memorables orages; l'avenir attaquait, le passe resistait.

A cette etrange epoque le passe etait tout-puissant. Il etait omnipotent, ce qui ne l'empechait pas d'etre mort. Effrayant fantome combattant.

Toutes les questions se presenterent; independance nationale, liberte individuelle, liberte de conscience, liberte de pensee, liberte de parole, liberte de tribune et de presse, question du mariage dans la femme, question de l'education dans l'enfant, droit au travail a propos du salaire, droit a la patrie a propos de la deportation, droit a la vie a propos de la reforme du code, penalite decroissante par l'education croissante, separation de l'eglise et de l'etat, la propriete des monuments, eglises, musees, palais dits royaux, rendue a la nation, la magistrature restreinte, le jury augmente, l'armee europeenne licenciee par la federation continentale, l'impot de l'argent diminue, l'impot du sang aboli, les soldats retires au champ de bataille et restitues au sillon comme travailleurs, les douanes supprimees, les frontieres effacees, les isthmes coupes, toutes les ligatures disparues, aucune entrave a aucun progres, les idees circulant dans la civilisation comme le sang dans l'homme. Tout cela fut debattu, propose, impose parfois. On trouvera ces luttes dans ce livre.

L'homme qui esquisse en ce moment sa vie parlementaire, entendant un jour les membres de la droite exagerer le droit du pere, leur jeta ce mot inattendu, *le droit de l'enfant*. Un autre jour, sans cesse preoccupe du peuple et du pauvre, il les stupefia par cette affirmation: *On peut detruire la misere.*

C'est une vie violente que celle des orateurs. Dans les assemblees ivres de leur triomphe et de leur pouvoir, les minorites etant les trouble-fete sont les souffre-douleurs. C'est dur de rouler cet inexorable rocher de Sisyphe, le droit; on le monte, il retombe. C'est la l'effort des minorites.

La beaute du devoir s'impose; une fois qu'on l'a comprise, on lui obeit, plus d'hesitation; le sombre charme du devouement attire les consciences, et l'on accepte les epreuves avec une joie severe. L'approche de la lumiere a cela de terrible qu'elle devient flamme. Elle eclaire d'abord, rechauffe ensuite, et devore enfin. N'importe, on s'y precipite. On s'y ajoute. On augmente cette clarte du rayonnement de son propre sacrifice; bruler, c'est briller; quiconque souffre pour la verite la demontre.

Huer avant de proscrire, c'est le procede ordinaire des majorites furieuses; elles preludent a la persecution materielle par la persecution morale, l'imprecation commence ce que l'ostracisme achevera; elles parent la victime pour l'immolation avec toute la rhetorique de l'injure; et elles l'outragent, c'est leur facon de la couronner.

Celui qui parle ici traversa ces diverses facons d'agir, et n'eut qu'un merite, le dedain. Il fit son devoir, et, ayant pour salaire l'affront, il s'en contenta.

Ce qu'etaient ces affronts, on le verra en lisant ce recueil de verites insultees.

En veut-on quelques exemples?

Un jour, le 17 juillet 1851, il denonca a la tribune la conspiration de Louis Bonaparte, et declara que le president voulait se faire empereur. Une voix lui cria:

—Vous etes un infame calomniateur!

Cette voix a depuis prete serment a l'empire moyennant trente mille francs par an.

Une autre fois, comme il combattait la feroce loi de deportation, une voix lui jeta cette interruption:

—Et dire que ce discours coutera vingt-cinq francs a la France!

Cet interrupteur-la aussi a ete senateur de l'empire.

Une autre fois, on ne sait qui, senateur egalement plus tard, l'apostrophait ainsi:

—Vous etes l'adorateur du soleil levant!

Du soleil levant de l'exil, oui.

Le jour ou il dit a la tribune ce mot que personne encore n'y avait prononce: *les Etats-Unis d'Europe*, M. Mole fut remarquable. Il leva les yeux au ciel, se dressa debout, traversa toute la salle, fit signe aux membres de la majorite de le suivre, et sortit. On ne le suivit pas, il rentra. Indigne.

Parfois les huees et les eclats de rire duraient un quart d'heure. L'orateur qui parle ici en profitait pour se recueillir.

Pendant l'insulte, il s'adossait au mur de la tribune et meditait.

Ce meme 17 juillet 1851 fut le jour ou il prononca le mot: "Napoleon le Petit". Sur ce mot, la fureur de la majorite fut telle et eclata en de si menacantes rumeurs, que cela s'entendait du dehors et qu'il y avait foule sur le pont de la Concorde pour ecouter ce bruit d'orage.

Ce jour-la, il monta a la tribune, croyant y rester vingt minutes, il y resta trois heures.

Pour avoir entrevu et annonce le coup d'etat, tout le futur senat du futur empire le declara "calomniateur". Il eut contre lui tout le parti de l'ordre et toutes les nuances conservatrices, depuis M. de Falloux, catholique, jusqu'a M. Vieillard, athee.

Etre un contre tous, cela est quelquefois laborieux.

Il ripostait dans l'occasion, tachant de rendre coup pour coup.

Une fois a propos d'une loi d'education clericale cachant l'asservissement des etudes sous cette rubrique, *liberte de l'enseignement*, il lui arriva de parler du moyen age, de l'inquisition, de Savonarole, de Giordano Bruno, et de Campanella applique vingt-sept fois a la torture pour ses opinions philosophiques, les hommes de la droite lui crierent:

—A la question!

Il les regarda fixement, et leur dit:

—Vous voudriez bien m'y mettre.

Cela les fit taire.

Un autre jour, je repliquais a je ne sais quelle attaque d'un Montalembert quelconque, la droite entiere s'associa a l'attaque, qui etait, cela va sans dire, un mensonge, quel mensonge? je l'ai oublie, on trouvera cela dans ce livre; les cinq cents myopes de la majorite s'ajouterent a leur orateur, lequel n'etait pas du reste sans quelque valeur, et avait l'espece de talent possible a une ame mediocre; on me donna l'assaut a la tribune, et j'y fus quelque temps comme aboye par toutes les vociferations folles et pardonnables de la colere inconsciente; c'etait un vacarme de meute; j'ecoutais ce tumulte avec indulgence, attendant que le bruit cessat pour continuer ce que j'avais a dire; subitement, il y eut un mouvement au banc des ministres; c'etait le duc de Montebello, ministre de la marine, qui se levait; le duc quitta sa place, ecarta frenetiquement les huissiers, s'avanca vers moi et me jeta une phrase qu'il comprenait peut-etre et qui avait evidemment la volonte d'etre hostile; c'etait quelque chose comme: *Vous etes un empoisonneur public!* Ainsi caracterise a bout portant et effleure par cette intention de meurtrissure, je fis un signe de la main, les clameurs s'interrompirent, on est furieux mais curieux, on se tut, et, dans ce silence d'attente, de ma voix la plus polie, je dis:

—Je ne m'attendais pas, je l'avoue, a recevoir le coup de pied de....

Le silence redoubla et j'ajoutai:

—....monsieur de Montebello.

Et la tempete s'acheva par un rire qui, cette fois, ne fut pas contre moi.

Ces choses-la ne sont pas toujours au *Moniteur*. Habituellement la droite avait beaucoup de verve.

—Vous ne parlez pas francais!—Portez cela a la Porte-Saint-Martin!—Imposteur!—Corrupteur! —Apostat!—Renegat!—Buveur de sang!—Bete feroce!—Poete!

Tel etait le crescendo.

Injure, ironie, sarcasme, et ca et la la calomnie, S'en facher, pourquoi? Washington, traite par la presse hostile d'*escroc* et de *filou* (pick-pocket), en rit dans ses lettres. Un jour, un celebre ministre anglais; eclabousse a la tribune de la meme facon, donna une chiquenaude a sa manche, et dit: *Cela se brosse*. Il avait raison. Les haines, les noirceurs, les mensonges, boue aujourd'hui, poussiere demain.

Ne repondons pas a la colere par la colere.

Ne soyons pas severes pour des cecites.

"Ils ne savent ce qu'ils font", a dit quelqu'un sur le calvaire. "Ils ne savent ce qu'ils disent", n'est pas moins melancolique ni moins vrai. Le crieur ignore son cri. L'insulteur est-il responsable de l'insulte? A peine.

Pour etre responsable il faut etre intelligent.

Les chefs comprenaient jusqu'a un certain point les actions qu'ils commettaient; les autres, non. La main est responsable, la fronde l'est peu, la pierre ne l'est pas.

Fureurs, injustices, calomnies, soit.

Oublions ces brouhaha.

VIII

Et puis, car il faut tout dire, c'est si bon la bonne foi, dans les collisions d'assemblee rappelees ici, l'orateur n'a-t-il rien a se reprocher? Ne lui est-il jamais arrive de se laisser conduire par le mouvement de la parole au dela de sa pensee? Avouons-le, c'est dans la parole qu'il y a du hasard. On ne sait quel trepied est mele a la tribune, ce lieu sonore est un lieu mysterieux, on y sent l'effluve inconnu, le vaste esprit de tout un peuple vous enveloppe et s'infiltre dans votre esprit, la colere des irrites vous gagne, l'injustice des injustes vous penetre, vous sentez monter en vous la grande indignation sombre, la parole va et vient de la conviction fixe et sereine a la revolte plus ou moins mesuree contre l'incident inattendu. De la des oscillations redoutables. On se laisse entrainer, ce qui est un danger, et emporter, ce qui est un tort. On fait des fautes de tribune. L'orateur qui se confesse ici n'y a point echappe.

En dehors des discours purement de replique et de combat, tous les discours de tribune qu'on trouvera dans ce livre ont ete ce qu'on appelle improvises. Expliquons-nous sur l'improvisation. L'improvisation, dans les graves questions politiques, implique la premeditation, *provisam rem*, dit Horace. La premeditation fait que, lorsqu'on parle, les mots ne viennent pas malgre eux; la longue incubation de l'idee facilite l'eclosion immediate de l'expression. L'improvisation n'est pas autre chose que l'ouverture subite et a volonte de ce reservoir, le cerveau, mais il faut que le reservoir soit plein. De la plenitude de la pensee resulte l'abondance de la parole. Au fond, ce que vous improvisez semble nouveau a l'auditoire, mais est ancien chez vous. Celui-la parle bien qui depense la meditation d'un jour, d'une semaine, d'un mois, de toute sa vie parfois, en une parole d'une heure. Les mots arrivent aisement surtout a l'orateur qui est ecrivain, qui a l'habitude de leur commander et d'etre servi par eux, et qui, lorsqu'il les sonne, les fait venir. L'improvisation, c'est la veine piquee, l'idee jaillit. Mais cette facilite meme est un peril. Toute rapidite est dangereuse. Vous avez chance et vous courez risque de mettre la main sur l'exageration et de la lancer a vos ennemis. Le premier mot venu est quelquefois un projectile. De la l'excellence des discours ecrits.

Les assemblees y reviendront peut-etre.

Est-ce qu'on peut etre orateur avec un discours ecrit? On a fait cette question. Elle est etrange. Tous les discours de Demosthene et de Ciceron sont des discours ecrits. *Ce discours sent l'huile*, disait le zoile quelconque de Demosthene. Royer-Collard, ce pedant charmant, ce grand esprit etroit, etait un orateur; il n'a prononce que des discours ecrits; il arrivait, et posait son cahier sur la tribune. Les trois quarts des harangues de Mirabeau sont des harangues ecrites, qui parfois meme, et nous le blamons de ceci, ne sont pas de Mirabeau; il debitait a la tribune, comme de lui, tel discours qui etait de Talleyrand, tel discours qui etait de Malouet, tel discours qui etait de je ne sais plus quel suisse dont le nom nous echappe. Danton ecrivait souvent ses discours; on en a retrouve des pages, toutes de sa main, dans son logis de la cour du Commerce. Quant a Robespierre, sur dix harangues, neuf sont ecrites. Dans les nuits qui precedaient son apparition a la tribune, il ecrivait ce qu'il devait dire, lentement, correctement, sur sa petite table de sapin, avec un Racine ouvert sous les yeux.

L'improvisation a un avantage, elle saisit l'auditoire; elle saisit aussi l'orateur, c'est la son inconvenient; Elle le pousse a ces exces de polemique oratoire qui sont comme le pugilat de la tribune. Celui qui parle ici, reserve faite de la meditation prealable, n'a prononce dans les assemblees que des discours improvises. De la des violences de paroles, de la des fautes. Il s'en accuse.

IX

Ces hommes des anciennes majorites ont fait tout le mal qu'ils ont pu. Voulaient-ils faire le mal? Non; ils trompaient, mais ils se trompaient, c'est la leur circonstance attenuante. Ils croyaient avoir la verite, et ils mentaient au service de la verite. Leur pitie pour la societe etait impitoyable pour le peuple. De la tant de lois et tant d'actes aveuglement feroces. Ces hommes, plutot cohue que senat, assez innocents au fond, criaient pele-mele sur leurs bancs, ayant des ressorts qui les faisaient mouvoir, huant ou applaudissant selon le fil tire, proscrivant au besoin, pantins pouvant mordre. Ils avaient pour chefs les meilleurs d'entre eux, c'est-a-dire les pires. Celui-ci, ancien liberal rallie aux servitudes, demandait qu'il n'y eut plus qu'un seul journal, *le Moniteur*, ce qui faisait dire a son voisin l'eveque Parisis: *Et encore!* Cet autre, pesamment leger, academicien de l'espece qui parle bien et ecrit mal. Cet autre, habit noir, cravate blanche, cordon rouge, gros souliers, president, procureur, tout ce qu'on veut, qui eut pu etre Ciceron s'il n'avait ete Guy-Patin, jadis avocat spirituel, le dernier des laches. Cet autre, homme de simarre et grand juge de l'empire a trente ans, remarquable maintenant par son chapeau gris et son pantalon de nankin, senile dans sa jeunesse, juvenile dans sa vieillesse, ayant commence comme Lamoignon et finissant comme Brummel. Cet autre, ancien heros deforme, interrupteur injurieux, vaillant soldat devenu clerical trembleur, general devant Abd-el-Kader, caporal derriere Nonotte et Patouillet, se donnant, lui si brave, la peine d'etre bravache, et ridicule par ou il eut du etre admire, ayant reussi a faire de sa tres reelle renommee militaire un epouvantail postiche, lion qui coupe sa criniere et s'en fait une perruque. Cet autre, faux orateur, ne sachant que lapider avec des grossieretes, et n'ayant de ce qui etait dans la bouche de Demosthene que les cailloux. Celui-ci, deja nomme, d'ou etait sortie l'odieuse parole *Expedition de Rome a l'interieur*, vanite du premier ordre, parlant du nez par elegance, jargonnant, le lorgnon a l'oeil, une petite eloquence impertinente, homme de bonne compagnie un peu poissard, melant la halle a l'hotel de Rambouillet, jesuite longtemps echappe dans la demagogie, abhorrant le czar en Pologne et voulant le knout a Paris, poussant le peuple a l'eglise et a l'abattoir, berger de l'espece bourreau. Cet autre, insulteur aussi, et non moins zele serviteur de Rome, intrigant du bon Dieu, chef paisible des choses souterraines, figure sinistre et douce avec le sourire de la rage. Cet autre ...—Mais je m'arrete. A quoi bon ce denombrement? *Et caetera*, dit l'histoire. Tous ces masques sont deja des inconnus. Laissons tranquille l'oubli reprenant ce qui est a lui. Laissons la nuit tomber sur les hommes de nuit. Le vent du soir emporte de l'ombre, laissons-le faire. En quoi cela nous regarde-t-il, un effacement de silhouette a l'horizon?

Passons.

Oui, soyons indulgents. S'il y a eu pour plusieurs d'entre nous quelque labeur et quelque epreuve, une tempete plus ou moins longue, quelques jets d'ecume sur l'ecueil, un peu de ruine, un peu d'exil, qu'importe si la fin est bonne pour toi, France, pour toi, peuple! qu'importe l'augmentation de souffrance de quelques-uns s'il y a diminution de souffrance pour tous! La proscription est dure, la calomnie est noire, la vie loin de la patrie est une insomnie lugubre, mais qu'importe si l'humanite grandit et se delivre! qu'importe nos douleurs si les questions avancent, si les problemes se simplifient, si les solutions murissent, si a travers la claire-voie des impostures et des illusions on apercoit de plus en plus distinctement la verite! qu'importe dix-neuf ans de froide bise a l'etranger, qu'importe l'absence mal recue au retour, si devant l'ennemi Paris charmant devient Paris sublime, si la majeste de la grande nation s'accroit par le malheur, si la France mutilee laisse couler par ses plaies de la vie pour le monde entier! qu'importe si les ongles repoussent a cette mutilee, et si l'heure de la restitution arrive! qu'importe si, dans un prochain avenir, deja distinct et visible, chaque nationalite reprend sa figure naturelle, la Russie jusqu'a l'Inde, l'Allemagne jusqu'au Danube, l'Italie jusqu'aux Alpes, la France jusqu'au Rhin, l'Espagne ayant Gibraltar, et Cuba ayant Cuba; rectifications necessaires a l'immense amitie future des nations! C'est tout cela que nous avons voulu. Nous l'aurons.

Il y a des saisons sociales, il y a pour la civilisation des traversees climateriques, qu'importe notre fatigue dans l'ouragan! et qu'est-ce que cela fait que nous ayons ete malheureux si c'est pour le bien, si decidement le genre humain passe de son decembre a son avril, si l'hiver des despotismes et des guerres est fini, s'il ne nous neige plus de superstitions et de prejuges sur la tete, et si, apres toutes les nuees evanouies, feodalites, monarchies, empires, tyrannies, batailles et carnages, nous voyons enfin poindre a l'horizon rose cet eblouissant floreal des peuples, la paix universelle!

X

Dans tout ce que nous disons ici, nous n'avons qu'une pretention, affirmer l'avenir dans la mesure du possible.

Prevoir ressemble quelquefois a errer; le vrai trop lointain fait sourire.

Dire qu'un oeuf a des ailes, cela semble absurde, et cela est pourtant veritable.

L'effort du penseur, c'est de mediter utilement.

Il y a la meditation perdue qui est reverie, et la meditation feconde qui est incubation. Le vrai penseur couve.

C'est de cette incubation que sortent, a des heures voulues, les diverses formes du progres destinees a s'envoler dans le grand possible humain, dans la realite, dans la vie.

Arrivera-t-on a l'extremite du progres?

Non.

Il ne faut pas rendre la mort inutile. L'homme ne sera complet qu'apres la vie.

Approcher toujours, n'arriver jamais; telle est la loi. La civilisation est une asymptote.

Toutes les formes du progres sont la Revolution.

La Revolution, c'est la ce que nous faisons, c'est la ce que nous pensons, c'est la ce que nous parlons, c'est la ce que nous avons dans la bouche, dans la poitrine, dans l'ame,

La Revolution, c'est la respiration nouvelle de l'humanite.

La Revolution, c'est hier, c'est aujourd'hui, et c'est demain.

De la, disons-le, la necessite et l'impossibilite d'en faire l'histoire.

Pourquoi?

Parce qu'il est indispensable de raconter hier et parce qu'il est impossible de raconter demain.

On ne peut que le deduire et le preparer. C'est ce que nous tachons de faire.

Insistons, cela n'est jamais inutile, sur cette immensite de la Revolution.

XI

La Revolution tente tous les puissants esprits, et c'est a qui s'en approchera, les uns, comme Lamartine, pour la peindre, les autres, comme Michelet, pour l'expliquer, les autres, comme Quinet, pour la juger, les autres, comme Louis Blanc, pour la feconder.

Aucun fait humain n'a eu de plus magnifiques narrateurs, et pourtant cette histoire sera toujours offerte aux historiens comme a faire.

Pourquoi? Parce que toutes les histoires sont l'histoire du passe, et que, repetons-le, l'histoire de la Revolution est l'histoire de l'avenir. La Revolution a conquis en avant, elle a decouvert et annonce le grand Chanaan de l'humanite, il y a dans ce qu'elle nous a apporte encore plus de terre promise que de terrain gagne, et a mesure qu'une de ces conquetes faites d'avance entrera dans le domaine humain, a mesure qu'une de ces promesses se realisera, un nouvel aspect de la Revolution se revelera, et son histoire sera renouvelee. Les histoires actuelles n'en seront pas moins definitives, chacune a son point de vue, les historiens contemporains domineront meme l'historien futur, comme Moise domine Cuvier, mais leurs travaux se mettront en perspective et feront partie de l'ensemble complet. Quand cet ensemble sera-t-il complet? Quand le phenomene sera termine, c'est-a-dire quand la revolution de France sera devenue, comme nous l'avons indique dans les premieres pages de cet ecrit, d'abord revolution d'Europe, puis revolution de l'homme; quand l'utopie se sera consolidee en progres, quand l'ebauche aura abouti au chef-d'oeuvre; quand a la coalition fratricide des rois aura succede la federation fraternelle des peuples, et a la guerre contre tous, la paix pour tous. Impossible, a moins d'y ajouter le reve, de completer des aujourd'hui ce qui ne se completera que demain, et d'achever l'histoire d'un fait inacheve, surtout quand ce fait contient une telle vegetation d'evenements futurs. Entre l'histoire et l'historien la disproportion est trop grande.

Rien de plus colossal. Le total echappe. Regardez ce qui est deja derriere nous. La Terreur est un cratere, la Convention est un sommet. Tout l'avenir est en fermentation dans ces profondeurs. Le peintre est effare par l'inattendu des escarpements. Les lignes trop vastes depassent l'horizon. Le regard humain a des limites, le procede divin n'en a pas. Dans ce tableau a faire vous vous borneriez a un seul personnage, prenez qui vous voudrez, que vous y sentiriez l'infini. D'autres horizons sont moins demesures. Ainsi, par exemple, a un moment donne de l'histoire, il y a d'un cote Tibere et de l'autre Jesus. Mais le jour ou Tibere et Jesus font leur jonction dans un homme et s'amalgament dans un etre formidable ensanglantant la terre et sauvant le monde, l'historien romain lui-meme aurait un frisson, et Robespierre deconcerterait Tacite. Par moments on craint de finir par etre force d'admettre une sorte de loi morale mixte qui semble se degager de tout cet inconnu. Aucune des dimensions du phenomene ne s'ajuste a la notre. La hauteur est inouie et se derobe a l'observation. Si grand que soit l'historien, cette enormite le deborde. La Revolution francaise racontee par un homme, c'est un volcan explique par une fourmi.

XII

Que conclure? Une seule chose. En presence de cet ouragan enorme, pas encore fini, entr'aidons-nous les uns les autres.

Nous ne sommes pas assez hors de danger pour ne point nous tendre la main.

O mes freres, reconcilions-nous.

Prenons la route immense de l'apaisement. On s'est assez hai. Treve. Oui, tendons-nous tous la main. Que les grands aient pitie des petits, et que les petits fassent grace aux grands. Quand donc comprendra-t-on que nous sommes sur le meme navire, et que le naufrage est indivisible? Cette mer qui nous menace est assez grande pour tous, il y a de l'abime pour vous comme pour moi. Je l'ai dit deja ailleurs, et je le repete. Sauver les autres, c'est se sauver soi-meme. La solidarite est terrible, mais la fraternite est douce. L'une engendre l'autre. O mes freres, soyons freres!

Voulons-nous terminer notre malheur? renoncons a notre colere. Reconcilions-nous. Vous verrez comme ce sourire sera beau.

Envoyons aux exils lointains la flotte lumineuse du retour, restituons les maris aux femmes, les travailleurs aux ateliers, les familles aux foyers, restituons-nous a nous-memes ceux qui ont ete nos ennemis. Est-ce qu'il n'est pas enfin temps de s'aimer? Voulez-vous qu'on ne recommence pas? finissez. Finir, c'est absoudre. En sevissant, on perpetue. Qui tue son ennemi fait vivre la haine. Il n'y a qu'une facon d'achever les vaincus, leur pardonner. Les guerres civiles s'ouvrent par toutes les portes et se ferment par une seule, la clemence. La plus efficace des repressions, c'est l'amnistie. O femmes qui pleurez, je voudrais vous rendre vos enfants.

Ah! je songe aux exiles. J'ai par moments le coeur serre. Je songe au mal du pays. J'en ai eu ma part peut-etre. Sait-on de quelle nuit tombante se compose la nostalgie? Je me figure la sombre ame d'un pauvre enfant de vingt ans qui sait a peine ce que la societe lui veut, qui subit pour ou ne sait quoi, pour un article de journal, pour une page fievreuse ecrite dans la folie, ce supplice demesure, l'exil eternel, et qui, apres une journee de bagne, le crepuscule venu, s'assied sur la falaise severe, accable sous l'enormite de la guerre civile et sous la serenite des etoiles! Chose horrible, le soir et l'ocean a cinq mille lieues de sa mere!

Ah! pardonnons!

Ce cri de nos ames n'est pas seulement tendre, il est raisonnable. La douceur n'est pas seulement la douceur, elle est l'habilete. Pourquoi condamner l'avenir au grossissement des vengeances gonflees de pleurs et a la sinistre repercussion des rancunes! Allez dans les bois, ecoutez les echos, et songez aux represailles; cette voix obscure et lointaine qui vous repond, c'est votre haine qui revient contre vous. Prenez garde, l'avenir est bon debiteur, et votre colere, il vous la rendra. Regardez les berceaux, ne leur noircissez pas la vie qui les attend. Si nous n'avons pas pitie des enfants, des autres, ayons pitie de nos enfants. Apaisement! apaisement! Helas! nous ecoutera-t-on?

N'importe, persistons, nous qui voulons qu'on promette et non qu'on menace, nous qui voulons qu'on guerisse et non qu'on mutile, nous qui voulons qu'on vive et non qu'on meure. Les grandes lois d'en haut sont avec nous. Il y a un profond parallelisme entre la lumiere qui nous vient du soleil et la clemence qui nous vient de Dieu. Il y aura une heure de pleine fraternite, comme il y a une heure de plein midi. Ne perds pas courage, o pitie! Quant a moi, je ne me lasserai pas, et ce que j'ai ecrit dans tous mes livres, ce que j'ai atteste par tous mes actes, ce que j'ai dit a tous les auditoires, a la tribune des pairs comme dans le cimetiere des proscrits, a l'assemblee nationale de France comme a la fenetre lapidee de la place des Barricades de Bruxelles, je l'attesterai, je l'ecrirai, et je le dirai sans cesse: il faut s'aimer, s'aimer, s'aimer! Les heureux doivent avoir pour malheur les malheureux. L'egoisme social est un commencement de sepulcre. Voulons-nous vivre, melons nos coeurs, et soyons l'immense genre humain. Marchons en avant, remorquons en arriere. La prosperite materielle n'est pas la felicite morale, l'etourdissement n'est pas la guerison, l'oubli n'est pas le paiement. Aidons, protegeons, secourons, avouons la faute publique et reparons-la. Tout ce qui souffre accuse, tout ce qui pleure dans l'individu saigne dans la societe, personne n'est tout seul, toutes les fibres vivantes tressaillent ensemble et se confondent, les petits doivent etre sacres aux grands, et c'est du droit de tous les faibles que se compose le devoir de tous les forts. J'ai dit.

Paris, juin 1875.

ACTES ET PAROLES

AVANT L'EXIL

1841-1851

Institut.—Chambre des Pairs Reunions electorales.—Enterrements.— Cour d'assises Conseils de guerre.—Congres de la Paix Assemblee constituante.—Assemblee legislative Le Deux decembre 1851.

ACADEMIE FRANCAISE

1841-1844

DISCOURS DE RECEPTION

2 JUIN 1841.

[Note: M. Victor Hugo fut nomme membre de l'academie francaise, par 18 voix contre 16, le 7 janvier 1841. Il prit seance le 2 juin.]

Messieurs,

Au commencement de ce siecle, la France etait pour les nations un magnifique spectacle. Un homme la remplissait alors et la faisait si grande qu'elle remplissait l'Europe. Cet homme, sorti de l'ombre, fils d'un pauvre gentilhomme corse, produit de deux republiques, par sa famille de la republique de Florence, par lui-meme de la republique francaise, etait arrive en peu d'annees a la plus haute royaute qui jamais peut-etre ait etonne l'histoire. Il etait prince par le genie, par la destinee et par les actions. Tout en lui indiquait le possesseur legitime d'un pouvoir providentiel. Il avait eu pour lui les trois conditions supremes, l'evenement, l'acclamation et la consecration. Une revolution l'avait enfante, un peuple l'avait choisi, un pape l'avait couronne. Des rois et des generaux, marques eux-memes par la fatalite, avaient reconnu en lui, avec l'instinct que leur donnait leur sombre et mysterieux avenir, l'elu du destin. Il etait l'homme auquel Alexandre de Russie, qui devait perir a Taganrog, avait dit: *Vous etes predestine du ciel*; auquel Kleber, qui devait mourir en Egypte, avait dit: *Vous etes grand comme le monde*; auquel Desaix, tombe a Marengo, avait dit: *Je suis le soldat et vous etes le general*; auquel Valhubert, expirant a Austerlitz, avait dit: *Je vais mourir, mais vous allez regner*. Sa renommee militaire etait immense, ses conquetes etaient colossales.

Chaque annee il reculait les frontieres de son empire au dela meme des limites majestueuses et necessaires que Dieu a donnees a la France. Il avait efface les Alpes comme Charlemagne, et les Pyrenees comme Louis XIV; il avait passe le Rhin comme Cesar, et il avait failli franchir la Manche comme Guillaume le Conquerant. Sous cet homme, la France avait cent trente departements; d'un cote elle touchait aux bouches de l'Elbe, de l'autre elle atteignait le Tibre.

Il etait le souverain de quarante-quatre millions de francais et le protecteur de cent millions d'europeens. Dans la composition hardie de ses frontieres, il avait employe comme materiaux deux grands-duches souverains, la Savoie et la Toscane, et cinq anciennes republiques, Genes, les Etats romains, les Etats venitiens, le Valais et les Provinces-Unies. Il avait construit son etat au centre de l'Europe comme une citadelle, lui donnant pour bastions et pour ouvrages avances dix monarchies qu'il avait fait entrer a la fois dans son empire et dans sa famille. De tous les enfants, ses cousins et ses freres, qui avaient joue avec lui dans la petite cour de la maison natale d'Ajaccio, il avait fait des tetes couronnees. Il avait marie son fils adoptif a une princesse de Baviere et son plus jeune frere a une princesse de Wurtemberg. Quant a lui, apres avoir ote a l'Autriche l'empire d'Allemagne qu'il s'etait a peu pres arroge sous le nom de Confederation du Rhin, apres lui avoir pris le Tyrol pour l'ajouter a la Baviere et l'Illyrie pour la reunir a la France, il avait daigne epouser une archiduchesse. Tout dans cet homme etait demesure et splendide. Il etait au-dessus de l'Europe comme une vision extraordinaire. Une fois on le vit au milieu de quatorze personnes souveraines, sacrees et couronnees, assis entre le cesar et le czar sur un fauteuil plus eleve que le leur. Un jour il donna a Talma le spectacle d'un parterre de rois. N'etant encore qu'a l'aube de sa puissance, il lui avait pris fantaisie de toucher au nom de Bourbon dans un coin de l'Italie et de l'agrandir a sa maniere; de Louis, duc de Parme, il avait fait un roi d'Etrurie. A la meme epoque, il avait profite d'une treve, puissamment imposee par son influence et par ses armes, pour faire quitter aux rois de la Grande-Bretagne ce titre de *rois de France* qu'ils avaient usurpe quatre cents ans, et qu'ils n'ont pas ose reprendre depuis, tant il leur fut alors bien arrache. La revolution avait efface les fleurs de lys de l'ecusson de France; lui aussi, il les avait effacees, mais du blason d'Angleterre; trouvant ainsi moyen de leur faire honneur de la meme maniere dont on leur avait fait affront. Par decret imperial il divisait la Prusse en quatre departements, il mettait les Iles Britanniques en etat de blocus, il declarait Amsterdam troisieme ville de l'empire,—Rome n'etait que la seconde,—ou bien il affirmait au monde que la maison de Bragance avait cesse de regner. Quand il passait le Rhin, les electeurs d'Allemagne, ces hommes qui avaient fait des empereurs, venaient au-devant de lui jusqu'a leurs frontieres dans l'esperance qu'il les ferait peut-etre rois. L'antique royaume de Gustave Wasa, manquant d'heritier et cherchant un maitre, lui demandait pour prince un de ses marechaux. Le successeur de Charles-Quint, l'arriere-petit-fils de Louis XIV, le roi des Espagnes et des Indes, lui demandait pour femme une de ses soeurs. Il etait compris, gronde et adore de ses soldats, vieux grenadiers familiers avec leur empereur et avec la mort. Le lendemain des batailles, il avait avec eux de ces grands dialogues qui commentent superbement les grandes actions et qui transforment l'histoire en epopee. Il entrait dans sa puissance comme dans sa majeste quelque chose de simple, de brusque et de formidable. Il n'avait pas, comme les empereurs d'Orient, le doge de Venise pour grand echanson, ou, comme les empereurs d'Allemagne, le duc de Baviere pour grand ecuyer; mais il lui arrivait parfois de mettre aux arrets le roi qui commandait sa cavalerie. Entre deux guerres, il creusait des canaux, il percait des routes, il dotait des theatres, il enrichissait des academies, il provoquait des decouvertes, il fondait des monuments grandioses, ou bien il redigeait des codes dans un salon des Tuileries, et il querellait ses conseillers d'etat jusqu'a ce qu'il eut reussi a substituer, dans quelque texte de loi, aux routines de la procedure, la raison supreme et naive du genie. Enfin, dernier trait qui complete a mon sens la configuration singuliere de cette grande gloire, il etait entre si avant dans l'histoire par ses actions qu'il pouvait dire et qu'il disait: *Mon predecesseur l'empereur Charlemagne*; et il s'etait par ses alliances tellement mele a la monarchie, qu'il pouvait dire et qu'il disait: *Mon oncle le roi Louis XVI.*

Cet homme etait prodigieux. Sa fortune, messieurs, avait tout surmonte. Comme je viens de vous le rappeler, les plus illustres princes sollicitaient son amitie, les plus anciennes races royales cherchaient son alliance, les plus vieux gentilshommes briguaient son service. Il n'y avait pas une tete, si haute ou si fiere qu'elle fut, qui ne saluat ce front sur lequel la main de Dieu, presque visible, avait pose deux couronnes, l'une qui est faite d'or et qu'on appelle la royaute, l'autre qui est faite de lumiere et qu'on appelle le genie. Tout dans le continent s'inclinait devant Napoleon, tout,—excepte six poetes, messieurs,—permettez-moi de le dire et d'en etre fier dans cette enceinte,—excepte six penseurs restes seuls debout dans l'univers agenouille; et ces noms glorieux, j'ai hate de les prononcer devant vous, les voici: DUCIS, DELILLE, Mme DE STAEL, BENJAMIN CONSTANT, CHATEAUBRIAND, LEMERCIER.

Que signifiait cette resistance? Au milieu de cette France qui avait la victoire, la force, la puissance, l'empire, la domination, la splendeur; au milieu de cette Europe emerveillee et vaincue qui, devenue presque francaise, participait elle-meme du rayonnement de la France, que representaient ces six esprits revoltes contre un genie, ces six renommees indignees contre la gloire, ces six poetes irrites contre un heros? Messieurs, ils representaient en Europe la seule chose qui manquat alors a l'Europe, l'independance; ils representaient en France la seule chose qui manquat alors a la France, la liberte.

A Dieu ne plaise que je pretende jeter ici le blame sur les esprits moins severes qui entouraient alors le maitre du monde de leurs acclamations! Cet homme, apres avoir ete l'etoile d'une nation, en etait devenu le soleil. On pouvait sans crime se laisser eblouir. Il etait plus malaise peut-etre qu'on ne pense, pour l'individu que Napoleon voulait gagner, de defendre sa frontiere contre cet envahisseur irresistible qui savait le grand art de subjuguer un peuple et qui savait aussi le grand art de seduire un homme. Que suis-je, d'ailleurs, messieurs, pour m'arroger ce droit de critique supreme? Quel est mon titre?

N'ai-je pas bien plutot besoin moi-meme de bienveillance et d'indulgence a l'heure ou j'entre dans cette compagnie, emu de toutes les emotions ensemble, fier des suffrages qui m'ont appele, heureux des sympathies qui m'accueillent, trouble par cet auditoire si imposant et si charmant, triste de la grande perte que vous avez faite et dont il ne me sera pas donne de vous consoler, confus enfin d'etre si peu de chose dans ce lieu venerable que remplissent a la fois de leur eclat serein et fraternel d'augustes morts et d'illustres vivants? Et puis, pour dire toute ma pensee, en aucun cas je ne reconnaitrais aux generations nouvelles ce droit de blame rigoureux envers nos anciens et nos aines. Qui n'a pas combattu a-t-il le droit de juger? Nous devons nous souvenir que nous etions enfants alors, et que la vie etait legere et insouciante pour nous lorsqu'elle etait si grave et si laborieuse pour d'autres. Nous arrivons apres nos peres; ils sont fatigues, soyons respectueux. Nous profitons a la fois des grandes idees qui ont lutte et des grandes choses qui ont prevalu. Soyons justes envers tous, envers ceux qui ont accepte l'empereur pour maitre comme envers ceux qui l'ont accepte pour adversaire. Comprenons l'enthousiasme et honorons la resistance. L'un et l'autre ont ete legitimes.

Pourtant, redisons-le, messieurs, la resistance n'etait pas seulement legitime; elle etait glorieuse.

Elle affligeait l'empereur. L'homme qui, comme il l'a dit plus tard a Sainte-Helene, *eut fait Pascal senateur et Corneille ministre*, cet homme-la, messieurs, avait trop de grandeur en lui-meme pour ne pas comprendre la grandeur dans autrui. Un esprit vulgaire, appuye sur la toute-puissance, eut dedaigne peut-etre cette rebellion du talent; Napoleon s'en preoccupait. Il se savait trop historique pour ne point avoir souci de l'histoire; il se sentait trop poetique pour ne pas s'inquieter des poetes. Il faut le reconnaitre hautement, c'etait un vrai prince que ce sous-lieutenant d'artillerie qui avait gagne sur la jeune republique francaise la bataille du dix-huit brumaire et sur les vieilles monarchies europeennes la bataille d'Austerlitz. C'etait un victorieux, et, comme tous les victorieux, c'etait un ami des lettres. Napoleon avait tous les gouts et tous les instincts du trone, autrement que Louis XIV sans doute, mais autant que lui. Il y avait du grand roi dans le grand empereur. Rallier la litterature a son sceptre, c'etait une de ses premieres ambitions. Il ne lui suffisait pas d'avoir musele les passions populaires, il eut voulu soumettre Benjamin Constant; il ne lui suffisait pas d'avoir vaincu trente armees, il eut voulu vaincre Lemercier; il ne lui suffisait pas d'avoir conquis dix royaumes, il eut voulu conquerir Chateaubriand.

Ce n'est pas, messieurs, que tout en jugeant le premier consul ou l'empereur chacun sous l'influence de leurs sympathies particulieres, ces hommes-la contestassent ce qu'il y avait de genereux, de rare et d'illustre dans Napoleon. Mais, selon eux, le politique ternissait le victorieux, le heros etait double d'un tyran, le Scipion se compliquait d'un Cromwell; une moitie de sa vie faisait a l'autre moitie des repliques ameres. Bonaparte avait fait porter aux drapeaux de son armee le deuil de Washington; mais il n'avait pas imite Washington. Il avait nomme La Tour d'Auvergne premier grenadier de la republique; mais il avait aboli la republique. Il avait donne le dome des Invalides pour sepulcre au grand Turenne; mais il avait donne le fosse de Vincennes pour tombe au petit-fils du grand Conde.

Malgre leur fiere et chaste attitude, l'empereur n'hesita devant aucune avance. Les ambassades, les dotations, les hauts grades de la legion d'honneur, le senat, tout fut offert, disons-le a la gloire de l'empereur, et, disons-le a la gloire de ces nobles refractaires, tout fut refuse.

Apres les caresses, je l'ajoute a regret, vinrent les persecutions. Aucun ne ceda. Grace a ces six talents, grace a ces six caracteres, sous ce regne qui supprima tant de libertes et qui humilia tant de couronnes, la dignite royale de la pensee libre fut maintenue.

Il n'y eut pas que cela, messieurs, il y eut aussi service rendu a l'humanite. Il n'y eut pas seulement resistance au despotisme, il y eut aussi resistance a la guerre. Et qu'on ne se meprenne pas ici sur le sens et sur la portee de mes paroles, je suis de ceux qui pensent que la guerre est souvent bonne. A ce point de vue superieur d'ou l'on voit toute l'histoire comme un seul groupe et toute la philosophie comme une seule idee, les batailles ne sont pas plus des plaies faites au genre humain que les sillons ne sont des plaies faites a la terre. Depuis cinq mille ans, toutes les moissons s'ebauchent par la charrue et toutes les civilisations par la guerre. Mais lorsque la guerre tend a dominer, lorsqu'elle devient l'etat normal d'une nation, lorsqu'elle passe a l'etat chronique, pour ainsi dire, quand il y a, par exemple, treize grandes guerres en quatorze ans, alors, messieurs, quelque magnifiques que soient les resultats ulterieurs, il vient un moment ou l'humanite souffre. Le cote delicat des moeurs s'use et s'amoindrit au frottement des idees brutales; le sabre devient le seul outil de la societe; la force se forge un droit a elle; le rayonnement divin de la bonne foi, qui doit toujours eclairer la face des nations, s'eclipse a chaque instant dans l'ombre ou s'elaborent les traites et les partages de royaumes; le commerce, l'industrie, le developpement radieux des intelligences, toute l'activite pacifique disparait; la sociabilite humaine est en peril. Dans ces moments-la, messieurs, il sied qu'une imposante reclamation s'eleve; il est moral que l'intelligence dise hardiment son fait a la force; il est bon qu'en presence meme de leur victoire et de leur puissance, les penseurs fassent des remontrances aux heros, et que les poetes, ces civilisateurs sereins, patients et paisibles, protestent contre les conquerants, ces civilisateurs violents.

Parmi ces illustres protestants, il etait un homme que Bonaparte avait aime, et auquel il aurait pu dire, comme un autre dictateur a un autre republicain: *Tu quoque!* Cet homme, messieurs, c'etait M. Lemercier. Nature probe, reservee et sobre; intelligence droite et logique; imagination exacte et, pour ainsi dire, algebrique jusque dans ses fantaisies; ne gentilhomme, mais ne croyant qu'a l'aristocratie du talent; ne riche, mais ayant la science d'etre noblement pauvre; modeste d'une sorte de modestie hautaine; doux, mais ayant dans sa douceur je ne sais quoi d'obstine, de silencieux et d'inflexible; austere dans les choses publiques, difficile a entrainer, offusque de ce qui eblouit les autres, M. Lemercier, detail remarquable dans un homme qui avait livre tout un cote de sa pensee aux theories, M. Lemercier n'avait laisse construire son opinion politique que par les faits. Et encore voyait-il les faits a sa maniere. C'etait un de ces esprits qui donnent plus d'attention aux causes qu'aux effets, et qui critiqueraient volontiers la plante sur sa racine et le fleuve sur sa source. Ombrageux et sans cesse pret a se cabrer, plein d'une haine secrete et souvent vaillante contre tout ce qui tend a dominer, il paraissait avoir mis autant d'amour-propre a se tenir toujours de plusieurs annees en arriere des evenements que d'autres en mettent a se precipiter en avant. En 1789, il etait royaliste, ou, comme on parlait alors, *monarchien*, de 1785; en 93 il devint, comme il l'a dit lui-meme, liberal de 89; en 1804, au moment ou Bonaparte se trouva mur pour l'empire, Lemercier se sentit mur pour la republique.

Comme vous le voyez, messieurs, son opinion politique, dedaigneuse de ce qui lui semblait le caprice du jour, etait toujours mise a la mode de l'an passe.

Veuillez me permettre ici quelques details sur le milieu dans lequel s'ecoula la jeunesse de M. Lemercier. Ce n'est qu'en explorant les commencements d'une vie qu'on peut etudier la formation d'un caractere. Or, quand on veut connaitre a fond ces hommes qui repandent de la lumiere, il ne faut pas moins s'eclairer de leur caractere que de leur genie. Le genie, c'est le flambeau du dehors; le caractere, c'est la lampe interieure.

En 1793, au plus fort de la terreur, M. Lemercier, tout jeune homme alors, suivait avec une assiduite remarquable les seances de la Convention nationale. C'etait la, messieurs, un sujet de contemplation sombre, lugubre, effrayant, mais sublime. Soyons justes, nous le pouvons sans danger aujourd'hui, soyons justes envers ces choses augustes et terribles qui ont passe sur la civilisation humaine et qui ne reviendront plus! C'est, a mon sens, une volonte de la providence que la France ait toujours a sa tete quelque chose de grand. Sous les anciens rois, c'etait un principe; sous l'empire, ce fut un homme; pendant la revolution, ce fut une assemblee. Assemblee qui a brise le trone et qui a sauve le pays, qui a eu un duel avec la royaute comme Cromwell et un duel avec l'univers comme Annibal, qui a eu a la fois du genie comme tout un peuple et du genie comme un seul homme, en un mot, qui a commis des attentats et qui a fait des prodiges, que nous pouvons detester, que nous pouvons maudire, mais que nous devons admirer!

Reconnaissons-le neanmoins, il se fit en France, dans ce temps-la, une diminution de lumiere morale, et par consequent,—remarquons-le, messieurs,—une diminution de lumiere intellectuelle. Cette espece de demi-jour ou de demi-obscurite qui ressemble a la tombee de la nuit et qui se repand sur de certaines epoques, est necessaire pour que la providence puisse, dans l'interet ulterieur du genre humain, accomplir sur les societes vieillies ces effrayantes voies de fait qui, si elles etaient commises par des hommes, seraient des crimes, et qui, venant de Dieu, s'appellent des revolutions.

Cette ombre, c'est l'ombre meme que fait la main du Seigneur quand elle est sur un peuple.

Comme je l'indiquais tout a l'heure, 93 n'est pas l'epoque de ces hautes individualites que leur genie isole. Il semble, en ce moment-la, que la providence trouve l'homme trop petit pour ce qu'elle veut faire, qu'elle le relegue sur le second plan, et qu'elle entre en scene elle-meme. Eu effet, en 93, des trois geants qui ont fait de la revolution francaise, le premier, un fait social, le deuxieme, un fait geographique, le dernier, un fait europeen, l'un, Mirabeau, etait mort; l'autre, Sieyes, avait disparu dans l'eclipse, il *reussissait a vivre*, comme ce lache grand homme l'a dit plus tard; le troisieme, Bonaparte, n'etait pas ne encore a la vie historique. Sieyes laisse dans l'ombre et Danton peut-etre excepte, il n'y avait donc pas d'hommes du premier ordre, pas d'intelligences capitales dans la Convention, mais il y avait de grandes passions, de grandes luttes, de grands eclairs, de grands fantomes. Cela suffisait, certes, pour l'eblouissement du peuple, redoutable spectateur incline sur la fatale assemblee. Ajoutons qu'a cette epoque ou chaque jour etait une journee, les choses marchaient si vite, l'Europe et la France, Paris et la frontiere, le champ de bataille et la place publique avaient tant d'aventures, tout se developpait si rapidement, qu'a la tribune de la Convention nationale l'evenement croissait pour ainsi dire sous l'orateur a mesure qu'il parlait, et, tout en lui donnant le vertige, lui communiquait sa grandeur. Et puis, comme Paris, comme la France, la Convention se mouvait dans cette clarte crepusculaire de la fin du siecle qui attachait des ombres immenses aux plus petits hommes, qui pretait des contours indefinis et gigantesques aux plus chetives figures, et qui, dans l'histoire meme, repand sur cette formidable assemblee je ne sais quoi de sinistre et de surnaturel.

Ces monstrueuses reunions d'hommes ont souvent fascine les poetes comme l'hydre fascine l'oiseau. Le Long-Parlement absorbait Milton, la Convention attirait Lemercier. Tous deux plus tard ont illumine l'interieur d'une sombre epopee avec je ne sais quelle vague reverberation de ces deux pandemoniums. On sent Cromwell dans *le Paradis perdu*, et 93 dans la *Panhypocrisiade*. La

Convention, pour le jeune Lemercier, c'etait la revolution faite vision et reunie tout entiere sous son regard. Tous les jours il venait voir la, comme il l'a dit admirablement, *mettre les lois hors la loi.* Chaque matin il arrivait a l'ouverture de la seance et s'asseyait a la tribune publique parmi ces femmes etranges qui melaient je ne sais quelle besogne domestique aux plus terribles spectacles, et auxquelles l'histoire conservera leur hideux surnom de *tricoteuses.* Elles le connaissaient, elles l'attendaient et lui gardaient sa place. Seulement il y avait dans sa jeunesse, dans le desordre de ses vetements, dans son attention effaree, dans son anxiete pendant les discussions, dans la fixite profonde de son regard, dans les paroles entrecoupees qui lui echappaient par moments, quelque chose de si singulier pour elles, qu'elles le croyaient prive de raison. Un jour, arrivant plus tard qu'a l'ordinaire, il entendit une de ces femmes dire a l'autre: *Ne te mets pas la, c'est la place de l'idiot.*

Quatre ans plus tard, en 1797, l'idiot donnait a la France *Agamemnon.*

Est-ce que par hasard cette assemblee aurait fait faire au poete cette tragedie? Qu'y a-t-il de commun entre Egisthe et Danton, entre Argos et Paris, entre la barbarie homerique et la demoralisation voltairienne? Quelle etrange idee de donner pour miroir aux attentats d'une civilisation decrepite et corrompue les crimes naifs et simples d'une epoque primitive, de faire errer, pour ainsi dire, a quelques pas des echafauds de la revolution francaise, les spectres grandioses de la tragedie grecque, et de confronter au regicide moderne, tel que l'accomplissent les passions populaires, l'antique regicide tel que le font les passions domestiques! Je l'avouerai, messieurs, en songeant a cette remarquable epoque du talent de M. Lemercier, entre les discussions de la Convention et les querelles des Atrides, entre ce qu'il voyait et ce qu'il revait, j'ai souvent cherche un rapport, je n'ai trouve tout au plus qu'une harmonie. Pourquoi, par quelle mysterieuse transformation de la pensee dans le cerveau, *Agamemnon* est-il ne ainsi? C'est la un de ces sombres caprices de l'inspiration dont les poetes seuls ont le secret. Quoi qu'il en soit, *Agamemnon* est une oeuvre, une des plus belles tragedies de notre theatre, sans contredit, par l'horreur et par la pitie a la fois, par la simplicite de l'element tragique, par la gravite austere du style. Ce severe poeme a vraiment le profil grec. On sent, en le considerant, que c'est l'epoque ou David donne la couleur aux bas-reliefs d'Athenes et ou Talma leur donne la parole et le mouvement. On y sent plus que l'epoque, on y sent l'homme. On devine que le poete a souffert en l'ecrivant. En effet, une melancolie profonde, melee a je ne sais quelle terreur presque revolutionnaire, couvre toute cette grande oeuvre. Examinez-la,—elle le merite, messieurs,—voyez l'ensemble et les details, Agamemnon et Strophus, la galere qui aborde au port, les acclamations du peuple, le tutoiement heroique des rois. Contemplez surtout Clytemnestre, la pale et sanglante figure, l'adultere devouee au parricide, qui regarde a cote d'elle sans les comprendre et, chose terrible! sans en etre epouvantee, la captive

Cassandre et le petit Oreste; deux etres faibles en apparence, en realite formidables! L'avenir parle dans l'un et vit dans l'autre. Cassandre, c'est la menace sous la forme d'une esclave; Oreste, c'est le chatiment sous les traits d'un enfant.—

Comme je viens de le dire, a l'age ou l'on ne souffre pas encore et ou l'on reve a peine, M. Lemercier souffrit et crea. Cherchant a composer sa pensee, curieux de cette curiosite profonde qui attire les esprits courageux aux spectacles effrayants, il s'approcha le plus pres qu'il put de la Convention, c'est-a-dire de la revolution. Il se pencha sur la fournaise pendant que la statue de l'avenir y bouillonnait encore, et il y vit flamboyer et il y entendit rugir, comme la lave dans le cratere, les grands principes revolutionnaires, ce bronze dont sont faites aujourd'hui toutes les bases de nos idees, de nos libertes et de nos lois. La civilisation future etait alors le secret de la providence, M. Lemercier n'essaya pas de le deviner. Il se borna a recevoir en silence, avec une resignation stoique, son contrecoup de toutes les calamites. Chose digne d'attention, et sur laquelle je ne puis m'empecher d'insister, si jeune, si obscur, si inapercu encore, perdu dans cette foule qui, pendant la terreur, regardait les evenements traverser la rue conduits par le bourreau, il fut frappe dans toutes ses affections les plus intimes par les catastrophes publiques. Sujet devoue et presque serviteur personnel de Louis XVI, il vit passer le fiacre du 21 janvier; filleul de madame de Lamballe, il vit passer la pique du 2 septembre; ami d'Andre Chenier, il vit passer la charrette du 7 thermidor. Ainsi, a vingt ans, il avait deja vu decapiter, dans les trois etres les plus sacres pour lui apres son pere, les trois choses de ce monde les plus rayonnantes apres Dieu, la royaute, la beaute et le genie!

Quand ils ont subi de pareilles impressions, les esprits tendres et faibles restent tristes toute leur vie, les esprits eleves et fermes demeurent serieux. M. Lemercier accepta donc la vie avec gravite. Le 9 thermidor avait ouvert pour la France cette ere nouvelle qui est la seconde phase de toute revolution. Apres avoir regarde la societe se dissoudre, M. Lemercier la regarda se reformer. Il mena la vie mondaine et litteraire. Il etudia et partagea, en souriant parfois, les moeurs de cette epoque du directoire qui est apres Robespierre ce que la regence est apres Louis XIV, le tumulte joyeux d'une nation intelligente echappee a l'ennui ou a la peur, l'esprit, la gaite et la licence protestant par une orgie, ici, contre la tristesse d'un despotisme devot, la, contre l'abrutissement d'une tyrannie puritaine. M. Lemercier, celebre alors par le succes d'*Agamemnon*, rechercha tous les hommes d'elite de ce temps, et en fut recherche. Il connut Ecouchard-Lebrun chez Ducis, comme il avait connu Andre Chenier chez madame Pourat. Lebrun l'aima tant, qu'il n'a pas fait une seule epigramme contre lui. Le duc de Fitz-James et le prince de Talleyrand, madame de Lameth et M. de Florian, la duchesse d'Aiguillon et madame Tallien, Bernardin de Saint-Pierre et madame de Stael lui firent fete et l'accueillirent. Beaumarchais voulut etre son editeur, comme vingt ans plus tard Dupuytren voulut etre son professeur. Deja place trop haut pour descendre aux exclusions de partis, de plain-pied avec tout ce qui etait superieur, il devint en meme temps l'ami de David qui avait juge le roi et de Delille qui l'avait pleure. C'est ainsi qu'en ces annees-la, de cet echange d'idees avec tant de natures diverses, de la contemplation des moeurs et de l'observation des individus, naquirent et se developperent dans M. Lemercier, pour faire face a toutes les rencontres de la vie, deux hommes,—deux hommes libres,—un homme politique independant, un homme litteraire original.

Un peu avant cette epoque, il avait connu l'officier de fortune qui devait succeder plus tard au directoire. Leur vie se cotoya pendant quelques annees. Tous deux etaient obscurs. L'un etait ruine, l'autre etait pauvre. On reprochait a l'un sa premiere tragedie qui etait un essai d'ecolier, et a l'autre sa premiere action qui etait un exploit de jacobin. Leurs deux renommees commencerent en meme temps par un sobriquet. On disait *M. Mercier-Meleagre* au meme instant ou l'on disait le *general Vendemiaire*. Loi etrange qui veut qu'en France le ridicule s'essaye un moment a tous les hommes superieurs! Quand madame de Beauharnais songea a epouser le protege de Barras, elle consulta M. Lemercier sur cette mesalliance. M. Lemercier, qui portait interet au jeune artilleur de Toulon, la lui conseilla. Puis tous deux, l'homme de lettres et l'homme de guerre, grandirent presque parallelement. Ils remporterent en meme temps leurs premieres victoires. M. Lemercier fit jouer *Agamemnon* dans l'annee d'Arcole et de Lodi, et *Pinto* dans l'annee de Marengo. Avant Marengo, leur liaison etait deja etroite. Le salon de la rue Chantereine avait vu M. Lemercier lire sa tragedie egyptienne d'*Ophis* au general en chef de l'armee d'Egypte; Kleber et Desaix ecoutaient assis dans un coin. Sous le consulat, la liaison devint de l'amitie. A la Malmaison, le premier consul, avec cette gaite d'enfant propre aux vrais grands hommes, entrait brusquement la nuit dans la chambre ou veillait le poete, et s'amusait a lui eteindre sa bougie, puis il s'echappait en riant aux eclats. Josephine avait confie a M. Lemercier son projet de mariage; le premier consul lui confia son projet d'empire. Ce jour-la, M. Lemercier sentit qu'il perdait un ami. Il ne voulut pas d'un maitre. On ne renonce pas aisement a l'egalite avec un pareil homme. Le poete s'eloigna fierement. On pourrait dire que, le dernier en France, il tutoya Napoleon. Le 14 floreal an XII, le jour meme ou le senat donnait pour la premiere fois a l'elu de la nation le titre imperial: *Sire*, M. Lemercier, dans une lettre memorable, l'appelait encore familierement de ce grand nom: *Bonaparte!*

Cette amitie, a laquelle la lutte dut succeder, les honorait l'un et l'autre. Le poete n'etait pas indigne du capitaine. C'etait un rare et beau talent que M. Lemercier. On a plus de raisons que jamais de le dire aujourd'hui que son monument est termine, aujourd'hui que l'edifice construit par cet esprit a recu cette fatale derniere pierre que la main de Dieu pose toujours sur tous les travaux de l'homme. Vous n'attendez certes pas de moi, messieurs, que j'examine ici page a page cette oeuvre immense et multiple qui, comme celle de Voltaire, embrasse tout, l'ode, l'epitre, l'apologue, la chanson, la parodie, le roman, le drame, l'histoire et le pamphlet, la prose et le vers, la traduction et l'invention, l'enseignement politique, l'enseignement philosophique et l'enseignement litteraire; vaste amas de volumes et de brochures que couronnent avec quelque majeste dix poemes, douze comedies et quatorze tragedies; riche et fantasque architecture, parfois tenebreuse, parfois vivement eclairee, sous les arceaux de laquelle apparaissent, etrangement meles dans un clair-obscur singulier, tous les fantomes imposants de la fable, de la bible et de l'histoire, Atride, Ismael, le levite d'Ephraim, Lycurgue, Camille, Clovis, Charlemagne, Baudouin, saint Louis, Charles VI, Richard III, Richelieu, Bonaparte, domines tous par ces quatre colosses symboliques sculptes sur le fronton de l'oeuvre, Moise, Alexandre, Homere et Newton; c'est-a-dire par la legislation, la guerre, la poesie et la science. Ce groupe de figures et d'idees que le poete avait dans l'esprit et qu'il a pose largement dans notre litterature, ce groupe, messieurs, est plein de grandeur. Apres avoir degage la ligne principale de l'oeuvre, permettez-moi d'en signaler quelques details saillants et caracteristiques; cette comedie de la revolution portugaise, si vive, si spirituelle, si ironique et si profonde; ce *Plaute*, qui differe de l'*Harpagon* de Moliere en ce que, comme le dit ingenieusement l'auteur lui-meme, *le sujet de Moliere, c'est un avare gui perd un tresor; mon sujet a moi, c'est Plaute qui trouve un avare*; ce *Christophe Colomb*, ou l'unite de lieu est tout a la fois si rigoureusement observee, car l'action se passe sur le pont d'un vaisseau, et si audacieusement violee, car ce vaisseau—j'ai presque dit ce drame—va de l'ancien monde au nouveau; cette *Fredegonde*, concue comme un reve de Crebillon, executee comme une pensee de Corneille; cette *Atlantiade*, que la nature penetre d'un assez vif rayon, quoiqu'elle y soit plutot interpretee peut-etre selon la science que selon la poesie; enfin, ce dernier poeme, l'homme donne par Dieu en spectacle aux demons, cette *Panhypocrisiade* qui est tout ensemble une epopee, une comedie et une satire, sorte de chimere litteraire, espece de monstre a trois tetes qui chante, qui rit et qui aboie.

Apres avoir traverse tous ces livres, apres avoir monte et descendu la double echelle, construite par lui-meme pour lui seul peut-etre, a l'aide de laquelle ce penseur plongeait dans l'enfer ou penetrait dans le ciel, il est impossible, messieurs, de ne pas se sentir au coeur une sympathie sincere pour cette noble et travailleuse intelligence qui, sans se rebuter, a courageusement essaye tant d'idees a ce superbe gout francais si difficile a satisfaire; philosophe selon Voltaire, qui a ete parfois un poete selon Shakespeare; ecrivain precurseur qui dediait des epopees a Dante a l'epoque ou Dorat refleurissait sous le nom de Demoustier; esprit a la vaste envergure, qui a tout a la fois une aile dans la tragedie primitive et une aile dans la comedie revolutionnaire, qui touche par *Agamemnon* au poete de Promethee et par *Pinto* au poete de Figaro.

Le droit de critique, messieurs, parait au premier abord decouler naturellement du droit d'apologie. L'oeil humain—est-ce perfection? est-ce infirmite?—est ainsi fait qu'il cherche toujours le cote defectueux de tout. Boileau n'a pas loue Moliere sans restriction.

Cela est-il a l'honneur de Boileau? Je l'ignore, mais cela est. Il y a deux cent trente ans que l'astronome Jean Fabricius a trouve des taches dans le soleil; il y a deux mille deux cents ans que le grammairien Zoile en avait trouve dans Homere. Il semble donc que je pourrais ici, sans offenser vos usages et sans manquer a la respectable memoire qui m'est confiee, meler quelques reproches a mes louanges et prendre de certaines precautions conservatoires dans l'interet de l'art. Je ne le ferai pourtant pas, messieurs. Et vous-memes, en reflechissant que si, par hasard, moi qui ne peux etre que fidele a des convictions hautement proclamees toute ma vie, j'articulais une restriction au sujet de M. Lemercier, cette restriction porterait peut-etre principalement sur un point delicat et supreme, sur la condition qui, selon moi, ouvre ou ferme aux ecrivains les portes de l'avenir, c'est-a-dire sur le style, en songeant a ceci, je n'en doute pas, messieurs, vous comprendrez ma reserve et vous approuverez mon silence. D'ailleurs, et ce que je disais en commencant, ne dois-je pas le repeter ici surtout? qui suis-je? qui m'a donne qualite pour trancher des questions si complexes et si graves? Pourquoi la certitude que je crois sentir en moi se resoudrait-elle en autorite pour autrui? La posterite seule—et c'est la encore une de mes convictions a le droit definitif de critique et de jugement envers les talents superieurs. Elle seule, qui voit leur oeuvre dans son ensemble, dans sa proportion et dans sa perspective, peut dire ou ils ont erre et decider ou ils ont failli. Pour prendre ici devant vous le role auguste de la posterite, pour adresser un reproche ou un blame a un grand esprit, il faudrait au moins etre ou se croire un contemporain eminent. Je n'ai ni le bonheur de ce privilege, ni le malheur de cette pretention.

Et puis, messieurs, et c'est toujours la qu'il en faut revenir quand on parle de M. Lemercier, quel que soit son eclat litteraire, son caractere etait peut-etre plus complet encore que son talent.

Du jour ou il crut de son devoir de lutter contre ce qui lui semblait l'injustice faite gouvernement, il immola a cette lutte sa fortune, qu'il avait retrouvee apres la revolution et que l'empire lui reprit, son loisir, son repos, cette securite exterieure qui est comme la muraille du bonheur domestique, et, chose admirable dans un poete, jusqu'au succes de ses ouvrages. Jamais poete n'a fait combattre des tragedies et des comedies avec une plus heroique bravoure. Il envoyait ses pieces a la censure comme un general envoie ses soldats a l'assaut. Un drame supprime etait immediatement remplace par un autre qui avait le meme sort. J'ai eu, messieurs, la triste curiosite de chercher et d'evaluer le dommage cause par cette lutte a la renommee de l'auteur d'*Agamemnon*. Voulez-vous savoir le resultat?—Sans compter *le Levite d'Ephraim* proscrit par le comite de salut public, comme dangereux pour la philosophie, *le Tartuffe revolutionnaire* proscrit par la Convention, comme contraire a la republique, *la Demence de Charles VI* proscrite par la restauration, comme hostile a la royaute; sans m'arreter au *Corrupteur*, siffle, dit-on, en 1823, par les gardes du corps; en me bornant aux actes de la censure imperiale, voici ce que j'ai trouve: *Pinto*, joue vingt fois, puis defendu; *Plaute*, joue sept fois, puis defendu; *Christophe Colomb*, joue onze fois militairement devant les bayonnettes, puis defendu; *Charlemagne*, defendu; *Camille*, defendu. Dans cette guerre, honteuse pour le pouvoir, honorable pour le poete, M. Lemercier eut en dix ans cinq grands drames tues sous lui.

Il plaida quelque temps pour son droit et pour sa pensee par d'energiques reclamations directement adressees a Bonaparte lui-meme. Un jour, au milieu d'une discussion delicate et presque blessante, le maitre, s'interrompant, lui dit brusquement: *Qu'avez-vous donc? vous devenez tout rouge.—Et vous tout pale*, repliqua fierement M. Lemercier; *c'est notre maniere a tous deux quand quelque chose nous irrite, vous ou moi. Je rougis et vous palissez*. Bientot il cessa tout a fait de voir l'empereur. Une fois pourtant, en janvier 1812, a l'epoque culminante des prosperites de Napoleon, quelques semaines apres la suppression arbitraire de son *Camille*, dans un moment ou il desesperait de jamais faire representer aucune de ses pieces tant que l'empire durerait, il dut, comme membre de l'institut, se rendre aux Tuileries. Des que Napoleon l'apercut, il vint droit a lui.—*Eh bien, monsieur Lemercier, quand nous donnerez-vous une belle tragedie*? M. Lemercier regarda l'empereur fixement et dit ce seul-mot: *Bientot. J'attends*. Mot terrible! mot de prophete plus encore que de poete! mot qui, prononce au commencement de 1812, contient Moscou, Waterloo et Sainte-Helene!

Tout sentiment sympathique pour Bonaparte n'etait cependant pas eteint dans ce coeur silencieux et severe. Vers ces derniers temps, l'age avait plutot rallume qu'etouffe l'etincelle. L'an passe, presque a pareille epoque, par une belle matinee de mai, le bruit se repandit dans Paris que l'Angleterre, honteuse enfin de ce qu'elle a fait a Sainte-Helene, rendait a la France le cercueil de Napoleon. M. Lemercier, deja souffrant et malade depuis pres d'un mois, se fit apporter le journal. Le journal, en effet, annoncait qu'une fregate allait mettre a la voile pour Sainte-Helene. Pale et tremblant, le vieux poete se leva, une larme brilla dans son oeil, et au moment ou on lui lut que "le general Bertrand irait chercher l'empereur son maitre...."—*Et moi*, s'ecria-t-il, *si j'allais chercher mon ami le premier consul!*

Huit jours apres, il etait parti.

Helas! me disait sa respectable veuve en me racontant ces douloureux details, *il ne l'est pas alle chercher, il a fuit davantage, il l'est alle rejoindre.*

Nous venons de parcourir du regard toute cette noble vie; tirons-en maintenant l'enseignement qu'elle renferme.

M. Lemercier est un de ces hommes rares qui obligent l'esprit a se poser et aident la pensee a resoudre ce grave et beau probleme:—Quelle doit etre l'attitude de la litterature vis-a-vis de la societe, selon les epoques, selon les peuples et selon les gouvernements?

Aujourd'hui, vieux trone de Louis XIV, gouvernement des assemblees, despotisme de la gloire, monarchie absolue, republique tyrannique, dictature militaire, tout cela s'est evanoui. A mesure que nous, generations nouvelles, nous voguons d'annee en annee vers l'inconnu, les trois objets immenses que M. Lemercier rencontra sur sa route, qu'il aima, contempla et combattit tour a tour, immobiles et morts desormais, s'enfoncent peu a peu dans la brume epaisse du passe. Les rois de la branche ainee ne sont plus que des ombres, la Convention n'est plus qu'un souvenir, l'empereur n'est plus qu'un tombeau.

Seulement, les idees qu'ils contenaient leur ont survecu. La mort et l'ecroulement ne servent qu'a degager cette valeur intrinseque et essentielle des choses qui en est comme l'ame. Dieu met quelquefois des idees dans certains faits et dans certains hommes comme des parfums dans des vases. Quand le vase tombe, l'idee se repand.

Messieurs, la race ainee contenait la tradition historique, la Convention contenait l'expansion revolutionnaire, Napoleon contenait l'unite nationale. De la tradition nait la stabilite, de l'expansion nait la liberte, de l'unite nait le pouvoir. Or la tradition, l'unite et l'expansion, en d'autres termes, la stabilite, le pouvoir et la liberte, c'est la civilisation meme. La racine, le tronc et le feuillage, c'est tout l'arbre.

La tradition, messieurs, importe a ce pays. La France n'est pas une colonie violemment faite nation; la France n'est pas une Amerique. La France fait partie integrante de l'Europe. Elle ne peut pas plus briser avec le passe que rompre avec le sol. Aussi, a mon sens, c'est avec un admirable instinct que notre derniere revolution, si grave, si forte, si intelligente, a compris que, les familles couronnees etant faites pour les nations souveraines, a de certains ages des races royales, il fallait substituer a l'heredite de prince a prince l'heredite de branche a branche; c'est avec un profond bon sens qu'elle a choisi pour chef constitutionnel un ancien lieutenant de Dumouriez et de Kellermann qui etait petit-fils de Henri IV et petit-neveu de Louis XIV; c'est avec une haute raison qu'elle a transforme en jeune dynastie une vieille famille, monarchique et populaire a la fois, pleine de passe par son histoire et pleine d'avenir par sa mission.

Mais si la tradition historique importe a la France, l'expansion liberale ne lui importe pas moins. L'expansion des idees, c'est le mouvement qui lui est propre. Elle est par la tradition et elle vit par l'expansion. A Dieu ne plaise, messieurs, qu'en vous rappelant tout a l'heure combien la France etait puissante et superbe il y a trente ans, j'aie eu un seul moment l'intention impie d'abaisser, d'humilier ou de decourager, par le sous-entendu d'un pretendu contraste, la France d'a present! Nous pouvons le dire avec calme, et nous n'avons pas besoin de hausser la voix pour une chose si simple et si vraie, la France est aussi grande aujourd'hui qu'elle l'a jamais ete. Depuis cinquante annees qu'en commencant sa propre transformation elle a commence le rajeunissement de toutes les societes vieillies, la France semble avoir fait deux parts egales de sa tache et de son temps. Pendant vingt-cinq ans elle a impose ses armes a l'Europe; depuis vingt-cinq ans elle lui impose ses idees. Par sa presse, elle gouverne les peuples; par ses livres, elle gouverne les esprits. Si elle n'a plus la conquete, cette domination par la guerre, elle a l'initiative, cette domination par la paix. C'est elle qui redige l'ordre du jour de la pensee universelle. Ce qu'elle propose est a l'instant meme mis en discussion par l'humanite tout entiere; ce qu'elle conclut fait loi. Son esprit s'introduit peu a peu dans les gouvernements, et les assainit. C'est d'elle que viennent toutes les palpitations genereuses des autres peuples, tous les changements insensibles du mal au bien qui s'accomplissent parmi les hommes en ce moment et qui epargnent aux etats des secousses violentes. Les nations prudentes et qui ont souci de l'avenir tachent de faire penetrer dans leur vieux sang l'utile fievre des idees francaises, non comme une maladie, mais, permettez-moi cette expression, comme une vaccine qui inocule le progres et qui preserve des revolutions. Peut-etre les limites materielles de la France sont-elles momentanement restreintes, non, certes, sur la mappemonde eternelle dont Dieu a marque les compartiments avec des fleuves, des oceans et des montagnes, mais sur cette carte ephemere, bariolee de rouge et de bleu, que la victoire ou la diplomatie refont tous les vingt ans. Qu'importe! Dans un temps donne, l'avenir remet toujours tout dans le moule de Dieu. La forme de la France est fatale. Et puis, si les coalitions, les reactions et les congres ont bati une France, les poetes et les ecrivains en ont fait une autre. Outre ses frontieres visibles, la grande nation a des frontieres invisibles qui ne s'arretent que la ou le genre humain cesse de parler sa langue, c'est-a-dire aux bornes memes du monde civilise.

Encore quelques mots, messieurs, encore quelques instants de votre bienveillante attention, et j'ai fini.

Vous le voyez, je ne suis pas de ceux qui desesperent. Qu'on me pardonne cette faiblesse, j'admire mon pays et j'aime mon temps. Quoi qu'on en puisse dire, je ne crois pas plus a l'affaiblissement graduel de la France qu'a l'amoindrissement progressif de la race humaine. Il me semble que cela ne peut etre dans les desseins du Seigneur, qui successivement a fait Rome pour l'homme ancien et Paris pour l'homme nouveau. Le doigt eternel, visible, ce me semble, en toute chose, ameliore perpetuellement l'univers par l'exemple des nations choisies et les nations choisies par le travail des intelligences elues. Oui, messieurs, n'en deplaise a l'esprit de diatribe et de denigrement, cet aveugle qui regarde, je crois en l'humanite et j'ai foi en mon siecle; n'en deplaise a l'esprit de doute et d'examen, ce sourd qui ecoute, je crois en Dieu et j'ai foi en sa providence.

Rien donc, non, rien n'a degenere chez nous. La France tient toujours le flambeau des nations. Cette epoque est grande, je le pense,—moi qui ne suis rien, j'ai le droit de le dire!—elle est grande par la science, grande par l'industrie, grande par l'eloquence, grande par la poesie et par l'art. Les hommes des nouvelles generations, que cette justice tardive leur soit du moins rendue par le moindre et le dernier d'entre eux, les hommes des nouvelles generations ont pieusement et courageusement continue l'oeuvre de leurs peres. Depuis la mort du grand Goethe, la pensee allemande est rentree dans l'ombre; depuis la mort de Byron et de Walter Scott, la poesie anglaise s'est eteinte; il n'y a plus a cette heure dans l'univers qu'une seule litterature allumee et vivante, c'est la litterature francaise. On ne lit plus que des livres francais de Petersbourg a Cadix, de Calcutta a New-York. Le monde s'en inspire, la Belgique en vit. Sur toute la surface des trois continents, partout ou germe une idee un livre francais a ete seme. Honneur donc aux travaux des jeunes generations! Les puissants ecrivains, les nobles poetes, les maitres eminents qui sont parmi vous, regardent avec douceur et avec joie de belles renommees surgir de toutes parts dans le champ eternel de la pensee. Oh! qu'elles se tournent avec confiance vers cette enceinte! Comme vous le disait il y a onze ans, en prenant seance parmi vous, mon illustre ami. M. de Lamartine, *vous n'en laisserez aucune sur le seuil!*

Mais que ces jeunes renommees, que ces beaux talents, que ces continuateurs de la grande tradition litteraire francaise ne l'oublient pas: a temps nouveaux, devoirs nouveaux. La tache de l'ecrivain aujourd'hui est moins perilleuse qu'autrefois, mais n'est pas moins auguste. Il n'a plus la royaute a defendre contre l'echafaud comme en 93, ou la liberte a sauver du baillon comme en 1810, il a la civilisation a propager. Il n'est plus necessaire qu'il donne sa tete, comme Andre Chenier, ni qu'il sacrifie son oeuvre, comme Lemercier, il suffit qu'il devoue sa pensee.

Devouer sa pensee,—permettez-moi de repeter ici solennellement ce que j'ai dit toujours, ce que j'ai ecrit partout, ce qui, dans la proportion restreinte de mes efforts, n'a jamais cesse d'etre ma regle, ma loi, mon principe et mon but;—devouer sa pensee au developpement continu de la sociabilite humaine; avoir les populaces en dedain et le peuple en amour; respecter dans les partis, tout en s'ecartant d'eux quelquefois, les innombrables formes qu'a le droit de prendre l'initiative multiple et feconde de la liberte; menager dans le pouvoir, tout en lui resistant au besoin, le point d'appui, divin selon les uns, humain selon les autres, mysterieux et salutaire selon tous, sans lequel toute societe chancelle; confronter de temps en temps les lois humaines avec la loi chretienne et la penalite avec l'evangile; aider la presse par le livre toutes les fois qu'elle travaille dans le vrai sens du siecle; repandre largement ses encouragements et ses sympathies sur ces generations encore couvertes d'ombre qui languissent faute d'air et d'espace, et que nous entendons heurter tumultueusement de leurs passions, de leurs souffrances et de leurs idees les portes profondes de l'avenir; verser par le theatre sur la foule, a travers le rire et les pleurs, a travers les solennelles lecons de l'histoire, a travers les hautes fantaisies de l'imagination, cette emotion tendre et poignante qui se resout dans l'ame, des spectateurs en pitie pour la femme et en veneration pour le vieillard; faire penetrer la nature dans l'art comme la seve meme de Dieu; en un mot, civiliser les hommes par le calme rayonnement de la pensee sur leurs tetes, voila aujourd'hui, messieurs, la mission, la fonction et la gloire du poete.

Ce que je dis du poete solitaire, ce que je dis de l'ecrivain isole, si j'osais, je le dirais de vous-memes, messieurs. Vous avez sur les coeurs et sur les ames une influence immense. Vous etes un des principaux centres de ce pouvoir spirituel qui s'est deplace depuis Luther et qui, depuis trois siecles, a cesse d'appartenir exclusivement a l'eglise. Dans la civilisation actuelle deux domaines relevent de vous, le domaine intellectuel et le domaine moral. Vos prix et vos couronnes ne s'arretent pas au talent, ils atteignent jusqu'a la vertu. L'academie francaise est en perpetuelle communion avec les esprits speculatifs par ses philosophes, avec les esprits pratiques par ses historiens, avec la jeunesse, avec les penseurs et avec les femmes par ses poetes, avec le peuple par la langue qu'il fait et qu'elle constate en la rectifiant. Vous etes places entre les grands corps de l'etat et a leur niveau pour completer leur action, pour rayonner dans toutes les ombres sociales, et pour faire penetrer la pensee, cette puissance subtile et, pour ainsi dire, respirable, la ou ne peut penetrer le code, ce texte rigide et materiel. Les autres pouvoirs assurent et reglent la vie exterieure de la nation, vous gouvernez la vie interieure. Ils font les lois, vous faites les moeurs.

Cependant, messieurs, n'allons pas au dela du possible. Ni dans les questions religieuses, ni dans les questions sociales, ni meme dans les questions politiques, la solution definitive n'est donnee a personne Le miroir de la verite s'est brise au milieu des societes modernes. Chaque parti en a ramasse un morceau. Le penseur cherche a rapprocher ces fragments, rompus la plupart selon les formes les plus etranges, quelques-uns souilles de boue, d'autres, helas! taches de sang. Pour les rajuster tant bien que mal et y retrouver, a quelques lacunes pres, la verite totale, il suffit d'un sage; pour les souder ensemble et leur rendre l'unite, il faudrait Dieu.

Nul n'a plus ressemble a ce sage,—souffrez, messieurs, que je prononce en terminant un nom venerable pour lequel j'ai toujours eu une piete particuliere,—nul n'a plus ressemble a ce sage que ce noble Malesherbes qui fut tout a la fois un grand lettre, un grand magistrat, un grand ministre et un grand citoyen. Seulement il est venu trop tot. Il etait plutot l'homme qui ferme les revolutions que l'homme qui les ouvre. L'absorption insensible des commotions de l'avenir par les progres du present, l'adoucissement des moeurs, l'education des masses par les ecoles, les ateliers et les bibliotheques, l'amelioration graduelle de l'homme par la loi et par l'enseignement, voila le but serieux que doit se proposer tout bon gouvernement et tout vrai penseur; voila la tache que s'etait donnee Malesherbes durant ses trop courts ministeres. Des 1776, sentant venir la tourmente qui, dix-sept ans plus tard, a tout arrache, il s'etait hate de rattacher la monarchie chancelante a ce fond solide. Il eut ainsi sauve l'etat et le roi si le cable n'avait pas casse. Mais—et que cecien courage quiconque voudra l'imiter—si Malesherbes lui-meme a peri, son souvenir du moins est reste indestructible dans la memoire orageuse de ce peuple en revolution qui oubliait tout, comme reste au fond de l'ocean, a demi enfouie sous le sable, la vieille ancre de fer d'un vaisseau disparu dans la tempete!

REPONSE DE M. VICTOR HUGO

DIRECTEUR DE L'ACADEMIE FRANCAISE

AU DISCOURS DE M. SAINT-MARC GIRARDIN

16 janvier 1845.

Monsieur,

Votre pensee a devance la mienne. Au moment ou j'eleve la voix dans cette enceinte pour vous repondre, je ne puis maitriser une profonde et douloureuse emotion. Vous la comprenez, monsieur; vous comprenez que mon premier mouvement ne saurait se porter d'abord vers vous, ni meme vers le confrere honorable et regrette auquel vous succedez. En cet instant ou je parle au nom de l'academie entiere, comment pourrais-je voir une place vide dans ses rangs sans songer a l'homme eminent et rare qui devrait y etre assis, a cet integre serviteur de la patrie et des lettres, epuise par ses travaux memes, hier en butte a tant de haines, aujourd'hui entoure de cette respectueuse et universelle sympathie, qui n'a qu'un tort, c'est de toujours attendre, pour se declarer en faveur des hommes illustres, l'heure supreme du malheur? Laissez-moi, monsieur, vous parler de lui un moment. Ce qu'il est dans l'estime de tous, ce qu'il est dans cette academie, vous le savez, le maitre de la critique moderne, l'ecrivain eleve, eloquent, gracieux et severe, le juste et sage esprit devoue a la ferme et droite raison, le confrere affectueux, l'ami fidele et sur; et il m'est impossible de le sentir absent d'aupres de moi aujourd'hui sans un inexprimable serrement de coeur. Cette absence, n'en doutons pas, aura un terme; il nous reviendra. Confions-nous a Dieu, qui tient dans sa main nos intelligences et nos destinees, mais qui ne cree pas de pareils hommes pour qu'ils laissent leur tache inachevee. Homme excellent et cher! il partageait sa vie noble et serieuse entre les plus hautes affaires et les soins les plus touchants. Il avait l'ame aussi inepuisable que l'esprit. Son eloge, on pourrait le faire avec un mot. Le jour ou cela fut necessaire, il se trouva que dans ce grand lettre, dans cet homme public, dans cet orateur, dans ce ministre, il y avait une mere!

Au milieu de ces regrets unanimes qui se tournent vers lui, je sens plus vivement que jamais toute sa valeur et toute mon insuffisance. Que ne me remplace-t-il a cette heure! S'il avait pu etre donne a l'academie, s'il avait pu etre donne a cet auditoire si illustre et si charmant qui m'environne, de l'entendre en cette occasion parler de la place ou je suis, avec quelle surete degout, avec quelle elevation de langage, avec quelle autorite de bon sens il aurait su apprecier vos merites, monsieur, et rendre hommage au talent de M. Campenon!

M. Campenon, en effet, avait une de ces natures d'esprit qui reclament le coup d'oeil du critique le plus exerce et le plus delicat. Ce travail d'analyse intelligente et attentive, vous me l'avez rendu facile, monsieur, en le faisant vous-meme, et, apres votre excellent discours, il me reste peu de chose a dire de l'auteur de *l'Enfant Prodigue* et de *la Maison des Champs*. Etudier M. Campenon comme je l'ai fait, c'est l'aimer; l'expliquer comme vous l'avez fait, c'est le faire aimer. Pour le bien lire, il faut le bien connaitre. Chez lui, comme dans toutes les natures franches et sinceres, l'ecrivain derive du philosophe, le poete derive de l'homme, simplement, aisement, sans deviation, sans effort. De son caractere on peut conclure sa poesie, et de sa vie ses poemes. Ses ouvrages sont tout ce qu'est son esprit. Il etait doux, facile, calme, bienveillant, plein de grace dans sa personne et d'amenite dans sa parole, indulgent a tout homme, resigne a toute chose; il aimait la famille, la maison, le foyer domestique, le toit paternel; il aimait la retraite, les livres, le loisir comme un poete, l'intimite comme un sage; il aimait les champs, mais comme il faut aimer les champs, pour eux-memes, plutot pour les fleurs qu'il y trouvait que pour les vers qu'il y faisait, plutot en bonhomme qu'en academicien, plutot comme La Fontaine que comme Delille. Rien ne depassait l'excellence de son esprit, si ce n'est l'excellence de son coeur. Il avait le gout de l'admiration; il recherchait les grandes amities litteraires, et s'y plaisait. Le ciel ne lui avait pas donne sans doute la splendeur du genie, mais il lui avait donne ce qui l'accompagne presque toujours, ce qui en tient lieu quelquefois, la dignite de l'ame. M. Campenon etait sans envie devant les grandes intelligences comme sans ambition devant les grandes destinees. Il etait, chose admirable et rare, du petit nombre de ces hommes du second rang qui aiment les hommes du premier.

Je le repete, son caractere une fois connu, on connait son talent, et en cela il participait de ce noble privilege de revelation de soi-meme qui semble n'appartenir qu'au genie. Chacune de ses oeuvres est comme une production necessaire, dont on retrouve la racine dans quelque coin de son coeur. Son amour pour la famille engendre ce doux et touchant poeme de *l'Enfant Prodigue*; son gout pour la campagne fait naitre *la Maison des Champs*, cette gracieuse idylle; son culte pour les esprits eminents determine les *Etudes sur Ducis*, livre curieux et interessant au plus haut degre, par tout ce qu'il fait voir et par tout ce qu'il laisse entrevoir; portrait fidele et soigneux d'une figure isolee, peinture involontaire de toute une epoque.

Vous le voyez, le lettre refletant l'homme, le talent, miroir de l'ame, le coeur toujours etroitement mele a l'imagination, tel fut M. Campenon. Il aima, il songea, il ecrivit. Il fut reveur dans sa jeunesse, il devint pensif dans ses vieux jours. Maintenant, a ceux qui nous demanderaient s'il fut grand et s'il fut illustre, nous repondrons: il fut bon et il fut heureux!

Un des caracteres du talent de M. Campenon, c'est la presence de la femme dans toutes ses oeuvres. En 1810, il ecrivait dans une lettre a M. Legouve, auteur du *Merite des femmes*, ces paroles remarquables:—"Quand donc les gens de lettres comprendront-ils le parti qu'ils pourraient tirer dans leurs vers des qualites infinies et des graces de la femme, qui a tant de soucis et si peu de veritable bonheur ici-bas? Ce serait honorable pour nous, litterateurs et philosophes, de chercher dans nos ouvrages a eveiller l'interet en faveur des femmes, un peu desheritees par les hommes, convenons-en, dans l'ordre de societe que nous avons fait pour nous plutot que pour elles. Vous avez dedie aux femmes tout un poeme; je leur dedierais volontiers toute ma poesie." Il y a, dans ce peu de lignes, une lumiere jetee sur cette nature tendre, compatissante et affectueuse. Toutes ses compositions, en effet, sont pour ainsi dire doucement eclairees par une figure de femme, belle et lumineuse, penchee comme une muse sur le front souffrant et douloureux du poete. C'est Eleonore dans son poeme du *Tasse*, malheureusement inacheve; c'est, dans ses elegies, la jeune fille malade, la juive de Cambrai, Marie Stuart, mademoiselle de la Valliere; ailleurs, madame de Sevigne. Toi, Sevigne, dit-il,

Toi qui fus mere et ne fus pas auteur.

C'est, dans la parabole de *l'Enfant Prodigue*, cette intervention de la mere que vous lui avez d'ailleurs, monsieur, justement reprochee; anachronisme d'un coeur irreflechi et bon, qui se montre chretien et moderne la ou il faudrait etre juif et antique; et qui reste indulgent dans un sujet severe; faute reelle, mais charmante.

Quant a moi, je ne puis, je l'avoue, lire sans un certain attendrissement ce voeu touchant de M. Campenon en faveur de la femme *qui a*, je redis ses propres paroles, *tant de soucis et si peu de bonheur ici-bas*. Cet appel aux ecrivains vient, on le sent, du plus profond de son ame. Il l'a souvent repete ca et la, sous des formes variees, dans tous ses ouvrages, et chaque fois qu'on retrouve ce sentiment, il plait et il emeut, car rien ne charme comme de rencontrer dans un livre des choses douces qui sont en meme temps des choses justes.

Oh! que ce voeu soit entendu! que cet appel ne soit pas fait en vain! Que le poete et le penseur achevent de rendre de plus en plus sainte et venerable aux yeux de la foule, trop prompte a l'ironie et trop disposee a l'insouciance, cette pure et noble compagne de l'homme, si forte quelquefois, souvent si accablee, toujours si resignee, presque egale a l'homme par la pensee, superieure a l'homme par tous les instincts mysterieux de la tendresse et du sentiment, n'ayant pas a un aussi haut degre, si l'on veut, la faculte virile de creer par l'esprit, mais sachant mieux aimer, moins grande intelligence peut-etre, mais a coup sur plus grand coeur. Les esprits legers la blament et la raillent aisement; le vulgaire est encore paien dans tout ce qui la touche, meme dans le culte grossier qu'il lui rend; les lois sociales sont rudes et avares pour elle; pauvre, elle est condamnee au labeur; riche, a la contrainte; les prejuges, meme en ce qu'ils ont de bon et d'utile, pesent plus durement sur elle que sur l'homme; son coeur meme, si eleve et si sublime, n'est pas toujours pour elle une consolation et un asile; comme elle aime mieux, elle souffre davantage; il semble que Dieu ait voulu lui donner en ce monde tous les martyres, sans doute parce qu'il lui reserve ailleurs toutes les couronnes. Mais aussi quel role elle joue dans l'ensemble des faits providentiels d'ou resulte l'amelioration continue du genre humain! Comme elle est grande dans l'enthousiasme serieux des contemplateurs et des poetes, la femme de la civilisation chretienne; figure angelique et sacree, belle a la fois de la beaute physique et de la beaute morale, car la beaute exterieure n'est que la revelation et le rayonnement de la beaute interieure; toujours prete a developper, selon l'occasion ou une grace qui nous charme ou une perfection qui nous conseille; acceptant tout du malheur, excepte le fiel, devenant plus douce a mesure qu'elle devient plus triste; sanctifiee enfin, a chaque age de la vie, jeune fille, par l'innocence, epouse, par le devoir, mere, par le devouement!

M. Campenon faisait partie de l'universite; l'academie, pour le remplacer, a cherche ce que l'universite pouvait lui offrir de plus distingue; son choix, monsieur, s'est naturellement fixe sur vous. Vos travaux litteraires sur l'Allemagne, vos recherches sur l'etat de l'instruction intermediaire dans ce grand pays, vous recommandaient hautement aux suffrages de l'academie. Deja un *Tableau de la litterature francaise au seizieme siecle*, plein d'apercus ingenieux, un remarquable *Eloge de Bossuet*, ecrit d'un style vigoureux, vous avaient merite deux de ses couronnes. L'academie vous avait compte parmi ses laureats les plus brillants; aujourd'hui elle vous admet parmi les juges.

Dans cette position nouvelle, votre horizon, monsieur, s'agrandira. Vous embrasserez d'un coup d'oeil a la fois plus ferme et plus etendu de plus vastes espaces. Les esprits comme le votre se fortifient en s'elevant. A mesure que leur point de vue se hausse, leur pensee monte. De nouvelles perspectives, dont peut-etre vous serez surpris vous-meme, s'ouvriront a votre regard. C'est ici, monsieur, une region sereine. En entrant dans cette compagnie seculaire que tant de grands noms ont honoree, ou il y a tant de gloire et par consequent tant de calme, chacun depose sa passion personnelle, et prend la passion de tous, la verite. Soyez le bienvenu, monsieur. Vous ne trouverez pas ici l'echo des controverses qui emeuvent les esprits au dehors, et dont le bruit n'arrive pas jusqu'a nous. Les membres de cette academie habitent la sphere des idees pures. Qu'il me soit permis de leur rendre cette justice, a moi, l'un des derniers d'entre eux par le merite et par l'age. Ils ignorent tout sentiment qui pourrait troubler la paix inalterable de leur pensee. Bientot, monsieur, appele a leurs assemblees interieures, vous les connaitrez, vous les verrez tels qu'ils sont, affectueux, bienveillants, paisibles, tous devoues aux memes travaux et aux memes gouts; honorant les lettres, cultivant les lettres, les uns avec plus de penchant pour le passe, les autres avec plus de foi dans l'avenir; ceux-ci soigneux surtout de purete, d'ornement et de correction, preferant Racine, Boileau et Fenelon; ceux-la, preoccupes de philosophie et d'histoire, feuilletant Descartes, Pascal, Bossuet et Voltaire; ceux-la encore, epris des beautes hardies et males du genie libre, admirant avant tout la Bible, Homere, Eschyle, Dante, Shakespeare et Moliere; tous d'accord, quoique divers; mettant en commun leurs opinions avec cordialite et bonne foi; cherchant le parfait, meditant le grand; vivant ensemble enfin, freres plus encore que confreres, dans l'etude des livres et de la nature, dans la religion du beau et de l'ideal, dans la contemplation des maitres eternels.

Ce sera pour vous-meme, monsieur, un enseignement interieur qui profitera, n'en doutez pas, a votre enseignement du dehors. Meme votre intelligence si cultivee, meme votre parole si vive, si variee, si spirituelle et si justement applaudie, pourront se nourrir et se fortifier au commerce de tant d'esprits hauts et tranquilles, et en particulier de ces nobles vieillards, vos anciens et vos maitres, qui sont tout a la fois pleins d'autorite et de douceur, de gravite et de grace, qui savent le vrai et qui veulent le bien.

Vous, monsieur, vous apporterez aux deliberations de l'academie vos lumieres, votre erudition, votre esprit ingenieux, votre riche memoire, votre langage elegant. Vous recevrez et vous donnerez.

Felicitez-vous des forces nouvelles que vous acquerrez ainsi pres de vos venerables confreres pour votre delicate et difficile mission. Quoi de plus efficace et de plus eleve qu'un enseignement litteraire penetre de l'esprit si impartial, si sympathique et si bienveillant, qui anime a l'heure ou nous sommes cette antique et illustre compagnie! Quoi de plus utile qu'un enseignement litteraire, docte, large, desinteresse, digne d'un grand corps comme l'institut et d'un grand peuple comme la France, sujet d'etude pour les intelligences neuves, sujet de meditation pour les talents faits et les esprits murs! Quoi de plus fecond que des lecons pareilles qui seraient composees de sagesse autant que de science, qui apprendraient tout aux jeunes gens, et quelque chose aux vieillards!

Ce n'est pas une mediocre fonction, monsieur, de porter le poids d'un grand enseignement public dans cette memorable et illustre epoque, ou de toutes parts l'esprit humain se renouvelle. A une generation de soldats ce siecle a vu succeder une generation d'ecrivains. Il a commence par les victoires de l'epee, il continue par les victoires de la pensee. Grand spectacle!

A tout prendre, en jugeant d'un point de vue eleve l'immense travail qui s'opere de tous cotes, toutes critiques faites, toutes restrictions admises, dans le temps ou nous sommes, ce qui est au fond des intelligences est bon. Tous font leur tache et leur devoir, l'industriel comme le lettre, l'homme de presse comme l'homme de tribune, tous, depuis l'humble ouvrier, bienveillant et laborieux, qui se leve avant le jour dans sa cellule obscure, qui accepte la societe et qui la sert, quoique place en bas, jusqu'au roi, sage couronne, qui du haut de son trone laisse tomber sur toutes les nations les graves et saintes paroles de la concorde universelle!

A une epoque aussi serieuse, il faut de serieux conseils. Quoiqu'il soit presque temeraire d'entreprendre une pareille tache, permettez-moi, monsieur, a moi qui n'ai jamais eu le bonheur d'etre du nombre de vos auditeurs, et qui le regrette, de me representer, tel qu'il doit etre, tel qu'il est sans nul doute, et d'essayer de faire parler un moment en votre presence, ainsi que je le comprendrais, du moins a son point de depart, ce haut enseignement de l'etat, toujours recueilli, j'insiste sur ce point, comme une lecon par la foule studieuse et par les jeunes generations, parfois meme meritant l'insigne honneur d'etre accepte comme un avertissement par l'erudit, par le savant, par le publiciste, par le talent qui fertilise le vieux sillon litteraire, meme par ces hommes eminents et solitaires qui dominent toute une epoque, appuyes a la fois sur l'idee dont Dieu a compose leur siecle et sur l'idee dont Dieu a compose leur esprit.

Lettres! vous etes l'elite des generations, l'intelligence des multitudes resumee en quelques hommes, la tete meme de la nation. Vous etes les instruments vivants, les chefs visibles d'un pouvoir spirituel redoutable et libre. Pour n'oublier jamais quelle est votre responsabilite, n'oubliez jamais quelle est votre influence. Regardez vos aieux, et ce qu'ils ont fait; car vous avez pour ancetres tous les genies qui depuis trois mille ans ont guide ou egare, eclaire ou trouble le genre humain. Ce qui se degage de tous leurs travaux, ce qui resulte de toutes leurs epreuves, ce qui sort de toutes leurs oeuvres, c'est l'idee de leur puissance. Homere a fait plus qu'Achille, il a fait Alexandre; Virgile a calme l'Italie apres les guerres civiles; Dante l'a agitee; Lucain etait l'insomnie de Neron; Tacite a fait de Capree le pilori de Tibere. Au moyen age, qui etait, apres Jesus-Christ, la loi des intelligences? Aristote. Cervantes a detruit la chevalerie; Moliere a corrige la noblesse par la bourgeoisie, et la bourgeoisie par la noblesse; Corneille a verse de l'esprit romain dans l'esprit francais; Racine, qui pourtant est mort d'un regard de Louis XIV, a fait descendre Louis XIV du theatre; on demandait au grand Frederic quel roi il craignait en Europe, il repondit: *Le roi Voltaire*. Les lettres du XVIIIe siecle, Voltaire en tete, ont battu en breche et jete bas la societe ancienne; les lettres du XIXe peuvent consolider ou ebranler la nouvelle. Que vous dirai-je enfin? le premier de tous les livres et de tous les codes, la Bible, est un poeme. Partout et toujours ces grands reveurs qu'on nomme les penseurs et les poetes se melent a la vie universelle, et, pour ainsi parler, a la respiration meme de l'humanite. La pensee n'est qu'un souffle, mais ce souffle remue le monde.

Que les ecrivains donc se prennent au serieux. Dans leur action publique, qu'ils soient graves, moderes, independants et dignes. Dans leur action litteraire, dans les libres caprices de leur inspiration, qu'ils respectent toujours les lois radicales de la langue qui est l'expression du vrai, et du style qui est la forme du beau. En l'etat ou sont aujourd'hui les esprits, le lettre doit sa sympathie a tous les malaises individuels, sa pensee a tous les problemes sociaux, son respect a toutes les enigmes religieuses. Il appartient a ceux qui souffrent, a ceux qui errent, a ceux qui cherchent. Il faut qu'il laisse aux uns un conseil, aux autres une solution, a tous une parole. S'il est fort, qu'il pese et qu'il juge; s'il est plus fort encore, qu'il examine et qu'il enseigne; s'il est le plus grand de tous, qu'il console. Selon ce que vaut l'ecrivain, la table ou il s'accoude, et d'ou il parle aux intelligences, est quelquefois un tribunal, quelquefois une chaire. Le talent est une magistrature; le genie est un sacerdoce.

Ecrivains qui voulez etre dignes de ce noble titre et de cette fonction severe, augmentez chaque jour, s'il vous est possible, la gravite de votre raison; descendez dans les entrailles de toutes les grandes questions humaines; posez sur votre pensee, comme des fardeaux sublimes, l'art, l'histoire, la science, la philosophie. C'est beau, c'est louable, et c'est utile. En devenant plus grands, vous devenez meilleurs. Par une sorte de double travail divin et mysterieux, il se trouve qu'en ameliorant en vous ce qui pense, vous ameliorez aussi ce qui aime.

La hauteur des sentiments est en raison directe de la profondeur de l'intelligence. Le coeur et l'esprit sont les deux plateaux d'une balance. Plongez l'esprit dans l'etude, vous elevez le coeur dans les cieux.

Vivez dans la meditation du beau moral, et, par la secrete puissance de transformation qui est dans votre cerveau, faites-en, pour les yeux de tous, le beau poetique et litteraire, cette chose rayonnante et splendide! N'entendez pas ces mots, le *beau moral*, dans le sens etroit et petit, comme les interprete la pedanterie scolastique ou la pedanterie devote; entendez-les grandement, comme les entendaient Shakespeare et Moliere, ces genies si libres a la surface, au fond si austeres.

Encore un mot, et j'ai fini.

Soit que sur le theatre vous rendiez visible, pour l'enseignement de la foule, la triple lutte, tantot ridicule, tantot terrible, des caracteres, des passions et des evenements; soit que dans l'histoire vous cherchiez, glaneur attentif et courbe, quelle est l'idee qui germe sous chaque fait; soit que, par la poesie pure, vous repandiez votre ame dans toutes les ames pour sentir ensuite tous les coeurs se verser dans votre coeur; quoi que vous fassiez, quoi que vous disiez, rapportez tout a Dieu. Que dans votre intelligence, ainsi que dans la creation, tout commence a Dieu, *ab Jove*. Croyez en lui comme les femmes et comme les enfants. Faites de cette grande foi toute simple le fond et comme le sol de toutes vos oeuvres. Qu'on les sente marcher fermement sur ce terrain solide. C'est Dieu, Dieu seul! qui donne au genie ces profondes lueurs du vrai qui nous eblouissent. Sachez-le bien, penseurs! depuis quatre mille ans qu'elle reve, la sagesse humaine n'a rien trouve hors de lui. Parce que, dans le sombre et inextricable reseau des philosophies inventees par l'homme, vous voyez rayonner ca et la quelques verites eternelles, gardez-vous d'en conclure qu'elles ont meme origine, et que ces verites sont nees de ces philosophies. Ce serait l'erreur de gens-qui apercevraient les etoiles a travers des arbres, et qui s'imagineraient que ce sont la les fleurs de ces noirs rameaux.

REPONSE DE M. VICTOR HUGO

DIRECTEUR DE L'ACADEMIE FRANCAISE

AU DISCOURS DE M. SAINTE-BEUVE

27 fevrier 1845.

Monsieur,

Vous venez de rappeler avec de dignes paroles un jour que n'oubliera aucun de ceux qui l'ont vu. Jamais regrets publics ne furent plus vrais et plus unanimes que ceux qui accompagnerent jusqu'a sa derniere demeure le poete eminent dont vous venez aujourd'hui occuper la place. Il faut avoir bien vecu, il faut avoir bien accompli son oeuvre et bien rempli sa tache pour etre pleure ainsi. Ce serait une chose grande et morale que de rendre a jamais presentes a tous les esprits ces graves et touchantes funerailles. Beau et consolant spectacle, en effet! cette foule qui encombrait les rues, aussi nombreuse qu'un jour de fete, aussi desolee qu'un jour de calamite publique; l'affliction royale manifestee en meme temps que l'attendrissement populaire; toutes les tetes nues sur le passage du poete, malgre le ciel pluvieux, malgre la froide journee d'hiver; la douleur partout, le respect partout; le nom d'un seul homme dans toutes les bouches, le deuil d'une seule famille dans tous les coeurs!

C'est qu'il nous etait cher a tous! c'est qu'il y avait dans son talent cette dignite serieuse, c'est qu'il y avait dans ses oeuvres cette empreinte de meditation severe qui appelle la sympathie, et qui frappe de respect quiconque a une conscience, depuis l'homme du peuple jusqu'a l'homme de lettres, depuis l'ouvrier jusqu'au penseur, cet autre ouvrier! C'est que tous, nous qui etions enfants lorsque M. Delavigne etait homme, nous qui etions obscurs lorsqu'il etait celebre, nous qui luttions lorsqu'on le couronnait, quelle que fut l'ecole, quel que fut le parti, quel que fut le drapeau, nous l'estimions et nous l'aimions! C'est que, depuis ses premiers jours jusqu'aux derniers, sentant qu'il honorait les lettres, nous avions, meme en restant fideles a d'autres idees que les siennes, applaudi du fond du coeur a tous ses pas dans sa radieuse carriere, et que nous l'avions suivi de triomphe en triomphe avec cette joie profonde qu'eprouve toute ame elevee et honnete a voir le talent monter au succes et le genie monter a la gloire!

Vous avez apprecie, monsieur, selon la variete d'apercus et l'excellent tour d'esprit qui vous est propre, cette riche nature, ce rare et beau talent. Permettez-moi de le glorifier a mon tour, quoiqu'il soit dangereux d'en parler apres vous.

Dans M. Casimir Delavigne il y avait deux poetes, le poete lyrique et le poete dramatique. Ces deux formes du meme esprit se completaient l'une par l'autre. Dans tous ses poemes, dans toutes ses messeniennes, il y a de petits drames; dans ses tragedies, comme chez tous les grands poetes dramatiques, on sent a chaque instant passer le souffle lyrique. Disons-le a cette occasion, ce cote par lequel le drame est lyrique, c'est tout simplement le cote par lequel il est humain. C'est, en presence des fatalites qui viennent d'en haut, l'amour qui se plaint, la terreur qui se recrie, la haine qui blaspheme, la pitie qui pleure, l'ambition qui aspire, la virilite qui lutte, la jeunesse qui reve, la vieillesse qui se resigne; c'est le moi de chaque personnage qui parle. Or, je le repete, c'est la le cote humain du drame. Les evenements sont dans la main de Dieu; les sentiments et les passions sont dans le coeur de l'homme. Dieu frappe le coup, l'homme pousse le cri. Au theatre, c'est le cri surtout que nous voulons entendre. Cri humain et profond qui emeut une foule comme une seule ame; douloureux dans Moliere quand il se fait jour a travers les rires, terrible dans Shakespeare quand il sort du milieu des catastrophes!

Nul ne saurait calculer ce que peut, sur la multitude assemblee et palpitante, ce cri de l'homme qui souffre sous la destinee. Extraire une lecon utile de cette emotion poignante, c'est le devoir rigoureux du poete. Cette premiere loi de la scene, M. Casimir Delavigne l'avait comprise ou, pour mieux dire, il l'avait trouvee en lui-meme. Nous devenons artistes ou poetes par les choses que nous trouvons en nous. M. Delavigne etait du nombre de ces hommes vrais ou probes, qui savent que leur pensee peut faire le mal ou le bien, qui sont fiers parce qu'ils se sentent libres, et serieux parce qu'ils se sentent responsables. Partout, dans les treize pieces qu'il a donnees au theatre, on sent le respect profond de son art et le sentiment profond de sa mission. Il sait que tout lecteur commente, et que tout spectateur interprete; il sait que, lorsqu'un poete est universel, illustre et populaire, beaucoup d'hommes en portent au fond de leur pensee un exemplaire qu'ils traduisent dans les conseils de leur conscience et dans les actions de leur vie. Aussi lui, le poete integre et attentif, il tire de chaque chose un enseignement et une explication; Il donne un sens philosophique et moral a la fantaisie, dans *la Princesse Aurelie* et *le Conseiller rapporteur*; a l'observation, dans *les Comediens*; aux recits legendaires, dans *la Fille du Cid*; aux faits historiques, dans *les Vepres siciliennes*, dans *Louis XI*, dans *les Enfants d'Edouard*, dans *Don Juan d'Autriche*, dans *la Famille au temps de Luther*. Dans *le Paria*, il conseille les castes; dans *la Popularite*, il conseille le peuple. Frappe de tout ce que l'age peut amener de disproportion et de perils dans la lutte de l'homme avec la vie, de l'ame avec les passions, preoccupe un jour du cote ridicule des choses et le lendemain de leur cote terrible, il fit deux fois *l'Ecole des Vieillards*; la premiere fois il l'appela *l'Ecole des Vieillards*, la seconde fois il l'intitula *Marino Faliero.*

Je n'analyse pas ces compositions excellentes, je les cite. A quoi bon analyser ce que tous ont lu et applaudi? Enumerer simplement ces titres glorieux, c'est rappeler a tous les esprits de beaux ouvrages et a toutes les memoires de grands triomphes.

Quoique la faculte du beau et de l'ideal fut developpee a un rare degre chez M. Delavigne, l'essor de la grande ambition litteraire, en ce qu'il peut avoir parfois de temeraire et de supreme, etait arrete en lui et comme limite par une sorte de reserve naturelle, qu'on peut louer ou blamer, selon qu'on prefere dans les productions de l'esprit le gout qui circonscrit ou le genie qui entreprend, mais qui etait une qualite aimable et gracieuse, et qui se traduisait en modestie dans son caractere et en prudence dans ses ouvrages. Son style avait toutes les perfections de son esprit, l'elevation, la precision, la maturite, la dignite, l'elegance habituelle, et, par instants, la grace, la clarte continue, et, par moments, l'eclat. Sa vie etait mieux que la vie d'un philosophe, c'etait la vie d'un sage. Il avait, pour ainsi dire, trace un cercle autour de sa destinee, comme il en avait trace un autour de son inspiration. Il vivait comme il pensait, abrite. Il aimait son champ, son jardin, sa maison, sa retraite; le soleil d'avril sur ses roses, le soleil d'aout sur ses treilles. Il tenait sans cesse pres de son coeur, comme pour le rechauffer, sa famille, son enfant, ses freres, quelques amis. Il avait ce gout charmant de l'obscurite qui est la soif de ceux qui sont celebres. Il composait dans la solitude ces poemes qui plus tard remuaient la foule. Aussi tous ses ouvrages, tragedies, comedies, messeniennes, eclos dans tant de calme, couronnes de tant de succes, conservent-ils toujours, pour qui les lit avec attention, je ne sais quelle fraicheur d'ombre et de silence qui les suit meme dans la lumiere et dans le bruit. Appartenant a tous et se reservant pour quelques-uns, il partageait son existence entre son pays, auquel il dediait toute son intelligence, et sa famille, a laquelle il donnait toute son ame. C'est ainsi qu'il a obtenu la double palme, l'une bien eclatante, l'autre bien douce; comme poete, la renommee, comme homme, le bonheur.

Cette vie pourtant, si sereine au dedans, si brillant eau dehors, ne fut ni sans epreuves, ni sans traverses. Tout jeune encore, M. Casimir Delavigne eut a lutter par le travail contre la gene. Ses premieres annees furent rudes et severes. Plus tard son talent lui fit des amis, son succes lui fit un public, son caractere lui fit une autorite. Par la hauteur de son esprit, il etait, des sa jeunesse meme, au niveau des plus illustres amities. Deux hommes eminents, vous l'avez dit, monsieur, le rechercherent et eurent la joie, qui est aujourd'hui une gloire, de l'aider et de le servir, M. Francais de Nantes sous l'empire, M. Pasquier sous la restauration. Il put ainsi se livrer paisiblement a ses travaux, sans inquietude, sans trop de souci de la vie materielle, heureux, admire, entoure de l'affection publique, et, en particulier, de l'affection populaire. Un jour arriva cependant ou une injuste et impolitique defaveur vint frapper ce poete dont le nom europeen faisait tant d'honneur a la France; il fut alors noblement recueilli et soutenu par le prince dont Napoleon a dit: Le duc d'Orleans est toujours reste national; grand et juste esprit qui comprenait des lors comme prince, et qui depuis a reconnu comme roi, que la pensee est une puissance et que le talent est une liberte.

Quand la meditation se fixe sur M. Casimir Delavigne, quand on etudie attentivement cette heureuse nature, on est frappe du rapport etroit et intime qui existe entre la qualite propre de son esprit, qui etait la clarte, et le principal trait de son caractere, qui etait la douceur. La douceur, en effet, est une clarte de l'ame qui se repand sur les actions de la vie. Chez M. Delavigne, cette douceur ne s'est jamais dementie. Il etait doux a toute chose, a la vie, au succes, a la souffrance; doux a ses amis, doux a ses ennemis. En butte, surtout dans ses dernieres annees, a de violentes critiques, a un denigrement amer et passionne, il semblait, c'est son frere qui nous l'apprend dans une interessante biographie, il semblait ne pas s'en douter. Sa serenite n'en etait pas alteree un instant. Il avait toujours le meme calme, la meme expansion, la meme bienveillance, le meme sourire. Le noble poete avait cette candide ignorance de la haine qui est propre aux ames delicates et fieres. Il savait d'ailleurs que tout ce qui est bon, grand, fecond, eleve, utile, est necessairement attaque; et il se souvenait du proverbe arabe: *On ne jette de pierres qu'aux arbres charges de fruits d'or.*

Tel etait, monsieur, l'homme justement admire que vous remplacez dans cette compagnie.

Succeder a un poete que toute une nation regrette, quand cette nation s'appelle la France et quand ce poete s'appelle Casimir Delavigne, c'est plus qu'un honneur qu'on accepte, c'est un engagement qu'on prend. Grave engagement envers la litterature, envers la renommee, envers le pays! Cependant, monsieur, j'ai hate de rassurer votre modestie. L'academie peut le proclamer hautement, et je suis heureux de le dire en son nom, et le sentiment de tous sera ici pleinement d'accord avec elle, en vous appelant dans son sein, elle a fait un utile et excellent choix. Peu d'hommes ont donne plus de gages que vous aux lettres et aux graves labeurs de l'intelligence. Poete, dans ce siecle ou la poesie est si haute, si puissante et si feconde, entre la messenienne epique et l'elegie lyrique, entre Casimir Delavigne qui est si noble et Lamartine qui est si grand, vous avez su dans le demi-jour decouvrir un sentier qui est le votre et creer une elegie qui est vous-meme. Vous avez donne a certains epanchements de l'ame un accent nouveau. Votre vers, presque toujours douloureux, souvent profond, va chercher tous ceux qui souffrent, quels qu'ils soient, honores ou dechus, bons ou mechants. Pour arriver jusqu'a eux, votre pensee se voile, car vous ne voulez pas troubler l'ombre ou vous allez les trouver. Vous savez, vous poete, que ceux qui souffrent se retirent et se cachent avec je ne sais quel sentiment farouche et inquiet qui est de la honte dans les ames tombees et de la pudeur dans les ames pures. Vous le savez, et, pour etre un des leurs, vous vous enveloppez comme eux. De la, une poesie penetrante et timide a la fois, qui touche discretement les fibres mysterieuses du coeur. Comme biographe, vous avez, dans vos *Portraits de femmes*, mele le charme a l'erudition, et laisse entrevoir un moraliste qui egale parfois la delicatesse de Vauvenargues et ne rappelle jamais la cruaute de La Rochefoucauld. Comme romancier, vous avez sonde des cotes inconnus de la vie possible, et dans vos analyses patientes et neuves on sent toujours cette force secrete qui se cache dans la grace de voire talent. Comme philosophe vous avez confronte tous les systemes; comme critique, vous avez etudie toutes les litteratures. Un jour vous completerez et vous couronnerez ces derniers travaux qu'on ne peut juger aujourd'hui, parce que, dans votre esprit meme, ils sont encore inacheves; vous constaterez, du meme coup d'oeil, comme conclusion definitive, que, s'il y a toujours, au fond de tous les systemes philosophiques, quelque chose d'humain, c'est-a-dire de vague et d'indecis, en meme temps il y a toujours dans l'art, quel que soit le siecle, quelle que soit la forme, quelque chose de divin, c'est-a-dire de certain et d'absolu; de sorte que, tandis que l'etude de toutes les philosophies mene au doute, l'etude de toutes les poesies conduit a l'enthousiasme.

Par vos recherches sur la langue, par la souplesse et la variete de votre esprit, par la vivacite de vos idees toujours fines, souvent fecondes, par ce melange d'erudition et d'imagination qui fait qu'en vous le poete ne disparait jamais tout a fait sous le critique, et le critique ne depouille jamais entierement le poete, vous rappelez a l'academie un de ses membres les plus chers et les plus regrettes, ce bon et charmant Nodier, qui etait si superieur et si-doux. Vous lui ressemblez par le cote ingenieux, comme lui-meme ressemblait a d'autres grands esprits par le cote insouciant. Nodier nous rendait quelque chose de La Fontaine; vous nous rendrez quelque chose de Nodier.

Il etait impossible, monsieur, que, par la nature de vos travaux et la pente de votre talent enclin surtout a la curiosite biographique et litteraire, vous n'en vinssiez pas a arreter quelque jour vos regards sur deux groupes celebres de grands esprits qui donnent au dix-septieme siecle ses deux aspects les plus originaux, l'hotel de Rambouillet et Port-Royal. L'un a ouvert le dix-septieme siecle, l'autre l'a accompagne et ferme. L'un a introduit l'imagination dans la langue, l'autre y a introduit l'austerite. Tous deux, places pour ainsi dire aux extremites opposees de la pensee humaine, ont repandu une lumiere diverse. Leurs influences se sont combattues heureusement, et combinees plus heureusement encore; et dans certains chefs-d'oeuvre de notre litterature, places en quelque sorte a egale distance de l'un et de l'autre, dans quelques ouvrages immortels qui satisfont tout ensemble l'esprit dans son besoin d'imagination et l'ame dans son besoin de gravite, on voit se meler et se confondre leur double rayonnement.

De ces deux grands faits qui caracterisent une epoque illustre et qui ont si puissamment agi en France sur les lettres et sur les moeurs, le premier, l'hotel de Rambouillet, a obtenu de vous, ca et la, quelques coups de pinceau vifs et spirituels; le second, Port-Royal, a eveille et fixe votre attention. Vous lui avez consacre un excellent livre, qui, bien que non termine, est sans contredit le plus important de vos ouvrages. Vous avez bien fait, monsieur. C'est un digne sujet de meditation et d'etude que cette grave famille de solitaires qui a traverse le dix-septieme siecle, persecutee et honoree, admiree et haie, recherchee par les grands et poursuivie par les puissants, trouvant moyen d'extraire de sa faiblesse et de son isolement meme je ne sais quelle imposante et inexplicable autorite, et faisant servir les grandeurs de l'intelligence a l'agrandissement de la foi. Nicole, Lancelot, Lemaistre, Sacy, Tillemont, les Arnauld, Pascal, gloires tranquilles, noms venerables, parmi lesquels brillent chastement trois femmes, anges austeres, qui ont dans la saintete cette majeste que les femmes romaines avaient dans l'heroisme! Belle et savante ecole qui substituait, comme maitre et docteur de l'intelligence, saint Augustin a Aristote, qui conquit la duchesse de Longueville, qui forma le president de Harlay, qui convertit Turenne, et qui avait puise tout ensemble dans saint Francois de Sales l'extreme douceur et dans l'abbe de Saint-Cyran l'extreme severite! A vrai dire, et qui le sait mieux que vous, monsieur (car dans tout ce que je dis en ce moment, j'ai votre livre present a l'esprit)? l'oeuvre de Port-Royal ne fut litteraire que par occasion, et de cote, pour ainsi parler; le veritable but de ces penseurs attristes et rigides etait purement religieux. Resserrer le lien de l'eglise au dedans et a l'exterieur par plus de discipline chez le pretre et plus de croyance chez le fidele; reformer Rome en lui obeissant; faire a l'interieur et avec amour ce que Luther avait tente au dehors et avec colere; creer en France, entre le peuple souffrant et ignorant et la noblesse voluptueuse et corrompue, une classe intermediaire, saine, stoique et forte, une haute bourgeoisie intelligente et chretienne; fonder une eglise modele dans l'eglise, une nation modele dans la nation, telle etait l'ambition secrete, tel etait le reve profond de ces hommes qui etaient illustres alors par la tentative religieuse et qui sont illustres aujourd'hui par le resultat litteraire. Et pour arriver a ce but, pour fonder la societe selon la foi, entre les verites necessaires, la plus necessaire a leurs yeux, la plus lumineuse, la plus efficace, celle que leur demontraient le plus invinciblement leur croyance et leur raison, c'etait l'infirmite de l'homme prouvee par la tache originelle, la necessite d'un Dieu redempteur, la divinite du Christ. Tous leurs efforts se tournaient de ce cote, comme s'ils devinaient que la etait le peril. Ils entassaient livres sur livres, preuves sur preuves, demonstrations sur demonstrations. Merveilleux instinct de prescience qui n'appartient qu'aux serieux esprits! Comment ne pas insister sur ce point? Ils batissaient cette grande forteresse a la hate, comme s'ils pressentaient une grande attaque. On eut dit que ces hommes du dix-septieme siecle prevoyaient les hommes du dix-huitieme. On eut dit que, penches sur l'avenir, inquiets et attentifs, sentant a je ne sais quel ebranlement sinistre qu'une legion inconnue etait en marche dans les tenebres, ils entendaient de loin venir dans l'ombre la sombre et tumultueuse armee de l'Encyclopedie, et qu'au milieu de cette rumeur obscure ils distinguaient deja confusement la parole triste et fatale de Jean-Jacques et l'effrayant eclat de rire de Voltaire!

On les persecutait, mais ils y songeaient a peine. Ils etaient plus occupes des perils de leur foi dans l'avenir que des douleurs de leur communaute dans le present. Ils ne demandaient rien, ils ne voulaient rien, ils n'ambitionnaient rien; ils travaillaient et ils contemplaient. Ils vivaient dans l'ombre du monde et dans la clarte de l'esprit. Spectacle auguste et qui emeut l'ame en frappant la pensee! Tandis que Louis XIV domptait l'Europe, que Versailles emerveillait Paris, que la cour applaudissait Racine, que la ville applaudissait Moliere; tandis que le siecle retentissait d'un bruit de fete et de victoire; tandis que tous les yeux admiraient le grand roi et tous les esprits le grand regne, eux, ces reveurs, ces solitaires, promis a l'exil, a la captivite, a la mort obscure et lointaine, enfermes dans un cloitre devoue a la ruine et dont la charrue devait effacer les derniers vestiges, perdus dans un desert a quelques pas de ce Versailles, de ce Paris, de ce grand regne, de ce grand roi, laboureurs et penseurs, cultivant la terre, etudiant les textes, ignorant ce que faisaient la France et l'Europe, cherchant dans l'ecriture sainte les preuves de la divinite de Jesus, cherchant dans la creation la glorification du createur, l'oeil fixe uniquement sur Dieu, meditaient les livres sacres et la nature eternelle, la bible ouverte dans l'eglise et le soleil epanoui dans les cieux!

Leur passage n'a pas ete inutile. Vous l'avez dit, monsieur, dans le livre remarquable qu'ils vous ont inspire, ils ont laisse leur trace dans la theologie, dans la philosophie, dans la langue, dans la litterature, et, aujourd'hui encore, Port-Royal est, pour ainsi dire, la lumiere interieure et secrete de quelques grands esprits. Leur maison a ete demolie, leur champ a ete ravage, leurs tombes ont ete violees, mais leur memoire est sainte, mais leurs idees sont debout, mais des choses qu'ils ont semees, beaucoup ont germe dans les ames, quelques-unes ont germe dans les coeurs. Pourquoi cette victoire a travers ces calamites? Pourquoi ce triomphe malgre cette persecution? Ce n'est pas seulement parce qu'ils etaient superieurs, c'est aussi, c'est surtout parce qu'ils etaient sinceres! C'est qu'ils croyaient, c'est qu'ils etaient convaincus, c'est qu'ils allaient a leur but pleins d'une volonte unique et d'une foi profonde. Apres avoir lu et medite leur histoire, on serait tente de s'ecrier:—Qui que vous soyez, voulez-vous avoir de grandes idees et faire de grandes choses? Croyez! ayez foi! Ayez une foi religieuse, une foi patriotique, une foi litteraire. Croyez a l'humanite, au genie, a l'avenir, a vous-memes. Sachez d'ou vous venez pour savoir ou vous allez. La foi est bonne et saine a l'esprit. Il ne suffit pas de penser, il faut croire. C'est de foi et de conviction que sont faites en morale les actions saintes et en poesie les idees sublimes.

Nous ne sommes plus, monsieur, au temps de ces grands devouements a une pensee purement religieuse. Ce sont la de ces enthousiasmes sur lesquels Voltaire et l'ironie ont passe. Mais, disons-le bien haut, et ayons quelque fierte de ce qui nous reste, il y a place encore dans nos ames pour des croyances efficaces, et la flamme genereuse n'est pas eteinte en nous. Ce don, une conviction, constitue aujourd'hui comme autrefois l'identite meme de l'ecrivain. Le penseur, en ce siecle, peut avoir aussi sa foi sainte, sa foi utile, et croire, je le repete, a la patrie, a l'intelligence, a la poesie, a la liberte. Le sentiment national, par exemple, n'est-il pas a lui seul toute une religion? Telle heure peut sonner ou la foi au pays, le sentiment patriotique, profondement exalte, fait tout a coup, d'un jeune homme qui s'ignorait lui-meme, un Tyrtee, rallie d'innombrables ames avec le cri d'une seule, et donne a la parole d'un adolescent l'etrange puissance d'emouvoir tout un peuple.

Et a ce propos, puisque j'y suis naturellement amene par mon sujet, permettez-moi, au moment de terminer, de rappeler, apres vous, monsieur, un souvenir.

Il est une epoque, une epoque fatale, que n'ont pu effacer de nos memoires quinze ans de luttes pour la liberte, quinze ans de luttes pour la civilisation, trente annees d'une paix feconde. C'est le moment ou tomba celui qui etait si grand que sa chute parut etre la chute meme de la France. La catastrophe fut decisive et complete. En un jour tout fut consomme. La Rome moderne fut livree aux hommes du nord comme l'avait ete la Rome ancienne; l'armee de l'Europe entra dans la capitale du monde; les drapeaux de vingt nations flotterent deployes au milieu des fanfares sur nos places publiques; naguere ils venaient aussi chez nous, mais ils changeaient de maitres en route. Les chevaux des cosaques brouterent l'herbe des Tuileries. Voila ce que nos yeux ont vu! Ceux d'entre nous qui etaient des hommes se souviennent de leur indignation profonde; ceux d'entre nous qui etaient des enfants se souviennent de leur etonnement douloureux.

L'humiliation etait poignante. La France courbait la tete dans le sombre silence de Niobe. Elle venait de voir tomber, a quatre journees de Paris, sur le dernier champ de bataille de l'empire, les veterans jusque-la invincibles qui rappelaient au monde ces legions romaines qu'a glorifiees Cesar et cette infanterie espagnole dont Bossuet a parle. Ils etaient morts d'une mort sublime, ces vaincus heroiques, et nul n'osait prononcer leurs noms. Tout se taisait; pas un cri de regret; pas une parole de consolation. Il semblait qu'on eut peur du courage et qu'on eut honte de la gloire.

Tout a coup, au milieu de ce silence, une voix s'eleva, une voix inattendue, une voix inconnue, parlant a toutes les ames avec un accent sympathique, pleine de foi pour la patrie et de religion pour les heros. Cette voix honorait les vaincus, et disait:

Parmi des tourbillons de flamme et de fumee,
O douleur! quel spectacle a mes yeux vient s'offrir?

Le bataillon sacre, seul devant une armee,
S'arrete pour mourir!

Cette voix relevait la France abattue, et disait:

Malheureux de ses maux et fier de ses victoires,
Je depose a ses pieds ma joie et mes douleurs;
J'ai des chants pour toutes ses gloires,
Des larmes pour tous ses malheurs!

Qui pourrait dire l'inexprimable effet de ces douces et fieres paroles? Ce fut dans toutes les ames un enthousiasme electrique et puissant, dans toutes les bouches une acclamation fremissante qui saisit ces nobles strophes au passage avec je ne sais quel melange de colere et d'amour, et qui fit en un jour d'un jeune homme inconnu un poete national. La France redressa la tete, et, a dater de ce moment, en ce pays qui fait toujours marcher de front sa grandeur militaire et sa grandeur litteraire, la renommee du poete se rattacha dans la pensee de tous a la catastrophe meme, comme pour la voiler et l'amoindrir. Disons-le, parce que c'est glorieux a dire, le lendemain du jour ou la France inscrivit dans son histoire ce mot nouveau et funebre, *Waterloo*, elle grava dans ses fastes ce nom jeune et eclatant, *Casimir Delavigne.*

Oh! que c'est la un beau souvenir pour le genereux poete, et une gloire digne d'envie! Quel homme de genie ne donnerait pas sa plus belle oeuvre pour cet insigne honneur d'avoir fait battre alors d'un mouvement de joie et d'orgueil le coeur de la France accablee et desesperee? Aujourd'hui que la belle ame du poete a disparu derriere l'horizon d'ou elle nous envoie encore tant de lumiere, rappelons-nous avec attendrissement son aube si eblouissante et si pure. Qu'une pieuse reconnaissance s'attache a jamais a cette noble poesie qui fut une noble action! Qu'elle suive Casimir Delavigne, et qu'apres avoir fait une couronne a sa vie, elle fasse une aureole a son tombeau! Envions-le et aimons-le! Heureux le fils dont on peut dire: Il a console sa mere! Heureux le poete dont on peut dire: Il a console la patrie!

CHAMBRE DES PAIRS

1845-1848

I

LA POLOGNE

[Note: Dans la discussion du projet de loi relatif aux depenses secretes M. de Montalembert vint plaider la cause de la Pologne et adjurer le Gouvernement de sortir de sa politique egoiste. M. Guizot repondit que le gouvernement du roi persistait et persisterait dans les deux regles de conduite qu'il s'etait imposees: la non-intervention dans les affaires de Pologne; les secours, l'asile offert aux malheureux polonais. "L'opposition, disait M. Guizot, peut tenir le langage qui lui plait; elle peut, sans rien faire, sans rien proposer, donner a ses reproches toute l'amertume, a ses esperances toute la latitude qui lui conviennent. Il y a, croyez-moi, bien autant, et c'est par egard que je ne dis pas bien plus, de moralite, de dignite, de vraie charite meme envers les polonais, a ne promettre et a ne dire que ce qu'on fait reellement."—En somme, M. Guizot tenait le debat engage pour inutile et ne pensait pas que la discussion des droits de la Pologne, que l'expression du jugement de la France pussent produire aucun effet heureux pour la reconstitution de la nationalite polonaise. Le gouvernement francais, selon M. Guizot, devait remplir son devoir de neutralite *en contenant, pour obeir a l'interet legitime de son pays, les sentiments qui s'elevaient aussi dans son ame.*—Apres M. le prince de la Moskowa qui repondit a M. Guizot, M. Victor Hugo monta a la tribune. Ce discours, le premier discours politique qu'ait prononce Victor Hugo, fut tres froidement accueilli. (*Note de l'editeur.*)]

19 mars 1846.

Messieurs,

Je dirai tres peu de mots. Je cede a un sentiment irresistible qui m'appelle a cette tribune.

La question qui se debat en ce moment devant cette noble assemblee n'est pas une question ordinaire, elle depasse la portee habituelle des questions politiques; elle reunit dans une commune et universelle adhesion les dissidences les plus declarees, les opinions les plus contraires, et l'on peut dire, sans craindre d'etre dementi, que personne dans cette enceinte, personne, n'est etranger a ces nobles emotions, a ces profondes sympathies.

D'ou vient ce sentiment unanime? Est-ce que vous ne sentez pas tous qu'il y a une certaine grandeur dans la question qui s'agite? C'est la civilisation meme qui est compromise, qui est offensee par certains actes que nous avons vu s'accomplir dans un coin de l'Europe. Ces actes, messieurs, je ne veux pas les qualifier, je n'envenimerai pas une plaie vive et saignante. Cependant je le dis, et je le dis tres haut, la civilisation europeenne recevrait une serieuse atteinte, si aucune protestation ne s'elevait contre le procede du gouvernement autrichien envers la Gallicie.

Deux nations entre toutes, depuis quatre siecles, ont joue dans la civilisation europeenne un role desinteresse; ces deux nations sont la France et la Pologne. Notez ceci, messieurs: la France dissipait les tenebres, la Pologne repoussait la barbarie; la France repandait les idees, la Pologne couvrait la frontiere. Le peuple francais a ete le missionnaire de la civilisation en Europe; le peuple polonais en a ete le chevalier.

Si le peuple polonais n'avait pas accompli son oeuvre, le peuple francais n'aurait pas pu accomplir la sienne. A un certain jour, a une certaine heure, devant une invasion formidable de la barbarie, la Pologne a eu Sobieski comme la Grece avait eu Leonidas.

Ce sont la, messieurs, des faits qui ne peuvent s'effacer de la memoire des nations. Quand un peuple a travaille pour les autres peuples, il est comme un homme qui a travaille pour les autres hommes, la reconnaissance de tous l'entoure, la sympathie de tous lui est acquise, il est glorifie dans sa puissance, il est respecte dans son malheur, et si, par la durete des temps, ce peuple, qui n'a jamais eu l'egoisme pour loi, qui n'a jamais consulte que sa generosite, que les nobles et puissants instincts qui le portaient a defendre la civilisation, si ce peuple devient un petit peuple, il reste une grande nation.

C'est la, messieurs, la destinee de la Pologne. Mais la Pologne, messieurs les pairs, est grande encore parmi vous; elle est grande dans les sympathies de la France; elle est grande dans les respects de l'Europe! Pourquoi? C'est qu'elle a servi la communaute europeenne; c'est qu'a certains jours, elle a rendu a toute l'Europe de ces services qui ne s'oublient pas.

Aussi, lorsque, il y a quatrevingts ans, cette nation a ete rayee du nombre des nations, un sentiment douloureux, un sentiment de profond respect s'est manifeste dans l'Europe entiere.

En 1773, la Pologne est condamnee; quatrevingts ans ont passe, et personne ne pourrait dire que ce fait soit accompli. Au bout de quatrevingts ans, ce grave fait de la radiation d'un peuple, non, ce n'est point un fait accompli! Avoir demembre la Pologne, c'etait le remords de Frederic II; n'avoir pas releve la Pologne, c'etait le regret de Napoleon.

Je le repete, lorsqu'une nation a rendu au groupe des autres nations de ces services eclatants, elle ne peut plus disparaitre; elle vit, elle vit a jamais! Opprimee ou heureuse, elle rencontre la sympathie; elle la trouve toutes les fois qu'elle se leve.

Certes, je pourrais presque me dispenser de le dire, je ne suis pas de ceux qui appellent les conflits des puissances et les conflagrations populaires. Les ecrivains, les artistes, les poetes, les philosophes, sont les hommes de la paix. La paix fait fructifier les idees en meme temps que les interets. C'est un magnifique spectacle depuis trente ans que cette immense paix europeenne, que cette union profonde des nations dans le travail universel de l'industrie, de la science et de la pensee. Ce travail, c'est la civilisation meme.

Je suis heureux de la part que mon pays prend a cette paix feconde, je suis heureux de sa situation libre et prospere sous le roi illustre qu'il s'est donne; mais je suis fier aussi des fremissements genereux qui l'agitent quand l'humanite est violee, quand la liberte est opprimee sur un point quelconque du globe; je suis fier de voir, au milieu de la paix de l'Europe, mon pays prendre et garder une attitude a la fois sereine et redoutable, sereine parce qu'il espere, redoutable parce qu'il se souvient.

Ce qui fait qu'aujourd'hui j'eleve la parole, c'est que le fremissement genereux de la France, je le sens comme vous tous; c'est que la Pologne ne doit jamais appeler la France en vain; c'est que je sens la civilisation offensee par les actes recents du gouvernement autrichien. Dans ce qui vient de se faire en Gallicie, les paysans n'ont pas ete payes, on le nie du moins; mais ils ont ete provoques et encourages, cela est certain. J'ajoute que cela est fatal. Quelle imprudence! s'abriter d'une revolution politique dans une revolution sociale! Redouter des rebelles et creer des bandits!

Que faire maintenant? Voila la question qui nait des faits eux-memes et qu'on s'adresse de toutes parts. Messieurs les pairs, cette tribune a un devoir. Il faut qu'elle le remplisse. Si elle se taisait, M. le ministre des affaires etrangeres, ce grand esprit, serait le premier, je n'en doute pas, a deplorer son silence.

Messieurs, les elements du pouvoir d'une grande nation ne se composent pas seulement de ses flottes, de ses armees, de la sagesse de ses lois, de l'etendue de son territoire. Les elements du pouvoir d'une grande nation sont, outre ce que je viens de dire, son influence morale, l'autorite de sa raison et de ses lumieres, son ascendant parmi les nations civilisatrices.

Eh bien, messieurs, ce qu'on vous demande, ce n'est pas de jeter la France dans l'impossible et dans l'inconnu; ce qu'on vous demande d'engager dans cette question, ce ne sont pas les armees et les flottes de la France, ce n'est pas sa puissance continentale et militaire, c'est son ascendant moral, c'est l'autorite qu'elle a si legitimement parmi les peuples, cette grande nation qui fait au profit du monde entier depuis trois siecles toutes les experiences de la civilisation et du progres.

Mais qu'est-ce que c'est, dira-t-on, qu'une intervention morale? Peut-elle avoir des resultats materiels et positifs?

Pour toute reponse, un exemple.

Au commencement du dernier siecle, l'inquisition espagnole etait encore toute-puissante. C'etait un pouvoir formidable qui dominait la royaute elle-meme, et qui, des lois, avait presque passe dans les moeurs. Dans la premiere moitie du dix-huitieme siecle, de 1700 a 1750, le saint-office n'a pas fait moins de douze mille victimes, dont seize cents moururent sur le bucher. Eh bien, ecoutez ceci. Dans la seconde moitie du meme siecle, cette meme inquisition n'a fait que quatrevingt-dix-sept victimes. Et, sur ce nombre, combien de buchers a-t-elle dresses? Pas un seul. Pas un seul! Entre ces deux chiffres, douze mille et quatrevingt-dix-sept, seize cents buchers et pas un seul, qu'y a-t-il? Y a-t-il une guerre? y a-t-il intervention directe et armee d'une nation? y a-t-il effort de nos flottes et de nos armees, ou meme simplement de notre diplomatie? Non, messieurs, il n'y a eu que ceci, une intervention morale. Voltaire et la France ont parle, l'inquisition est morte.

Aujourd'hui comme alors une intervention morale peut suffire. Que la presse et la tribune francaises elevent la voix, que la France parle, et, dans un temps donne, la Pologne renaitra.

Que la France parle, et les actes sauvages que nous deplorons seront impossibles, et l'Autriche et la Russie seront contraintes d'imiter le noble exemple de la Prusse, d'accepter les nobles sympathies de l'Allemagne pour la Pologne.

Messieurs, je ne dis plus qu'un mot. L'unite des peuples s'incarne de deux facons, dans les dynasties et dans les nationalites. C'est de cette maniere, sous cette double forme, que s'accomplit ce difficile labeur de la civilisation, oeuvre commune de l'humanite; c'est de cette maniere que se produisent les rois illustres et les peuples puissants. C'est en se faisant nationalite ou dynastie que le passe d'un empire devient fecond et peut produire l'avenir. Aussi c'est une chose fatale quand les peuples brisent des dynasties; c'est une chose plus fatale encore quand les princes brisent des nationalites.

Messieurs, la nationalite polonaise etait glorieuse; elle eut du etre respectee. Que la France avertisse les princes, qu'elle mette un terme et qu'elle fasse obstacle aux barbaries. Quand la France parle, le monde ecoute; quand la France conseille, il se fait un travail mysterieux dans les esprits, et les idees de droit et de liberte, d'humanite et de raison, germent chez tous les peuples.

Dans tous les temps, a toutes les epoques, la France a joue dans la civilisation ce role considerable, et ceci n'est que du pouvoir spirituel, c'est le pouvoir qu'exercait Rome au moyen age. Rome etait alors un etat de quatrieme rang, mais une puissance de premier ordre. Pourquoi? C'est que Rome s'appuyait sur la religion des peuples, sur une chose d'ou toutes les civilisations decoulent.

Voila, messieurs, ce qui a fait Rome catholique puissante, a une epoque ou l'Europe etait barbare.

Aujourd'hui la France a herite d'une partie de cette puissance spirituelle de Rome; la France a, dans les choses de la civilisation, l'autorite que Rome avait et a encore dans les choses de la religion.

Ne vous etonnez pas, messieurs, de m'entendre meler ces mots, civilisation et religion; la civilisation, c'est la religion appliquee.

La France a ete et est encore plus que jamais la nation qui preside au developpement des autres peuples.

Que de cette discussion il resulte au moins ceci: les princes qui possedent des peuples ne les possedent pas comme maitres, mais comme peres; le seul maitre, le vrai maitre est ailleurs; la souverainete n'est pas dans les dynasties, elle n'est pas dans les princes, elle n'est pas dans les peuples non plus, elle est plus haut; la souverainete est dans toutes les idees d'ordre et de justice, la souverainete est dans la verite.

Quand un peuple est opprime, la justice souffre, la verite, la souverainete du droit, est offensee; quand un prince est injustement outrage ou precipite du trone, la justice souffre egalement, la civilisation souffre egalement. Il y a une eternelle solidarite entre les idees de justice qui font le droit des peuples et les idees de justice qui font le droitdes princes. Dites-le aujourd'hui aux tetes couronnees comme vous le diriez aux peuples dans l'occasion.

Que les hommes qui gouvernent les autres hommes le sachent, le pouvoir moral de la France est immense. Autrefois, la malediction de Rome pouvait placer un empire en dehors du monde religieux; aujourd'hui l'indignation de la France peut jeter un prince en dehors du monde civilise.

Il faut donc, il faut que la tribune francaise, a cette heure, eleve en faveur de la nation polonaise une voix desinteressee et independante; qu'elle proclame, en cette occasion, comme en toutes, les eternelles idees d'ordre et de justice, et que ce soit au nom des idees de stabilite et de civilisation qu'elle defende la cause de la Pologne opprimee. Apres toutes nos discordes et toutes nos guerres, les deux nations dont je parlais en commencant, cette France qui a eleve et muri la civilisation de l'Europe, cette Pologne qui l'a defendue, ont subi des destinees diverses; l'une a ete amoindrie, mais elle est restee grande; l'autre a ete enchainee, mais elle est restee fiere. Ces deux nations aujourd'hui doivent s'entendre, doivent avoir l'une pour l'autre cette sympathie profonde de deux soeurs qui ont lutte ensemble. Toutes deux, je l'ai dit et je le repete, ont beaucoup fait pour l'Europe; l'une s'est prodiguee, l'autre s'est devouee.

Messieurs, je me resume et je finis par un mot. L'intervention de la France dans la grande question qui nous occupe, cette intervention ne doit pas etre une intervention materielle, directe, militaire, je ne le pense pas. Cette intervention doit etre une intervention purement morale; ce doit etre l'adhesion et la sympathie hautement exprimees d'un grand peuple, heureux et prospere, pour un autre peuple opprime et abattu. Rien de plus, mais rien de moins.

II

CONSOLIDATION ET DEFENSE DU LITTORAL

[Note: Dans la seance du 27 juin, un incident fut souleve, par M. de Boissy, sur l'ordre du jour. La chambre avait a discuter deux projets de loi: le premier etait relatif a des travaux a executer dans differents ports de commerce, le second decretait le rachat du havre de Courseulles. M. de Boissy voulait que la discussion du premier de ces projets, qui emportait 13 millions de depense, fut remise apres le vote du budget des recettes. La proposition de M. de Boissy, combattue par M. Dumon, le ministre des travaux publics et par M. Tupinier, rapporteur de la commission qui avait examine les projets de loi, fut rejetee apres ce discours de M. Victor Hugo. La discussion eut lieu dans la seance du 29. (*Note de l'editeur.*)]

27 juin et 1er juillet 1846.

Messieurs,

Je me reunis aux observations presentees par M. le ministre des travaux publics. Les degradations auxquelles il s'agit d'obvier marchent, il faut le dire, avec une effrayante rapidite. Il y a pour moi, et pour ceux qui ont etudie cette matiere, il y a urgence. Dans mon esprit meme, le projet de loi a une portee plus grande que dans la pensee de ses auteurs. La loi qui vous est presentee n'est qu'une parcelle d'une grande loi, d'une grande loi possible, d'une grande loi necessaire; cette loi, je la provoque, je declare que je voudrais la voir discuter par les chambres, je voudrais la voir presenter et soutenir par l'excellent esprit et l'excellente parole de l'honorable ministre qui tient en ce moment le portefeuille des travaux publics.

L'objet de cette grande loi dont je deplore l'absence, le voici: maintenir, consolider et ameliorer au double point de vue militaire et commercial la configuration du littoral de la France. (*Mouvement d'attention.*)

Messieurs, si on venait vous dire: Une de vos frontieres est menacee; vous avez un ennemi qui, a toute heure, en toute saison, nuit et jour, investit et assiege une de vos frontieres, qui l'envahit sans cesse, qui empiete sans relache, qui aujourd'hui vous derobe une langue de terre, demain une bourgade, apres-demain une ville frontiere; si l'on vous disait cela, a l'instant meme cette chambre seleverait et trouverait que ce n'est pas trop de toutes les forces du pays pour le defendre contre un pareil danger. Eh bien, messieurs les pairs, cette frontiere, elle existe, c'est votre littoral; cet ennemi, il existe, c'est l'ocean. (*Mouvement.*) Je ne veux rien exagerer. M. le ministre des travaux publics sait comme moi que les degradations des cotes de France sont nombreuses et rapides; il sait, par exemple, que cette immense falaise, qui commence a l'embouchure de la Somme et qui finit a l'embouchure de la Seine, est dans un etat de demolition perpetuelle. Vous n'ignorez pas que la mer agit incessamment sur les cotes; de meme que l'action de l'atmosphere use les montagnes, l'action de la mer use les cotes. L'action atmospherique se complique d'une multitude de phenomenes. Je demande pardon a la chambre si j'entre dans ces details, mais je crois qu'ils sont utiles pour demontrer l'urgence du projet actuel et l'urgence d'une plus grande loi sur cette matiere. (*De toutes parts: Parlez! parlez!*)

Messieurs, je viens de le dire, l'action de l'atmosphere qui agit sur les montagnes se complique d'une multitude de phenomenes; il faut des milliers d'annees a l'action atmospherique pour demolir une muraille comme les Pyrenees, pour creer une ruine comme le cirque de Gavarnie, ruine qui est en meme temps le plus merveilleux des edifices. Il faut tres peu de temps aux flots de la mer pour degrader une cote; un siecle ou deux suffisent, quelquefois moins de cinquante ans, quelquefois un coup d'equinoxe. Il y a la destruction continue et la destruction brusque.

Depuis l'embouchure de la Somme jusqu'a l'embouchure de la Seine, si l'on voulait compter toutes les degradations quotidiennes qui ont lieu, on serait effraye. Etretat s'ecroule sans cesse; le Bourgdault avait deux villages il y a un siecle, le village du bord de la mer, et le village du haut de la cote. Le premier a disparu, il n'existe aujourd'hui que le village du haut de la cote. Il y avait une eglise, l'eglise d'en bas, qu'on voyait encore il y a trente ans, seule et debout au milieu des flots comme un navire echoue; un jour l'ouragan a souffle, un coup de mer est venu, l'eglise a sombre. (*Mouvement.*) Il ne reste rien aujourd'hui de cette population de pecheurs, de ce petit port si utile. Messieurs, vous ne l'ignorez pas, Dieppe s'encombre tous les jours; vous savez que tous nos ports de la Manche sont dans un etat grave, et pour ainsi dire atteints d'une maladie serieuse et profonde.

Vous parlerai-je du Havre, dont l'etat doit vous preoccuper au plus haut degre? J'insiste sur ce point; je sais que ce port n'a pas ete mis dans la loi, je voudrais cependant qu'il fixat l'attention de M. le ministre des travaux publics. Je prie la chambre de me permettre de lui indiquer rapidement quels sont les phenomenes qui ameneront, dans un temps assez prochain, la destruction de ce grand port, qui est a l'Ocean ce que Marseille est a la Mediterranee. (*Parlez! parlez!*)

Messieurs, il y a quelques jours on discutait devant vous, avec une remarquable lucidite de vues, la question de la marine; cette question a ete traitee dans une autre enceinte avec une egale superiorite. La puissance maritime d'une nation se fonde sur quatre elements: les vaisseaux, les matelots, les colonies et les ports; je cite celui-ci le dernier, quoiqu'il soit le premier. Eh bien, la question des vaisseaux et des matelots a ete approfondie, la question des colonies a ete effleuree; la question des ports n'a pas ete traitee, elle n'a pas meme ete entrevue. Elle se presente aujourd'hui, c'est le moment sinon de la traiter a fond, au moins de l'effleurer aussi. (*Oui! oui!*)

C'est du gouvernement que doivent venir les grandes impulsions; mais c'est des chambres, c'est de cette chambre en particulier, que doivent venir les grandes indications. (*Tres bien!*)

Messieurs, je touche ici a un des plus grands interets de la France, je prie la chambre de s'en penetrer. Je le repete et j'y insiste, maintenir, consolider et ameliorer, au profit de notre marine militaire et marchande, la configuration de notre littoral, voila le but qu'on doit se proposer. (*Oui, tres bien!*) La loi actuelle n'a qu'un defaut, ce n'est pas un manque d'urgence, c'est un manque de grandeur. (*Sensation.*)

Je voudrais que la loi fut un systeme, qu'elle fit partie d'un ensemble, que le ministre nous l'eut presentee dans un grand but et dans une grande vue, et qu'une foule de travaux importants, serieux, considerables fussent entrepris dans ce but par la France. C'est la, je le repete, un immense interet national. (*Vif assentiment.*)

Voici, puisque la chambre semble m'encourager, ce qui me parait devoir frapper son attention. Le courant de la Manche....

M. LE CHANCELIER.—J'invite l'orateur a se renfermer dans le projet en discussion.

M. VICTOR HUGO.—Voici ce que j'aurai l'honneur de faire remarquer a M. le chancelier. Une loi contient toujours deux points de vue, le point de vue special et le point de vue general; le point de vue special, vous venez de l'entendre traiter; le point de vue general, je l'aborde.

Eh bien! lorsqu'une loi souleve des questions aussi graves, vous voudriez que ces questions passassent devant la chambre sans etre traitees, sans etre examinees par elle! (*Bruit.*)

A l'heure qu'il est, la question d'urgence se discute; je crois qu'il ne s'agit que de cette question, et c'est elle que je traite, je suis donc dans la question. (*Plusieurs voix: Oui! oui!*) Je crois pouvoir demontrer a cette noble chambre qu'il y a urgence pour cette loi, parce qu'il y a urgence pour tout le littoral.

Maintenant si, au nombre des arguments dont je dois me servir, je presente le fait d'une grande imminence, d'un peril demontre, constate, evident pour tous, et en particulier pour M. le ministre des travaux publics, il me semble que je puis, que je dois invoquer cette grande urgence, signaler ce grand peril, et que si je puis reussir a montrer qu'il y a la un serieux interet public, je n'aurai pas mal employe le temps que la chambre aura bien voulu m'accorder. (*Adhesion sur plusieurs bancs.*)

Si la question d'ordre du jour s'oppose a ce que je continue un developpement que je croyais utile, je prierai la chambre de vouloir bien me reserver la parole au moment de la discussion de cette loi (*Sans doute! sans doute!*), car je crois necessaire de dire a la chambre certaines choses; mais dans ce moment-ci je ne parle que pour soutenir l'urgence du projet de loi. J'approuve l'insistance de M. le ministre des travaux publics; je l'appuie, je l'appuie energiquement.

Vous nous mettez en presence d'une petite loi; je la vote, je la vote avec empressement; mais j'en provoque une grande.

Vous nous apportez des travaux partiels, je les approuve; mais je voudrais des travaux d'ensemble.

J'insiste sur l'importance de la question. (*Parlez! parlez!*)

Messieurs, toute nation a la fois continentale et maritime comme la France a toujours trois questions qui dominent toutes les autres, et d'ou toutes les autres decoulent. De ces trois questions, la premiere, la voici: ameliorer la condition de la population. Voici la seconde: maintenir et defendre l'integrite du territoire. Voici la troisieme: maintenir et consolider la configuration du littoral.

Maintenir le territoire, c'est-a-dire surveiller l'etranger.
Consolider le littoral, c'est-a-dire surveiller l'ocean.

Ainsi, trois questions de premier ordre: le peuple, le territoire, le littoral. De ces trois questions, les deux premieres apparaissent frequemment sous toutes les formes dans les deliberations des assemblees. Lorsque l'imprevoyance des hommes les retire de l'ordre du jour, la force des choses les y remet. La troisieme question, le littoral, semble preoccuper moins vivement les corps deliberants. Est-elle plus obscure que les deux autres? Elle se complique, a la verite, d'un element politique et d'un element geologique, elle exige de certaines etudes speciales; cependant elle est, comme les deux autres, un serieux interet public.

Chaque fois que cette question du littoral, du littoral de la France en particulier, se presente a l'esprit, voici ce qu'elle offre de grave et d'inquietant: la degradation de nos dunes et de nos falaises, la ruine des populations riveraines, l'encombrement de nos ports, l'ensablement des embouchures de nos fleuves, la creation des barres et des traverses, qui rendent la navigation si difficile, la frequence des sinistres, la diminution de la marine militaire et de la marine marchande; enfin, messieurs, notre cote de France, nue et desarmee, en presence de la cote d'Angleterre, armee, gardee et formidable! (*Emotion.*)

Vous le voyez, messieurs, vous le sentez, et ce mouvement de la chambre me le prouve, cette question a de la grandeur, elle est digne d'occuper au plus haut point cette noble assemblee.

Ce n'est pas cependant a la derniere heure d'une session, a la derniere heure d'une legislature, qu'un pareil sujet peut etre aborde dans tous ses details, examine dans toute son etendue. On n'explore pas au dernier moment un si vaste horizon, qui nous apparait tout a coup. Je me bornerai a un coup d'oeil. Je me bornerai a quelques considerations generales pour fixer l'attention de la chambre, l'attention de M. le ministre des travaux publics, l'attention du pays, s'il est possible. Notre but, aujourd'hui, mon but a moi, le voici en deux, mots; je l'ai dit en commencant: voter une petite loi, et en ebaucher une grande.

Messieurs les pairs, il ne faut pas se dissimuler que l'etat du littoral de la France est en general alarmant; le littoral de la France est entame sur un tres grand nombre de points, menace sur presque tous. Je pourrais citer des faits nombreux, je me bornerai a un seul; un fait sur lequel j'ai commence a appeler vos regards a l'une des precedentes seances; un fait d'une gravite considerable, et qui fera comprendre par un seul exemple de quelle nature sont les phenomenes qui menacent de ruiner une partie de nos ports et de deformer la configuration des cotes de France.

Ici, messieurs, je reclame beaucoup d'attention et un peu de bienveillance, car j'entreprends une chose tres difficile; j'entreprends d'expliquer a la chambre en peu de mots, et en le depouillant des termes techniques, un phenomene a l'explication duquel la science depense des volumes. Je serai court et je tacherai d'etre clair.

Vous connaissez tous plus ou moins vaguement la situation grave du Havre; vous rendez-vous tous bien compte du phenomene qui produit cette situation, et de ce qu'est cette situation? Je vais tacher de le faire comprendre a la chambre.

Les courants de la Manche s'appuient sur la grande falaise de Normandie, la battent, la minent, la degradent perpetuellement; cette colossale demolition tombe dans le flot, le flot s'en empare et l'emporte; le courant de l'Ocean longe la cote en charriant cette enorme quantite de matieres, toute la ruine de la falaise; chemin faisant, il rencontre le Treport, Saint-Valery-en-Caux, Fecamp, Dieppe, Etretat, tous vos ports de la Manche, grands et petits, il les encombre et passe outre. Arrive au cap de la Heve, le courant rencontre, quoi? la Seine qui debouche dans la mer. Voila deux forces en presence, le fleuve qui descend, la mer qui passe et qui monte.

Comment ces deux forces vont-elles se comporter? Une lutte s'engage; la premiere chose que font ces deux courants qui luttent, c'est de deposer les fardeaux qu'ils apportent; le fleuve depose ses alluvions, le courant depose les ruines de la cote. Ce depot se fait, ou? Precisement a l'endroit ou la providence a place le Havre-de-Grace.

Ce phenomene a depuis longtemps eveille la sollicitude des divers gouvernements qui se sont succede en France. En 1784 un sondage a ete ordonne, et execute par l'ingenieur Degaule. Cinquante ans plus tard, en 1834, un autre sondage a ete execute par les ingenieurs de l'etat. Les cartes speciales de ces deux sondages existent, on peut les confronter. Voici ce que ces deux cartes demontrent. (*Attention marquee.*)

A l'endroit precis ou les deux courants se rencontrent, devant le Havre meme, sous cette mer qui ne dit rien au regard, un immense edifice se batit, une construction invisible, sous-marine, une sorte de cirque gigantesque qui s'accroit tous les jours, et qui enveloppe et enferme silencieusement le port du Havre. En cinquante ans, cet edifice s'est accru d'une hauteur deja considerable. En cinquante ans! Et a l'heure ou nous sommes, on peut entrevoir le jour ou ce cirque sera ferme, ou il apparaitra tout entier a la surface de la mer, et ce jour-la, messieurs, le plus grand port commercial de la France, le port du Havre n'existera plus. (*Mouvement.*)

Notez ceci: dans ce meme lieu quatre ports ont existe et ont disparu, Granville, Sainte-Adresse, Harfleur, et un quatrieme, dont le nom m'echappe en ce moment.

Oui, j'appelle sur ce point votre attention, je dis plus, votre inquietude. Dans un temps donne le Havre est perdu, si le gouvernement, si la science ne trouvent pas un moyen d'arreter dans leur operation redoutable et mysterieuse ces deux infatigables ouvriers qui ne dorment pas, qui ne se reposent pas, qui travaillent nuit et jour, le fleuve et l'ocean!

Messieurs, ce phenomene alarmant se reproduit dans des proportions differentes sur beaucoup de points de notre littoral. Je pourrais citer d'autres exemples, je me borne a celui-ci. Que pourrais-je vous citer de plus frappant qu'un si grand port en proie a un si grand danger?

Lorsqu'on examine l'ensemble des causes qui amenent la degradation de notre littoral ...—Je demande pardon a la chambre d'introduire ici une parenthese, mais j'ai besoin de lui dire que je ne suis pas absolument etranger a cette matiere. J'ai fait dans mon enfance, etant destine a l'ecole polytechnique, les etudes preliminaires; j'ai depuis, a diverses reprises, passe beaucoup de temps au bord de la mer; j'ai de plus, pendant plusieurs annees, parcouru tout notre littoral de l'Ocean et de la Mediterranee, en etudiant, avec le profond interet qu'eveillent en moi les interets de la France et les choses de la nature, la question qui vous est, a cette heure, partiellement soumise.

Je reprends maintenant.

Ce phenomene, que je viens de tacher d'expliquer a la chambre, ce phenomene qui menace le port du Havre, qui, dans un temps donne, enlevera a la France ce grand port, son principal port sur la Manche, ce phenomene se produit aussi, je le repete, sous diverses formes, sur divers points du littoral.

Le choc de la vague! au milieu de tout ce desordre de causes melees, de toute cette complication, voila un fait plein d'unite, un fait qu'on peut saisir; la science a essaye de le faire.

Amortissez, detruisez le choc de la vague, vous sauvez la configuration du littoral.

C'est la un vaste probleme digne de rencontrer une magnifique solution.

Et d'abord, qu'est-ce que le choc de la vague? Messieurs, l'agitation de la vague est un fait superficiel, la cloche a plongeur l'a prouve, la science l'a reconnu. Le fond de la mer est toujours tranquille. Dans les redoutables ouragans de l'equinoxe, vous avez a la surface la plus violente tempete, a trois toises au-dessous du flot, le calme le plus profond.

Ensuite, qu'est-ce que la force de la vague? La force de la vague se compose de sa masse. Divisez la masse, vous n'avez plus qu'une immense pluie; la force s'evanouit.

Partant de ces deux faits capitaux, l'agitation superficielle, la force dans la masse, un anglais, d'autres disent un francais, a pense qu'il suffirait, pour briser le choc de la vague, de lui opposer, a la surface de la mer, un obstacle a claire-voie, a la fois fixe et flottant. De la l'invention du brise-lame du capitaine Taylor, car, dans mon impartialite, je crois et je dois le dire, que l'inventeur est anglais. Ce brise-lame n'est autre chose qu'une carcasse de navire, une sorte de corbeille de charpente qui flotte a la surface du flot, retenue au fond de la mer par un ancrage puissant. La vague vient, rencontre cet appareil, le traverse, s'y divise, et la force se disperse avec l'ecume.

Vous le voyez, messieurs, si la pratique est d'accord avec la theorie, le probleme est bien pres d'etre resolu. Vous pouvez arreter la degradation de vos cotes. Le choc de la vague est le danger, le brise-lame serait le remede.

Messieurs les pairs, je n'ai aucune competence ni aucune pretention pour decider de l'excellence de cette invention; mais je rends ici un veritable, un sincere hommage a M. le ministre des travaux publics qui a provoque dans un port de France une experience considerable du brise-lame flottant. Cette experience a eu lieu a la Ciotat. M. le ministre des travaux publics a autorise au port de la Ciotat, port ouvert aux vents du sud-est qui viennent y briser les navires jusque sur le quai, il a autorise dans ce port la construction d'un brise-lame flottant a huit sections.

L'experience parait avoir reussi. D'autres essais ont ete faits en Angleterre, et, sans qu'on puisse rien affirmer encore d'une facon decisive, voici ce qui s'est produit jusqu'a ce jour. Toutes les fois qu'un brise-lame flottant est installe dans un port, dans une localite quelconque, meme en pleine mer, si l'on examine dans les gros temps de quelle facon la mer se comporte aupres de ce brise-lame, la tempete est au dela, le calme est en deca.

Le probleme du choc de la vague est donc bien pres d'etre resolu. Feconder l'invention du brise-lame, la perfectionner, voila, a mon sens, un grand interet public que je recommande au gouvernement.

Je ne veux pas abuser de l'attention si bienveillante de l'assemblee (*Parlez! tout ceci est nouveau!*), je ne veux pas entrer dans des considerations plus etendues encore auxquelles donnerait lieu le projet de loi. Je ferai remarquer seulement, et j'appelle sur ce point encore l'attention de M. le ministre des travaux publics, qu'une grande partie de notre littoral est depourvue de ports de refuge. Vous savez ce que c'est que le golfe de Gascogne, c'est un lieu redoutable, c'est une sorte de fond de cuve ou s'accumulent, sous la pression colossale des vagues, tous les sables arraches depuis le pole au littoral europeen. Eh bien, le golfe de Gascogne n'a pas un seul port de refuge. La cote de la Mediterranee n'en a que deux, Bouc et Cette. Le port de Cette a perdu une grande partie de son efficacite par l'etablissement d'un brise-lame en maconnerie qui, en retrecissant la passe, a rendu l'entree extremement difficile. M. le ministre des travaux publics le sait comme moi et le reconnait. Il serait possible d'etablir a Agde un port de refuge qui semble indique par la nature elle-meme. Ceci est d'autant plus important que les sinistres abondent dans ces parages. De 1836 a 1844, en sept ans, quatrevingt-douze navires se sont perdus sur cette cote; un port de refuge les eut sauves.

Voila donc les divers points sur lesquels j'appelle la sollicitude du gouvernement: premierement, etudier dans son ensemble la question du littoral que je n'ai pu qu'effleurer; deuxiemement, examiner le systeme propose par M. Bernard Fortin, ingenieur de l'etat, pour l'embouchure des fleuves et notamment pour le Havre; troisiemement, etudier et generaliser l'application du brise-lame; quatriemement, creer des ports de refuge.

Je voudrais qu'un bon sens ferme et ingenieux comme celui de l'honorable M. Dumon s'appliquat a l'etude et a la solution de ces diverses questions. Je voudrais qu'il nous fut presente a la session prochaine un ensemble de mesures qui regulariserait toutes celles qu'on a prises jusqu'a ce jour et a l'efficacite desquelles je m'associe en grande partie. Je suis loin de meconnaitre tout ce qui a ete fait, pourvu qu'on reconnaisse tout ce qui peut etre fait encore; et pour ma part j'appuie le projet de loi. Une somme de cent cinquante millions a ete depensee depuis dix ans dans le but d'ameliorer les ports; cette somme aurait pu etre utilisee dans un systeme plus grand et plus vaste; cependant cette depense a ete localement utile et a obvie a de grands inconvenients, je suis loin de le nier. Mais ce que je demande a M. le ministre des travaux publics, c'est l'examen approfondi de toutes ces questions. Nous sommes en presence de deux phenomenes contraires sur notre double littoral. Sur l'un, nous avons l'Ocean qui s'avance; sur l'autre, la Mediterranee qui se retire. Deux perils egalement graves. Sur la cote de l'Ocean, nos ports perissent par l'encombrement; sur la cote de la Mediterranee, ils perissent par l'atterrissement.

Je ne dirai plus qu'un mot, messieurs. La nature nous a fait des dons magnifiques; elle nous a donne ce double littoral sur l'Ocean et sur la Mediterranee. Elle nous a donne des rades nombreuses sur les deux mers, des havres de commerce, des ports de guerre. Eh bien, il semble, quand on examine certains phenomenes, qu'elle veuille nous les retirer. C'est a nous de nous defendre, c'est a nous de lutter. Par quels moyens? Par tous les moyens que l'art, que la science, que la pensee, que l'industrie mettent a notre service. Ces moyens, je les ignore, ce n'est pas moi qui peux utilement les indiquer; je ne peux que provoquer, je ne peux que desirer un travail serieux sur la matiere, une grande impulsion de l'etat. Mais ce que je sais, ce que vous savez comme moi, ce que j'affirme, c'est que ces forces, ces marees qui montent, ces fleuves qui descendent, ces forces qui detruisent, peuvent aussi creer, reparer, feconder; elles enfantent le desordre, mais, dans les vues eternelles de la providence, c'est pour l'ordre qu'elles sont faites. Secondons ces grandes vues; peuple, chambres, legislateurs, savants, penseurs, gouvernants, ayons sans cesse presente a l'esprit cette haute et patriotique idee, fortifier, fortifier dans tous les sens du mot, le littoral de la France, le fortifier contre l'Angleterre, le fortifier contre l'Ocean! Dans ce grand but, stimulons l'esprit de decouverte et de nouveaute, qui est comme l'ame de notre epoque. C'est la la mission d'un peuple comme la France. Dans ce monde, c'est la mission de l'homme lui-meme, Dieu l'a voulu ainsi; partout ou il y a une force, il faut qu'il y ait une intelligence pour la dompter. La lutte de l'intelligence humaine avec les forces aveugles de la matiere est le plus beau spectacle de la nature; c'est par la que la creation se subordonne a la civilisation et que l'oeuvre complete de la providence s'execute.

Je vote donc pour le projet de loi; mais je demande a M. le ministre des travaux publics un examen approfondi de toutes les questions qu'il souleve. Je demande que les points que je n'ai pu parcourir que tres rapidement, j'en ai indique les motifs a la chambre, soient etudies avec tous les moyens dont le gouvernement dispose, grace a la centralisation. Je demande qu'a l'une des sessions prochaines un travail general, un travail d'ensemble, soit apporte aux chambres. Je demande que la question grave du littoral soit mise desormais a l'ordre du jour pour les pouvoirs comme pour les esprits. Ce n'est pas trop de toute l'intelligence de la France pour lutter contre toutes les forces de la mer. (*Approbation sur tous les bancs.*)

III

LA FAMILLE BONAPARTE

[Note: Une petition de Jerome-Napoleon Bonaparte, ancien roi de Westphalie, demandait aux chambres la rentree de sa famille en France, M. Charles Dupin proposait le depot de cette petition au bureau des renseignements; il disait dans son rapport: "C'est a la couronne qu'il appartient de choisir le moment pour accorder, suivant le caractere et les merites des personnes, les faveurs qu'une tolerance eclairee peut conseiller; faveurs accordees plusieurs fois a plusieurs membres de l'ancienne famille imperiale, et toujours avec l'assentiment de la generosite nationale." La petition fut renvoyee au bur des renseignements. Le soir de ce meme jour, 14 juin, le roi Louis-Philippe, apres avoir pris connaissance du discours de M. Victor Hugo, declara au marechal Soult, president du conseil des ministres, qu'il entendait autoriser la famille Bonaparte a rentrer en France. (*Note de l'editeur.*)]

14 juin 1847.

Messieurs les pairs, en presence d'une petition comme celle-ci, je le declare sans hesiter, je suis du parti des exiles et des proscrits. Le gouvernement de mon pays peut compter sur moi, toujours, partout, pour l'aider et pour le servir dans toutes les occasions graves et dans toutes les causes justes. Aujourd'hui meme, dans ce moment, je le sers, je crois le servir du moins, en lui conseillant de prendre une noble initiative, d'oser faire ce qu'aucun gouvernement, j'en conviens, n'aurait fait avant l'epoque ou nous sommes, d'oser, en un mot, etre magnanime et intelligent. Je lui fais cet honneur de le croire assez fort pour cela.

D'ailleurs, laisser rentrer en France des princes bannis, ce serait de la grandeur, et depuis quand cesse-t-on d'etre assez fort parce qu'on est grand?

Oui, messieurs, je le dis hautement, dut la candeur de mes paroles faire sourire ceux qui ne reconnaissent dans les choses humaines que ce qu'ils appellent la necessite politique et la raison d'etat, a mon sens, l'honneur de notre gouvernement de juillet, le triomphe de la civilisation, la couronne de nos trente-deux annees de paix, ce serait de rappeler purement et simplement dans leur pays, qui est le notre, tous ces innocents illustres dont l'exil fait des pretendants et dont l'air de la patrie ferait des citoyens. (*Tres bien! tres bien!*)

Messieurs, sans meme invoquer ici, comme l'a fait si dignement le noble prince de la Moskowa, toutes les considerations speciales qui se rattachent au passe militaire, si national et si brillant, du noble petitionnaire, le frere d'armes de beaucoup d'entre vous, soldat apres le 18 brumaire, general a Waterloo, roi dans l'intervalle, sans meme invoquer, je le repete, toutes ces considerations pourtant si decisives, ce n'est pas, disons-le, dans un temps comme le notre, qu'il peut etre bon de maintenir les proscriptions et d'associer indefiniment la loi aux violences du sort et aux reactions de la destinee.

Ne l'oublions pas, car de tels evenements sont de hautes lecons, en fait d'elevations comme en fait d'abaissements, notre epoque a vu tous les spectacles que la fortune peut donner aux hommes. Tout peut arriver, car tout est arrive. Il semble, permettez-moi cette figure, que la destinee, sans etre la justice, ait une balance comme elle; quand un plateau monte, l'autre descend. Tandis qu'un sous-lieutenant d'artillerie devenait empereur des Francais, le premier prince du sang de France devenait professeur de mathematiques. Cet auguste professeur est aujourd'hui le plus eminent des rois de l'Europe. Messieurs, au moment de statuer sur cette petition, ayez ces profondes oscillations des existences royales presentes a l'esprit. (*Adhesion.*)

Non, ce n'est pas apres tant de revolutions, ce n'est pas apres tant de vicissitudes qui n'ont epargne aucune tete, qu'il peut etre impolitique de donner solennellement l'exemple du saint respect de l'adversite. Heureuse la dynastie dont on pourra dire: Elle n'a exile personne! elle n'a proscrit personne! elle a trouve les portes de la France fermees a des francais, elle les a ouvertes et elle a dit: entrez!

J'ai ete heureux, je l'avoue, que cette petition fut presentee. Je suis de ceux qui aiment l'ordre d'idees qu'elle souleve et qu'elle ramene. Gardez-vous de croire, messieurs, que de pareilles discussions soient inutiles! elles sont utiles entre toutes. Elles font reparaitre a tous les yeux, elles eclairent d'une vive lumiere pour tous les esprits ce cote noble et pur des questions humaines qui ne devrait jamais s'obscurcir ni s'effacer. Depuis quinze ans, on a traite avec quelque dedain et quelque ironie tout cet ordre de sentiments; on a ridiculise l'enthousiasme. Poesie! disait-on. On a raille ce qu'on a appele la politique sentimentale et chevaleresque, on a diminue ainsi dans les coeurs la notion, l'eternelle notion du vrai, du juste et du beau, et l'on a fait prevaloir les considerations d'utilite et de profit, les hommes d'affaires, les interets materiels. Vous savez, messieurs, ou cela nous a conduits. (*Mouvement.*)

Quant a moi, en voyant les consciences qui se degradent, l'argent qui regne, la corruption qui s'etend, les positions les plus hautes envahies par les passions les plus basses (*mouvement prolonge*), en voyant les miseres du temps present, je songe aux grandes choses du temps passe, et je suis, par moments, tente de dire a la chambre, a la presse, a la France entiere: Tenez, parlons un peu de l'empereur, cela nous fera du bien! (*Vive et profonde adhesion.*)

Oui, messieurs, remettons quelquefois a l'ordre du jour, quand l'occasion s'en presente, les genereuses idees et les genereux souvenirs. Occupons-nous un peu, quand nous le pouvons, de ce qui a ete et de ce qui est noble et pur, illustre, fier, heroique, desinteresse, national, ne fut-ce que pour nous consoler d'etre si souvent forces de nous occuper d'autre chose. (*Tres bien!*)

J'aborde maintenant le cote purement politique de la question. Je serai tres court; je prie la chambre de trouver bon que je l'effleure rapidement en quelques mots.

Tout a l'heure, j'entendais dire a cote de moi: Mais prenez garde! on ne provoque pas legerement l'abrogation d'une loi de bannissement politique; il y a danger; il peut y avoir danger. Danger! quel danger? Quoi? Des menees? des intrigues? des complots de salon? la generosite payee en conspirations et en ingratitude? Y a-t-il la un serieux peril? Non, messieurs Le danger, aujourd'hui, n'est pas du cote des princes. Nous ne sommes, grace a Dieu, ni dans le siecle ni dans le pays des revolutions de caserne et de palais. C'est peu de chose qu'un pretendant en presence d'une nation libre qui travaille et qui pense. Rappelez-vous l'avortement de Strasbourg suivi de l'avortement de Boulogne.

Le danger aujourd'hui, messieurs, permettez-moi de vous le dire en passant, voulez-vous savoir ou il est? Tournez vos regards, non du cote des princes, mais du cote des masses,—du cote des classes nombreuses et laborieuses, ou il y a tant de courage, tant d'intelligence, tant de patriotisme, ou il y a tant de germes utiles et en meme temps, je le dis avec douleur, tant de ferments redoutables. C'est au gouvernement que j'adresse cet avertissement austere. Il ne faut pas que le peuple souffre! il ne faut pas que le peuple ait faim! La est la question serieuse, la est le danger. La seulement, la, messieurs, et point ailleurs! (*Oui!*) Toutes les intrigues de tous les pretendants ne feront point changer de cocarde au moindre de vos soldats, les coups de fourche de Buzancais peuvent ouvrir brusquement un abime! (*Mouvement.*)

J'appelle sur ce que je dis en ce moment les meditations de cette sage et illustre assemblee.

Quant aux princes bannis, sur lesquels le debat s'engage, voici ce que je dirai au gouvernement; j'insiste sur ceci, qui est ma conviction, et aussi, je crois, celle de beaucoup de bons esprits: j'admets que, dans des circonstances donnees, des lois de bannissement politique, lois de leur nature toujours essentiellement revolutionnaires, peuvent etre momentanement necessaires. Mais cette necessite cesse; et, du jour ou elles ne sont plus necessaires, elles ne sont pas seulement illiberales et iniques, elles sont maladroites.

L'exil est une designation a la couronne, les exiles sont des en-cas. (*Mouvement.*) Tout au contraire, rendre a des princes bannis, sur leur demande, leur droit de cite, c'est leur oter toute importance, c'est leur declarer qu'on ne les craint pas, c'est leur demontrer par le fait que leur temps est fini. Pour me servir d'expressions precises, leur restituer leur qualite civique, c'est leur retirer leur signification politique. Cela me parait evident. Replacez-les donc dans la loi commune; laissez-les, puisqu'ils vous le demandent, laissez-les rentrer en France comme de simples et nobles francais qu'ils sont, et vous ne serez pas seulement justes, vous serez habiles.

Je ne veux remuer ici, cela va sans dire, aucune passion. J'ai le sentiment que j'accomplis un devoir en montant a cette tribune. Quand j'apporte au roi Jerome-Napoleon, exile, mon faible appui, ce ne sont pas seulement toutes les convictions de mon ame, ce sont tous les souvenirs de mon enfance qui me sollicitent. Il y a, pour ainsi dire, de l'heredite dans ce devoir, et il me semble que c'est mon pere, vieux soldat de l'empire, qui m'ordonne de me lever et de parler. (*Sensation.*) Aussi je vous parle, messieurs les pairs, comme on parle quand on accomplit un devoir. Je ne m'adresse, remarquez-le, qu'a ce qu'il y a de plus calme, de plus grave, de plus religieux dans vos consciences. Et c'est pour cela que je veux vous dire et que je vais vous dire, en terminant, ma pensee tout entiere sur l'odieuse iniquite de cette loi dont je provoque l'abrogation. (*Marques d'attention.*)

Messieurs les pairs, cet article d'une loi francaise qui bannit a perpetuite du sol francais la famille de Napoleon me fait eprouver je ne sais quoi d'inoui et d'inexprimable. Tenez, pour faire comprendre ma pensee, je vais faire une supposition presque impossible. Certes, l'histoire des quinze premieres annees de ce siecle, cette histoire que vous avez faite, vous, generaux, veterans venerables devant qui je m'incline et qui m'ecoutez dans cette enceinte ... (*mouvement*), cette histoire, dis-je, est connue du monde entier, et il n'est peut-etre pas, dans les pays les plus lointains, un etre humain qui n'en ait entendu parler. On a trouve en Chine, dans une pagode, le buste de Napoleon parmi les figures des dieux! Eh bien! je suppose, c'est la ma supposition a peu pres impossible, mais vous voulez bien me l'accorder, je suppose qu'il existe dans un coin quelconque de l'univers un homme qui ne sache rien de cette histoire, et qui n'ait jamais entendu prononcer le nom de l'empereur, je suppose que cet homme vienne en France, et qu'il lise ce texte de loi qui dit: "La famille de Napoleon est bannie a perpetuite du territoire francais." Savez-vous ce qui se passerait dans l'esprit de cet etranger? En presence d'une penalite si terrible, il se demanderait ce que pouvait etre ce Napoleon, il se dirait qu'a coup sur c'etait un grand criminel, que sans doute une honte indelebile s'attachait a son nom, que probablement il avait renie ses dieux, vendu son peuple, trahi son pays, que sais-je? ... Il se demanderait, cet etranger, avec une sorte d'effroi, par quels crimes monstrueux ce

Napoleon avait pu meriter d'etre ainsi frappe a jamais dans toute sa race. (*Mouvement.*)

Messieurs, ces crimes, les voici; c'est la religion relevee, c'est le code civil redige, c'est la France augmentee au dela meme de ses frontieres naturelles, c'est Marengo, Iena, Wagram, Austerlitz, c'est la plus magnifique dot de puissance et de gloire qu'un grand homme ait jamais apportee a une grande nation! (*Tres bien! Approbation.*)

Messieurs les pairs, le frere de ce grand homme vous implore a cette heure. C'est un vieillard, c'est un ancien roi aujourd'hui suppliant. Rendez-lui la terre de la patrie! Jerome-Napoleon, pendant la premiere moitie de sa vie, n'a eu qu'un desir, mourir pour la France. Pendant la derniere, il n'a eu qu'une pensee, mourir en France. Vous ne repousserez pas un pareil voeu. (*Approbation prolongee sur tous les bancs.*)

IV

LE PAPE PIE IX

[Note: Ce discours, du reste assez mal accueilli, fut prononce dans la discussion de l'adresse en reponse au discours de la couronne, a propos du paragraphe 6 de cette adresse, qui etait ainsi concu: "Nous croyons, avec votre majeste, que la paix du monde est assuree. Elle est essentielle a tous les gouvernements et a tous les peuples. Cet universel besoin est la garantie des bons rapports qui existent entre les etats. Nos voeux accompagneront les progres que chaque pays pourra accomplir, dans son action propre et independante. Une ere nouvelle de civilisation et de liberte s'ouvre pour les etats italiens. Nous secondons de toute notre sympathie et de toutes nos esperances le pontife magnanime qui l'inaugure avec autant de sagesse que de courage, et les souverains qui suivent, comme lui, cette voie de reformes pacifiques ou marchent de concert les gouvernements et les peuples." Le paragraphe ainsi redige fut adopte a l'unanimite. A cette epoque, l'Italie criait: *Vivo, Pio nono*! Pie IX etait revolutionnaire. On a pu mesurer depuis la distance qu'il y avait entre le pape des Droits de l'homme et le pape du *Syllabus*. (*Note de l'editeur.*)]

13 janvier 1848.

Messieurs,

Les annees 1846 et 1847 ont vu se produire un evenement considerable.

Il y a, a l'heure ou nous parlons, sur le trone de saint Pierre un homme, un pape, qui a subitement aboli toutes les haines, toutes les defiances, je dirais presque toutes les heresies et tous les schismes; qui s'est fait admirer a la fois, j'adopte sur ce point pleinement les paroles de notre noble et eloquent collegue M. le comte de Montalembert, qui s'est fait admirer a la fois, non seulement des populations qui vivent dans l'eglise romaine, mais de l'Angleterre non catholique, mais de la Turquie non chretienne, qui a fait faire, enfin, en un jour, pourrait-on dire, un pas a la civilisation humaine. Et cela comment? De la facon la plus calme, la plus simple et la plus grande, en communiant publiquement, lui pape, avec les idees des peuples, avec les idees d'emancipation et de fraternite. Contrat auguste; utile et admirable alliance de l'autorite et de la liberte, de l'autorite sans laquelle il n'y a pas de societe, de la liberte sans laquelle il n'y a pas de nation. (*Mouvement.*)

Messieurs les pairs, ceci est digne de vos meditations. Approfondissez cette grande chose.

Cet homme qui tient dans ses mains les clefs de la pensee de tant d'hommes, il pouvait fermer les intelligences, il les a ouvertes. Il a pose l'idee d'emancipation et de liberte sur le plus haut sommet ou l'homme puisse poser une lumiere. Ces principes eternels que rien n'a pu souiller et que rien ne pourra detruire, qui ont fait notre revolution et lui ont survecu, ces principes de droit, d'egalite, de devoir reciproque, qui, il y a cinquante ans, etaient un moment apparus au monde, toujours grands sans doute, mais farouches, formidables et terribles sous le bonnet rouge, Pie IX les a transfigures, il vient de les montrer a l'univers rayonnants de mansuetude, doux et venerables sous la tiare. C'est que c'est la leur veritable couronne en effet! Pie IX enseigne la route bonne et sure aux rois, aux peuples, aux hommes d'etat, aux philosophes, a tous. Graces lui soient rendues! Il s'est fait l'auxiliaire evangelique, l'auxiliaire supreme et souverain, de ces hautes verites sociales que le continent, a notre grand et serieux honneur, appelle les idees francaises. Lui, le maitre des consciences, il s'est fait le serviteur de la raison. Il est venu, revolutionnaire rassurant, faire voir aux nations, a la fois eblouies et effrayees par les evenements tragiques, les conquetes, les prodiges militaires et les guerres de geants qui ont rempli la fin du dernier siecle et le commencement de celui-ci, il est venu, dis-je, faire voir aux nations que, pour feconder le sillon ou germe l'avenir des peuples libres, il n'est pas necessaire de verser le sang, il suffit de repandre les idees; que l'evangile contient toutes les chartes; que la liberte de tous les peuples comme la delivrance de tous les esclaves etait dans le coeur du Christ et doit etre dans le coeur de l'eveque; que, lorsqu'il le veut, l'homme de paix est un plus grand conquerant que l'homme de guerre, et un conquerant meilleur; que celui-la qui a dans l'ame la vraie charite divine, la vraie fraternite humaine, a en meme temps dans l'intelligence le vrai genie politique, et qu'en un mot, pour qui gouverne les hommes, c'est la meme chose d'etre saint et d'etre grand. (*Adhesion.*)

Messieurs, je ne parlerai jamais de l'ancienne papaute, de l'antique papaute, qu'avec veneration et respect; mais je dis cependant que l'apparition d'un tel pape est un evenement immense. (*Interruption.*)

Oui, j'y insiste, un pape qui adopte la revolution francaise (*bruit*), qui en fait la revolution chretienne, et qui la mele a cette benediction qu'il repand du haut du balcon Quirinal sur Rome et sur l'univers, *urbi et orbi*, un pape qui fait cette chose extraordinaire et sublime, n'est pas seulement un homme, il est un evenement.

Evenement social, evenement politique. Social, car il en sortira toute une phase de civilisation nouvelle; politique, car il en sortira une nouvelle Italie.

Ou plutot, je le dis, le coeur plein de reconnaissance et de joie, il en sortira la vieille Italie.

Ceci est l'autre aspect de ce grand fait europeen. (*Interruption. Beaucoup de pairs protestent.*)

Oui, messieurs, je suis de ceux qui tressaillent en songeant que Rome, cette vieille et feconde Rome, cette metropole de l'unite, apres avoir enfante l'unite de la foi, l'unite du dogme, l'unite de la chretiente, entre en travail encore une fois, et va enfanter peut-etre, aux acclamations du monde, l'unite de l'Italie. (*Mouvements divers.*)

Ce nom merveilleux, ce mot magique, l'Italie, qui a si longtemps exprime parmi les hommes la gloire des armes, le genie conquerant et civilisateur, la grandeur des lettres, la splendeur des arts, la double domination par le glaive et par l'esprit, va reprendre, avant un quart de siecle peut-etre, sa signification sublime, et redevenir, avec l'aide de Dieu et de celui qui n'aura jamais ete mieux nomme son vicaire, non-seulement le resume d'une grande histoire morte, mais le symbole d'un grand peuple vivant!

Aidons de toutes nos forces a ce desirable resultat. (*Interruption. Les protestations redoublent.*) Et puis, en outre, comme une pensee patriotique est toujours bonne, ayons ceci present a l'esprit, que nous, les mutiles de 1815, nous n'avons rien a perdre a ces remaniements providentiels de l'Europe, qui tendent a rendre aux nations leur forme naturelle et necessaire. (*Mouvement.*)

Je ne veux pas faire rentrer la chambre dans le detail de toutes ces questions. Au point ou la discussion est arrivee, avec la fatigue de l'assemblee, ce qu'on aurait pu dire hier n'est plus possible aujourd'hui; je le regrette, et je me borne a indiquer l'ensemble de la question, et a en marquer le point culminant. Il importe qu'il parte de la tribune francaise un encouragement grave, serieux, puissant, a ce noble pape, et a cette noble nation! un encouragement aux princes intelligents qui suivent le pretre inspire, un decouragement aux autres, s'il est possible! (*Agitation.*)

Ne l'oublions pas, ne l'oublions jamais, la civilisation du monde a une aieule qui s'appelle la Grece, une mere qui s'appelle l'Italie, et une fille ainee qui s'appelle la France. Ceci nous indique, a nous chambres francaises, notre droit qui ressemble beaucoup a notre devoir.

Messieurs les pairs, en d'autres temps nous avons tendu la main a la Grece, tendons aujourd'hui la main a l'Italie. (*Mouvements divers.—Aux voix! aux voix!*)

REUNIONS ELECTORALES

1848-1849

I

LETTRE AUX ELECTEURS

20 juin 1848.

Des electeurs ecrivent a M. Victor Hugo pour lui proposer la candidature a l'assemblee nationale constituante. Il repond:

Messieurs,

J'appartiens a mon pays, il peut disposer de moi.

J'ai un respect, exagere peut-etre, pour la liberte du choix; trouvez bon que je pousse ce respect jusqu'a ne pas m'offrir.

J'ai ecrit trente-deux volumes, j'ai fait jouer huit pieces de theatre; j'ai parle six fois a la chambre des pairs, quatre fois en 1846, le 14 fevrier, le 20 mars, le 1er avril, le 5 juillet, une fois en 1847, le 14 juin, une fois en 1848, le 13 janvier. Mes discours sont au *Moniteur.*

Tout cela est au grand jour. Tout cela est livre a tous. Je n'ai rien a y retrancher, rien a y ajouter.

Je ne me presente pas. A quoi bon? Tout homme qui a ecrit une page en sa vie est naturellement presente par cette page s'il y a mis sa conscience et son coeur.

Mon nom et mes travaux ne sont peut-etre pas absolument inconnus de mes concitoyens. Si mes concitoyens jugent a propos, dans leur liberte et dans leur souverainete, de m'appeler a sieger, comme leur representant, dans l'assemblee qui va tenir en ses mains les destinees de la France et de l'Europe, j'accepterai avec recueillement cet austere mandat. Je le remplirai avec tout ce que j'ai en moi de devouement, de desinteressement et de courage.

S'ils ne me designent pas, je remercierai le ciel, comme ce spartiate, qu'il se soit trouve dans ma patrie neuf cents citoyens meilleurs que moi.

En ce moment, je me tais, j'attends et j'admire les grandes actions que fait la providence.

Je suis pret,—si mes concitoyens songent a moi et m'imposent ce grand devoir public, a rentrer dans la vie politique;—sinon, a rester dans la vie litteraire.

Dans les deux cas, et quel que soit le resultat, je continuerai a donner, comme je le fais depuis vingt-cinq ans, mon coeur, ma pensee, ma vie et mon ame a mon pays.

Recevez, messieurs, l'assurance fraternelle de mon devouement et de ma cordialite.

II

PLANTATION DE L'ARBRE DE LA LIBERTE

PLACE DES VOSGES

C'est avec joie que je me rends a l'appel de mes concitoyens et que je viens saluer au milieu d'eux les esperances d'emancipation, d'ordre et de paix qui vont germer, melees aux racines de cet arbre de la liberte. C'est un beau et vrai symbole pour la liberte qu'un arbre! La liberte a ses racines dans le coeur du peuple, comme l'arbre dans le coeur de la terre; comme l'arbre, elle eleve et deploie ses rameaux dans le ciel; comme l'arbre, elle grandit sans cesse et couvre les generations de son ombre. (*Acclamations.*)

Le premier arbre de la liberte a ete plante, il y a dix-huit cents ans, par Dieu meme sur le Golgotha. (*Acclamations.*) Le premier arbre de la liberte, c'est cette croix sur laquelle Jesus-Christ s'est offert en sacrifice pour la liberte, l'egalite et la fraternite du genre humain. (*Bravos et longs applaudissements.*)

La signification de cet arbre n'a point change depuis dix-huit siecles; seulement, ne l'oublions pas, a temps nouveaux devoirs nouveaux. La revolution que nos peres ont faite il y a soixante ans a ete grande par la guerre, la revolution que vous faites aujourd'hui doit etre grande par la paix. La premiere a detruit, la seconde doit organiser. L'oeuvre d'organisation est le complement necessaire de l'oeuvre de destruction; c'est la ce qui rattache intimement 1848 a 1789. Fonder, creer, produire, pacifier; satisfaire a tous les droits, developper tous les grands instincts de l'homme, pourvoir a tous les besoins des societes; voila la tache de l'avenir. Or, dans les temps ou nous sommes, l'avenir vient vite. (*Applaudissements.*)

On pourrait presque dire que l'avenir n'est plus demain, il commence des aujourd'hui. (*Bravo!*) A l'oeuvre donc, a l'oeuvre, travailleurs par le bras, travailleurs par l'intelligence, vous tous qui m'ecoutez et qui m'entourez! mettez a fin cette grande oeuvre de l'organisation fraternelle de tous les peuples, conduits au meme but, rattaches a la meme idee, et vivant du meme coeur. Soyons tous des hommes de bonne volonte, ne menageons ni notre peine ni nos sueurs. Repandons sur le peuple qui nous entoure, et de la sur le monde entier, la sympathie, la charite et la fraternite. Depuis trois siecles, le monde imite la France. Depuis trois siecles, la France est la premiere des nations. Et savez-vous ce que veut dire ce mot, la premiere des nations? Ce mot veut dire, la plus grande; ce mot veut dire aussi, la meilleure. (*Acclamations.*)

Mes amis, mes freres, mes concitoyens, etablissons dans le monde entier, par la grandeur de nos exemples, l'empire de nos idees! Que chaque nation soit heureuse et fiere de ressembler a la France! (*Bravo!*)

Unissons-nous dans une pensee commune, et repetez avec moi ce cri: Vive la liberte universelle! Vive la republique universelle! (*Vive la republique! Vive Victor Hugo!—Longues acclamations.*)

III

REUNION DES AUTEURS DRAMATIQUES

Je suis profondement touche des sympathies qui m'environnent. Des voix aimees, des confreres celebres m'ont glorifie bien au dela du peu que je vaux. Permettez-moi de les remercier de cette cordiale eloquence a laquelle je dois les applaudissements qui ont accueilli mon nom; permettez-moi, en meme temps, de m'abstenir de tout ce qui pourrait ressembler a une sollicitation de suffrages. Puisque la nation est en train de chercher son ideal, voici quel serait le mien en fait d'elections. Je voudrais les elections libres et pures; libres, en ce qui touche les electeurs; pures, en ce qui touche les candidats.

Personnellement, je ne me presente pas. Mes raisons, vous les connaissez, je les ai publiees; elles sont toutes puisees dans mon respect pour la liberte electorale. Je dis aux electeurs: Choisissez qui vous voudrez et comme vous voudrez; quant a moi, j'attends, et j'applaudirai au resultat quel qu'il soit. Je serai fier d'etre choisi, satisfait d'etre oublie. (*Approbation.*)

Ce n'est pas que je n'aie aussi, moi, mes ambitions. J'ai une ambition pour mon pays,—c'est qu'il soit puissant, heureux, riche, prospere, glorieux, sous cette simple formule, *Liberte, egalite, fraternite*; c'est qu'il soit le plus grand dans la paix, comme il a ete le plus grand dans la guerre. (*Bravo! bravo!*) Et puis, j'ai une ambition pour moi,—c'est de rester ecrivain libre et simple citoyen.

Maintenant, s'il arrive que mon pays, connaissant ma pensee et ma conscience qui sont publiques depuis vingt-cinq ans, m'appelle, dans sa confiance, a l'assemblee nationale et m'assigne un poste ou il faudra veiller et peut-etre combattre, j'accepterai son vote comme un ordre et j'irai ou il m'enverra. Je suis a la disposition de mes concitoyens. Je suis candidat a l'assemblee nationale comme tout soldat est candidat au champ de bataille. (*Acclamations.*)

Le mandat de representant du peuple sera a la fois un honneur et un danger; il suffit que ce soit un honneur pour que je ne le sollicite pas, il suffit que ce soit un danger pour que je ne le refuse pas. (*Longues acclamations.*)

Vous m'avez compris. Maintenant je vais vous parler de vous.

Il y a, en ce moment, en France, a Paris, deux classes d'ouvriers qui, toutes deux, ont droit a etre representees dans l'assemblee nationale. L'une ... a Dieu ne plaise que je parle autrement qu'avec la plus cordiale effusion de ces braves ouvriers qui ont fait de si grandes choses et qui en feront de plus grandes encore. Je ne suis pas de ceux qui les flattent, mais je suis de ceux qui les aiment. Ils sauront completer la haute idee qu'ils ont donnee au monde de leur bon sens et de leur vertu. Ils ont montre le courage pendant le combat, ils montreront la patience apres la victoire. Cette classe d'ouvriers, dis-je, a fait de grandes choses, elle sera noblement et largement representee a l'assemblee constituante, et, pour ma part, je reserve aux ouvriers de Paris dix places sur mon bulletin.

Mais je veux, je veux pour l'honneur de la France, que l'autre classe d'ouvriers, les ouvriers de l'intelligence, soit aussi noblement et largement representee. Le jour ou l'on pourrait dire: Les ecrivains, les poetes, les artistes, les hommes de la pensee, sont absents de la representation nationale, ce serait une sombre et fatale eclipse, et l'on verrait diminuer la lumiere de la France! (*Bravo!*)

Il faut que tous les ouvriers aient leurs representants a l'assemblee nationale, ceux qui font la richesse du pays et ceux qui font sa grandeur; ceux qui remuent les paves et ceux qui remuent les esprits! (*Acclamations.*)

Certes, c'est quelque chose que d'avoir construit les barricades de fevrier sous la mousqueterie et la fusillade, mais c'est quelque chose aussi que d'etre sans cesse, sans treve, sans relache, debout sur les barricades de la pensee, expose aux haines du pouvoir et a la mitraille des partis. (*Applaudissements.*)Les ouvriers, nos freres, ont lutte trois jours; nous, travailleurs de l'intelligence, nous avons lutte vingt ans.

Avisez donc a ce grand interet. Que l'un de vous parle pour vous, que votre drapeau, qui est le drapeau meme de la civilisation, soit tenu au milieu de la melee par une main ferme et illustre. Faites prevaloir les idees! Montrez que la gloire est une force! (*Bravo!*) Meme quand les revolutions ont tout renverse, il y a une puissance qui reste debout, la pensee. Les revolutions brisent les couronnes, mais n'eteignent pas les aureoles. (*Longs applaudissements.*)

Un des auteurs presents ayant demande a M. Victor Hugo ce qu'il ferait si un club marchait sur l'assemblee constituante, M. Victor Hugo replique:

Je prie M. Theodore Muret de ne point oublier que je ne me presente pas; je vais lui repondre cependant, mais je lui repondrai comme electeur et non comme candidat. (*Mouvement d'attention.*) Dans un moment ou le systeme electoral le plus large et le plus liberal que les hommes aient jamais pu, je ne dis pas realiser, mais rever, appelle tous les citoyens a deposer leur vote, tous, depuis le premier jusqu'au dernier,—je me trompe, il n'y a plus maintenant ni premier, ni dernier,—tous, veux-je dire, depuis ce qu'on appelait autrefois le premier jusqu'a ce qu'on appelait autrefois le dernier; dans un moment ou de tous ces votes reunis va sortir l'assemblee definitive, l'assemblee supreme qui sera, pour ainsi dire, la majeste visible de la France, s'il etait possible qu'a l'heure ou ce senat prendra possession de la plenitude legitime de son autorite souveraine, il existat dans un coin quelconque de Paris une fraction, une coterie, un groupe d'hommes, je ne dirai pas assez coupables, mais assez insenses, pour oser, dans un paroxysme d'orgueil, mettre leur petite volonte face a face et de front avec la volonte auguste de cette assemblee qui sera le pays meme, je me precipiterais au-devant d'eux, et je leur crierais: Malheureux! arretez-vous, vous allez devenir de mauvais citoyens! (*Bravo! bravo!*) Et s'il ne m'etait pas donne de les retenir, s'ils persistaient dans leur tentative d'usurpation impie, oh! alors je donnerais, s'il le fallait, tout le sang que j'ai dans les veines, et je n'aurais pas assez d'imprecations dans la voix, pas assez d'indignation dans l'ame, pas assez de colere dans le coeur, pour ecraser l'insolence des dictatures sous la souverainete de la nation! (*Immenses acclamations.*)

IV

VICTOR HUGO A SES CONCITOYENS

Mes concitoyens,

Je reponds a l'appel des soixante mille electeurs qui m'ont spontanement honore de leurs suffrages aux elections de la Seine. Je me presente a votre libre choix.

Dans la situation politique telle qu'elle est, on me demande toute ma pensee. La voici:

Deux republiques sont possibles.

L'une abattra le drapeau tricolore sous le drapeau rouge, fera des gros sous avec la colonne, jettera bas la statue de Napoleon et dressera la statue de Marat, detruira l'institut, l'ecole polytechnique et la legion d'honneur, ajoutera a l'auguste devise: *Liberte, Egalite, Fraternite*, l'option sinistre: *ou la Mort*; fera banqueroute, ruinera les riches sans enrichir les pauvres, aneantira le credit, qui est la fortune de tous, et le travail, qui est le pain de chacun, abolira la propriete et la famille, promenera des tetes sur des piques, remplira les prisons par le soupcon et les videra par le massacre, mettra l'Europe en feu et la civilisation en cendre, fera de la France la patrie des tenebres, egorgera la liberte, etouffera les arts, decapitera la pensee, niera Dieu; remettra en mouvement ces deux, machines fatales qui ne vont pas l'une sans l'autre, la planche aux assignats et la bascule de la guillotine; en un mot, fera froidement ce que les hommes de 93 ont fait ardemment, et, apres l'horrible dans le grand que nos peres ont vu, nous montrera le monstrueux dans le petit.

L'autre sera la sainte communion de tous les francais des a present, et de tous les peuples un jour, dans le principe democratique; fondera une liberte sans usurpations et sans violences, une egalite qui admettra la croissance naturelle de chacun, une fraternite, non de moines dans un couvent, mais d'hommes libres; donnera a tous l'enseignement comme le soleil donne la lumiere, gratuitement; introduira la clemence dans la loi penale et la conciliation dans la loi civile; multipliera les chemins de fer, reboisera une partie du territoire, en defrichera une autre, decuplera la valeur du sol; partira de ce principe qu'il faut que tout homme commence par le travail et finisse par la propriete, assurera en consequence la propriete comme la representation du travail accompli, et le travail comme l'element de la propriete future; respectera l'heritage, qui n'est autre chose que la main du pere tendue aux enfants a travers le mur du tombeau; combinera pacifiquement, pour resoudre le glorieux probleme du bien-etre universel, les accroissements continus de l'industrie, de la science, de l'art et de la pensee; poursuivra, sans quitter terre pourtant et sans sortir du possible et du vrai, la realisation sereine de tous les grands reves des sages; batira le pouvoir sur la meme base que la liberte, c'est-a-dire sur le droit; subordonnera la force a l'intelligence; dissoudra l'emeute et la guerre, ces deux formes de la barbarie; fera de l'ordre la loi des citoyens, et de la paix la loi des nations; vivra et rayonnera; grandira la France, conquerra le monde; sera, en un mot, le majestueux embrassement du genre humain sous le regard de Dieu satisfait.

De ces deux republiques, celle-ci s'appelle la civilisation, celle-la s'appelle la terreur. Je suis pret a devouer ma vie pour etablir l'une et empecher l'autre.

V

SEANCE DES CINQ ASSOCIATIONS D'ART ET D'INDUSTRIE

29 mai 1848.

M. VICTOR HUGO.—Il y a un mois, j'avais cru devoir, par respect pour l'initiative electorale, m'abstenir de toute candidature personnelle; mais en meme temps, vous vous le rappelez, j'ai declare que, le jour ou le danger apparaitrait sur l'assemblee nationale, je me presenterais. Le danger s'est montre, je me presente. (*On applaudit.*)

Il y a un mois, l'un de vous me fit cette question que j'acceptai avec douleur:—S'il arrivait que des insenses osassent violer l'assemblee nationale, que pensez-vous qu'il faudrait faire? J'acceptai, je le repete, la question avec douleur, et je repondis sans hesiter, sur-le-champ: Il faudrait se lever tous comme un seul homme, et—ce furent mes propres paroles—*ecraser l'insolence des dictatures sous la souverainete de la nation.*

Ce que je demandais il y a un mois, trois cent mille citoyens armes l'ont fait il y a quinze jours.

Avant cet evenement, qui est un attentat et qui est une catastrophe, s'offrir a la candidature, ce n'etait qu'un droit, et l'on peut toujours s'abstenir d'un droit. Aujourd'hui c'est un devoir, et l'on n'abdique pas le devoir. Abdiquer le devoir, c'est deserter. Vous le voyez, je ne deserte pas. (*Adhesion.*)

Depuis l'epoque dont je vous parle, en quelques semaines, les lineaments confus des questions politiques se sont eclaircis, les evenements ont brusquement eclaire d'un jour providentiel l'interieur de toutes les pensees, et, a l'heure qu'il est, la situation est d'une eclatante simplicite. Il n'y a plus que deux questions: la vie ou la mort. D'un cote, il y a les hommes qui veulent la liberte, l'ordre, la paix, la famille, la propriete, le travail, le credit, la securite commerciale, l'industrie florissante, le bonheur du peuple, la grandeur de la patrie, en un mot, la prosperite de tous composee du bien-etre de chacun. De l'autre cote, il y a les hommes qui veulent l'abime. Il y a les hommes qui ont pour reve et pour ideal d'embarquer la France sur une espece de radeau de la Meduse ou l'on se devorerait en attendant la tempete et la nuit! (*Mouvement.*)

Je n'ai pas besoin de vous dire que je ne suis pas de ces hommes-la, que je n'en serai jamais! (*Non! non! nous le savons!*) Je lutterai de front jusqu'a mon dernier souffle contre ces mauvais citoyens qui voudraient imposer la guerre a la France par l'emeute et la dictature au peuple par la terreur. Ils me trouveront toujours la, debout, devant eux, comme citoyen a la tribune, ou comme soldat dans la rue. (*Tres bien! tres bien!*)

Ce que je veux, vous le savez. Je l'ai dit il y a peu de jours. Je l'ai dit a mon pays tout entier. Je l'ai dit en prenant toutes mes convictions dans mon ame, en essayant d'arracher du coeur de tous les honnetes gens la parole que chacun pense et que personne n'ose dire. Eh bien, cette parole, je l'ai dite! Mon choix est fait; vous le connaissez. Je veux une republique qui fasse envie a tous les peuples, et non une republique qui leur fasse horreur! Je veux, moi, et vous aussi vous voulez une republique si noble, si pure, si honnete, si fraternelle, si pacifique que toutes les nations soient tentees de l'imiter et de l'adopter. Je veux une republique si sainte et si belle que, lorsqu'on la comparera a toutes les autres formes de gouvernement, elle les fasse evanouir rien que par la comparaison. Je veux une republique telle que toutes les nations en regardant la France ne disent pas seulement: Qu'elle est grande! mais disent encore: Qu'elle est heureuse! (*Applaudissements.*)

Ne vous y trompez pas,—et je voudrais que mes paroles depassassent cette enceinte etroite, et peut-etre la depasseront-elles,—la propagande de la republique est toute dans la beaute de son developpement regulier, et la propagande de la republique, c'est sa vie meme. Pour que la republique s'etablisse a jamais en France, il faut qu'elle s'etablisse hors de France, et pour qu'elle s'etablisse hors de France il faut qu'elle se fasse accepter par la conscience du genre humain. (*Bravo! bravo!*)

Vous connaissez maintenant le fond de mon coeur. Toute ma pensee, je pourrais la resumer en un seul mot; ce mot, le voici: haine vigoureuse de l'anarchie, tendre et profond amour du peuple. (*Vive et unanime adhesion.*) J'ajoute ceci, et tout ce que j'ai ecrit, et tout ce que j'ai fait dans ma vie publique est la pour le prouver, pas une page n'est sortie de ma plume depuis que j'ai l'age d'homme, pas un mot n'est sorti de ma bouche qui ne soit d'accord avec les paroles que je prononce en ce moment. (*Oui! oui! c'est vrai!*) Vous le savez tous, vous, mes amis, mes confreres, mes freres, je suis aujourd'hui l'homme que j'etais hier, l'avocat devoue de cette grande famille populaire qui a souffert trop longtemps; le penseur ami des travailleurs, le travailleur ami des penseurs; l'ecrivain qui veut pour l'ouvrier, non l'aumone qui degrade, mais le travail qui honore. (*Tres bien!*) Je suis l'homme qui, hier, defendait le peuple au milieu des riches, et qui, demain, defendrait, s'il le fallait, les riches au milieu du peuple. (*Nouvelle adhesion.*) C'est ainsi que je comprends, avec tous les devoirs qu'il contient, ce mot sublime qui m'apparait ecrit par la main de Dieu meme, au-dessus de toutes les nations, dans la lumiere eternelle des cieux, FRATERNITE! (*Acclamations.*)

M. PAULIN regrette que le citoyen Victor Hugo, dont il admire l'immense talent, ait cru devoir signaler le danger de l'anarchie sans parler du danger de la reaction. Il pense que la revolution de fevrier n'est pas une revolution politique, mais une revolution sociale. Il demande au citoyen Victor Hugo s'il est d'avis que le proletariat doive disparaitre de la societe.

M. VICTOR HUGO.—Disparaitre, comme l'esclavage a disparu! disparaitre a jamais! mais non en ramenant, sous une autre forme, le servage et la mainmorte! (*Sensation.*)

Je n'ai pas deux paroles; je disais tout a l'heure que je suis aujourd'hui l'homme que j'etais hier. Mon Dieu! bien avant de faire partie d'un corps politique, il y a quinze ans, je disais ceci dans un livre imprime: "Si, a moi qui ne suis rien dans l'etat, la parole m'etait donnee sur les affaires du pays, je la demanderais seulement sur l'ordre du jour, et je sommerais les gouvernements de substituer les questions sociales aux questions politiques."

Il y a quinze ans que j'imprimais cela. Quelques annees apres la publication des paroles que je viens de rappeler, j'ai fait partie d'un corps politique ... Je m'interromps, permettez-moi d'etre sobre d'apologies retrospectives, je ne les aime pas. Je pense d'ailleurs que lorsqu'un homme, depuis vingt-cinq ans, a jete sur douze ou quinze cent mille feuilles sa pensee au vent, il est difficile qu'il ajoute quelque chose a cette grande profession de foi, et quand je rappelle ce que j'ai dit, je le fais avec une candeur entiere, avec la certitude que rien dans mon passe ne peut dementir ce que je dis a present. Cela bien etabli, je continue.

Lorsque je faisais partie de la chambre des pairs, il arriva, un jour, qu'a propos des falsifications commerciales, dans un bureau ou je siegeais, plusieurs des questions qui viennent d'etre soulevees furent agitees. Voici ce que je dis alors; je cite:

"Qui souffre de cet etat de choses? la France au dehors, le peuple au dedans; la France blessee dans sa prosperite et dans son honneur, le peuple froisse dans son existence et dans son travail. En ce moment, messieurs, j'emploie ce mot, le peuple, dans une de ses acceptions les plus restreintes et les plus usitees, pour designer specialement la classe nombreuse et laborieuse qui fait la base meme de la societe, cette classe si digne d'interet parce qu'elle travaille, si digne de respect parce qu'elle souffre. Je ne le cache pas, messieurs, et je sais bien qu'en vous parlant ainsi je ne fais qu'eveiller vos plus genereuses sympathies, j'eprouve pour l'homme de cette classe un sentiment cordial et fraternel. Ce sentiment, tout esprit qui pense le partage. Tous, a des degres divers, nous sommes des ouvriers dans la grande oeuvre sociale. Eh bien! je le declare, ceux qui travaillent avec le bras et avec la main sont sous la garde de ceux qui travaillent avec la pensee." (*Applaudissements.*)

Voila de quelle maniere je parlais a la chambre aristocratique dont j'avais l'honneur de faire partie. (*Mouvements en sens divers.*) Ce mot, *j'avais l'honneur*, ne saurait vous choquer. Vous n'attendez pas de moi un autre langage; lorsque ce pouvoir etait debout, j'ai pu le combattre; aujourd'hui qu'il est tombe, je le respecte. (*Tres bien! Profonde sensation.*)

Toutes les questions qui interessent le bien-etre du peuple, la dignite du peuple, l'education due au peuple, ont occupe ma vie entiere. Tenez, entrez dans le premier cabinet de lecture venu, lisez quinze pages intitulees *Claude Gueux*, que je publiais il y a quatorze ans, en 1834, et vous y verrez ce que je suis pour le peuple, et ce que le peuple est pour moi.

Oui, le proletariat doit disparaitre; mais je ne suis pas de ceux qui pensent que la propriete disparaitra. Savez-vous, si la propriete etait frappee, ce qui serait tue? Ce serait le travail.

Car, qu'est-ce que c'est que le travail? C'est l'element generateur de la propriete. Et qu'est-ce que c'est que la propriete? C'est le resultat du travail. (*Oui! oui!*) Il m'est impossible de comprendre la maniere dont certains socialistes ont pose cette question. Ce que je veux, ce que j'entends, c'est que l'acces de la propriete soit rendu facile a l'homme qui travaille, c'est que l'homme qui travaille soit sacre pour celui qui ne travaille plus. Il vient une heure ou l'on se repose. Qu'a l'heure ou l'on se repose, on se souvienne de ce qu'on a souffert lorsqu'on travaillait, qu'on s'en souvienne pour ameliorer sans cesse le sort des travailleurs! Le but d'une societe bien faite, le voici: elargir et adoucir sans cesse la montee, autrefois si rude, qui conduit du travail a la propriete, de la condition penible a la condition heureuse, du proletariat a l'emancipation, des tenebres ou sont les esclaves a la lumiere ou sont les hommes libres. Dans la civilisation vraie, la marche de l'humanite est une ascension continuelle vers la lumiere et la liberte! (*Acclamation.*)

M. PAULIN n'a jamais songe a attaquer les sentiments de M. Victor Hugo, mais il aurait voulu entendre sortir de sa bouche le grand mot, *Association*, le mot qui sauvera la republique et fera des hommes une famille de freres. (*On applaudit.*)

M. VICTOR HUGO.—Ici encore, a beaucoup d'egards, nous pouvons nous entendre. Je n'attache pas aux mots autant d'efficacite que vous. Je ne crois pas qu'il soit donne a un mot de sauver le monde; cela n'est donne qu'aux choses, et, entre les choses, qu'aux idees. (*C'est vrai! tres bien!*)

Je prends donc l'association, non comme un mot, mais comme une idee, et je vais vous dire ce que j'en pense.

J'en pense beaucoup de bien; pas tout le bien qu'on en dit, parce qu'il n'est pas donne a l'homme, je le repete, de rencontrer ni dans le monde physique, ni dans le monde moral, ni dans le monde politique, une panacee. Cela serait trop vite fini si, avec une idee ou le mot qui la represente, on pouvait resoudre toutes les questions et dire: embrassons-nous. Dieu impose aux hommes un plus severe labeur. Il ne suffit pas d'avoir l'idee, il faut encore en extraire le fait. C'est la le grand et douloureux enfantement. Pendant qu'il s'accomplit, il s'appelle revolution; quand il est accompli, l'enfantement de la societe, comme l'enfantement de la femme, s'appelle delivrance. (*Sensation.*) En ce moment, nous sommes dans la revolution; mais, je le pense comme vous, la delivrance viendra! (*Bravo!*)

Maintenant, entendons-nous.

Remarquez que, si je n'ai pas prononce le mot *association*, j'ai souvent prononce le mot *societe*. Or, au fond de ces deux mots, societe, association, qu'y a-t-il? La meme idee: *fraternite*.

Je veux l'association comme vous, vous voulez la societe comme moi. Nous sommes d'accord.

Oui, je veux que l'esprit d'association penetre et vivifie toute la cite. C'est la mon ideal; mais il y a deux manieres de comprendre cet ideal.

Les uns veulent faire de la societe humaine une immense famille.

Les autres veulent en faire un immense monastere.

Je suis contre le monastere et pour la famille. (*Mouvement. Applaudissements.*)

Il ne suffit pas que les hommes soient associes, il faut encore qu'ils soient sociables.

J'ai lu les ecrits de quelques socialistes celebres, et j'ai ete surpris de voir que nous avions, au dix-neuvieme siecle, en France, tant de fondateurs de couvents. (*On rit.*)

Mais, ce que je n'aurais jamais cru ni reve, c'est que ces fondateurs de couvents eussent la pretention d'etre populaires.

Je n'accorde pas que ce soit un progres pour un homme de devenir un moine, et je trouve etrange qu'apres un demi-siecle de revolutions faites contre les idees monastiques et feodales, nous y revenions tout doucement, avec les interpretations du mot *association*. (*Tres bien!*) Oui, l'association, telle que je la vois expliquee dans les ecrits accredites de certains socialistes,—moi ecrivain un peu benedictin, qui ai feuillete le moyen age, je la connais; elle existait a Cluny, a Citeaux, elle existe a la Trappe. Voulez-vous en venir la? Regardez-vous comme le dernier mot des societes humaines le monastere de l'abbe de Rance? Ah! c'est un spectacle admirable! Rien au monde n'est plus beau; c'est l'abnegation a la plus haute puissance, ces hommes ne faisant rien pour eux-memes, faisant tout pour le prochain, mieux encore, faisant tout pour Dieu! Je ne sache rien de plus beau. Je ne sache rien de moins humain. (*Sensation.*) Si vous voulez trancher de cette maniere heroique les questions humaines, soyez surs que vous n'atteindrez pas votre but. Quoique cela soit beau, je crois que cela est mauvais. Oui, une chose peut a la fois etre belle et mauvaise! et je vous invite, vous tous penseurs, a reflechir sur ce point. Les meilleurs esprits, les plus sages en apparence, peuvent se tromper, et, voyant une chose belle, dire: elle est bonne. Eh bien! non, le couvent, qui est beau, n'est pas bon! non, la vie monastique, qui est sublime, n'est pas applicable! Il ne faut pas rever l'homme autrement que Dieu ne l'a fait. Pour lui donner des perfections impossibles, vous lui oteriez ses qualites naturelles. (*Bravo!*) Pensez-y bien, l'homme devenu un moine, perdant son nom, sa tradition de famille, tous ses liens de nature, ne comptant plus que comme un chiffre, ce n'est plus un homme, car ce n'est plus un esprit, car ce n'est plus une liberte! Vous croyez l'avoir fait monter bien haut, regardez, vous l'avez fait tomber bien bas. Sans doute, il faut limiter l'egoisme; mais, dans la vie telle que la providence l'a faite a notre infirmite, il ne faut pas exagerer l'oubli de soi-meme. L'oubli de soi-meme, bien compris, s'appelle abnegation; mal compris, il s'appelle abrutissement. Socialistes, songez-y! les revolutions peuvent changer la societe, mais elles ne changent pas le coeur humain. Le coeur humain est a la fois ce qu'il y a de plus tendre et ce qu'il y a de plus resistant. Prenez garde a votre etrange progres! il va droit contre la volonte de Dieu. N'otez pas au peuple la famille pour lui donner le monastere! (Applaudissements prolonges_.)

M. TAYLOR fait remarquer que M. Victor Hugo sera, sans nul doute, d'autant plus dispose a defendre ce fecond principe de l'association, que c'est l'association qui l'a d'abord choisi pour son candidat, qu'il parlait tout a l'heure devant une association des associations, et que c'est, en realite, de l'association qu'il tiendra le mandat que les artistes et les ouvriers veulent lui confier, au nom de l'art et du travail.

M. AUBRY.—Beaucoup de personnes que je connais, qui sont loin d'avoir l'instruction necessaire pour juger les causes et les effets, m'ont demande,—lorsque je proposais le grand nom de M. Victor Hugo, que je verrais avec bonheur a la chambre,—m'ont demande pourquoi, en promettant de combattre les hommes qui veulent etre, il n'avait pas parle de combattre les hommes qui ont ete. Dans ce moment, la classe ouvriere craint plus les individus qui se cachent que les individus qui se sont montres ... Les republicains qui ont attente a l'assemblee le 15 mai ... je me trompe, ce ne sont pas des republicains! (*Bravo! bravo! Applaudissements*); les individus qui se montrent, on les ecrase sous le poids du mepris; pour ceux qui se cachent, nous desirons que nos representants viennent dire: Nous les combattrons. (*Approbation.*)

M. VICTOR HUGO.—J'ai ecoute avec attention, et, chose remarquable, chez un orateur si jeune qui parle avec une facilite si distinguee, qui dit si clairement sa pensee, je n'ai pu la saisir tout entiere. Je vais toutefois essayer de la preciser. Il va voir avec quelle sincerite j'aborde toutes les hypotheses.

Il m'a semble qu'il designait comme dangereux, j'emprunte ses propres expressions, non-seulement ceux qui veulent etre, mais ceux qui ont ete.

Je commence par lui dire: Entendez-vous parler de la famille qui vient d'etre brisee par un mouvement populaire? Si vous dites oui, rien ne m'est plus facile que de repondre; remarquez que vous ne me genez pas du tout en disant oui.

M. AUBRY.—En parlant ainsi, je n'ai pas voulu parler des personnes, mais des systemes; non de M. Louis-Philippe, ni de M. Blanqui (*sourires*), mais du systeme de Louis-Philippe et du systeme de Blanqui.

M. VICTOR HUGO.—Vous me mettez trop a mon aise. S'il ne s'agit que des systemes, je repondrai par des faits.

J'ai ete trois ans pair de France; j'ai parle six fois comme pair; j'ai donne, dans une lettre que les journaux ont publiee, les dates de mes discours. Pourquoi ai-je donne ces dates? C'est afin que chacun put recourir au *Moniteur*. Pourquoi ai-je donne avec une tranquillite profonde ces six dates aux millions de lecteurs des journaux de Paris et de la France? C'est que je savais que pas une des paroles que j'ai prononcees alors ne serait hors de propos aujourd'hui; c'est que les six discours que j'ai prononces devant les pairs de France, je pourrais les redire tous demain devant l'assemblee nationale. La etait le secret de ma tranquillite.

Voulez-vous plus de details? Voulez-vous que je vous dise quels ont ete les sujets de ces six discours?

(*De toutes parts: Oui! oui!*)

Le premier discours, prononce le 14 fevrier 1846, a ete consacre aux ouvriers, au peuple, dont nous voyons ici une honorable et grave deputation. Une loi avait ete presentee qui tendait a nier le droit que l'artiste industriel a sur son oeuvre. J'ai combattu la disposition mauvaise que cette loi contenait; je l'ai fait rejeter.

Le second discours a ete prononce le 20 mars de la meme annee, les journaux l'ont cite il y a quelques jours; c'etait pour la Pologne. Le 1er avril suivant, j'ai parle pour la troisieme fois. C'etait encore pour le peuple; c'etait sur la question de la probite commerciale, sur les marques de fabrique. Deux mois apres, les 2 et 5 juillet, j'ai repris la parole; c'etait pour la defense et la protection de notre littoral; je signalais aux chambres ce fait grave que les cotes d'Angleterre sont herissees de canons, et que les cotes de France sont desarmees.

Le cinquieme discours date du 14 juin 1847. Ce jour-la, a propos de la petition d'un proscrit, je me suis leve pour dire au gouvernement du roi Louis-Philippe ce que je regrette de n'avoir pu dire ces jours passes au gouvernement de la republique: que c'est une chose odieuse de bannir et de proscrire ceux que la destinee a frappes. J'ai demande hautement—il n'y a pas encore un an de cela—que la famille de l'empereur rentrat en France. La chambre me l'a refuse, la providence me l'a accorde. (*Mouvement prolonge.*)

Le sixieme discours, prononce le 13 janvier dernier, etait sur l'Italie, sur l'unite de l'Italie, sur la revolution francaise, mere de la revolution italienne. Je parlais a trois heures de l'apres-midi; j'affirmais qu'une grande revolution allait s'accomplir dans la peninsule italienne. La chambre des pairs disait non, et, a la meme minute, le 13 janvier, a trois heures, pendant que je parlais, le premier tocsin de l'insurrection sonnait a Palerme. (*Nouveau mouvement.*) C'est la derniere fois que j'ai parle.

L'independance de ma pensee s'est produite sous bien d'autres formes encore; je rappelle un souvenir que les auteurs dramatiques n'ont peut-etre pas oublie. Dans une circonstance memorable pour moi, c'etait la premiere fois que je recueillais des gages de la sympathie populaire, dans un proces intente a propos du drame *le Roi s'amuse*, dont le gouvernement avait suspendu les representations, je pris la parole. Personne n'a attaque avec plus d'energie et de resolution le gouvernement d'alors; vous pouvez relire mon discours.

Voila des faits. Passerons-nous aux personnes? Vous me donnez bien de la force. Non, je n'attaquerai pas les personnes; non, je ne ferai pas cette lachete de tourner le dos a ceux qui s'en vont, et de tourner le visage a ceux qui arrivent; jamais, jamais! personne ne me verra suivre, comme un vil courtisan, les flatteurs du peuple, moi qui n'ai pas suivi les flatteurs des rois! (*Explosion de bravos.*) Flatteurs de rois, flatteurs du peuple, vous etes les memes hommes, j'ai pour vous un mepris profond.

Je voudrais que ma voix fut entendue sur le boulevard, je voudrais que ma parole parvint aux oreilles de tout ce loyal peuple repandu en ce moment dans les carrefours, qui ne veut pas de proscription, lui qui a ete proscrit si longtemps! Depuis un mois, il y a deux jours ou j'ai regrette de ne pas etre de l'assemblee nationale; le 15 mai, pour m'opposer au crime de lese-majeste populaire commis par l'emeute, a la violation du domicile de la nation; et le 25 mai, pour m'opposer au decret de bannissement. Je n'etais pas la lorsque cette loi inique et inutile a ete votee par les hommes memes qui soutenaient la dynastie il y a quatre mois! Si j'y avais ete, vous m'auriez vu me lever, l'indignation dans l'ame et la paleur au front. J'aurais dit: Vous faites une loi de proscription! mais votre loi est invalide! mais votre loi est nulle! Et, tenez, la providence met la, sous vos yeux, la preuve eclatante de la misere de cette espece de lois. Vous avez ici deux princes,—je dis princes a dessein,—vous avez deux princes de la famille Bonaparte, et vous etes forces de les appeler a voter sur cette loi, eux qui sont sous le coup d'une-loi pareille! et, en votant sur la loi nouvelle, ils violent, Dieu soit loue, la loi ancienne! Et ils sont la au milieu de vous comme une protestation vivante de la toute-puissance divine contre cette chose faible et violente qu'on appelle la toute-puissance humaine! (*Acclamation.*)

Voila ce que j'aurais dit. Je regrette de n'avoir pu le dire; et, soyez tranquilles, si l'occasion se represente, je la saisirai; j'en prends a la face du peuple l'engagement. Je ne permettrai pas qu'en votre nom on fasse des actions honteuses. Je fletrirai les actes et je demasquerai les hommes. (*Bravo!*) Non, je n'attaquerai jamais les personnes d'aucun parti malheureux! Je n'attaquerai jamais les vaincus! J'ai l'habitude de traiter les questions par l'amour et non par la haine. (*Sensation.*) J'ai l'instinct de chercher le cote noble, doux et conciliant, et non le cote irritant des choses. Je n'ai jamais manque a cette habitude de ma vie entiere, je n'y manquerai pas aujourd'hui. Et pourquoi y manquerais-je? dans quel but? Dans un but de candidature! Est-ce que vous croyez que j'ai l'ambition d'etre depute a l'assemblee nationale? J'ai l'ambition du pompier qui voit une maison qui brule, et qui dit: Donnez-moi un seau d'eau! (*Bravo! bravo!*)

M. AUBRAY.—Ce que mes amis demandent, c'est precisement de voir stigmatiser ces memes individus qui ont vote la loi de proscription, dont nous ne voulons pas. S'ils ont proscrit la famille de Louis-Philippe, c'est qu'ils craignent de la voir revenir, eux qui lui doivent tout, et qui se sont montres si ingrats. Ces hommes devraient etre marques d'un fer rouge a l'epaule. Nous n'en voulons pas, parce qu'ils ont un systeme tenebreux. Ils en ont donne la preuve en votant cette loi.

M. VICTOR HUGO.—Je ferai ce que j'ai fait, toujours fait, je resterai independant, dusse-je rester isole. Je ne suis rien qu'un esprit pensif, solitaire et serieux. L'homme qui aime la solitude ne craint pas l'isolement.

Je suis resolu a toujours agir selon cette lumiere qui est dans mon ame, et qui me montre le juste et le vrai. Soyez tranquilles, je ne serai jamais ni dupe ni complice des folies d'aucun parti. J'ai bien assez, nous avons tous bien assez des fautes personnelles qui tiennent a notre humanite, sans prendre encore le fardeau et la responsabilite des fautes d'autrui. Ce que je sais de pire au monde, c'est la faute en commun. Vous me verrez me jeter sans le moindre calcul tantot au-devant des nouveaux partis qui veulent refaire un mauvais passe, tantot au-devant des vieux partis qui veulent, eux aussi, refaire un passe pire encore! (*Emotion et adhesion.*)

Je ne veux pas plus d'une politique qui a abaisse la France, que je ne veux d'une politique qui l'a ensanglantee. Je combattrai l'intrigue comme la violence, de quelque part qu'elles viennent; et, quant a ce que vous appelez la reaction, je repousse la reaction comme je repousse l'anarchie. (*Applaudissements.*)

En ce moment, les veritables ennemis de la chose publique sont ceux qui disent: Il faut entretenir l'agitation dans la rue, faire une emeute desarmee et indefinie, que le marchand ne vende plus, que l'acheteur n'achete plus, que le consommateur ne consomme plus, que les faillites privees amenent la faillite publique, que les boutiques se ferment, que l'ouvrier chome, que le peuple soit sans travail et sans pain, qu'il mendie, qu'il traine sa detresse sur le pave des rues; alors tout s'ecroulera!—Non, ce plan affreux ne reussira pas! non, la France ne perira pas de misere! un tel sort n'est pas fait pour elle! Non, la grande nation qui a survecu a Waterloo n'expirera pas dans une banqueroute! (*Emotion profonde. Bravo! bravo!*)

UN MEMBRE.—Que M. Victor Hugo dise: Je ne suis pas un republicain rouge, ni un republicain blanc, mais un republicain tricolore.

M. VICTOR HUGO.—Ce que vous me dites, je l'ai imprime il y a trois jours.

Il me semble qu'il est impossible d'etre plus clair et plus net que dans cette publication. Je ne voudrais pas qu'un seul de vous ecrivit mon nom sur son bulletin et dit le lendemain: je me suis trompe. Savez-vous pourquoi je ne crie pas bien haut: je suis republicain? C'est parce que beaucoup trop de gens le crient. Savez-vous pourquoi j'ai une sorte de pudeur et de scrupule a faire cet etalage de republicanisme? C'est que je vois des gens qui ne sont rien moins que republicains faire plus de bruit que vous qui etes convaincus. Il y a une chose sur laquelle je defie qui que ce soit, c'est le sentiment democratique. Il y a vingt ans que je suis democrate. Je suis un democrate de la veille. Est-ce que vous aimeriez mieux le mot que la chose? Moi, je vous donne la chose, qui vaut mieux que le mot! (*Applaudissements.*)

M. MARLET, au nom des artistes-peintres, demande l'appui de M. Victor Hugo dans toutes les questions qui interessent l'election, le concours, les droits des artistes et les franchises de l'art.

M. VICTOR HUGO declare qu'ici encore son passe repond de son avenir, et que pour defendre les libertes et les droits de l'art et des artistes depuis vingt ans il n'a pas attendu qu'on le lui demandat. Il continuera d'etre ce qu'il a toujours ete, le defenseur et l'ami des artistes. Ils peuvent compter sur lui.

L'assemblee proclame, a l'unanimite, Victor Hugo candidat des associations reunies.

VI

SEANCE DES ASSOCIATIONS

APRES LE MANDAT ACCOMPLI

Mai 1849.

Je vous rapporte un double mandat, le mandat de president de l'association que vous voulutes bien, il y a un an, me confier a l'unanimite, le mandat de representant que vos votes, egalement unanimes, m'ont confere a la meme epoque. Je rappelle cette unanimite qui est pour moi un cher et glorieux souvenir.

Messieurs, nous venons de traverser une annee laborieuse. Grace a la toute-puissante volonte de la nation, nettement signifiee aux partis par le suffrage universel, un gouvernement serieux, regulier, normal, fonctionnant selon la liberte et la loi, peut desormais tout faire refleurir parmi nous, le travail, la paix, le commerce, l'industrie, l'art; c'est-a-dire remettre la France en pleine possession de tous les elements de la civilisation.

C'est la, messieurs, un grand pas en avant; mais ce pas ne s'est point accompli sans peine et sans labeur. Il n'est pas un bon citoyen qui n'ait pousse a la roue dans ce retour a la vie sociale; tous l'ont fait, avec des forces inegales sans doute, mais avec une egale bonne volonte. Quant a moi, l'humble part que j'ai prise dans les grands evenements survenus depuis un an, je ne vous la dirai pas; vous la savez, votre bienveillance meme se l'exagere. Ce sera ma gloire, un jour, de n'avoir pas ete etranger a ces grands faits, a ces grands actes. Toute ma conduite politique depuis une annee peut se resumer en un seul mot; j'ai defendu energiquement, resolument, de ma poitrine comme de ma parole, dans les douloureuses batailles de la rue comme dans les luttes ameres de la tribune, j'ai defendu l'ordre contre l'anarchie, et la liberte contre l'arbitraire. (*Oui! oui! c'est vrai!*)

Cette double loi, qui, pour moi, est une loi unique, cette double loi de ma conduite, dont je n'ai pas devie un seul instant, je l'ai puisee dans ma conscience, et il me semble aussi, messieurs, que je l'ai puisee dans la votre! (*Unanime adhesion.*) Permettez-moi de dire cela, car l'unanimite de vos suffrages il y a un an, et l'unanimite de vos adhesions en ce moment, nous fait en quelque sorte, a vous, les mandants, et a moi, le mandataire, une ame commune. (*Oui! oui!*) Je vous rapporte mon mandat rempli loyalement. J'ai fait de mon mieux, j'ai fait, non tout ce que j'ai voulu, mais tout ce que j'ai pu, et je reviens au milieu de vous avec la grave et austere serenite du devoir accompli. (*Applaudissements.*)

ASSEMBLEE CONSTITUANTE

1848

I

ATELIERS NATIONAUX

[Note: Ce discours fut prononce quatre jours avant la fatale insurrection du 24 juin. Il ouvrit la discussion sur le decret suivant, qui fut adopte par l'assemblee.

ART. 1. L'allocation de 3 millions demandee par M. le ministre des travaux publics pour les ateliers nationaux lui est accordee d'urgence.

ART. 2. Chaque allocation nouvelle affectee au meme emploi ne pourra exceder le chiffre de 1 million.

ART. 3. Les pouvoirs de la commission chargee de l'examen du present decret sont continues jusqu'a ce qu'il en soit autrement ordonne par l'assemblee.]

20 juin 1848.

Messieurs,

Je ne monte pas a cette tribune pour ajouter de la passion aux debats qui vous agitent, ni de l'amertume aux contestations qui vous divisent. Dans un moment ou tout est difficulte, ou tout peut etre danger, je rougirais d'apporter volontairement des embarras au gouvernement de mon pays. Nous assistons a une solennelle et decisive experience; j'aurais honte de moi s'il pouvait entrer dans ma pensee de troubler par des chicanes, dans l'heure si difficile de son etablissement, cette majestueuse forme sociale, la republique, que nos peres ont vue grande et terrible dans le passe, et que nous voulons tous voir grande et bienfaisante dans l'avenir. Je tacherai donc, dans le peu que j'ai a dire a propos des ateliers nationaux, de ne point perdre de vue cette verite, qu'a l'epoque delicate et grave ou nous sommes, s'il faut de la fermete dans les actes, il faut de la conciliation dans les paroles.

La question des ateliers nationaux a deja ete traitee a diverses reprises devant vous avec une remarquable elevation d'apercus et d'idees. Je ne reviendrai pas sur ce qui a ete dit. Je m'abstiendrai des chiffres que vous connaissez tous. Dans mon opinion, je le declare franchement, la creation des ateliers nationaux a pu etre, a ete une necessite; mais le propre des hommes d'etat veritables, c'est de tirer bon parti des necessites, et de convertir quelquefois les fatalites memes d'une situation en moyens de gouvernement. Je suis oblige de convenir qu'on n'a pas tire bon parti de cette necessite-ci.

Ce qui me frappe au premier abord, ce qui frappe tout homme de bon sens dans cette institution des ateliers nationaux, telle qu'on l'a faite, c'est une enorme force depensee en pure perte. Je sais que M. le ministre des travaux publics annonce des mesures; mais, jusqu'a ce que la realisation de ces mesures ait serieusement commence, nous sommes bien obliges de parler de ce qui est, de ce qui menace d'etre peut-etre longtemps encore; et, dans tous les cas, notre controle a le droit de remonter aux fautes faites, afin d'empecher, s'il se peut, les fautes a faire.

Je dis donc que ce qu'il y a de plus clair jusqu'a ce jour dans les ateliers nationaux, c'est une enorme force depensee en pure perte; et a quel moment? Au moment ou la nation epuisee avait besoin de toutes ses ressources, de la ressource des bras autant que de la ressource des capitaux. En quatre mois, qu'ont produit les ateliers nationaux? Rien.

Je ne veux pas entrer dans la nomenclature des travaux qu'il etait urgent d'entreprendre, que le pays reclamait, qui sont presents a tous vos esprits; mais examinez ceci. D'un cote une quantite immense de travaux possibles, de l'autre cote une quantite immense de travailleurs disponibles. Et le resultat? neant! (*Mouvement.*)

Neant, je me trompe; le resultat n'a pas ete nul, il a ete facheux; facheux doublement, facheux au point de vue des finances, facheux au point de vue de la politique.

Toutefois, ma severite admet des temperaments; je ne vais pas jusqu'au point ou vont ceux qui disent avec une rigueur trop voisine peut-etre de la colere pour etre tout a fait la justice:—Les ateliers nationaux sont un expedient fatal. Vous avez abatardi les vigoureux enfants du travail, vous avez ote a une partie du peuple le gout du labeur, gout salutaire qui contient la dignite, la fierte, le respect de soi-meme et la sante de la conscience. A ceux qui n'avaient connu jusqu'alors que la force genereuse du bras qui travaille, vous avez appris la honteuse puissance de la main tendue; vous avez deshabitue les epaules de porter le poids glorieux du travail honnete, et vous avez accoutume les consciences a porter le fardeau humiliant de l'aumone. Nous connaissions deja le desoeuvre de l'opulence, vous avez cree le desoeuvre de la misere, cent fois plus dangereux pour lui-meme et pour autrui. La monarchie avait les oisifs, la republique aura les faineants.—(*Assentiment marque.*)

Ce langage rude et chagrin, je ne le tiens pas precisement, je ne vais pas jusque-la. Non, le glorieux peuple de juillet et de fevrier ne s'abatardira pas. Cette faineantise fatale a la civilisation est possible en Turquie; en Turquie et non pas en France. Paris ne copiera pas Naples; jamais, jamais Paris ne copiera Constantinople. Jamais, le voulut-on, jamais on ne parviendra a faire de nos dignes et intelligents ouvriers qui lisent et qui pensent, qui parlent et qui ecoutent, des lazzaroni en temps de paix et des janissaires pour le combat. Jamais! (*Sensation.*)

Ce mot *le voulut-on*, je viens de le prononcer; il m'est echappe. Je ne voudrais pas que vous y vissiez une arriere-pensee, que vous y vissiez une accusation par insinuation. Le jour ou je croirai devoir accuser, j'accuserai, je n'insinuerai pas. Non, je ne crois pas, je ne puis croire, et je le dis en toute sincerite, que cette pensee monstrueuse ait pu germer dans la tete de qui que ce soit, encore moins d'un ou de plusieurs de nos gouvernants, de convertir l'ouvrier parisien en un condottiere, et de creer dans la ville la plus civilisee du monde, avec les elements admirables dont se compose la population ouvriere, des pretoriens de l'emeute au service de la dictature. (*Mouvement prolonge.*)

Cette pensee, personne ne l'a eue, cette pensee serait un crime de lese-majeste populaire! (*C'est vrai!*) Et malheur a ceux qui la concevraient jamais! malheur a ceux qui seraient tentes de la mettre a execution! car le peuple, n'en doutez pas, le peuple, qui a de l'esprit, s'en apercevrait bien vite, et ce jour-la il se leverait comme un seul homme contre ces tyrans masques en flatteurs, contre ces despotes deguises en courtisans, et il ne serait pas seulement severe, il serait terrible. (*Tres bien! tres bien!*)

Je rejette cet ordre d'idees, et je me borne a dire qu'independamment de la funeste perturbation que les ateliers nationaux font peser sur nos finances, les ateliers nationaux tels qu'ils sont, tels qu'ils menacent de se perpetuer, pourraient, a la longue,—danger qu'on vous a deja signale, et sur lequel j'insiste,—alterer gravement le caractere de l'ouvrier parisien.

Eh bien, je suis de ceux qui ne veulent pas qu'on altere le caractere de l'ouvrier parisien; je suis de ceux qui veulent que cette noble race d'hommes conserve sa purete; je suis de ceux qui veulent qu'elle conserve sa dignite virile, son gout du travail, son courage a la fois plebeien et chevaleresque; je suis de ceux qui veulent que cette noble race, admiree du monde entier, reste admirable.

Et pourquoi est-ce que je le veux? Je ne le veux pas seulement pour l'ouvrier parisien, je le veux pour nous; je le veux a cause du role que Paris remplit dans l'oeuvre de la civilisation universelle.

Paris est la capitale actuelle du monde civilise....

UNE VOIX.—C'est connu! (*On rit.*)

M. VICTOR HUGO.—Sans doute, c'est connu! J'admire l'interruption! il serait rare et curieux que Paris fut la capitale du monde et que le monde n'en sut rien. (*Tres bien!—On rit.*) Je poursuis. Ce que Rome etait autrefois, Paris l'est aujourd'hui. Ce que Paris conseille, l'Europe le medite; ce que Paris commence, l'Europe le continue. Paris a une fonction dominante parmi les nations. Paris a le privilege d'etablir a certaines epoques, souverainement, brusquement quelquefois, de grandes choses: la liberte de 89, la republique de 92, juillet 1830, fevrier 1848; et ces grandes choses, qui est-ce qui les fait? Les penseurs de Paris qui les preparent, et les ouvriers de Paris qui les executent. (*Interruptions diverses.*)

Voila pourquoi je veux que l'ouvrier de Paris reste ce qu'il est, un noble et courageux travailleur, soldat de l'idee au besoin, de l'idee et non de l'emeute (*sensation*), l'improvisateur quelquefois temeraire des revolutions, mais l'initiateur genereux, sense, intelligent et desinteresse des peuples. C'est la le grand role de l'ouvrier parisien. J'ecarte donc de lui avec indignation tout ce qui peut le corrompre.

De la mon opposition aux ateliers nationaux.

Il est necessaire que les ateliers nationaux se transforment promptement d'une institution nuisible en une institution utile.

QUELQUES VOIX.—Les moyens?

M. VICTOR HUGO.—Tout a l'heure, en commencant, ces moyens, je vous les ai indiques; le gouvernement les enumerait hier, je vous demande la permission de ne pas vous les repeter.

PLUSIEURS MEMBRES.—Continuez! continuez!

M. VICTOR HUGO.—Trop de temps deja a ete perdu; il importe que les mesures annoncees soient le plus tot possible des mesures accomplies. Voila ce qui importe. J'appelle sur ce point l'attention de l'assemblee et de ses delegues au pouvoir executif.

Je voterai le credit sous le benefice de ces observations.

Que demain il nous soit annonce que les mesures dont a parle M. le ministre des travaux publics sont en pleine execution, que cette voie soit largement suivie, et mes critiques disparaissent. Est-ce que vous croyez qu'il n'est pas de la plus haute importance de stimuler le gouvernement lorsque le temps se perd, lorsque les forces de la France s'epuisent?

En terminant, messieurs, permettez-moi d'adresser du haut de cette tribune, a propos des ateliers nationaux...—ceci est dans le sujet, grand Dieu! et les ateliers nationaux ne sont qu'un triste detail d'un triste ensemble...—permettez-moi d'adresser du haut de cette tribune quelques paroles a cette classe de penseurs severes et convaincus qu'on appelle les socialistes (*Oh! oh!—Ecoutez! ecoutez!*) et de jeter avec eux un coup d'oeil rapide sur la question generale qui trouble, a cette heure, tous les esprits et qui envenime tous les evenements, c'est-a-dire sur le fond reel de la situation actuelle.

La question, a mon avis, la grande question fondamentale qui saisit la France en ce moment et qui emplira l'avenir, cette question n'est pas dans un mot, elle est dans un fait. On aurait tort de la poser dans le mot *republique*, elle est dans le fait *democratie*; fait considerable, qui doit engendrer l'etat definitif des societes modernes et dont l'avenement pacifique est, je le declare, le but de tout esprit serieux.

C'est parce que la question est dans le fait *democratie* et non dans le mot *republique*, qu'on a eu raison de dire que ce qui se dresse aujourd'hui devant nous avec des menaces selon les uns, avec des promesses selon les autres, ce n'est pas une question politique, c'est une question sociale.

Representants du peuple, la question est dans le peuple. Je le disais il y a un an a peine dans une autre enceinte, j'ai bien le droit de le redire aujourd'hui ici; la question, depuis longues annees deja, est dans les detresses du peuple, dans les detresses des campagnes qui n'ont point assez de bras, et des villes qui en ont trop, dans l'ouvrier qui n'a qu'une chambre ou il manque d'air, et une industrie ou il manque de travail, dans l'enfant qui va pieds nus, dans la malheureuse jeune fille que la misere ronge et que la prostitution devore, dans le vieillard sans asile, a qui l'absence de la providence sociale fait nier la providence divine; la question est dans ceux qui souffrent, dans ceux qui ont froid et qui ont faim. La question est la. (*Oui! oui!*)

Eh bien,—socialiste moi-meme, c'est aux socialistes impatients que je m'adresse,—est-ce que vous croyez que ces souffrances ne nous prennent pas le coeur? est-ce que vous croyez qu'elles nous laissent insensibles? est-ce que vous croyez qu'elles n'eveillent pas en nous le plus tendre respect, le plus profond amour, la plus ardente et la plus poignante sympathie? Oh! comme vous vous tromperiez! (*Sensation.*) Seulement, en ce moment, au moment ou nous sommes, voici ce que nous vous disons.

Depuis le grand evenement de fevrier, par suite de ces ebranlements profonds qui ont amene des ecroulements necessaires, il n'y a plus seulement la detresse de cette portion de la population qu'on appelle plus specialement le peuple, il y a la detresse generale de tout le reste de la nation. Plus de confiance, plus de credit, plus d'industrie, plus de commerce; la demande a cesse, les debouches se ferment, les faillites se multiplient, les loyers et les fermages ne se payent plus, tout a flechi a la fois; les familles riches sont genees, les familles aisees sont pauvres, les familles pauvres sont affamees.

A mon sens, le pouvoir revolutionnaire s'est mepris. J'accuse les fausses mesures, j'accuse aussi et surtout la fatalite des circonstances.

Le probleme social etait pose. Quant a moi, j'en comprenais ainsi la solution: n'effrayer personne, rassurer tout le monde, appeler les classes jusqu'ici desheritees, comme on les nomme, aux jouissances sociales, a l'education, au bien-etre, a la consommation abondante, a la vie a bon marche, a la propriete rendue facile....

PLUSIEURS MEMBRES.—Tres bien!

DE TOUTES PARTS.—Nous sommes d'accord, mais par quels moyens?

M. VICTOR HUGO.—En un mot, faire descendre la richesse. On a fait le contraire; on a fait monter la misere.

Qu'est-il resulte de la? Une situation sombre ou tout ce qui n'est pas en perdition est en peril, ou tout ce qui n'est pas en peril est en question; une detresse generale, je le repete, dans laquelle la detresse populaire n'est plus qu'une circonstance aggravante, qu'un episode dechirant du grand naufrage.

Et ce qui ajoute encore a mon inexprimable douleur, c'est que d'autres jouissent et profitent de nos calamites. Pendant que Paris se debat dans ce paroxysme, que nos ennemis, ils se trompent! prennent pour l'agonie, Londres est dans la joie, Londres est dans les fetes, le commerce y a triple, le luxe, l'industrie, la richesse s'y sont refugies. Oh! ceux qui agitent la rue, ceux qui jettent le peuple sur la place publique, ceux qui poussent au desordre et a l'insurrection, ceux qui font fuir les capitaux et fermer les boutiques, je puis bien croire que ce sont de mauvais logiciens, mais je ne puis me resigner a penser que ce sont decidement de mauvais francais, et je leur dis, et je leur crie: En agitant Paris, en remuant les masses, en provoquant le trouble et l'emeute, savez-vous ce que vous faites? Vous construisez la force, la grandeur, la richesse, la puissance, la prosperite et la preponderance de l'Angleterre. (*Mouvement prolonge.*)

Oui, l'Angleterre, a l'heure ou nous sommes, s'assied en riant au bord de l'abime ou la France tombe. (*Sensation.*) Oh! certes, les miseres du peuple nous touchent; nous sommes de ceux qu'elles emeuvent le plus douloureusement. Oui, les miseres du peuple nous touchent, mais les miseres de la France nous touchent aussi! Nous avons une pitie profonde pour l'ouvrier avarement et durement exploite, pour l'enfant sans pain, pour la femme sans travail et sans appui, pour les familles proletaires depuis si longtemps lamentables et accablees; mais nous n'avons pas une pitie moins grande pour la patrie qui saigne sur la croix des revolutions, pour la France, pour notre France sacree qui, si cela durait, perdrait sa puissance, sa grandeur et sa lumiere, aux yeux de l'univers. (*Tres bien!*) Il ne faut pas que cette agonie se prolonge; il ne faut pas que la ruine et le desastre saisissent tour a tour et renversent toutes les existences dans ce pays.

UNE VOIX.—Le moyen?

M. VICTOR HUGO.—Le moyen, je viens de le dire, le calme dans la rue, l'union dans la cite, la force dans le gouvernement, la bonne volonte dans le travail, la bonne foi dans tout. (*Oui! c'est vrai!*)

Il ne faut pas, dis-je, que cette agonie se prolonge; il ne faut pas que toutes les existences soient tour a tour renversees. Et a qui cela profiterait-il chez nous? Depuis quand la misere du riche est-elle la richesse du pauvre? Dans un tel resultat je pourrais bien voir la vengeance des classes longtemps souffrantes, je n'y verrais pas leur bonheur. (*Tres bien!*)

Dans cette extremite, je m'adresse du plus profond et du plus sincere de mon coeur aux philosophes initiateurs, aux penseurs democrates, aux socialistes, et je leur dis: Vous comptez parmi vous des coeurs genereux, des esprits puissants et bienveillants, vous voulez comme nous le bien de la France et de l'humanite. Eh bien, aidez-nous! aidez-nous! Il n'y a plus seulement la detresse des travailleurs, il y a la detresse de tous. N'irritez pas la ou il faut concilier, n'armez pas une misere contre une misere, n'ameutez pas un desespoir contre un desespoir. (*Tres bien!*)

Prenez garde! deux fleaux sont a votre porte, deux monstres attendent et rugissent la, dans les tenebres, derriere nous et derriere vous, la guerre civile et la guerre servile (*agitation*), c'est-a-dire le lion et le tigre; ne les dechainez pas! Au nom du ciel, aidez-nous!

Toutes les fois que vous ne mettez pas en question la famille et la propriete, ces bases saintes sur lesquelles repose toute civilisation, nous admettons avec vous les instincts nouveaux de l'humanite; admettez avec nous les necessites momentanees des societes. (*Mouvement.*)

M. FLOCON, *ministre de l'agriculture et du commerce.*—Dites les necessites permanentes.

UNE VOIX.—Les necessites eternelles.

M. VICTOR HUGO.—J'entends dire les necessites eternelles. Mon opinion, ce me semble, etait assez claire pour etre comprise. (*Oui! oui!*) Il va sans dire que l'homme qui vous parle n'est pas un homme qui nie et met en doute les necessites eternelles des societes. J'invoque la necessite momentanee d'un peril immense et imminent, et j'appelle autour de ce grand peril tous les bons citoyens, quelle que soit leur nuance, quelle que soit leur couleur, tous ceux qui veulent le bonheur de la France et la grandeur du pays, et je dis a ces penseurs auxquels je m'adressais tout a l'heure: Puisque le peuple croit en vous, puisque vous avez ce doux et cher bonheur d'etre aimes et ecoutes de lui, oh! je vous en conjure, dites-lui de ne point se hater vers la rupture et la colere, dites-lui de ne rien precipiter, dites-lui de revenir a l'ordre, aux idees de travail et de paix, car l'avenir est pour tous, car l'avenir est pour le peuple! Il ne faut qu'un peu de patience et de fraternite; et il serait horrible que, par une revolte d'equipage, la France, ce premier navire des nations, sombrat en vue de ce port magnifique que nous apercevons tous dans la lumiere et qui attend le genre humain. (*Tres bien! tres bien!*)

II

POUR LA LIBERTE DE LA PRESSE

CONTRE L'ARRESTATION DES ECRIVAINS

[Note: M. Crespel-Delatouche avait interpelle le gouvernement sur la suppression de onze journaux frappes d'interdit le 25 juin, sur l'arrestation et la detention au secret, dix jours durant, du directeur de l'un des journaux supprimes, M. Emile de Girardin, etc. Les mesures attaquees furent defendues par le ministre de la justice; elles furent combattues par les representants Vesin, Valette, Dupont (de Bussac), Germain Sarrut et Lenglet. Le general Cavaignac, apres le discours de Victor Hugo, declara qu'il ne voulait entrer dans aucune explication et qu'il laissait a l'assemblee le soin de le defendre ou de l'accuser. L'assemblee declara la discussion close et passa a l'ordre du jour. (Note de l'editeur.)]

M. VICTOR HUGO.—Je sens que l'assemblee est impatiente de clore le debat, aussi ne dirai-je que quelques mots. (*Parlez! parlez!*)

Je suis de ceux qui pensent aujourd'hui plus que jamais, depuis hier surtout, que le devoir d'un bon citoyen, dans les circonstances actuelles, est de s'abstenir de tout ce qui peut affaiblir le pouvoir dont l'ordre social a un tel besoin. (*Tres bien!*)

Je renonce donc a entrer dans ce que cette discussion pourrait avoir d'irritant, et ce sacrifice m'est d'autant plus facile que j'ai le meme but que vous, le meme but que le pouvoir executif; ce but que vous comprenez, il peut se resumer en deux mots, armer l'ordre social et desarmer ses ennemis. (*Adhesion.*)

Ma pensee est, vous le voyez, parfaitement claire, et je demande au gouvernement la permission de lui adresser une question; car il est resulte un doute dans mon esprit des paroles de M. le ministre de la justice.

Sommes-nous dans l'etat de siege, ou sommes-nous dans la dictature? C'est la, a mon sens, la question.

Si nous sommes dans l'etat de siege, les journaux supprimes ont le droit de reparaitre en se conformant aux lois. Si nous sommes dans la dictature, il en est autrement.

M. DEMOSTHENE OLLIVIER.—Qui donc aurait donne la dictature?

M. VICTOR HUGO.—Je demande au chef du pouvoir executif de s'expliquer.

Quant a moi, je pense que la dictature a dure justement, legitimement, par l'imperieuse necessite des circonstances, pendant quatre jours. Ces quatre jours passes, l'etat de siege suffisait.

L'etat de siege, je le declare, est necessaire, mais l'etat de siege est une situation legale et definie, et il me parait impossible de conceder au pouvoir executif la dictature indefinie, lorsque vous n'avez pretendu lui donner que l'etat de siege.

Maintenant, si le pouvoir executif ne croit pas l'autorite dont l'assemblee l'a investi suffisante, qu'il le declare et que l'assemblee avise. Quant a moi, dans une occasion ou il s'agit de la premiere et de la plus essentielle de nos libertes, je ne manquerai pas a la defense de cette liberte. Defendre aujourd'hui la societe, demain la liberte, les defendre l'une avec l'autre, les defendre l'une par l'autre, c'est ainsi que je comprends mon mandat comme representant, mon droit comme citoyen et mon devoir comme ecrivain. (*Mouvement.*)

Si le pouvoir donc desire etre investi d'une autorite dictatoriale, qu'il le dise, et que l'assemblee decide.

LE GENERAL CAVAIGNAC, *chef du pouvoir executif, president du conseil.*—Ne craignez rien, monsieur, je n'ai pas besoin de tant de pouvoir; j'en ai assez, j'en ai trop de pouvoir; calmez vos craintes. (*Marques d'approbation.*)

M. VICTOR HUGO.—Dans votre interet meme, permettez-moi de vous le dire, a vous homme du pouvoir, moi homme de la pensee.... (*Interruption prolongee.*)

J'ai besoin d'expliquer une expression sur laquelle l'assemblee pourrait se meprendre.

Quand je dis homme de la pensee, je veux dire homme de la presse, vous l'avez tous compris. (*Oui! oui!*)

Eh bien, dans l'interet de l'avenir encore plus que dans l'interet du present, quoique l'interet du present me preoccupe autant qu'aucun de vous, croyez-le bien, je dis au pouvoir executif: Prenez garde! l'immense autorite dont vous etes investi....

LE GENERAL CAVAIGNAC.—Mais non!

UN MEMBRE A GAUCHE.—Faites une proposition. (*Rumeurs diverses.*)

M. LE PRESIDENT.—Il est impossible de continuer a discuter si l'on se livre a des interpellations particulieres.

M. VICTOR HUGO.—Que le pouvoir me permette de le lui dire,—je reponds a l'interruption de l'honorable general Cavaignac,—dans les circonstances actuelles, avec la puissance considerable dont il est investi, qu'il prenne garde a la liberte de la presse, qu'il respecte cette liberte! Que le pouvoir se souvienne que la liberte de la presse est l'arme de cette civilisation que nous defendons ensemble. La liberte de la presse etait avant vous, elle sera apres vous. (*Agitation.*)

Voila ce que je voulais repondre a l'interruption de l'honorable general Cavaignac.

Maintenant je demande au pouvoir de se prononcer sur la maniere dont il entend user de l'autorite que nous lui avons confiee. Quant a moi, je crois que les lois existantes, energiquement appliquees, suffisent. Je n'adopte pas l'opinion de M. le ministre de la justice, qui semble penser que nous nous trouvons dans une sorte d'interregne legal, et qu'il faut attendre, pour user de la repression judiciaire, qu'une nouvelle loi soit faite par vous. Si ma memoire ne me trompe pas, le 24 juin, l'honorable procureur general pres la cour d'appel de Paris a declare obligatoire la loi sur la presse du 16 juillet 1828. Remarquez cette contradiction. Y a-t-il pour la presse une legislation en vigueur? Le procureur general dit oui, le ministre de la justice dit non. (*Mouvement.*) Je suis de l'avis du procureur general.

La presse, a l'heure qu'il est, et jusqu'au vote d'une loi nouvelle, est sous l'empire de la legislation de 1828. Dans ma pensee, si l'etat de siege seul existe, si nous ne sommes pas en pleine dictature, les journaux supprimes ont le droit de reparaitre en se conformant a cette legislation. (*Agitation.*) Je pose la question ainsi et je demande qu'on s'explique sur ce point. Je repete que c'est une question de liberte, et j'ajoute que les questions de liberte doivent etre dans une assemblee nationale, dans une assemblee populaire comme celle-ci, traitees, je ne dis pas avec menagement, je dis avec respect. (*Adhesion.*)

Quant aux journaux, je n'ai pas a m'expliquer sur leur compte, je n'ai pas d'opinion a exprimer sur eux, cette opinion serait peut-etre pour la plupart d'entre eux tres severe. Vous comprenez que plus elle est severe, plus je dois la taire; je ne veux pas prendre la parole pour les attaquer quand ils n'ont pas la parole pour se defendre. (*Mouvement.*) Je me sers a regret de ces termes, *les journaux supprimes*; l'expression *supprimes* ne me parait ni juste, ni politique; *suspendus* etait le veritable mot dont le pouvoir executif aurait du se servir. (*Signe d'assentiment de M. le ministre de la justice.*) Je n'attaque pas en ce moment le pouvoir executif, je le conseille. J'ai voulu et je veux rester dans les limites de la discussion la plus moderee. Les discussions moderees sont les discussions utiles. (*Tres bien!*)

J'aurais pu dire, remarquez-le, que le pouvoir avait attente a la propriete, a la liberte de la pensee, a la liberte de la personne d'un ecrivain; qu'il avait tenu cet ecrivain neuf jours au secret, onze jours dans un etat de detention qui est reste inexplique. (*Mouvements divers.*)

Je n'ai pas voulu entrer et je n'entrerai pas dans ce cote irritant, je le repete, de la question. Je desire simplement obtenir une explication, afin que les journaux puissent savoir, a l'issue de cette seance, ce qu'ils peuvent attendre du pouvoir qui gouverne le pays.

Dans ma conviction, les laisser reparaitre sous l'empire rigide de la loi, ce serait a la fois une mesure de vraie justice et une mesure de bonne politique; de justice, cela n'a pas besoin d'etre demontre; de bonne politique, car il est evident pour moi qu'en presence de l'etat de siege, et sous la pression des circonstances actuelles, ces journaux modereraient d'eux-memes la premiere explosion de leur liberte. Or c'est cette explosion qu'il serait utile d'amortir dans l'interet de la paix publique. L'ajourner, ce n'est que la rendre plus dangereuse par la longueur meme de la compression. (*Mouvement.*) Pesez ceci, messieurs.

Je demande formellement a l'honorable general Cavaignac de vouloir bien nous dire s'il entend que les journaux interdits peuvent reparaitre immediatement sous l'empire des lois existantes, ou s'ils doivent, en attendant une legislation nouvelle, rester dans l'etat ou ils sont, ni vivants ni morts, non pas seulement entraves par l'etat de siege, mais confisques par la dictature. (*Mouvement prolonge.*)

III

L'ETAT DE SIEGE

[Note: Le representant Lichtenberger avait fait une proposition relative a la levee de l'etat de siege avant la discussion sur le projet de constitution. Le comite de la justice, par l'organe de son rapporteur, disait qu'il n'y avait pas lieu de prendre en consideration la proposition. Le representant Ledru-Rollin la defendit, le representant Saureau la defendit egalement, le representant Demanet parla dans le meme sens. Le general Cavaignac, president du conseil, presenta dans ce debat des considerations a la suite desquelles Victor Hugo demanda la parole. La discussion fut close apres son discours. La proposition du representant Lichtenberger ne fut pas adoptee. (*Note de l'editeur.*)]

2 septembre 1848.

M. VICTOR HUGO.—Au point ou la discussion est arrivee, il semblerait utile de remettre la continuation dela discussion a lundi. (*Non! non! Parlez! parlez!*) Je crois que l'assemblee ne voudra pas fermer la discussion avant qu'elle soit epuisee. (*Non! non!*)

Je ne veux, dis-je, repondre qu'un mot au chef du pouvoir executif, mais il me parait impossible de ne pas replacer la question sur son veritable terrain.

Pour que la constitution soit sainement discutee, il faut deux choses: que l'assemblee soit libre, et que la presse soit libre. (*Interruption.*)

Ceci est, a mon avis, le veritable point de la question; l'etat de siege implique-t-il la suppression de la liberte de la presse? Le pouvoir executif dit oui; je dis non. Qui a tort? Si l'assemblee hesite a prononcer, l'histoire et l'avenir jugeront.

L'assemblee nationale a donne au pouvoir executif l'etat de siege pour comprimer l'insurrection, et des lois pour reprimer la presse. Lorsque le pouvoir executif confond l'etat de siege avec la suspension des lois, il est dans une erreur profonde, et il importe qu'il soit averti. (*A gauche: Tres bien!*)

Ce que nous avons a dire au pouvoir executif, le voici:

L'assemblee nationale a pretendu empecher la guerre civile, mais non interdire la discussion; elle a voulu desarmer les bras, mais non baillonner les consciences. (*Approbation a gauche.*)

Pour pacifier la rue, vous avez l'etat de siege; pour contenir la presse, vous avez les tribunaux. Mais ne vous servez pas de l'etat de siege contre la presse; vous vous trompez d'arme, et, en croyant defendre la societe, vous blessez la liberte. (*Mouvement.*)

Vous combattez pour des principes sacres, pour l'ordre, pour la famille, pour la propriete; nous vous suivrons, nous vous aiderons dans le combat; mais nous voulons que vous combattiez avec les lois.

Une voix.—Qui, nous?

M. VICTOR HUGO.—Nous, l'assemblee tout entiere. (*A gauche: Tres bien! tres bien!*)

Il m'est impossible de ne pas rappeler que la distinction a ete faite plusieurs fois et comprise et accueillie par vous tous, entre l'etat de siege et la suspension des lois.

L'etat de siege est un etat defini et legal, on l'a dit deja; la suspension des lois est une situation monstrueuse dans laquelle la chambre ne peut pas vouloir placer la France (*mouvement*), dans laquelle une grande assemblee ne voudra jamais placer un grand peuple! (*Nouveau mouvement.*)

Je ne puis admettre que le pouvoir executif comprenne ainsi son mandat. Quant a moi, je le declare, j'ai pretendu lui donner l'etat de siege, je l'ai arme de toute la force sociale pour la defense de l'ordre, je lui ai donne toute la somme de pouvoir que mon mandat me permettait de lui conferer; mais je ne lui ai pas donne la dictature, mais je ne lui ai pas livre la liberte de la pensee, mais je n'ai pas pretendu lui attribuer la censure et la confiscation! (*Approbation sur plusieurs bancs. Reclamations sur d'autres.*) C'est la censure et la confiscation qui, a l'heure qu'il est, pesent sur les organes de la pensee publique. (*Oui! tres bien!*) C'est la une situation incompatible avec la discussion de la constitution. Il importe, je le repete, que la presse soit libre, et la liberte de la presse n'importe pas moins a la bonte et a la duree de la constitution que la liberte de l'assemblee elle-meme.

Pour moi, ces deux points sont indivisibles, sont inseparables, et je n'admettrais pas que l'assemblee elle-meme fut suffisamment libre, c'est-a-dire suffisamment eclairee (*exclamations*) si la presse n'etait pas libre a cote d'elle, et si la liberte des opinions exterieures ne melait pas sa lumiere a la liberte de vos deliberations.

Je demande que M. le president du conseil vienne nous dire de quelle facon il entend definitivement l'etat de siege (*Il l'a dit!*); que l'on sache si M. le president du conseil entend par etat de siege la suspension des lois. Quant a moi, qui crois l'etat de siege necessaire, si cependant il etait defini de cette facon, je voterais a l'instant meme contre son maintien, car je crois qu'a la pla d'un peril passager, l'emeute, nous mettrions un immense malheur, l'abaissement de la nation. (*Mouvement.*) Que l'etat de siege soit maintenu et que la loi soit respectee, voila ce que je demande, voila ce que veut la societe qui entend conserver l'ordre, voila ce que veut la conscience publique qui entend conserver la liberte. (*Aux voix! La cloture!*)

IV

LA PEINE DE MORT

[Note: Ce discours fut prononce dans la discussion de l'article 5 du projet de constitution. Cet article etait ainsi concu: *La peine de mort est abolie en matiere politique.* Les representants Coquerel, Koenig et Buvignier proposaient par amendement de rediger ainsi cet article 5: *La peine de mort est abolie.* Dans la seance du 18 septembre cet amendement fut repousse par 498 voix contre 216.]

15 septembre 1848.

Je regrette que cette question, la premiere de toutes peut-etre, arrive au milieu de vos deliberations presque a l'improviste, et surprenne les orateurs non prepares.

Quant a moi, je dirai peu de mots, mais, ils partiront du sentiment d'une conviction profonde et ancienne.

Vous venez de consacrer l'inviolabilite du domicile, nous vous demandons de consacrer une inviolabilite plus haute et plus sainte encore, l'inviolabilite de la vie humaine.

Messieurs, une constitution, et surtout une constitution faite par la France et pour la France, est necessairement un pas dans la civilisation. Si elle n'est point un pas dans la civilisation, elle n'est rien. (*Tres bien! tres bien!*)

Eh bien, songez-y, qu'est-ce que la peine de mort? La peine de mort est le signe special et eternel de la barbarie. (*Mouvement.*) Partout ou la peine de mort est prodiguee, la barbarie domine; partout ou la peine de mort est rare, la civilisation regne. (*Sensation.*)

Messieurs, ce sont la des faits incontestables. L'adoucissement de la penalite est un grand et serieux progres. Le dix-huitieme siecle, c'est la une partie de sa gloire, a aboli la torture; le dix-neuvieme siecle abolira la peine de mort. (*Vive adhesion. Oui! oui!*)

Vous ne l'abolirez pas peut-etre aujourd'hui; mais, n'en doutez pas, demain vous l'abolirez, ou vos successeurs l'aboliront. (*Nous l'abolirons!—Agitation.*)

Vous ecrivez en tete du preambule de votre constitution: "En presence de Dieu", et vous commenceriez par lui derober, a ce Dieu, ce droit qui n'appartient qu'a lui, le droit de vie et de mort. (*Tres bien! tres bien!*) Messieurs, il y a trois choses qui sont a Dieu et qui n'appartiennent pas a l'homme: l'irrevocable, l'irreparable, l'indissoluble. Malheur a l'homme s'il les introduit dans ses lois! (*Mouvement.*) Tot ou tard elles font plier la societe sous leur poids, elles derangent l'equilibre necessaire des lois et des moeurs, elles otent a la justice humaine ses proportions; et alors il arrive ceci, reflechissez-y, messieurs, que la loi epouvante la conscience. (*Sensation.*)

Je suis monte a cette tribune pour vous dire un seul mot, un mot decisif, selon moi; ce mot, le voici. (*Ecoutez! ecoutez!*)

Apres fevrier, le peuple eut une grande pensee, le lendemain du jour ou il avait brule le trone, il voulut bruler l'echafaud. (*Tres bien!—D'autres voix: Tres mal!*)

Ceux qui agissaient sur son esprit alors ne furent pas, je le regrette profondement, a la hauteur de son grand coeur. (*A gauche: Tres bien!*) On l'empecha d'executer cette idee sublime.

Eh bien, dans le premier article de la constitution que vous votez, vous venez de consacrer la premiere pensee du peuple, vous avez renverse le trone. Maintenant consacrez l'autre, renversez l'echafaud. (*Applaudissements a gauche. Protestations a droite.*)

Je vote l'abolition pure, simple et definitive de la peine de mort.

V

POUR LA LIBERTE DE LA PRESSE ET CONTRE L'ETAT DE SIEGE

[Note: L'etat de siege fut leve le lendemain de ce discours.]

11 octobre 1848.

Si je monte a la tribune, malgre l'heure avancee, malgre les signes d'impatience d'une partie de l'assemblee (*Non! non! Parlez!*), c'est que je ne puis croire que, dans l'opinion de l'assemblee, la question soit jugee. (*Non! elle ne l'est pas!*) En outre, l'assemblee considerera le petit nombre d'orateurs qui soutiennent en ce moment la liberte de la presse, et je ne doute pas que ces orateurs ne soient proteges, dans cette discussion, par ce double respect que ne peuvent manquer d'eveiller, dans une assemblee genereuse, un principe si grand et une minorite si faible. (*Tres bien!*)

Je rappellerai a l'honorable ministre de la justice que le comite de legislation avait emis le voeu que l'etat de siege fut leve, afin que la presse fut ce que j'appelle mise en liberte.

M. ABBATUCCI.—Le comite n'a pas dit cela.

M. VICTOR HUGO.—Je n'irai pas aussi loin que votre comite de legislation, et je dirai a M. le ministre de la justice qu'il serait, a mon sens, d'une bonne politique d'alleger peu a peu l'etat de siege, et de le rendre de jour en jour moins pesant, afin de preparer la transition, et d'amener par degres insensibles l'heure ou l'etat de siege pourrait etre leve sans danger. (*Adhesion sur plusieurs bancs.*)

Maintenant, j'entre dans la question de la liberte de la presse, et je dirai a M. le ministre de la justice que, depuis la derniere discussion, cette question a pris des aspects nouveaux. Pour ma part, plus nous avancons dans l'oeuvre de la constitution, plus je suis frappe de l'inconvenient de discuter la constitution en l'absence de la liberte de la presse. (*Bruit et interruptions diverses.*)

Je dis dans l'absence de la liberte de la presse, et je ne puis caracteriser autrement une situation dans laquelle les journaux ne sont point places et maintenus sous la surveillance et la sauvegarde des lois, mais laisses a la discretion du pouvoir executif. (*C'est vrai!*)

Eh bien, messieurs, je crains que, dans l'avenir, la constitution que vous discutez ne soit moralement amoindrie. (*Denegation. Adhesion sur plusieurs bancs.*)

M. DUPIN (de la Nievre).—Ce ne sera pas faute d'amendements et de critiques.

M. VICTOR HUGO.—Vous avez pris, messieurs, deux resolutions graves dans ces derniers temps; par l'une, a laquelle je ne me suis point associe, vous avez soumis la republique a cette perilleuse epreuve d'une assemblee unique; par l'autre, a laquelle je m'honore d'avoir concouru, vous avez consacre la plenitude de la souverainete du peuple, et vous avez laisse au pays le droit et le soin de choisir l'homme qui doit diriger le gouvernement du pays. (*Rumeurs.*) Eh bien, messieurs, il importait dans ces deux occasions que l'opinion publique, que l'opinion du dehors put prendre la parole, la prendre hautement et librement, car c'etaient la, a coup sur, des questions qui lui appartenaient. (*Tres bien!*) L'avenir, l'avenir immediat de votre constitution amene d'autres questions graves. Il serait malheureux qu'on put dire que, tandis que tous les interets du pays elevent la voix pour reclamer ou pour se plaindre, la presse est baillonnee. (*Agitation.*)

Messieurs, je dis que la liberte de la presse importe a la bonne discussion de votre constitution. Je vais plus loin (*Ecoutez! ecoutez!*), je dis que la liberte de la presse importe a la liberte meme de l'assemblee. (*Tres bien!*) C'est la une verite.... (*Interruption.*)

LE PRESIDENT.—Ecoutez, messieurs, la question est des plus graves.

M. VICTOR HUGO.—Il me semble que, lorsque je cherche a demontrer a l'assemblee que sa liberte, que sa dignite meme sont interessees a la plenitude de la liberte de la presse, les interrupteurs pourraient faire silence. (*Tres bien!*)

Je dis que la liberte de la presse importe a la liberte de cette assemblee, et je vous demande la permission d'affirmer cette verite comme on affirme une verite politique, en la generalisant.

Messieurs, la liberte de la presse est la garantie de la liberte des assemblees. (*Oui! oui!*)

Les minorites trouvent dans la presse libre l'appui qui leur est souvent refuse dans les deliberations interieures. Pour prouver ce que j'avance, les raisonnements abondent, les faits abondent egalement. (*Bruit.*)

VOIX A GAUCHE.—Attendez le silence! C'est un parti pris!

M. VICTOR HUGO.—Je dis que les minorites trouvent dans la presse libre ...—et, messieurs, permettez-moi de vous rappeler que toute majorite peut devenir minorite, ainsi respectons les minorites (*vive adhesion*);—les minorites trouvent dans la presse libre l'appui qui leur manque souvent dans les deliberations interieures. Et voulez-vous un fait? Je vais vous en citer un qui est certainement dans la memoire de beaucoup d'entre vous.

Sous la restauration, un jour, un orateur energique de la gauche, Casimir Perier, osa jeter a la chambre des deputes cette parole hardie: Nous sommes six dans cette enceinte et trente millions au dehors. (*Mouvement.*)

Messieurs, ces paroles memorables, ces paroles qui contenaient l'avenir, furent couvertes, au moment ou l'orateur les prononca, par les murmures de la chambre entiere, et le lendemain par les acclamations de la presse unanime. (*Tres bien! tres bien! Mouvement prolonge.*)

Eh bien, voulez-vous savoir ce que la presse libre a fait pour l'orateur libre? (*Ecoutez!*) Ouvrez les lettres politiques de Benjamin Constant, vous y trouverez ce passage remarquable:

"En revenant a son banc, le lendemain du jour ou il avait parle ainsi, Casimir Perier me dit: "Si l'unanimite de la presse n'avait pas fait contre-poids a l'unanimite de la chambre, j'aurais peut-etre ete decourage."

Voila ce que peut la liberte de la presse, voila l'appui qu'elle peut donner! c'est peut-etre a la liberte de la presse que vous avez du cet homme courageux qui, le jour ou il le fallut, sut etre bon serviteur de l'ordre parce qu'il avait ete bon serviteur de la liberte.

Ne souffrez pas les empietements du pouvoir; ne laissez pas se faire autour de vous cette espece de calme faux qui n'est pas le calme, que vous prenez pour l'ordre et qui n'est pas l'ordre; faites attention a cette verite que Cromwell n'ignorait pas, et que Bonaparte savait aussi: Le silence autour des assemblees, c'est bientot le silence dans les assemblees. (*Mouvement.*)

Encore un mot.

Quelle etait la situation de la presse a l'epoque de la terreur?... (*Interruption.*)

Il faut bien que je vous rappelle des analogies, non dans les epoques, mais dans la situation de la presse. La presse alors etait, comme aujourd'hui, libre de droit, esclave de fait. Alors, pour faire taire la presse, on menacait de mort les journalistes; aujourd'hui on menace de mort les journaux. (*Mouvement.*) Le moyen est moins terrible, mais il n'est pas moins efficace.

Qu'est-ce que c'est que cette situation? c'est la censure. (*Agitation.*) C'est la censure, c'est la pire, c'est la plus miserable de toutes les censures; c'est celle qui attaque l'ecrivain dans ce qu'il a de plus precieux au monde, dans sa dignite meme; celle qui livre l'ecrivain aux tatonnements, sans le mettre a l'abri des coups d'etat. (*Agitation croissante.*) Voila la situation dans laquelle vous placez la presse aujourd'hui.

M. FLOCON.—Je demande la parole.

M. VICTOR HUGO.—Eh quoi! messieurs, vous raturez la censure dans votre constitution et vous la maintenez dans votre gouvernement! A une epoque comme celle ou nous sommes, ou il y a tant d'indecision dans les esprits.... (*Bruit.*)

LE PRESIDENT.—Il s'agit d'une des libertes les plus cheres au pays; je reclame pour l'orateur le silence et l'attention de l'assemblee. (*Tres bien! tres bien!*)

M. VICTOR HUGO.—Je fais remarquer aux honorables membres qui m'interrompent en ce moment qu'ils outragent deux libertes a la fois, la liberte de la presse, que je defends, et la liberte de la tribune, que j'invoque.

Comment! il n'est pas permis de vous faire remarquer qu'au moment ou vous venez de declarer que la censure etait abolie, vous la maintenez! (*Bruit. Parlez! parlez!*) Il n'est pas permis de vous faire remarquer qu'au moment ou le peuple attend des solutions, vous lui donnez des contradictions! Savez-vous ce que c'est que les contradictions en politique? Les contradictions sont la source des malentendus, et les malentendus sont la source des catastrophes. (*Mouvement.*)

Ce qu'il faut en ce moment aux esprits divises, incertains de tout, inquiets de tout, ce ne sont pas des hypocrisies, des mensonges, de faux semblants politiques, la liberte dans les theories, la censure dans la pratique; non, ce qu'il faut a tous dans ce doute et dans cette ombre ou sont les consciences, c'est un grand exemple en haut, c'est dans le gouvernement, dans l'assemblee nationale, la grande et fiere pratique de la justice et de la verite! (*Agitation prolongee.*)

M. le ministre de la justice invoquait tout a l'heure la necessite. Je prends la liberte de lui faire observer que la necessite est l'argument des mauvaises politiques; que, dans tous les temps, sous tous les regimes, les hommes d'etat, condamnes par une insuffisance, qui ne venait pas d'eux quelquefois, qui venait des circonstances memes, se sont appuyes sur cet argument de la necessite. Nous avons vu deja, et souvent, sous le regime anterieur, les gouvernants recourir a l'arbitraire, au despotisme, aux suspensions de journaux, aux incarcerations d'ecrivains. Messieurs, prenez garde! vous faites respirer a la republique le meme air qu'a la monarchie. Souvenez-vous que la monarchie en est morte. (*Mouvement.*)

Messieurs, je ne dirai plus qu'un mot.... (*Interruption.*)

L'assemblee me rendra cette justice que des interruptions systematiques ne m'ont pas empeche de protester jusqu'au bout en faveur de la liberte de la presse.

Messieurs, des temps inconnus s'approchent; preparons-nous a les recevoir avec toutes les ressources reunies de l'etat, du peuple, de l'intelligence, de la civilisation francaise, et de la bonne conscience des gouvernants. Toutes les libertes sont des forces; ne nous laissons pas plus depouiller de nos libertes que nous ne nous laisserions depouiller de nos armes la veille du combat.

Prenons garde aux exemples que nous donnons! Les exemples que nous donnons sont inevitablement, plus tard, nos ennemis ou nos auxiliaires; au jour du danger, ils se levent et ils combattent pour nous ou contre nous.

Quant a moi, si le secret de mes votes valait la peine d'etre explique, je vous dirais: J'ai vote l'autre jour contre la peine de mort; je vote aujourd'hui pour la liberte.

Pourquoi? C'est que je ne veux pas revoir 93! c'est qu'en 93 il y avait l'echafaud, et il n'y avait pas la liberte.

J'ai toujours ete, sous tous les regimes, pour la liberte, contre la compression. Pourquoi? C'est que la liberte reglee par la loi produit l'ordre, et que la compression produit l'explosion. Voila pourquoi je ne veux pas de la compression et je veux de la liberte. (*Mouvement. Longue agitation*).

VI

QUESTION DES ENCOURAGEMENTS AUX LETTRES ET AUX ARTS

10 novembre 1848.

M. LE PRESIDENT.—L'ordre du jour appelle la discussion du budget rectifie de 1848.

M. VICTOR HUGO.—Personne plus que moi, messieurs (*Plus haut! plus haut!*), n'est penetre de la necessite, de l'urgente necessite d'alleger le budget; seulement, a mon avis, le remede a l'embarras de nos finances n'est pas dans quelques economies chetives et detestables; ce remede serait, selon moi, plus haut et ailleurs; il serait dans une politique intelligente et rassurante, qui donnerait confiance a la France, qui ferait renaitre l'ordre, le travail et le credit ... (*agitation*) et qui permettrait de diminuer, de supprimer meme les enormes depenses speciales qui resultent des embarras de la situation. C'est la, messieurs, la veritable surcharge du budget, surcharge qui, si elle se prolongeait et s'aggravait encore, et si vous n'y preniez garde, pourrait, dans un temps donne, faire crouler l'edifice social.

Ces reserves faites, je partage, sur beaucoup de points, l'avis de votre comite des finances.

J'ai deja vote, et je continuerai de voter la plupart des reductions proposees, a l'exception de celles qui me paraitraient tarir les sources memes de la vie publique, et de celles qui, a cote d'une amelioration financiere douteuse, me presenteraient une faute politique certaine.

C'est dans cette derniere categorie que je range les reductions proposees par le comite des finances sur ce que j'appellerai le budget special des lettres, des sciences et des arts.

Ce budget devrait, pour toutes les raisons ensemble, etre reuni dans une seule administration et tenu dans une seule main. C'est un vice de notre classification administrative que ce budget soit reparti entre deux ministeres, le ministere de l'instruction publique et le ministere de l'interieur.

Ceci m'obligera, dans le peu que j'ai a dire, d'effleurer quelquefois le ministere de l'interieur. Je pense que l'assemblee voudra bien me le permettre, pour la clarte meme de la demonstration. Je le ferai, du reste, avec une extreme reserve.

Je dis, messieurs, que les reductions proposees sur le budget special des sciences, des lettres et des arts sont mauvaises doublement. Elles sont insignifiantes au point de vue financier, et nuisibles a tous les autres points de vue.

Insignifiantes au point de vue financier. Cela est d'une telle evidence, que c'est a peine si j'ose mettre sous les yeux de l'assemblee le resultat d'un calcul de proportion que j'ai fait. Je ne voudrais pas eveiller le rire de l'assemblee dans une question serieuse; cependant, il m'est impossible de ne pas lui soumettre une comparaison bien triviale, bien vulgaire, mais qui a le merite d'eclairer la question et de la rendre pour ainsi dire visible et palpable.

Que penseriez-vous, messieurs, d'un particulier qui aurait 1,500 francs de revenu, qui consacrerait tous les ans a sa culture intellectuelle, pour les sciences, les lettres et les arts, une somme bien modeste, 5 francs, et qui, dans un jour de reforme, voudrait economiser sur son intelligence six sous? (*Rire approbatif.*)

Voila, messieurs, la mesure exacte de l'economie proposee. (*Nouveau rire.*) Eh bien! ce que vous ne conseilleriez pas a un particulier, au dernier des habitants d'un pays civilise, on ose le conseiller a la France. (*Mouvement.*)

Je viens de vous montrer a quel point l'economie serait petite; je vais vous montrer maintenant combien le ravage serait grand.

Pour vous edifier sur ce point, je ne sache rien de plus eloquent que la simple nomenclature des institutions, des etablissements, des interets que les reductions proposees atteignent dans le present et menacent dans l'avenir.

J'ai dresse cette nomenclature; je demande a l'assemblee la permission de la lui lire, cela me dispensera de beaucoup de developpements. Les reductions proposees atteignent:

Le college de France,
Le museum,
Les bibliotheques,
L'ecole des chartes,
L'ecole des langues orientales,

La conservation des archives nationales,
La surveillance de la librairie a l'etranger ... (Ruine complete de notre librairie, le champ livre a la contrefacon!)
L'ecole de Rome,
L'ecole des beaux-arts de Paris,
L'ecole de dessin de Dijon,
Le conservatoire,
Les succursales de province,
Les musees des Thermes et de Cluny,
Nos musees de peinture et de sculpture,
La conservation des monuments historiques.
Les reformes menacent pour l'annee prochaine:
Les facultes des sciences et des lettres,
Les souscriptions aux livres,
Les subventions aux societes savantes,
Les encouragements aux beaux-arts.

En outre,—ceci touche au ministere de l'interieur, mais la chambre me permettra de le dire, pour que le tableau soit complet,—les reductions atteignent des a present et menacent pour l'an prochain les theatres. Je ne veux vous en dire qu'un mot en passant. On propose la suppression d'un commissaire sur deux; j'aimerais mieux la suppression d'un censeur et meme de deux censeurs. (*On rit.*)

UN MEMBRE.—Il n'y a plus de censure!

UN MEMBRE, a gauche.—Elle sera bientot retablie!

M. VICTOR HUGO.—Enfin le rapport reserve ses plus dures paroles et ses menaces les plus serieuses pour les indemnites et secours litteraires. Oh! voila de monstrueux abus! Savez-vous, messieurs, ce que c'est que les indemnites et les secours litteraires? C'est l'existence de quelques familles pauvres entre les plus pauvres, honorables entre les plus honorables.

Si vous adoptiez les reductions proposees, savez-vous ce qu'on pourrait dire? On pourrait dire: Un artiste, un poete, un ecrivain celebre travaille toute sa vie, il travaille sans songer a s'enrichir, il meurt, il laisse a son pays beaucoup de gloire a la seule condition de donner a sa veuve et a ses enfants un peu de pain. Le pays garde la gloire et refuse le pain. (*Sensation.*)

Voila ce qu'on pourrait dire, et voila ce qu'on ne dira pas; car, a coup sur, vous n'entrerez pas dans ce systeme d'economies qui consternerait l'intelligence et qui humilierait la nation. (*C'est vrai!*)

Vous le voyez, ce systeme, comme vous le disait si bien notre honorable collegue M. Charles Dupin, ce systeme attaque tout; ce systeme ne respecte rien, ni les institutions anciennes, ni les institutions modernes; pas plus les fondations liberales de Francois Ier que les fondations liberales de la Convention. Ce systeme d'economies ebranle d'un seul coup tout cet ensemble d'institutions civilisatrices qui est, pour ainsi dire, la base du developpement de la pensee francaise.

Et quel moment choisit-on? C'est ici, a mon sens, la faute politique grave que je vous signalais en commencant; quel moment choisit-on pour mettre en question toutes ces institutions a la fois? Le moment ou elles sont plus necessaires que jamais, le moment ou, loin de les restreindre, il faudrait les etendre et les elargir.

Eh! quel est, en effet, j'en appelle a vos consciences, j'en appelle a vos sentiments a tous, quel est le grand peril de la situation actuelle? L'ignorance. L'ignorance encore plus que la misere. (*Adhesion.*)

L'ignorance qui nous deborde, qui nous assiege, qui nous investit de toutes parts. C'est a la faveur de l'ignorance que certaines doctrines fatales passent de l'esprit impitoyable des theoriciens dans le cerveau confus des multitudes. Le communisme n'est qu'une forme de l'ignorance. Le jour ou l'ignorance disparaitrait, les sophismes s'evanouiraient. Et c'est dans un pareil moment, devant un pareil danger, qu'on songerait a attaquer, a mutiler, a ebranler toutes ces institutions qui ont pour but special de poursuivre, de combattre, de detruire l'ignorance!

Sur ce point, j'en appelle, je le repete, au sentiment de l'assemblee. Quoi! d'un cote la barbarie dans la rue, et de l'autre le vandalisme dans le gouvernement! (*Mouvement.*) Messieurs, il n'y a pas que la prudence materielle au monde, il y a autre chose que ce que j'appellerai la prudence brutale. Les precautions grossieres, les moyens de police ne sont pas, Dieu merci, le dernier mot des societes civilisees.

On pourvoit a l'eclairage des villes, on allume tous les soirs, et on fait tres bien, des reverberes dans les carrefours, dans les places publiques; quand donc comprendra-t-on que la nuit peut se faire aussi dans le monde moral, et qu'il faut allumer des flambeaux pour les esprits? (*Approbation et rires.*)

Puisque l'assemblee m'a interrompu, elle me permettra d'insister sur ma pensee.

Oui, messieurs, j'y insiste. Un mal moral, un mal moral profond nous travaille et nous tourmente. Ce mal moral, cela est etrange a dire, n'est autre chose que l'exces des tendances materielles. Eh bien, comment combattre le developpement des tendances materielles? Par le developpement des tendances intellectuelles. Il faut oter au corps et donner a l'ame. (*Oui! oui! Sensation.*)

Quand je dis: il faut oter au corps et donner a l'ame, vous ne vous meprenez pas sur mon sentiment. (*Non! non!*) Vous me comprenez tous; je souhaite passionnement, comme chacun de vous, l'amelioration du sort materiel des classes souffrantes; c'est la, selon moi, le grand, l'excellent progres auquel nous devons tous tendre de tous nos voeux comme hommes et de tous nos efforts comme legislateurs.

Mais si je veux ardemment, passionnement, le pain de l'ouvrier, le pain du travailleur, qui est mon frere, a cote du pain de la vie je veux le pain de la pensee, qui est aussi le pain de la vie. Je veux multiplier le pain de l'esprit comme le pain du corps. (*Interruption au centre.*)

Il me semble, messieurs, que ce sont la les questions que souleve naturellement ce budget de l'instruction publique discute en ce moment. (*Oui! oui!*)

Eh bien, la grande erreur de notre temps, c'a ete de pencher, je dis plus, de courber, l'esprit des hommes vers la recherche du bien-etre materiel, et de le detourner par consequent du bien-etre religieux et du bien-etre intellectuel. (*C'est vrai!*) La faute est d'autant plus grande que le bien-etre materiel, quoi qu'on fasse, quand meme tous les progres qu'on reve, et que je reve aussi, moi, seraient realises, le bien-etre materiel ne peut et ne pourra jamais etre que le partage de quelques-uns, tandis que le bien-etre religieux, c'est-a-dire la croyance, le bien-etre intellectuel, c'est-a-dire l'education, peuvent etre donnes a tous.

D'ailleurs le bien-etre materiel ne pourrait etre le but supreme de l'homme en ce monde qu'autant qu'il n'y aurait pas d'autre vie, et c'est la une affirmation desolante, c'est la un mensonge affreux qui ne doit pas sortir des institutions sociales. (*Tres bien!—Mouvement prolonge.*)

Il importe, messieurs, de remedier au mal; il faut redresser, pour ainsi dire, l'esprit de l'homme; il faut, et c'est la la grande mission, la mission speciale du ministere de l'instruction publique, il faut relever l'esprit de l'homme, le tourner vers Dieu, vers la conscience, vers le beau, le juste et le vrai, vers le desinteresse et le grand. C'est la, et seulement la, que vous trouverez la paix de l'homme avec lui-meme, et par consequent la paix de l'homme avec la societe. (*Tres bien!*)

Pour arriver a ce but, messieurs, que faudrait-il faire? Precisement tout le contraire de ce qu'ont fait les precedents gouvernements; precisement tout le contraire de ce que vous propose votre comite des finances. Outre l'enseignement religieux, qui tient le premier rang parmi les institutions liberales, il faudrait multiplier les ecoles, les chaires, les bibliotheques, les musees, les theatres, les librairies.

Il faudrait multiplier les maisons d'etudes pour les enfants, les maisons de lecture pour les hommes, tous les etablissements, tous les asiles ou l'on medite, ou l'on s'instruit, ou l'on se recueille, ou l'on apprend quelque chose, ou l'on devient meilleur; en un mot, il faudrait faire penetrer de toutes parts la lumiere dans l'esprit du peuple; car c'est par les tenebres qu'on le perd. (*Tres bien!*)

Ce resultat, vous l'aurez quand vous voudrez. Quand vous le voudrez, vous aurez en France un magnifique mouvement intellectuel; ce mouvement, vous l'avez deja; il ne s'agit que de l'utiliser et de le diriger; il ne s'agit que de bien cultiver le sol.

La question de l'intelligence, j'appelle sur ce point l'attention de l'assemblee, la question de l'intelligence est identiquement la meme que la question de l'agriculture.

L'epoque ou vous etes est une epoque riche et feconde; ce ne sont pas, messieurs, les intelligences qui manquent, ce ne sont pas les talents, ce ne sont pas les grandes aptitudes; ce qui manque, c'est l'impulsion sympathique, c'est l'encouragement enthousiaste d'un grand gouvernement. (*C'est vrai!*)

Ce gouvernement, j'aurais souhaite que la monarchie le fut; elle n'a pas su l'etre. Eh bien, ce conseil affectueux que je donnais loyalement a la monarchie, je le donne loyalement a la republique. (*Mouvement.*)

Je voterai contre toutes les reductions que je viens de vous signaler, et qui amoindriraient l'eclat utile des lettres, des arts et des sciences.

Je ne dirai plus qu'un mot aux honorables auteurs du rapport. Vous etes tombes dans une meprise regrettable; vous avez cru faire une economie d'argent, c'est une economie de gloire que vous faites. (*Nouveau mouvement.*) Je la repousse pour la dignite de la France, je la repousse pour l'honneur de la republique. (*Tres bien! Tres bien!*)

VII

LA SEPARATION DE L'ASSEMBLEE

[Note: L'assemblee constituante discutait sur les propositions relatives soit a la convocation de l'assemblee legislative, soit a la modification du decret du 15 decembre concernant les lois organiques. Jules Favre venait de prononcer un discours tres eloquent, tres vehement, pour prouver que l'assemblee constituante avait droit et devoir de rester reunie, quand Victor Hugo monta a la tribune. La dissolution fut votee.]

29 janvier 1849.

J'entre immediatement dans le debat, et je le prends au point ou le dernier orateur l'a laisse.

L'heure s'avance, et j'occuperai peu de temps cette tribune.

Je ne suivrai pas l'honorable orateur dans les considerations politiques de diverse nature qu'il a successivement parcourues; je m'enfermerai dans la discussion du droit de cette assemblee a se maintenir ou a se dissoudre. Il a cherche a passionner le debat, je chercherai a le calmer. (*Chuchotements a gauche.*)

Mais si, chemin faisant, je rencontre quelques-unes des questions politiques qui touchent a celles qu'il a soulevees, l'honorable et eloquent orateur peut etre assure que je ne les eviterai pas.

N'en deplaise a l'honorable orateur, je suis de ceux qui pensent que cette assemblee a recu un mandat tout a la fois illimite et limite. (*Exclamations.*)

M. LE PRESIDENT.—J'invite tous les membres de l'assemblee au silence. On doit ecouter M. Victor Hugo comme on a ecoute M. Jules Favre.

M. VICTOR HUGO.—Illimite quant a la souverainete, limite quant a l'oeuvre a accomplir. (*Tres bien! Mouvement.*) Je suis de ceux qui pensent que l'achevement de la constitution epuise le mandat, et que le premier effet de la constitution votee doit etre, dans la logique politique, de dissoudre la constituante.

Et, en effet, messieurs, qu'est-ce que c'est qu'une assemblee constituante? c'est une revolution agissant et deliberant avec un horizon indefini devant elle. Et qu'est-ce que c'est qu'une constitution? C'est une revolution accomplie et desormais circonscrite. Or peut-on se figurer une telle chose: une revolution a la fois terminee par le vote de la constitution et continuant par la presence de la constituante? C'est-a-dire, en d'autres termes, le definitif proclame et le provisoire maintenu; l'affirmation et la negation en presence? Une constitution qui regit la nation et qui ne regit pas le parlement! Tout cela se heurte et s'exclut. (*Sensation.*)

Je sais qu'aux termes de la constitution vous vous etes attribue la mission de voter ce qu'on a appele les lois organiques. Je ne dirai donc pas qu'il ne faut pas les faire; je dirai qu'il faut en faire le moins possible. Et pourquoi? Les lois organiques font-elles partie de la constitution? participent-elles de son privilege et de son inviolabilite? Oh! alors votre droit et votre devoir est de les faire toutes. Mais les lois organiques ne sont que des lois ordinaires; les lois organiques ne sont que des lois comme toutes les autres, qui peuvent etre modifiees, changees, abrogees sans formalites speciales, et qui, tandis que la constitution, armee par vous, se defendra, peuvent tomber au premier choc de la premiere assemblee legislative. Cela est incontestable. A quoi bon les multiplier, alors, et les faire toutes dans des circonstances ou il est a peine possible de les faire viables? Une assemblee constituante ne doit rien faire qui ne porte le caractere de la necessite. Et, ne l'oublions pas, la ou une assemblee comme celle-ci n'imprime pas le sceau de sa souverainete, elle imprime le sceau de sa faiblesse.

Je dis donc qu'il faut limiter a un tres petit nombre les lois organiques que la constitution vous impose le devoir de faire.

J'aborde, pour la traverser rapidement, car, dans les circonstances ou nous sommes, il ne faut pas irriter un tel debat, j'aborde la question delicate que j'appellerai la question d'amour-propre, c'est-a-dire le conflit qu'on cherche a elever entre le ministere et l'assemblee a l'occasion de la proposition Rateau. Je repete que je traverse cette question rapidement; vous en comprenez tous le motif, il est puise dans mon patriotisme et dans le votre. Je dis seulement, et je me borne a ceci, que cette question ainsi posee, que ce conflit, que cette susceptibilite, que tout cela est au-dessous de vous. (*Oui! oui!—Adhesion.*) Les grandes assemblees comme celle-ci ne compromettent pas la paix du pays par susceptibilite, elles se meuvent et se gouvernent par des raisons plus hautes. Les grandes assemblees, messieurs, savent envisager l'heure de leur abdication politique avec dignite et liberte; elles n'obeissent jamais, soit au jour de leur avenement, soit au jour de leur retraite, qu'a une seule impulsion, l'utilite publique. C'est la le sentiment que j'invoque et que je voudrais eveiller dans vos ames.

J'ecarte donc comme renverses par la discussion les trois arguments puises, l'un dans la nature de notre mandat, l'autre dans la necessite de voter les lois organiques, et le troisieme dans la susceptibilite de l'assemblee en face du ministere.

J'arrive a une derniere objection qui, selon moi, est encore entiere, et qui est au fond du discours remarquable que vous venez d'entendre. Cette objection, la voici:

Pour dissoudre l'assemblee, nous invoquons la necessite politique. Pour la maintenir, on nous oppose la necessite politique. On nous dit: Il faut que l'assemblee constituante reste a son poste; il faut qu'elle veille sur son oeuvre; il importe qu'elle ne livre pas la democratie organisee par elle, qu'elle ne livre pas la constitution a ce courant qui emporte les esprits vers un avenir inconnu.

Et la-dessus, messieurs, on evoque je ne sais quel fantome d'une assemblee menacante pour la paix publique; on suppose que la prochaine assemblee legislative (car c'est la le point reel de la question, j'y insiste, et j'y appelle votre attention), on suppose que la prochaine assemblee legislative apportera avec elle les bouleversements et les calamites, qu'elle perdra la France au lieu de la sauver.

C'est la toute la question, il n'y en a pas d'autre; car si vous n'aviez pas cette crainte et cette anxiete, vous mes collegues de la majorite, que j'honore et auxquels je m'adresse, si vous n'aviez pas cette crainte et cette anxiete, si vous etiez tranquilles sur le sort de la future assemblee, a coup sur votre patriotisme vous conseillerait de lui ceder la place.

C'est donc la, a mon sens, le point veritable de la question. Eh bien, messieurs, j'aborde cette objection. C'est pour la combattre que je suis monte a cette tribune. On nous dit: Savez-vous ce que sera, savez-vous ce que fera la prochaine assemblee legislative? Et l'on conclut, des inquietudes qu'on manifeste, qu'il faut maintenir l'assemblee constituante.

Eh bien, messieurs, mon intention est de vous montrer ce que valent ces arguments comminatoires; je le ferai en tres peu de paroles, et par un simple rapprochement, qui est maintenant de l'histoire, et qui, a mon sens, eclaire singulierement tout ce cote de la question. (*Ecoutez! Ecoutez!—Profond silence.*)

Messieurs, il y a moins d'un an, en mars dernier, une partie du gouvernement provisoire semblait croire a la necessite de se perpetuer. Des publications officielles, placardees au coin des rues, affirmaient que l'education politique de la France n'etait pas faite, qu'il etait dangereux de livrer au pays, dans l'etat des choses, l'exercice de sa souverainete, et qu'il etait indispensable que le pouvoir qui etait alors debout prolongeat sa duree. En meme temps, un parti, qui se disait le plus avance, une opinion qui se proclamait exclusivement republicaine, qui declarait avoir fait la republique, et qui semblait penser que la republique lui appartenait, cette opinion jetait le cri d'alarme, demandait hautement l'ajournement des elections, et denoncait aux patriotes, aux republicains, aux bons citoyens, l'approche d'un danger immense et imminent. Cet immense danger qui approchait, messieurs,—c'etait vous. (*Tres bien! tres bien!*) C'etait l'assemblee nationale a laquelle je parle en ce moment. (*Nouvelle approbation.*)

Ces elections fatales, qu'il fallait ajourner a tout prix pour le salut public, et qu'on a ajournees, ce sont les elections dont vous etes sortis. (*Profonde sensation.*)

Eh bien, messieurs, ce qu'on disait, il y a dix mois, de l'assemblee constituante, on le dit aujourd'hui de l'assemblee legislative.

Je laisse vos esprits conclure, je vous laisse interroger vos consciences, et vous demander a vous-memes ce que vous avez ete, et ce que vous avez fait. Ce n'est pas ici le lieu de detailler tous vos actes; mais ce que je sais, c'est que la civilisation, sans vous, eut ete perdue, c'est que la civilisation a ete sauvee par vous. Or sauver la civilisation, c'est sauver la vie a un peuple. Voila ce que vous avez fait, voila comment vous avez repondu aux propheties sinistres qui voulaient retarder votre avenement. (*Vive et universelle approbation.*)

Messieurs, j'insiste. Ce qu'on disait, avant, de vous, on le dit aujourd'hui de vos successeurs; aujourd'hui, comme alors, on fait de l'assemblee future un peril; aujourd'hui, comme alors, on se defie de la France, on se defie du peuple, on se defie du souverain. D'apres ce que valaient les craintes du passe, jugez ce que valent les craintes du present. (*Mouvement.*)

On peut l'affirmer hautement, l'assemblee legislative repondra aux previsions mauvaises comme vous y avez repondu vous-memes, par son devouement au bien public.

Messieurs, dans les faits que je viens de citer, dans le rapprochement que je viens de faire, dans beaucoup d'autres actes que je ne veux pas rappeler, car j'apporte a cette discussion une moderation profonde (*C'est vrai.*), dans beaucoup d'autres actes, qui sont dans toutes les memoires, il n'y a pas seulement la refutation d'un argument, il y a une evidence, il y a un enseignement. Cette evidence, cet enseignement, les voici: c'est que depuis onze mois, chaque fois qu'il s'agit de consulter le pays, on hesite, on recule, on cherche des faux-fuyants. (*Oui! oui! non! non!*)

M. DE LAROCHEJAQUELEIN.—On insulte constamment au suffrage universel.

UN MEMBRE.—Mais on a avance l'epoque de l'election du president.

M. VICTOR HUGO.—Je suis certain qu'en ce moment je parle a la conscience de l'assemblee.

Et savez-vous ce qu'il y a au fond de ces hesitations? Je le dirai. (*Rumeurs.—Parlez! parlez!*) Mon Dieu, messieurs, ces murmures ne m'etonnent ni ne m'intimident. (*Exclamations.*)

Ceux qui sont a cette tribune y sont pour entendre des murmures, de meme que ceux qui sont sur ces bancs y sont pour entendre des verites. Nous avons ecoute vos verites, ecoutez les notres. (*Mouvement prolonge.*)

Messieurs, je dirai ce qu'il y avait au fond de ces hesitations, et je le dirai hautement, car la liberte de la tribune n'est rien sans la franchise de l'orateur. Ce qu'il y a au fond de tout cela, de tous ces actes que je rappelle, ce qu'il y a, c'est une crainte secrete du suffrage universel.

Et, je vous le dis, a vous qui avez fonde le gouvernement republicain sur le suffrage universel, a vous qui avez ete longtemps le pouvoir tout entier, je vous le dis: il n'y a rien de plus grave en politique qu'un gouvernement qui tient en defiance son principe. (*Profonde sensation.*)

Il vous appartient et il est temps de faire cesser cet etat de choses. Le pays veut etre consulte. Montrez de la confiance au pays, le pays vous rendra de la confiance. C'est par ces mots de conciliation que je veux finir. Je puise dans mon mandat le droit et la force vous conjurer, au nom de la France qui attend et s'inquiete ... (*exclamations diverses*), au nom de ce noble et genereux peuple de Paris, qu'on entraine de nouveau aux agitations politiques....

UNE voix.—C'est le gouvernement qui l'agite!

M. VICTOR HUGO.—Au nom de ce bon et genereux peuple de Paris, qui a tant souffert et qui souffre encore, je vous conjure de ne pas prolonger une situation qui est l'agonie du credit, du commerce, de l'industrie et du travail. (*C'est vrai!*) Je vous conjure de fermer vous-memes, en vous retirant, la phase revolutionnaire, et d'ouvrir la periode legale. Je vous conjure de convoquer avec empressement, avec confiance, vos successeurs. Ne tombez pas dans la faute du gouvernement provisoire. L'injure que les partis passionnes vous ont faite avant votre arrivee, ne la faites pas, vous legislateurs, a l'assemblee legislative! Ne soupconnez pas, vous qui avez ete soupconnes; n'ajournez pas, vous qui avez ete ajournes! (*Mouvement.*) La majorite comprendra, je n'en doute pas, que le moment est enfin venu ou la souverainete de cette assemblee doit rentrer et s'evanouir dans la souverainete de la nation.

S'il en etait autrement, messieurs, s'il etait possible, ce que dans mon respect pour l'assemblee je suis loin de conjecturer, s'il etait possible que cette assemblee se decidat a prolonger indefiniment son mandat ... (*rumeurs et denegations*); s'il etait possible, dis-je, que l'assemblee prolongeat—vous ne voulez pas indefiniment, soit!—prolongeat un mandat desormais discute; s'il etait possible qu'elle ne fixat pas de date et de terme a ses travaux; s'il etait possible qu'elle se maintint dans la situation ou elle est aujourd'hui vis-a-vis du pays,—il est temps encore de vous le dire, l'esprit de la France, qui anime et vivifie cette assemblee, se retirerait d'elle. (*Reclamations.*) Cette assemblee ne sentirait plus battre dans son sein le coeur de la nation. Il pourrait lui etre encore donne de durer, mais non de vivre. La vie politique ne se decrete pas. (*Mouvement prolonge.*)

VIII

LA LIBERTE DU THEATRE

[Note: Ce discours fut prononce dans la discussion du budget, apres un discours dans lequel le representant Jules Favre demanda pour les theatres l'abolition de toute censure.]

3 avril 1849.

Je regrette que cette grave question, qui divise les meilleurs esprits, surgisse d'une maniere si inopinee. Pour ma part, je l'avoue franchement, je ne suis pas pret a la traiter et a l'approfondir comme elle devrait etre approfondie; mais je croirais manquer a un de mes plus serieux devoirs, si je n'apportais ici ce qui me parait etre la verite et le principe.

Je n'etonnerai personne dans cette enceinte en declarant que je suis partisan de la liberte du theatre.

Et d'abord, messieurs, expliquons-nous sur ce mot. Qu'entendons-nous par la? Qu'est-ce que c'est que la liberte du theatre?

Messieurs, a proprement parler, le theatre n'est pas et ne peut jamais etre libre. Il n'echappe a une censure que pour retomber sous une autre, car c'est la le veritable noeud de la question, c'est sur ce point que j'appelle specialement l'attention de M. le ministre de l'interieur. Il existe deux sortes de censures. L'une, qui est ce que je connais au monde de plus respectable et de plus efficace, c'est la censure exercee au nom des idees eternelles d'honneur, de decence et d'honnetete, au nom de ce respect qu'une grande nation a toujours pour elle-meme, c'est la censure exercee par les moeurs publiques. (*Mouvements en sens divers. Agitation.*)

L'autre censure, qui est, je ne veux pas me servir d'expressions trop severes, qui est ce qu'il y a de plus malheureux et de plus maladroit, c'est la censure exercee par le pouvoir.

Eh bien! quand vous detruisez la liberte du theatre, savez-vous ce que vous faites? Vous enlevez le theatre a la premiere de ces deux censures, pour le donner a la seconde.

Croyez-vous y avoir gagne?

Au lieu de la censure du public, de la censure grave, austere, redoutee, obeie, vous avez la censure du pouvoir, la censure deconsideree et bravee. Ajoutez-y le pouvoir compromis. Grave inconvenient.

Et savez-vous ce qui arrive encore? C'est que, par une reaction toute naturelle, l'opinion publique, qui serait si severe pour le theatre libre, devient tres indulgente pour le theatre censure. Le theatre censure lui fait l'effet d'un opprime. (*C'est vrai! c'est vrai!*)

Il ne faut pas se dissimuler qu'en France, et je le dis a l'honneur de la generosite de ce pays, l'opinion publique finit toujours tot ou tard par prendre parti pour ce qui lui parait etre une liberte en souffrance.

Eh bien, je ne dis pas seulement il n'est pas moral, je dis il n'est pas adroit, il n'est pas habile, il n'est pas politique de mettre le public du cote des licences theatrales; le public, mon Dieu! il a toujours dans l'esprit un fonds d'opposition, l'allusion lui plait, l'epigramme l'amuse; le public se met en riant de moitie dans les licences du theatre.

Voila ce que vous obtenez avec la censure. La censure, en retirant au public sa juridiction naturelle sur le theatre, lui retire en meme temps le sentiment de son autorite et de sa responsabilite; du moment ou il cesse d'etre juge, il devient complice. (*Mouvement.*)

Je vous invite, messieurs, a reflechir sur les inconvenients de la censure ainsi consideree. Il arrive que le public finit tres promptement par ne plus voir dans les exces du theatre que des malices presque innocentes, soit contre l'autorite, soit contre la censure elle-meme; il finit par adopter ce qu'il aurait reprouve, et par proteger ce qu'il aurait condamne. (*C'est vrai!*)

J'ajoute ceci: la repression penale n'est plus possible, la societe est desarmee, son droit est epuise, elle ne peut plus rien contre les delits qui peuvent se commettre pour ainsi dire a travers la censure. Il n'y a plus, je le repete, de repression penale. Le propre de la censure, et ce n'est pas la son moindre inconvenient, c'est de briser la loi en s'y substituant. Le manuscrit une fois censure, tout est dit, tout est fini. Le magistrat n'a rien a faire ou le censeur a travaille. La loi ne passe pas ou la police a passe.

Quant a moi, ce que je veux, pour le theatre comme pour la presse, c'est la liberte, c'est la legalite.

Je resume mon opinion en un mot que j'adresse aux gouvernants et aux legislateurs: par la liberte, vous placez les licences et les exces du theatre sous la censure du public; par la censure, vous les mettez sous sa protection. Choisissez. (*Longue agitation.*)

ASSEMBLEE LEGISLATIVE 1849-1851

I

LA MISERE

[Note: M. de Melun avait propose a l'assemblee legislative, au debut de ses travaux, de "nommer dans les bureaux une commission de trente membres, pour preparer et examiner les lois relatives a la prevoyance et a l'assistance publique". Le rapport sur cette proposition fut depose a la seance du 23 juin 1849. La discussion s'ouvrit le 9 juillet suivant.

Victor Hugo prit le premier la parole. Il parla en faveur de la proposition, et demanda que la pensee en fut elargie et etendue.

Ce debat fut caracterise par un incident utile a rappeler. Victor Hugo avait dit: "Je suis de ceux qui pensent et qui affirment qu'on peut detruire la misere." Son assertion souleva de nombreuses denegations sur les bancs du cote droit. M. Poujoulat interrompit l'orateur: "C'est une erreur profonde!" s'ecria-t-il. Et M. Benoit d'Azy soutint, aux applaudissements de la droite et du centre, qu'il etait impossible de faire disparaitre la misere.

La proposition de M. de Melun fut votee a l'unanimite. (Note de l'editeur.)]

9 juillet 1849.

Messieurs, je viens appuyer la proposition de l'honorable M. de Melun. Je commence par declarer qu'une proposition qui embrasserait l'article 13 de la constitution tout entier serait une oeuvre immense sous laquelle succomberait la commission qui voudrait l'entreprendre; mais ici, il ne s'agit que de preparer une legislation qui organise la prevoyance et l'assistance publique, c'est ainsi que l'honorable rapporteur a entendu la proposition, c'est ainsi que je la comprends moi-meme, et c'est a ce titre que je viens l'appuyer.

Qu'on veuille bien me permettre, a propos des questions politiques que souleve cette proposition, quelques mots d'eclaircissement.

Messieurs, j'entends dire a tout instant, et j'ai entendu dire encore tout a l'heure autour de moi, au moment ou j'allais monter a cette tribune, qu'il n'y a pas deux manieres de retablir l'ordre. On disait que dans les temps d'anarchie il n'y a de remede souverain que la force, qu'en dehors de la force tout est vain et sterile, et que la proposition de l'honorable M. de Melun et toutes autres propositions analogues doivent etre tenues a l'ecart, parce qu'elles ne sont, je repete le mot dont on se servait, que du socialisme deguise. (*Interruption a droite.*)

Messieurs, je crois que des paroles de cette nature sont moins dangereuses dites en public, a cette tribune, que murmurees sourdement; et si je cite ces conversations, c'est que j'espere amener a la tribune, pour s'expliquer, ceux qui ont exprime les idees que je viens de rapporter. Alors, messieurs, nous pourrons les combattre au grand jour. (*Murmures a droite.*)

J'ajouterai, messieurs, qu'on allait encore plus loin. (*Interruption.*)

VOIX A DROITE.—Qui? qui? Nommez qui a dit cela!

M. VICTOR HUGO.—Que ceux qui ont ainsi parle se nomment eux-memes, c'est leur affaire. Qu'ils aient a la tribune le courage de leurs opinions de couloirs et de commissions. Quant a moi, ce n'est pas mon role de reveler des noms qui se cachent. Les idees se montrent, je combats les idees; quand les hommes se montreront, je combattrai les hommes. (*Agitation.*) Messieurs, vous le savez, les choses qu'on ne dit pas tout haut sont souvent celles qui font le plus de mal. Ici les paroles publiques sont pour la foule, les paroles secretes sont pour le vote. Eh bien, je ne veux pas, moi, de paroles secretes quand il s'agit de l'avenir du peuple et des lois de mon pays. Les paroles secretes, je les devoile; les influences cachees, je les demasque; c'est mon devoir. (*L'agitation redouble.*) Je continue donc. Ceux qui parlaient ainsi ajoutaient que "faire esperer au peuple un surcroit de bien-etre et une diminution de malaise, c'est promettre l'impossible; qu'il n'y a rien a faire, en un mot, que ce qui a deja ete fait par tous les gouvernements dans toutes les circonstances semblables; que tout le reste est declamation et chimere, et que la repression suffit pour le present et la compression pour l'avenir". (*Violents murmures.—De nombreuses interpellations sont adressees a l'orateur par des membres de la droite et du centre, parmi lesquels nous remarquons MM. Denis Benoist et de Dampierre.*)

Je suis heureux, messieurs, que mes paroles aient fait eclater une telle unanimite de protestations.

M. LE PRESIDENT DUPIN.—L'assemblee a en effet manifeste son sentiment. Le president n'a rien a ajouter. (*Tres bien! tres bien!*)

M. VICTOR HUGO.—Ce n'est pas la ma maniere de comprendre le retablissement de l'ordre.... (*Interruption a droite.*)

UNE VOIX.—Ce n'est la maniere de personne.

M. NOEL PARFAIT.—On l'a dit dans mon bureau. (*Cris a droite.*)

M. DUFOURNEL, *a M. Parfait.*—Citez! dites qui a parle ainsi!

M. DE MONTALEMBERT.—Avec la permission de l'honorable M. Victor Hugo, je prends la liberte de declarer.... (*Interruption.*)

VOIX NOMBREUSES.—A la tribune! a la tribune!

M. DE MONTALEMBERT, *a la tribune.*—Je prends la liberte de declarer que l'assertion de l'honorable M. Victor Hugo est d'autant plus mal fondee que la commission a ete unanime pour approuver la proposition de M. de Melun, et la meilleure preuve que j'en puisse donner, c'est qu'elle a choisi pour rapporteur l'auteur meme de la proposition. (*Tres bien! tres bien!*)

M. VICTOR HUGO.—L'honorable M. de Montalembert repond a ce que je n'ai pas dit. Je n'ai pas dit que la commission n'eut pas ete unanime pour adopter la proposition; j'ai seulement dit, et je le maintiens, que j'avais entendu souvent, et notamment au moment ou j'allais monter a la tribune, les paroles auxquelles j'ai fait allusion, et que, comme pour moi les objections occultes sont les plus dangereuses, j'avais le droit et le devoir d'en faire des objections publiques, fut-ce en depit d'elles-memes, afin de pouvoir les mettre a neant. Vous voyez que j'ai eu raison, car des le premier mot, la honte les prend et elles s'evanouissent. (*Bruyantes reclamations a droite. Plusieurs membres interpellent vivement l'orateur au milieu du bruit.*)

M. LE PRESIDENT.—L'orateur n'a nomme personne en particulier, mais ses paroles ont quelque chose de personnel pour tout le monde, et je ne puis voir dans l'interruption qui se produit qu'un dementi universel de cette assemblee. Je vous engage a rentrer dans la question meme.

M. VICTOR HUGO.—Je n'accepterai le dementi de l'assemblee que lorsqu'il me sera donne par les actes et non par les paroles. Nous verrons si l'avenir me donne tort; nous verrons si l'on fera autre chose que de la compression et de la repression; nous verrons si la pensee qu'on desavoue aujourd'hui ne sera pas la politique qu'on arborera demain. En attendant et dans tous les cas, il me semble que l'unanimite meme que je viens de provoquer dans cette assemblee est une chose excellente.... (*Bruit.—Interruption.*)

Eh bien, messieurs, transportons cette nature d'objections au dehors de cette enceinte, et desinteressons les membres de cette assemblee. Et maintenant, ceci pose, il me sera peut-etre permis de dire que, quant a moi, je ne crois pas que le systeme qui combine la repression avec la compression, et qui s'en tient la, soit l'unique maniere, soit la bonne maniere de retablir l'ordre. (*Nouveaux murmures.*)

J'ai dit que je desinteresse completement les membres de l'assemblee.... (*Bruit.*)

M. LE PRESIDENT.—L'assemblee est desinteressee; c'est une objection que l'orateur se fait a lui-meme et qu'il va refuter. (*Rires.—Rumeurs.*)

M. VICTOR HUGO.—M. le president se trompe. Sur ce point encore j'en appelle a l'avenir. Nous verrons. Du reste, comme ce n'est pas la le moins du monde une objection que je me fais a moi-meme, il me suffit d'avoir provoque la manifestation unanime de l'assemblee, en esperant que l'assemblee s'en souviendra, et je passe a un autre ordre d'idees.

J'entends dire egalement tous les jours.... (*Interruption.*) Ah! messieurs, sur ce cote de la question, je ne crains aucune interruption, car vous reconnaitrez vous-memes que c'est la aujourd'hui le grand mot de la situation; j'entends dire de toutes parts que la societe vient encore une fois de vaincre,—et qu'il faut profiter de la victoire. (*Mouvement.*) Messieurs, je ne surprendrai personne dans cette enceinte en disant que c'est aussi la mon sentiment.

Avant le 13 juin, une sorte de tourmente agitait cette assemblee; votre temps si precieux se perdait en de steriles et dangereuses luttes de paroles; toutes les questions, les plus serieuses, les plus fecondes, disparaissaient devant la bataille a chaque instant livree a la tribune et offerte dans la rue. (*C'est vrai!*) Aujourd'hui le calme s'est fait, le terrorisme s'est evanoui, la victoire est complete. Il faut en profiter. Oui, il faut en profiter! Mais savez-vous comment?

Il faut profiter du silence impose aux passions anarchiques pour donner la parole aux interets populaires. (*Sensation.*) Il faut profiter de l'ordre reconquis pour relever le travail, pour creer sur une vaste echelle la prevoyance sociale, pour substituer a l'aumone qui degrade (*denegations a droite*) l'assistance qui fortifie, pour fonder de toutes parts, et sous toutes les formes, des etablissements de toute nature qui rassurent le malheureux et qui encouragent le travailleur, pour donner cordialement, en ameliorations de toutes sortes aux classes souffrantes, plus, cent fois plus que leurs faux amis ne leur ont jamais promis! Voila comment il faut profiter de la victoire. (*Oui! oui! Mouvement prolonge.*)

Il faut profiter de la disparition de l'esprit de revolution pour faire reparaitre l'esprit de progres! Il faut profiter du calme pour retablir la paix, non pas seulement la paix dans les rues, mais la paix veritable, la paix definitive, la paix faite dans les esprits et dans les coeurs! Il faut, en un mot, que la defaite de la demagogie soit la victoire du peuple! (*Vive adhesion.*)

Voila ce qu'il faut faire de la victoire, et voila comment il faut en profiter. (*Tres bien! tres bien!*)

Et, messieurs, considerez le moment ou vous etes. Depuis dix-huit mois, on a vu le neant de bien des reves. Les chimeres qui etaient dans l'ombre en sont sorties, et le grand jour les a eclairees; les fausses theories ont ete sommees de s'expliquer, les faux systemes ont ete mis au pied du mur; qu'ont-ils produit? Rien. Beaucoup d'illusions se sont evanouies dans les masses, et, en s'evanouissant, ont fait crouler les popularites sans base et les haines sans motif. L'eclaircissement vient peu a peu; le peuple, messieurs, a l'instinct du vrai comme il a l'instinct du juste, et, des qu'il s'apaise, le peuple est le bon sens meme; la lumiere penetre dans son esprit; en meme temps la fraternite pratique, la fraternite qu'on ne decrete pas, la fraternite qu'on n'ecrit pas sur les murs, la fraternite qui nait du fond des choses et de l'identite reelle des destinees humaines, commence a germer dans toutes les ames, dans l'ame du riche comme dans l'ame du pauvre; partout, en haut, en bas, on se penche les uns vers les autres avec cette inexprimable soif de concorde qui marque la fin des dissensions civiles. (*Oui! oui!*) La societe veut se remettre en marche apres cette halte au bord d'un abime. Eh bien! messieurs, jamais, jamais moment ne fut plus propice, mieux choisi, plus clairement indique par la providence pour accomplir, apres tant de coleres et de malentendus, la grande oeuvre qui est votre mission, et qui peut, tout entiere, s'exprimer dans un seul mot: Reconciliation. (*Sensation prolongee.*)

Messieurs, la proposition de M. de Melun va droit a ce but.

Voila, selon moi, le sens vrai et complet de cette proposition, qui peut, du reste, etre modifiee en bien et perfectionnee.

Donner a cette assemblee pour objet principal l'etude du sort des classes souffrantes, c'est-a-dire le grand et obscur probleme pose par Fevrier, environner cette etude de solennite, tirer de cette etude approfondie toutes les ameliorations pratiques et possibles; substituer une grande et unique commission de l'assistance et de la prevoyance publique a toutes les commissions secondaires qui ne voient que le detail et auxquelles l'ensemble echappe; placer cette commission tres haut, de maniere a ce qu'on l'apercoive du pays entier (*mouvement*); reunir les lumieres eparses, les experiences disseminees, les efforts divergents, les devouements, les documents, les recherches partielles, les enquetes locales, toutes les bonnes volontes en travail, et leur creer ici un centre, un centre ou aboutiront toutes les idees et d'ou rayonneront toutes les solutions; faire sortir piece a piece, loi a loi, mais avec ensemble, avec maturite, des travaux de la legislature actuelle le code coordonne et complet, le grand code chretien de la prevoyance et de l'assistance publique; en un mot, etouffer les chimeres d'un certain socialisme sous les realites de l'evangile (*vive approbation*); voila, messieurs, le but de la proposition de M. de Melun, voila pourquoi je l'appuie energiquement. (*M. de Melun fait un signe d'adhesion a l'orateur.*)

Je viens de dire: les chimeres d'un certain socialisme, et je ne veux rien retirer de cette expression, qui n'est pas meme severe, qui n'est que juste. Messieurs, expliquons-nous cependant. Est-ce a dire que, dans cet amas de notions confuses, d'aspirations obscures, d'illusions inouies, d'instincts irreflechis, de formules incorrectes, qu'on designe sous ce nom vague et d'ailleurs fort peu compris de *socialisme*, il n'y ait rien de vrai, absolument rien de vrai?

Messieurs, s'il n'y avait rien de vrai, il n'y aurait aucun danger. La societe pourrait dedaigner et attendre. Pour que l'imposture ou l'erreur soient dangereuses, pour qu'elles penetrent dans les masses, pour qu'elles puissent percer jusqu'au coeur meme de la societe, il faut qu'elles se fassent une arme d'une partie quelconque de la realite. La verite ajustee aux erreurs, voila le peril. En pareille matiere, la quantite de danger se mesure a la quantite de verite contenue dans les chimeres. (*Mouvement.*)

Eh bien, messieurs, disons-le, et disons-le precisement pour trouver le remede, il y a au fond du socialisme une partie des realites douloureuses de notre temps et de tous les temps (*chuchotements*); il y a le malaise eternel propre a l'infirmite humaine; il y a l'aspiration a un sort meilleur, qui n'est pas moins naturelle a l'homme, mais qui se trompe souvent de route en cherchant dans ce monde ce qui ne peut etre trouve que dans l'autre. (*Vive et unanime adhesion.*) Il y a des detresses tres vives, tres vraies, tres poignantes, tres guerissables. Il y a enfin, et ceci est tout a fait propre a notre temps, il y a cette attitude nouvelle donnee a l'homme par nos revolutions, qui ont constate si hautement et place si haut la dignite humaine et la souverainete populaire; de sorte que l'homme du peuple aujourd'hui souffre avec le sentiment double et contradictoire de sa misere resultant du fait et de sa grandeur resultant du droit. (*Profonde sensation.*)

C'est tout cela, messieurs, qui est dans le socialisme, c'est tout cela qui s'y mele aux passions mauvaises, c'est tout cela qui en fait la force, c'est tout cela qu'il faut en oter.

VOIX NOMBREUSES.—Comment?

M. VICTOR HUGO.—En eclairant ce qui est faux, en satisfaisant ce qui est juste. (*C'est vrai!*) Une fois cette operation faite, faite consciencieusement, loyalement, honnetement, ce que vous redoutez dans le socialisme disparait. En lui retirant ce qu'il a de vrai, vous lui retirez ce qu'il a de dangereux. Ce n'est plus qu'un informe nuage d'erreurs que le premier souffle emportera. (*Mouvements en sens divers.*)

Trouvez bon, messieurs, que je complete ma pensee. Je vois a l'agitation de l'assemblee que je ne suis pas pleinement compris. La question qui s'agite est grave. C'est la plus grave de toutes celles qui peuvent etre traitees devant vous.

Je ne suis pas, messieurs, de ceux qui croient qu'on peut supprimer la souffrance en ce monde, la souffrance est une loi divine, mais je suis de ceux qui pensent et qui affirment qu'on peut detruire la misere. (*Reclamations.—Violentes denegations a droite.*)

Remarquez-le bien, messieurs, je ne dis pas diminuer, amoindrir, limiter, circonscrire, je dis detruire. (*Nouveaux murmures a droite.*) La misere est une maladie du corps social comme la lepre etait une maladie du corps humain; la misere peut disparaitre comme la lepre a disparu. (*Oui! oui! a gauche.*)

Detruire la misere! oui, cela est possible. Les legislateurs et les gouvernants doivent y songer sans cesse; car, en pareille matiere, tant que le possible n'est pas fait, le devoir n'est pas rempli. (*Sensation universelle.*)

La misere, messieurs, j'aborde ici le vif de la question, voulez-vous savoir ou elle en est, la misere? Voulez-vous savoir jusqu'ou elle peut aller, jusqu'ou elle va, je ne dis pas en Irlande, je ne dis pas au moyen age, je dis en France, je dis a Paris, et au temps ou nous vivons? Voulez-vous des faits?

Il y a dans Paris ... (*L'orateur s'interrompt.*)

Mon Dieu, je n'hesite pas a les citer, ces faits. Ils sont tristes, mais necessaires a reveler; et tenez, s'il faut dire toute ma pensee, je voudrais qu'il sortit de cette assemblee, et au besoin j'en ferai la proposition formelle, une grande et solennelle enquete sur la situation vraie des classes laborieuses et souffrantes en France. Je voudrais que tous les faits eclatassent au grand jour. Comment veut-on guerir le mal si l'on ne sonde pas les plaies? (*Tres bien! tres bien!*)

Voici donc ces faits.

Il y a dans Paris, dans ces faubourgs de Paris que le vent de l'emeute soulevait naguere si aisement, il y a des rues, des maisons, des cloaques, ou des familles, des familles entieres, vivent pele-mele, hommes, femmes, jeunes filles, enfants, n'ayant pour lits, n'ayant pour couvertures, j'ai presque dit pour vetements, que des monceaux infects de chiffons en fermentation, ramasses dans la fange du coin des bornes, espece de fumier des villes, ou des creatures humaines s'enfouissent toutes vivantes pour echapper au froid de l'hiver. (*Mouvement.*)

Voila un fait. En voici d'autres. Ces jours derniers, un homme, mon Dieu, un malheureux homme de lettres, car la misere n'epargne pas plus les professions liberales que les professions manuelles, un malheureux homme est mort de faim, mort de faim a la lettre, et l'on a constate, apres sa mort, qu'il n'avait pas mange depuis six jours. (*Longue interruption.*) Voulez-vous quelque chose de plus douloureux encore? Le mois passe, pendant la recrudescence du cholera, on a trouve une mere et ses quatre enfants qui cherchaient leur nourriture dans les debris immondes et pestilentiels des charniers de Montfaucon! (*Sensation.*)

Eh bien, messieurs, je dis que ce sont la des choses qui ne doivent pas etre; je dis que la societe doit depenser toute sa force, toute sa sollicitude, toute son intelligence, toute sa volonte, pour que de telles choses ne soient pas! Je dis que de tels faits, dans un pays civilise, engagent la conscience de la societe tout entiere; que je m'en sens, moi qui parle, complice et solidaire (*mouvement*), et que de tels faits ne sont pas seulement des torts envers l'homme, que ce sont des crimes envers Dieu! (*Sensation prolongee.*)

Voila pourquoi je suis penetre, voila pourquoi je voudrais penetrer tous ceux qui m'ecoutent de la haute importance de la proposition qui vous est soumise. Ce n'est qu'un premier pas, mais il est decisif. Je voudrais que cette assemblee, majorite et minorite, n'importe, je ne connais pas, moi, de majorite et de minorite en de telles questions; je voudrais que cette assemblee n'eut qu'une seule ame pour marcher a ce grand but, a ce but magnifique, a ce but sublime, l'abolition de la misere! (*Bravo!—Applaudissements.*)

Et, messieurs, je ne m'adresse pas seulement a votre generosite, je m'adresse a ce qu'il y a de plus serieux dans le sentiment politique d'une assemblee de legislateurs. Et, a ce sujet, un dernier mot, je terminerai par la.

Messieurs, comme je vous le disais tout a l'heure, vous venez, avec le concours de la garde nationale, de l'armee et de toutes les forces vives du pays, vous venez de raffermir l'etat ebranle encore une fois. Vous n'avez recule devant aucun peril, vous n'avez hesite devant aucun devoir. Vous avez sauve la societe reguliere, le gouvernement legal, les institutions, la paix publique, la civilisation meme. Vous avez fait une chose considerable ... Eh bien! vous n'avez rien fait! (*Mouvement.*)

Vous n'avez rien fait, j'insiste sur ce point, tant que l'ordre materiel raffermi n'a point pour base l'ordre moral consolide! (*Tres bien! tres bien!—Vive et unanime adhesion.*) Vous n'avez rien fait tant que le peuple souffre! (*Bravos a gauche.*) Vous n'avez rien fait tant qu'il y a au-dessous de vous une partie du peuple qui desespere! Vous n'avez rien fait, tant que ceux qui sont dans la force de l'age et qui travaillent peuvent etre sans pain! tant que ceux qui sont vieux, et qui ont travaille peuvent etre sans asile! tuant que l'usure devore nos campagnes, tant qu'on meurt de faim dans nos villes (*mouvement prolonge*), tant qu'il n'y a pas des lois fraternelles, des lois evangeliques qui viennent de toutes parts en aide aux pauvres familles honnetes, aux bons paysans, aux bons ouvriers, aux gens de coeur! (*Acclamation.*) Vous n'avez rien fait, tant que l'esprit de revolution a pour auxiliaire la souffrance publique! Vous n'avez rien fait, rien fait, tant que, dans cette oeuvre de destruction et de tenebres qui se continue souterrainement, l'homme mechant a pour collaborateur fatal l'homme malheureux!

Vous le voyez, messieurs, je le repete en terminant, ce n'est pas seulement a votre generosite que je m'adresse, c'est a votre sagesse, et je vous conjure d'y reflechir. Messieurs, songez-y, c'est l'anarchie qui ouvre les abimes, mais c'est la misere qui les creuse. (*C'est vrai! c'est vrai!*) Vous avez fait des lois contre l'anarchie, faites maintenant des lois contre la misere! (*Mouvement prolonge sur tous les bancs.—L'orateur descend de la tribune et recoit les felicitations de ses collegues.*)

II

L'EXPEDITION DE ROME

[Note: Le triste episode de l'expedition contre Rome est trop connu pour qu'il soit necessaire de donner un long sommaire a ce discours. Tout le monde se rappelle que l'assemblee constituante avait vote un credit de 1,200,000 francs pour les premieres depenses d'un corps expeditionnaire en destination de l'Italie, sur la declaration expresse du pouvoir executif que cette force devait proteger la peninsule contre les envahissements de l'Autriche. On se rappelle aussi qu'en apprenant l'attaque de Rome par les troupes francaises sous les ordres du general Oudinot, l'assemblee constituante vota un ordre du jour qui prescrivait au pouvoir executif de ramener a sa pensee primitive l'expedition detournee de son but.

Des que l'assemblee legislative, dont la majorite etait sympathique a la destruction de la republique romaine, fut reunie, ordre fut donne au general Oudinot d'attaquer Rome et de l'enlever *coute que coute*.—La ville fut prise, et le pape restaure.

Le president de la Republique francaise ecrivit a son aide de camp, M. Edgar Ney, une lettre, qui fut rendue publique, ou il manifestait son desir d'obtenir du pape des institutions en faveur de la population des Etats romains.

Le pape ne tint aucun compte de la recommandation de son restaurateur, et publia une bulle qui consacrait le despotisme le plus absolu du gouvernement clerical dans son domaine temporel.

La question romaine, deja debattue plusieurs fois dans le soin de l'assemblee legislative, y fut agitee de nouveau, a propos d'une demande de credits supplementaires, dans les seances du 18 et du 19 octobre 1849.

C'est dans cette discussion que M. Thuriot de la Rosiere soutint que Rome et la papaute etaient *la propriete indivise de la catholicite.*

Victor Hugo soutint, au contraire, la these "si chere a l'Italie, dit-il, de la secularisation et de la nationalite". (Note de l'editeur.)]

15 octobre 1849.

M. VICTOR HUGO. (*Profond silence.*)—Messieurs, j'entre tout de suite dans la question.

Une parole de M. le ministre des affaires etrangeres qui interpretait hier, en dehors de la realite, selon moi, le vote de l'assemblee constituante, m'impose le devoir, a moi qui ai vote l'expedition romaine, de retablir d'abord les faits. Aucune ombre ne doit etre laissee par nous, volontairement du moins, sur ce vote qui a entraine et qui entrainera encore tant d'evenements. Il importe d'ailleurs, dans une affaire aussi grave, et je pense en cela comme l'honorable rapporteur de la commission, de bien preciser le point d'ou nous sommes partis, pour faire mieux juger le point ou nous sommes arrives.

Messieurs, apres la bataille de Novare, le projet de l'expedition de Rome fut apporte a l'assemblee constituante. M. le general de Lamoriciere monta a cette tribune, et nous dit: L'Italie vient de perdre sa bataille de Waterloo,—je cite ici en substance des paroles que tous vous pouvez retrouver dans *le Moniteur*,—l'Italie vient de perdre sa bataille de Waterloo, l'Autriche est maitresse de l'Italie, maitresse de la situation; l'Autriche va marcher sur Rome comme elle a marche sur Milan, elle va faire a Rome ce qu'elle a fait a Milan, ce qu'elle a fait partout, proscrire, emprisonner, fusiller, executer. Voulez-vous que la France assiste les bras croises a ce spectacle? Si vous ne le voulez pas, devancez l'Autriche, allez a Rome.—M. le president du conseil s'ecria: La France doit aller a Rome pour y sauvegarder la liberte et l'humanite. —M. le general de Lamoriciere ajouta: Si nous ne pouvons y sauver la republique, sauvons-y du moins la liberte.—L'expedition romaine fut votee.

L'assemblee constituante n'hesita pas, messieurs. Elle vota l'expedition de Rome dans ce but d'humanite et de liberte que lui montrait M. le president du conseil; elle vota l'expedition romaine afin de faire contre-poids a la bataille de Novare; elle vota l'expedition romaine afin de mettre l'epee de la France la ou allait tomber le sabre de l'Autriche (*mouvement*); elle vota l'expedition romaine....—j'insiste sur ce point, pas une autre explication ne fut donnee, pas un mot de plus ne fut dit; s'il y eut des votes avec restriction mentale, je les ignore (*on rit*);—...l'assemblee constituante vota, nous votames l'expedition romaine, afin qu'il ne fut pas dit que la France etait absente, quand, d'une part, l'interet de l'humanite, et, d'autre part, l'interet de sa grandeur l'appelaient, afin d'abriter en un mot contre l'Autriche Rome et les hommes engages dans la republique romaine, contre l'Autriche qui, dans cette guerre qu'elle fait aux revolutions, a l'habitude de deshonorer, toutes ses victoires, si cela peut s'appeler des victoires, par d'inqualifiables indignites! (*Longs applaudissements a gauche. Violents murmures a droite.—L'orateur, se tournant vers la droite*).

Vous murmurez! Cette expression trop faible, vous la trouvez trop forte! Ah! de telles interruptions me font sortir du coeur l'indignation que j'y refoulais! Comment! la tribune anglaise a fletri ces indignites aux applaudissements de tous les partis, et la tribune de France serait moins libre que la tribune d'Angleterre! (*Ecoutez! ecoutez!*) Eh bien! je le declare, et je voudrais que ma parole, en ce moment, empruntat a cette tribune un retentissement europeen, les exactions, les extorsions d'argent, les spoliations, les fusillades, les executions en masse, la potence dressee pour des hommes heroiques, la bastonnade donnee a des femmes, toutes ces infamies mettent le gouvernement autrichien au pilori de l'Europe! (*Tonnerre d'applaudissements.*)

Quant a moi, soldat obscur, mais devoue, de l'ordre et de la civilisation, je repousse de toutes les forces de mon coeur indigne ces sauvages auxiliaires, ces Radetzki et ces Haynau (*mouvement*), qui pretendent, eux aussi, servir cette sainte cause, et qui font a la civilisation cette abominable injure de la defendre par les moyens de la barbarie! (*Nouvelles acclamations.*)

Je viens de vous rappeler, messieurs, dans quel sens l'expedition de Rome fut votee. Je le repete, c'est un devoir que j'ai rempli. L'assemblee constituante n'existe plus, elle n'est plus la pour se defendre; son vote est, pour ainsi dire, entre vos mains, a votre discretion; vous pouvez attacher a ce vote telles consequences qu'il vous plaira. Mais s'il arrivait, ce qu'a Dieu ne plaise, que ces consequences fussent decidement fatales a l'honneur de mon pays, j'aurais du moins retabli, autant qu'il etait en moi, l'intention purement humaine et liberale de l'assemblee constituante, et la pensee de l'expedition protestera contre le resultat de l'expedition. (*Bravos.*)

Maintenant, comment l'expedition a devie de son but, vous le savez tous; je n'y insiste pas, je traverse rapidement des faits accomplis que je deplore, et j'arrive a la situation.

La situation, la voici:

Le 2 juillet, l'armee est entree dans Rome. Le pape a ete restaure purement et simplement; il faut bien que je le dise. (*Mouvement.*) Le gouvernement clerical, que pour ma part je distingue profondement du gouvernement pontifical tel que les esprits eleves le comprennent, et tel que Pie IX un moment avait semble le comprendre, le gouvernement clerical a ressaisi Rome. Un triumvirat en a remplace un autre. Les actes de ce gouvernement clerical, les actes de cette commission des trois cardinaux, vous les connaissez, je ne crois pas devoir les detailler ici; il me serait difficile de les enumerer sans les caracteriser, et je ne veux pas irriter cette discussion. (*Rires ironiques a droite.*)

Il me suffira de dire que des ses premiers pas l'autorite clericale, acharnee aux reactions, animee du plus aveugle, du plus funeste et du plus ingrat esprit, blessa les coeurs genereux et les hommes sages, et alarma tous les amis intelligents du pape et de la papaute. Parmi nous l'opinion s'emut. Chacun des actes de cette autorite fanatique, violente, hostile a nous-memes, froissa dans Rome l'armee et en France la nation. On se demanda si c'etait pour cela que nous etions alles a Rome, si la France jouait la un role digne d'elle, et les regards irrites de l'opinion commencerent a se tourner vers notre gouvernement. (*Sensation.*)

C'est en ce moment qu'une lettre parut, lettre ecrite par le president de la republique a l'un de ses officiers d'ordonnance envoye par lui a Rome en mission.

M. DESMOUSSEAUX DE GIVRE.—Je demande la parole. (*On rit.*)

M. VICTOR HUGO.—Je vais, je crois, satisfaire l'honorable M. de Givre. Messieurs, pour dire ma pensee tout entiere, j'aurais prefere a cette lettre un acte de gouvernement delibere en conseil.

M. DESMOUSSEAUX DE GIVRE.—Non pas! non pas! Ce n'est pas la ma pensee! (*Nouveaux rires prolonges.*)

M. VICTOR HUGO.—Eh bien! je dis ma pensee et non la votre. J'aurais donc prefere a cette lettre un acte du gouvernement.—Quant a la lettre en elle-meme, je l'aurais voulue plus murie et plus meditee, chaque mot devait y etre pese; la moindre trace de legerete dans un acte grave cree un embarras; mais, telle qu'elle est, cette lettre, je le constate, fut un evenement. Pourquoi? Parce que cette lettre n'etait autre chose qu'une traduction de l'opinion, parce qu'elle donnait une issue au sentiment national, parce qu'elle rendait a tout le monde le service de dire tres haut ce que chacun pensait, parce qu'enfin cette lettre, meme dans sa forme incomplete, contenait toute une politique. (*Nouveau mouvement.*)

Elle donnait une base aux negociations pendantes; elle donnait au saint-siege, dans son interet, d'utiles conseils et des indications genereuses; elle demandait les reformes et l'amnistie; elle tracait au pape, auquel nous avons rendu le service, un peu trop grand peut-etre, de le restaurer sans attendre l'acclamation de son peuple... (*sensation prolongee*) elle tracait au pape le programme serieux d'un gouvernement de liberte. Je dis gouvernement de liberte, car, moi, je ne sais pas traduire autrement le mot *gouvernement liberal.* (*Rires d'approbation.*)

Quelques jours apres cette lettre, le gouvernement clerical, ce gouvernement que nous avons rappele, retabli, releve, que nous protegeons et que nous gardons a l'heure qu'il est, qui nous doit d'etre en ce moment, le gouvernement clerical publiait sa reponse.

Cette reponse, c'est le *Motu proprio*, avec l'amnistie pour post-scriptum.

Maintenant, qu'est-ce que c'est que le *Motu proprio*? (*Profond silence.*)

Messieurs, je ne parlerai, en aucun cas, du chef de la chretiente autrement qu'avec un respect profond; je n'oublie pas que, dans une autre enceinte, j'ai glorifie son avenement; je suis de ceux qui ont cru voir en lui, a cette epoque, le don le plus magnifique que la providence puisse faire aux nations, un grand homme dans un pape. J'ajoute que maintenant la pitie se joint au respect. Pie IX, aujourd'hui, est plus malheureux que jamais; dans ma conviction, il est restaure, mais il n'est pas libre. Je ne lui impute pas l'acte inqualifiable emane de sa chancellerie, et c'est ce qui me donne le courage de dire a cette tribune, sur le *Motu proprio*, toute ma pensee. Je le ferai en deux mots.

L'acte de la chancellerie romaine a deux faces, le cote politique qui regle les questions de liberte, et ce que j'appellerai le cote charitable, le cote chretien, qui regle la question de clemence. En fait de liberte politique, le saint-siege n'accorde rien. En fait de clemence, il accorde moins encore; il octroie une proscription en masse. Seulement il a la bonte de donner a cette proscription le nom d'amnistie. (*Rires et longs applaudissements.*)

Voila, messieurs, la reponse faite par le gouvernement clerical a la lettre du president de la republique.

Un grand eveque a dit, dans un livre fameux, que le pape a ses deux mains toujours ouvertes, et que de l'une decoule incessamment sur le monde la liberte, et de l'autre la misericorde. Vous le voyez, le pape a ferme ses deux mains. (*Sensation prolongee.*)

Telle est, messieurs, la situation. Elle est toute dans ces deux faits, la lettre du president et le *Motu proprio*, c'est-a-dire la demande de la France et la reponse du saint-siege.

C'est entre ces deux faits que vous allez prononcer. Quoi qu'on fasse, quoi qu'on dise pour attenuer la lettre du president, pour elargir le *Motu proprio*, un intervalle immense les separe. L'une dit oui, l'autre dit non. (*Bravo! bravo!— On rit.*) Il est impossible de sortir du dilemme pose par la force des choses, il faut absolument donner tort a quelqu'un. Si vous sanctionnez la lettre, vous reprouvez le *Motu proprio*; si vous acceptez le *Motu proprio*, vous desavouez la lettre. (*C'est cela!*) Vous avez devant vous, d'un cote, le president de la republique reclamant la liberte du peuple romain au nom de la grande nation qui, depuis trois siecles, repand a flots la lumiere et la pensee sur le monde civilise; vous avez, de l'autre, le cardinal Antonelli refusant au nom du gouvernement clerical. Choisissez!

Selon le choix que vous ferez, je n'hesite pas a le dire, l'opinion de la France se separera de vous ou vous suivra. (*Mouvement.*) Quant a moi, je ne puis croire que votre choix soit douteux. Quelle que soit l'attitude du cabinet, quoi que dise le rapport de la commission, quoi que semblent penser quelques membres influents de la majorite, il est bon d'avoir present a l'esprit que le *Motu proprio* a paru peu liberal au cabinet autrichien lui-meme, et il faut craindre de se montrer plus satisfait que le prince de Schwartzenberg. (*Longs eclats de rire.*) Vous etes ici, messieurs, pour resumer et traduire en actes et en lois le haut bon sens de la nation; vous ne voudrez pas attacher un avenir mauvais a cette grave et obscure question d'Italie; vous ne voudrez pas que l'expedition de Rome soit, pour le gouvernement actuel, ce que l'expedition d'Espagne a ete pour la restauration. (*Sensation.*)

Ne l'oublions pas, de toutes les humiliations, celles que la France supporte le plus malaisement, ce sont celles qui lui arrivent a travers la gloire de notre armee. (*Vive emotion.*) Dans tous les cas, je conjure la majorite d'y reflechir, c'est une occasion decisive pour elle et pour le pays, elle assumera par son vote une haute responsabilite politique.

J'entre plus avant dans la question, messieurs. Reconcilier Rome avec la papaute, faire rentrer, avec l'adhesion populaire, la papaute dans Rome, rendre cette grande ame a ce grand corps, ce doit etre la desormais, dans l'etat ou les faits accomplis ont amene la question, l'oeuvre de notre gouvernement, oeuvre difficile, sans nul doute, a cause des irritations et des malentendus, mais possible, et utile a la paix du monde. Mais pour cela, il faut que la papaute, de son cote, nous aide et s'aide elle-meme. Voila trop longtemps deja qu'elle s'isole de la marche de l'esprit humain et de tous les progres du continent. Il faut qu'elle comprenne son peuple et son siecle.... (*Explosion de murmures a droite.—Longue et violente interruption.*)

M. VICTOR HUGO.—Vous murmurez! vous m'interrompez....

A DROITE.—Oui! Nous nions ce que vous dites.

M. VICTOR HUGO.—Eh bien! je vais dire ce que je voulais taire! A vous la faute! (*Fremissement d'attention dans l'assemblee.*) Comment! mais, messieurs, dans Rome, dans cette Rome qui a si longtemps guide les peuples lumineusement, savez-vous ou en est la civilisation? Pas de legislation, ou, pour mieux dire, pour toute legislation, je ne sais quel chaos de lois feodales et monacales, qui produisent fatalement la barbarie des juges criminels et la venalite des juges civils. Pour Rome seulement, quatorze tribunaux d'exception. (*Applaudissements.—Parlez! parlez!*) Devant ces tribunaux, aucune garantie d'aucun genre pour qui que ce soit! les debats sont secrets, la defense orale est interdite. Des juges ecclesiastiques jugent les causes laiques et les personnes laiques. (*Mouvement prolonge.*)

Je continue.

La haine du progres en toute chose. Pie VII avait cree une commission de vaccine, Leon XII l'a abolie. Que vous dirai-je? La confiscation loi de l'etat, le droit d'asile en vigueur, les juifs parques et enfermes tous les soirs comme au quinzieme siecle, une confusion inouie, le clerge mele a tout! Les cures font des rapports de police. Les comptables des deniers publics, c'est leur regle, ne doivent pas de compte au tresor, *mais a Dieu seul.* (*Longs eclats de rire.*) Je continue. (*Parlez! parlez!*)

Deux censures pesent sur la pensee, la censure politique et la censure clericale; l'une garrotte l'opinion, l'autre baillonne la conscience. (*Profonde sensation.*) On vient de retablir l'inquisition. Je sais bien qu'on me dira que l'inquisition n'est plus qu'un nom; mais c'est un nom horrible et je m'en defie, car a l'ombre d'un mauvais nom il ne peut y avoir que de mauvaises choses!

(*Explosion d'applaudissements.*) Voila la situation de Rome. Est-ce que ce n'est pas la un etat de choses monstrueux? (*Oui! oui! oui!*)

Messieurs, si vous voulez que la reconciliation si desirable de Rome avec la papaute se fasse, il faut que cet etat de choses finisse; il faut que le pontificat, je le repete, comprenne son peuple, comprenne son siecle; il faut que l'esprit vivant de l'evangile penetre et brise la lettre morte de toutes ces institutions devenues barbares. Il faut que la papaute arbore ce double drapeau cher a l'Italie: *Secularisation* et *nationalite!*

Il faut que la papaute, je ne dis pas prepare des a present, mais du moins ne se comporte pas de facon a repousser a jamais les hautes destinees qui l'attendent le jour, le jour inevitable, de l'affranchissement et de l'unite de l'Italie. (*Explosion de bravos.*) Il faut enfin qu'elle se garde de son pire ennemi; or, son pire ennemi, ce n'est pas l'esprit revolutionnaire, c'est l'esprit clerical. L'esprit revolutionnaire ne peut que la rudoyer, l'esprit clerical peut la tuer. (*Rumeurs a droite.—Bravos a gauche.*)

Voila, selon moi, messieurs, dans quel sens le gouvernement francais doit influer sur les determinations du gouvernement romain. Voila dans quel sens je souhaiterais une eclatante manifestation de l'assemblee, qui, repoussant le *Motu proprio* et adoptant la lettre du president, donnerait a notre diplomatie un inebranlable point d'appui. Apres ce qu'elle a fait pour le saint-siege, la France a quelque droit d'inspirer ses idees. Certes, on aurait a moins le droit de les imposer. (*Protestation a droite.—Voix diverses: Imposer vos idees! Ah! ah! essayez!*)

Ici l'on m'arrete encore. Imposer vos idees! me dit-on; y pensez-vous? Vous voulez donc contraindre le pape? Est-ce qu'on peut contraindre le pape? Comment vous y prendrez-vous pour contraindre le pape?

Messieurs, si nous voulions contraindre et violenter le pape en effet, l'enfermer au chateau Saint-Ange ou l'amener a Fontainebleau ... (*longue interruption, chuchotements*) ... l'objection serait serieuse et la difficulte considerable.

Oui, j'en conviens sans nulle hesitation, la contrainte est malaisee vis-a-vis d'un tel adversaire; la force materielle echoue et avorte en presence de la puissance spirituelle. Les bataillons ne peuvent rien contre les dogmes; je dis ceci pour un cote de l'assemblee, et j'ajoute, pour l'autre cote, qu'ils ne peuvent rien non plus contre les idees. (*Sensation.*) Il y a deux chimeres egalement absurdes, c'est l'oppression d'un pape et la compression d'un peuple. (*Nouveau mouvement.*)

Certes, je ne veux pas que nous essayions la premiere de ces chimeres; mais n'y a-t-il pas moyen d'empecher le pape de tenter la seconde?

Quoi! messieurs, le pape livre Rome au bras seculier! L'homme qui dispose de l'amour et de la foi a recours a la force brutale, comme s'il n'etait qu'un malheureux prince temporel! Lui, l'homme de lumiere, il veut replonger son peuple dans la nuit! Ne pouvez-vous l'avertir? On pousse le pape dans une voie fatale; on le conseille aveuglement pour le mal; ne pouvons-nous le conseiller energiquement pour le bien? (*C'est vrai!*)

Il y a des occasions, et celle-ci en est une, ou un grand gouvernement doit parler haut. Serieusement, est-ce la contraindre le pape? est-ce la le violenter? (*Non! non! a gauche.—Si! si! a droite.*)

Mais vous-memes, vous qui nous faites l'objection, vous n'etes contents qu'a demi, apres tout; le rapport de la commission en convient, il vous reste beaucoup de choses a demander au saint-pere. Les plus satisfaits d'entre vous veulent une amnistie. S'il refuse, comment vous y prendrez-vous? Exigerez-vous cette amnistie? l'imposerez-vous, oui ou non? (*Sensation.*)

UNE VOIX A DROITE.—Non! (*Mouvement.*)

M. VICTOR HUGO.—Non? Alors vous laisserez les gibets se dresser dans Rome, vous presents, a l'ombre du drapeau tricolore? (*Fremissement sur toits les bancs.—A la droite.*) Eh bien! je le dis a votre honneur, vous ne le ferez pas! Cette parole imprudente, je ne l'accepte pas; elle n'est pas sortie de vos coeurs. (*Violent tumulte a droite.*)

LA MEME VOIX.—Le pape fera ce qu'il voudra, nous ne le contraindrons pas!

M. VICTOR HUGO.—Eh bien! alors, nous le contraindrons, nous! Et s'il refuse l'amnistie, nous la lui imposerons. (*Longs applaudissements a gauche.*)

Permettez-moi, messieurs, de terminer par une consideration qui vous touchera, je l'espere, car elle est puisee uniquement dans l'interet francais. Independamment du soin de notre honneur, independamment du bien que nous voulons faire, selon le parti ou nous inclinons, soit au peuple romain, soit a la papaute, nous avons un interet a Rome, un interet serieux, pressant, sur lequel nous serons tous d'accord, et cet interet, le voici: c'est de nous en aller le plus tot possible. (*Denegations a droite.*)

Nous avons un interet immense a ce que Rome ne devienne pas pour la France une espece d'Algerie (*Mouvement.—A droite: Bah!*), avec tous les inconvenients de l'Algerie sans la compensation d'etre une conquete et un empire a nous; une espece d'Algerie, dis-je, ou nous enverrions indefiniment nos soldats et nos millions, nos soldats, que nos frontieres reclament, nos millions, dont nos miseres ont besoin (*Bravo! a gauche.—Murmures a droite*), et ou nous serions forces de bivouaquer, jusques a quand? Dieu le sait! toujours en eveil, toujours en alerte, et a demi paralyses au milieu des complications europeennes. Notre interet, je le repete, sitot que l'Autriche aura quitte Bologne, est de nous en aller de Rome le plus tot possible. (*C'est vrai! c'est vrai! a gauche.—Denegations a droite.*)

Eh bien! pour pouvoir evacuer Rome, quelle est la premiere condition? C'est d'etre surs que nous n'y laissons pas une revolution derriere nous. Qu'y a-t-il donc a faire pour ne pas laisser la revolution derriere nous? C'est de la terminer pendant que nous y sommes. Or comment termine-t-on une revolution? Je vous l'ai deja dit une fois et je vous le repete, c'est en l'acceptant dans ce qu'elle a de vrai, en la satisfaisant dans ce qu'elle a de juste. (*Mouvement.*)

Notre gouvernement l'a pense, et je l'en loue, et c'est dans ce sens qu'il a pese sur le gouvernement du pape. De la la lettre du president. Le saint-siege pense le contraire; il veut, lui aussi, terminer la revolution, mais par un autre moyen, par la compression, et il a donne le *Motu proprio*. Or qu'est-il arrive? Le *Motu proprio* et l'amnistie, ces calmants si efficaces, ont souleve l'indignation du peuple romain; a l'heure qu'il est, une agitation profonde trouble Rome, et, M. le ministre des affaires etrangeres ne me dementira pas, demain, si nous quittions Rome, sitot la porte refermee derriere le dernier de nos soldats, savez-vous ce qui arriverait? Une revolution eclaterait, plus terrible que la premiere, et tout serait a recommencer. (*Oui! oui! a gauche.—Non! non! a droite.*)

Voila, messieurs, la situation que le gouvernement clerical s'est faite et nous a faite.

Vraiment! est-ce que vous n'avez pas le droit d'intervenir, et d'intervenir energiquement, encore un coup, dans une situation qui est la votre apres tout? Vous voyez que le moyen employe par le saint-siege pour terminer les revolutions est mauvais; prenez-en un meilleur, prenez le seul bon, je viens de vous l'indiquer. C'est a vous de voir si vous etes d'humeur et si vous vous sentez de force a avoir hors de chez vous, indefiniment, un etat de siege sur les bras! C'est a vous de voir s'il vous convient que la France soit au Capitole pour y recevoir la consigne du parti pretre!

Quant a moi, je ne le veux pas, je ne veux ni de cette humiliation pour nos soldats, ni de cette ruine pour nos finances, ni de cet abaissement pour notre politique. (*Sensation.*)

Messieurs, deux systemes sont en presence: le systeme des concessions sages, qui vous permet de quitter Rome; le systeme de compression, qui vous condamne a y rester. Lequel preferez-vous?

Un dernier mot, messieurs. Songez-y, l'expedition de Rome, irreprochable a son point de depart, je crois l'avoir demontre, peut devenir coupable par le resultat. Vous n'avez qu'une maniere de prouver que la constitution n'est pas violee, c'est de maintenir la liberte du peuple romain. (*Mouvement prolonge.*)

Et, sur ce mot liberte, pas d'equivoque. Nous devons laisser dans Rome, en nous retirant, non pas telle ou telle quantite de franchises municipales, c'est-a-dire ce que presque toutes les villes d'Italie avaient au moyen age, le beau progres vraiment! (*On rit.—Bravo!*) mais la liberte vraie, la liberte serieuse, la liberte propre au dix-neuvieme siecle, la seule qui puisse etre dignement garantie par ceux qui s'appellent le peuple francais a ceux qui s'appellent le peuple romain, cette liberte qui grandit les peuples debout et qui releve les peuples tombes, c'est-a-dire la liberte politique. (*Sensation.*)

Et qu'on ne nous dise pas, en se bornant a des affirmations et sans donner de preuves, que ces transactions liberales, que ce systeme de concessions sages, que cette liberte fonctionnant en presence du pontificat, souverain dans l'ordre spirituel, limite dans l'ordre temporel, que tout cela n'est pas possible!

Car alors je repondrai: Messieurs, ce qui n'est pas possible, ce n'est pas cela! ce qui n'est pas possible, je vais vous le dire. Ce qui n'est pas possible, c'est qu'une expedition entreprise, rrous disait-on, dans un but d'humanite et de liberte, aboutisse au retablissement du saint-office! Ce qui n'est pas possible, c'est que nous n'ayons pas meme secoue sur Rome ces idees genereuses et liberales que la France porte partout avec elle dans les plis de son drapeau! Ce qui n'est pas possible, c'est qu'il ne sorte de notre sang verse ni un droit ni un pardon! c'est que la France soit allee a Rome, et qu'aux gibets pres, ce soit comme si l'Autriche y avait passe! Ce qui n'est pas possible, c'est d'accepter le *Motu proprio* et l'amnistie du triumvirat des cardinaux! c'est de subir cette ingratitude, cet avortement, cet affront! c'est de laisser souffleter la France par la main qui devait la benir! (*Longs applaudissements.*)

Ce qui n'est pas possible, c'est que cette France ait engage une des choses les plus grandes et les plus sacrees qu'il y ait dans le monde, son drapeau; c'est qu'elle ait engage ce qui n'est pas moins grand ni moins sacre, sa responsabilite morale devant les nations; c'est qu'elle ait prodigue son argent, l'argent du peuple qui souffre; c'est qu'elle ait verse, je le repete, le glorieux sang de ses soldats; c'est qu'elle ait fait tout cela pour rien!.... (*Sensation inexprimable.*) Je me trompe, pour de la honte!

Voila ce qui n'est pas possible!

(*Explosion de bravos et d'applaudissements. L'orateur descend de la tribune et recoit les felicitations d'une foule de representants, parmi lesquels on remarque MM. Dupin, Cavaignac et Larochejaquelein. La seance est suspendue vingt minutes.*)

III

REPONSE A M. DE MONTALEMBERT

20 octobre 1849.

M. VICTOR HUGO. (*Un profond silence s'etablit.*)—Messieurs, hier, dans un moment ou j'etais absent, l'honorable M. de Montalembert a dit que les applaudissements d'une partie de cette assemblee, des applaudissements sortis de coeurs emus par les souffrances d'un noble et malheureux peuple, que ces applaudissements etaient mon chatiment. Ce chatiment, je l'accepte (*sensation*), et je m'en honore. (*Longs applaudissements a gauche.*)

Il est d'autres applaudissements que je laisse a qui veut les prendre. (*Mouvement a droite.*) Ce sont ceux des bourreaux de la Hongrie et des oppresseurs de l'Italie. (*Bravo! bravo! a gauche.*)

Il fut un temps, que M. de Montalembert me permette de le lui dire avec un profond regret pour lui-meme, il fut un temps ou il employait mieux son beau talent. (*Denegations a droite.*) Il defendait la Pologne comme je defends l'Italie. J'etais avec lui alors; il est contre moi aujourd'hui. Cela tient a une raison bien simple, c'est qu'il a passe du cote de ceux qui oppriment, et que, moi, je reste du cote de ceux qui sont opprimes. (*Applaudissements a gauche.*)

IV

LA LIBERTE DE L'ENSEIGNEMENT

[Note: Le parti catholique, en France, avait obtenu de M. Louis Bonaparte que le ministere de l'instruction publique fut confie a M. de Falloux.

L'assemblee legislative, ou le parti du passe arrivait en majorite, etait a peine reunie que M. de Falloux presentait un projet de loi sur l'enseignement. Ce projet, sous pretexte d'organiser la liberte d'enseigner, etablissait, en realite, le monopole de l'instruction publique en faveur du clerge. Il avait ete prepare par une commission extra-parlementaire choisie par le gouvernement, et ou dominait l'element catholique. Une commission de l'assemblee, inspiree du meme esprit, avait combine les innovations de la loi de telle facon que l'enseignement laique disparaissait devant l'enseignement catholique.

La discussion sur le principe general de la loi s'ouvrit le 14 janvier 1850.—Toute la premiere seance et la moitie de la seconde journee du debat furent occupees par un tres habile discours de M. Barthelemy Saint-Hilaire.

Apres lui, M. Parisis, eveque de Langres, vint a la tribune donner son assentiment a la loi proposee, sous quelques reserves toutefois, et avec certaines restrictions.

M. Victor Hugo, dans cette meme seance, repondit au representant du parti catholique.

C'est dans ce discours que le mot *droit de l'enfant* a ete prononce pour la premiere fois. (*Note de l'editeur.*)]

15 janvier 1850.

Messieurs, quand une discussion est ouverte qui touche a ce qu'il y a de plus serieux dans les destinees du pays, il faut aller tout de suite, et sans hesiter, au fond de la question.

Je commence par dire ce que je voudrais, je dirai tout a l'heure ce que je ne veux pas.

Messieurs, a mon sens, le but, difficile a atteindre et lointain sans doute, mais auquel il faut tendre dans cette grave question de l'enseignement, le voici. (*Plus haut! plus haut!*)

Messieurs, toute question a son ideal. Pour moi, l'ideal de cette question de l'enseignement, le voici. L'instruction gratuite et obligatoire. Obligatoire au premier degre seulement, gratuite a tous les degres. (*Murmures a droite.—Applaudissements a gauche,*) L'instruction primaire obligatoire, c'est le droit de l'enfant, (*mouvement*) qui, ne vous y trompez pas, est plus sacre encore que le droit du pere et qui se confond avec le droit de l'etat.

Je reprends. Voici donc, selon moi, l'ideal de la question. L'instruction gratuite et obligatoire dans la mesure que je viens de marquer. Un grandiose enseignement public, donne et regle par l'etat, partant de l'ecole de village et montant de degre en degre jusqu'au college de France, plus haut encore, jusqu'a l'institut de France. Les portes de la science toutes grandes ouvertes a toutes les intelligences. Partout ou il y a un champ, partout ou il y a un esprit, qu'il y ait un livre. Pas une commune sans une ecole, pas une ville sans un college, pas un chef-lieu sans une faculte. Un vaste ensemble, ou, pour mieux dire, un vaste reseau d'ateliers intellectuels, lycees, gymnases, colleges, chaires, bibliotheques, melant leur rayonnement sur la surface du pays, eveillant partout les aptitudes et echauffant partout les vocations. En un mot, l'echelle de la connaissance humaine dressee fermement par la main de l'etat, posee dans l'ombre des masses les plus profondes et les plus obscures, et aboutissant a la lumiere. Aucune solution de continuite. Le coeur du peuple mis en communication avec le cerveau de la France. (*Longs applaudissements.*)

Voila comme je comprendrais l'education publique nationale. Messieurs, a cote de cette magnifique instruction gratuite, sollicitant les esprits de tout ordre, offerte par l'etat, donnant a tous, pour rien, les meilleurs maitres et les meilleures methodes, modele de science et de discipline, normale, francaise, chretienne, liberale, qui eleverait, sans nul doute, le genie national a sa plus haute somme d'intensite, je placerais sans hesiter la liberte d'enseignement, la liberte d'enseignement pour les instituteurs prives, la liberte d'enseignement pour les corporations religieuses, la liberte d'enseignement pleine, entiere, absolue, soumise aux lois generales comme toutes les autres libertes, et je n'aurais pas besoin de lui donner le pouvoir inquiet de l'etat pour surveillant, parce que je lui donnerais l'enseignement gratuit de l'etat pour contre-poids. (*Bravo! a gauche.—Murmures a droite.*)

Ceci, messieurs, je le repete, est l'ideal de la question. Ne vous en troublez pas, nous ne sommes pas pres d'y atteindre, car la solution du probleme contient une question financiere considerable, comme tous les problemes sociaux du temps present.

Messieurs, cet ideal, il etait necessaire de l'indiquer, car il faut toujours dire ou l'on tend. Il offre d'innombrables points de vue, mais l'heure n'est pas venue de le developper. Je menage les instants de l'assemblee, et j'aborde immediatement la question dans sa realite positive actuelle. Je la prends ou elle en est aujourd'hui au point relatif de maturite ou les evenements d'une part, et d'autre part la raison publique, l'ont amenee.

A ce point de vue restreint, mais pratique, de la situation actuelle, je veux, je le declare, la liberte de l'enseignement, mais je veux la surveillance de l'etat, et comme je veux cette surveillance effective, je veux l'etat laique, purement laique, exclusivement laique. L'honorable M. Guizot l'a dit avant moi, en matiere d'enseignement, l'etat n'est pas et ne peut pas etre autre chose que laique.

Je veux, dis-je, la liberte de l'enseignement sous la surveillance de l'etat, et je n'admets, pour personnifier l'etat dans cette surveillance si delicate et si difficile, qui exige le concours de toutes les forces vives du pays, que des hommes appartenant sans doute aux carrieres les plus graves, mais n'ayant aucun interet, soit de conscience, soit de politique, distinct de l'unite nationale. C'est vous dire que je n'introduis, soit dans le conseil superieur de surveillance, soit dans les conseils secondaires, ni eveques, ni delegues d'eveques. J'entends maintenir, quant a moi, et au besoin faire plus profonde que jamais, cette antique et salutaire separation de l'eglise et de l'etat qui etait l'utopie de nos peres, et cela dans l'interet de l'eglise comme dans l'interet de l'etat. (*Acclamation a gauche.—Protestation a droite.*)

Je viens de vous dire ce que je voudrais. Maintenant, voici ce que je ne veux pas:

Je ne veux pas de la loi qu'on vous apporte.

Pourquoi?

Messieurs, cette loi est une arme.

Une arme n'est rien par elle-meme, elle n'existe que par la main qui la saisit.

Or quelle est la main qui se saisira de cette loi?

La est toute la question. Messieurs, c'est la main du parti clerical. (*C'est vrai!— Longue agitation.*)

Messieurs, je redoute cette main, je veux briser cette arme, je repousse ce projet.

Cela dit, j'entre dans la discussion.

J'aborde tout de suite, et de front, une objection qu'on fait aux opposants places a mon point de vue, la seule objection qui ait une apparence de gravite.

On nous dit: Vous excluez le clerge du conseil de surveillance de l'etat; vous voulez donc proscrire l'enseignement religieux?

Messieurs, je m'explique. Jamais on ne se meprendra, par ma faute, ni sur ce que je dis, ni sur ce que je pense.

Loin que je veuille proscrire l'enseignement religieux, entendez-vous bien? il est, selon moi, plus necessaire aujourd'hui que jamais. Plus l'homme grandit, plus il doit croire. Plus il approche de Dieu, mieux il doit voir Dieu. (*Mouvement.*)

Il y a un malheur dans notre temps, je dirais presque il n'y a qu'un malheur, c'est une certaine tendance a tout mettre dans cette vie. (*Sensation.*) En donnant a l'homme pour fin et pour but la vie terrestre et materielle, on aggrave toutes les miseres par la negation qui est au bout, on ajoute a l'accablement des malheureux le poids insupportable du neant, et de ce qui n'etait que la souffrance, c'est-a-dire la loi de Dieu, on fait le desespoir, c'est-a-dire la loi de l'enfer. (*Long mouvement.*) De la de profondes convulsions sociales. (*Oui! oui!*)

Certes je suis de ceux qui veulent, et personne n'en doute dans cette enceinte, je suis de ceux qui veulent, je ne dis pas avec sincerite, le mot est trop faible, je veux avec une inexprimable ardeur, et par tous les moyens possibles, ameliorer dans cette vie le sort materiel de ceux qui souffrent; mais la premiere des ameliorations, c'est de leur donner l'esperance. (*Bravos a droite.*) Combien s'amoindrissent nos miseres finies quand il s'y mele une esperance infinie! (*Tres bien! tres bien!*)

Notre devoir a tous, qui que nous soyons, les legislateurs comme les eveques, les pretres comme les ecrivains, c'est de repandre, c'est de depenser, c'est de prodiguer, sous toutes les formes, toute l'energie sociale pour combattre et detruire la misere (*Bravo! a gauche*), et en meme temps de faire lever toutes les tetes vers le ciel (*Bravo! a droite*), de diriger toutes les ames, de tourner toutes les attentes vers une vie ulterieure ou justice sera faite et ou justice sera rendue. Disons-le bien haut, personne n'aura injustement ni inutilement souffert. La mort est une restitution. (*Tres bien! a droite.—Mouvement.*) La loi du monde materiel, c'est l'equilibre; la loi du monde moral, c'est l'equite. Dieu se retrouve a la fin de tout. Ne l'oublions pas et enseignons-le a tous, il n'y aurait aucune dignite a vivre et cela n'en vaudrait pas la peine, si nous devions mourir tout entiers. Ce qui allege le labeur, ce qui sanctifie le travail, ce qui rend l'homme fort, bon, sage, patient, bienveillant, juste, a la fois humble et grand, digne de l'intelligence, digne de la liberte, c'est d'avoir devant soi la perpetuelle vision d'un monde meilleur rayonnant a travers les tenebres de cette vie. (*Vive et unanime approbation.*)

Quant a moi, puisque le hasard veut que ce soit moi qui parle en ce moment et met de si graves paroles dans une bouche de peu d'autorite, qu'il me soit permis de le dire ici et de le declarer, je le proclame du haut de cette tribune, j'y crois profondement, a ce monde meilleur; il est pour moi bien plus reel que cette miserable chimere que nous devorons et que nous appelons la vie; il est sans cesse devant mes yeux; j'y crois de toutes les puissances de ma conviction, et, apres bien des luttes, bien des etudes et bien des epreuves, il est la supreme certitude de ma raison, comme il est la supreme consolation de mon ame. (*Profonde sensation.*)

Je veux donc, je veux sincerement, fermement, ardemment, l'enseignement religieux, mais je veux l'enseignement religieux de l'eglise et non l'enseignement religieux d'un parti. Je le veux sincere et non hypocrite. (*Bravo! bravo!*) Je le veux ayant pour but le ciel et non la terre. (*Mouvement.*) Je ne veux pas qu'une chaire envahisse l'autre, je ne veux pas meler le pretre au professeur. Ou, si je consens a ce melange, moi legislateur, je le surveille, j'ouvre sur les seminaires et sur les congregations enseignantes l'oeil de l'etat, et, j'y insiste, de l'etat laique, jaloux uniquement de sa grandeur et de son unite.

Jusqu'au jour, que j'appelle de tous mes voeux, ou la liberte complete de l'enseignement pourra etre proclamee, et en commencant je vous ai dit a quelles conditions, jusqu'a ce jour-la, je veux l'enseignement de l'eglise en dedans de l'eglise et non au dehors. Surtout je considere comme une derision de faire surveiller, au nom de l'etat, par le clerge l'enseignement du clerge. En un mot, je veux, je le repete, ce que voulaient nos peres, l'eglise chez elle et l'etat chez lui. (*Oui! oui!*)

L'assemblee voit deja clairement pourquoi je repousse le projet de loi; mais j'acheve de m'expliquer.

Messieurs, comme je vous l'indiquais tout a l'heure, ce projet est quelque chose de plus, de pire, si vous voulez, qu'une loi politique, c'est une loi strategique. (*Chuchotements.*)

Je m'adresse, non, certes, au venerable eveque de Langres, non a quelque personne que ce soit dans cette enceinte, mais au parti qui a, sinon redige, du moins inspire le projet de loi, a ce parti a la fois eteint et ardent, au parti clerical. Je ne sais pas s'il est dans le gouvernement, je ne sais pas s'il est dans l'assemblee (*mouvement*); mais je le sens un peu partout. (*Nouveau mouvement.*) Il a l'oreille fine, il m'entendra. (*On rit.*) Je m'adresse donc au parti clerical, et je lui dis: Cette loi est votre loi. Tenez, franchement, je me defie de vous. Instruire, c'est construire. (*Sensation.*) Je me defie de ce que vous construisez. (*Tres bien! tres bien!*)

Je ne veux pas vous confier l'enseignement de la jeunesse, l'ame des enfants, le developpement des intelligences neuves qui s'ouvrent a la vie, l'esprit des generations nouvelles, c'est-a-dire l'avenir de la France. Je ne veux pas vous confier l'avenir de la France, parce que vous le confier, ce serait vous le livrer. (*Mouvement.*)

Il ne me suffit pas que les generations nouvelles nous succedent, j'entends qu'elles nous continuent. Voila pourquoi je ne veux ni de votre main, ni de votre souffle sur elles. Je ne veux pas que ce qui a ete fait par nos peres soit defait par vous. Apres cette gloire, je ne veux pas de cette honte. (*Mouvement prolonge.*)

Votre loi est une loi qui a un masque. (*Bravo!*)

Elle dit une chose et elle en ferait une autre. C'est une pensee d'asservissement qui prend les allures de la liberte. C'est une confiscation intitulee donation. Je n'en veux pas. (*Applaudissements a gauche.*)

C'est votre habitude. Quand vous forgez une chaine, vous dites: Voici une liberte! Quand vous faites une proscription, vous criez: Voila une amnistie! (*Nouveaux applaudissements.*)

Ah! je ne vous confonds pas avec l'eglise, pas plus que je ne confonds le gui avec le chene. Vous etes les parasites de l'eglise, vous etes la maladie de l'eglise. (*On rit.*) Ignace est l'ennemi de Jesus. (*Vive approbation a gauche.*) Vous etes, non les croyants, mais les sectaires d'une religion que vous ne comprenez pas. Vous etes les metteurs en scene de la saintete. Ne melez pas l'eglise a vos affaires, a vos combinaisons, a vos strategies, a vos doctrines, a vos ambitions. Ne l'appelez pas votre mere pour en faire votre servante. (*Profonde sensation.*) Ne la tourmentez pas sous le pretexte de lui apprendre la politique. Surtout ne l'identifiez pas avec vous. Voyez le tort que vous lui faites. M. l'eveque de Langres vous l'a dit. (*On rit.*)

Voyez comme elle deperit depuis qu'elle vous a! Vous vous faites si peu aimer que vous finiriez par la faire hair! En verite, je vous le dis (*on rit*), elle se passera fort bien de vous. Laissez-la en repos. Quand vous n'y serez plus, on y reviendra. Laissez-la, cette venerable eglise, cette venerable mere, dans sa solitude, dans son abnegation, dans son humilite. Tout cela compose sa grandeur! Sa solitude lui attirera la foule, son abnegation est sa puissance, son humilite est sa majeste. (*Vive adhesion.*)

Vous parlez d'enseignement religieux! Savez-vous quel est le veritable enseignement religieux, celui devant lequel il faut se prosterner, celui qu'il ne faut pas troubler? C'est la soeur de charite au chevet du mourant. C'est le frere de la Merci rachetant l'esclave. C'est Vincent de Paul ramassant l'enfant trouve. C'est l'eveque de Marseille au milieu des pestiferes. C'est l'archeveque de Paris abordant avec un sourire ce formidable faubourg Saint-Antoine, levant son crucifix au-dessus de la guerre civile, et s'inquietant peu de recevoir la mort, pourvu qu'il apporte la paix. (*Bravo!*) Voila le veritable enseignement religieux, l'enseignement religieux reel, profond, efficace et populaire, celui qui, heureusement pour la religion et l'humanite, fait encore plus de chretiens que vous n'en defaites! (*Longs applaudissements a gauche.*)

Ah! nous vous connaissons! nous connaissons le parti clerical. C'est un vieux parti qui a des etats de service. (*On rit.*) C'est lui qui monte la garde a la porte de l'orthodoxie. (*On rit.*) C'est lui qui a trouve pour la verite ces deux etais merveilleux, l'ignorance et l'erreur. C'est lui qui fait defense a la science et au genie d'aller au dela du missel et qui veut cloitrer la pensee dans le dogme. Tous les pas qu'a faits l'intelligence de l'Europe, elle les a faits malgre lui. Son histoire est ecrite dans l'histoire du progres humain, mais elle est ecrite au verso. (*Sensation.*) Il s'est oppose a tout. (*On rit.*)

C'est lui qui a fait battre de verges Prinelli pour avoir dit que les etoiles ne tomberaient pas. C'est lui qui a applique Campanella vingt-sept fois a la question pour avoir affirme que le nombre des mondes etait infini et entrevu le secret de la creation. C'est lui qui a persecute Harvey pour avoir prouve que le sang circulait. De par Josue, il a enferme Galilee; de par saint Paul, il a emprisonne Christophe Colomb. (*Sensation.*) Decouvrir la loi du ciel, c'etait une impiete; trouver un monde, c'etait une heresie. C'est lui qui a anathematise Pascal au nom de la religion, Montaigne au nom de la morale, Moliere au nom de la morale et de la religion. Oh! oui, certes, qui que vous soyez, qui vous appelez le parti catholique et qui etes le parti clerical, nous vous connaissons. Voila longtemps deja que la conscience humaine se revolte contre vous et vous demande: Qu'est-ce que vous me voulez? Voila longtemps deja que vous essayez de mettre un baillon a l'esprit humain. (*Acclamations a gauche.*)

Et vous voulez etre les maitres de l'enseignement! Et il n'y a pas un poete, pas un ecrivain, pas un philosophe, pas un penseur, que vous acceptiez! Et tout ce qui a ete ecrit, trouve, reve, deduit, illumine, imagine, invente par les genies, le tresor de la civilisation, l'heritage seculaire des generations, le patrimoine commun des intelligences, vous le rejetez! Si le cerveau de l'humanite etait la devant vos yeux, a votre discretion, ouvert comme la page d'un livre, vous y feriez des ratures! (*Oui! oui!*) Convenez-en! (*Mouvement prolonge.*)

Enfin, il y a un livre, un livre qui semble d'un bout a l'autre une emanation superieure, un livre qui est pour l'univers ce que le koran est pour l'islamisme, ce que les vedas sont pour l'Inde, un livre qui contient toute la sagesse humaine eclairee par toute la sagesse divine, un livre que la veneration des peuples appelle le Livre, la Bible! Eh bien! votre censure a monte jusque-la! Chose inouie! des papes ont proscrit la Bible! Quel etonnement pour les esprits sages, quelle epouvante pour les coeurs simples, de voir l'index de Rome pose sur le livre de Dieu! (*Vive adhesion a gauche.*)

Et vous reclamez la liberte d'enseigner! Tenez, soyons sinceres, entendons-nous sur la liberte que vous reclamez; c'est la liberte de ne pas enseigner. (*Applaudissements a gauche.—Vives reclamations a droite.*)

Ah! vous voulez qu'on vous donne des peuples a instruire! Fort bien.— Voyons vos eleves. Voyons vos produits. (*On rit.*) Qu'est-ce que vous avez fait de l'Italie? Qu'est-ce que vous avez fait de l'Espagne? Depuis des siecles vous tenez dans vos mains, a votre discretion, a votre ecole, sous votre ferule, ces deux grandes nations, illustres parmi les plus illustres; qu'en avez-vous fait? (*Mouvement.*)

Je vais vous le dire. Grace a vous, l'Italie, dont aucun homme qui pense ne peut plus prononcer le nom qu'avec une inexprimable douleur filiale, l'Italie, cette mere des genies et des nations, qui a repandu sur l'univers toutes les plus eblouissantes merveilles de la poesie et des arts, l'Italie, qui a appris a lire au genre humain, l'Italie aujourd'hui ne sait pas lire! (*Profonde sensation.*)

Oui, l'Italie est de tous les etats de l'Europe celui ou il y a le moins de natifs sachant lire! (*Reclamations a droite.—Cris violents.*)

L'Espagne, magnifiquement dotee, l'Espagne, qui avait recu des romains sa premiere civilisation, des arabes sa seconde civilisation, de la providence, et malgre vous, un monde, l'Amerique; l'Espagne a perdu, grace a vous, grace a votre joug d'abrutissement, qui est un joug de degradation et d'amoindrissement (*applaudissements a gauche*), l'Espagne a perdu ce secret de la puissance qu'elle tenait des romains, ce genie des arts qu'elle tenait des arabes, ce monde qu'elle tenait de Dieu, et, en echange de tout ce que vous lui avez fait perdre, elle a recu de vous l'inquisition. (*Mouvement.*)

L'inquisition, que certains hommes du parti essayent aujourd'hui de rehabiliter avec une timidite pudique dont je les honore. (*Longue hilarite a gauche.—Reclamations a droite.*) L'inquisition, qui a brule sur le bucher ou etouffe dans les cachots cinq millions d'hommes! (*Denegations a droite.*) Lisez l'histoire! L'inquisition, qui exhumait les morts pour les bruler comme heretiques (*C'est vrai!*), temoin Urgel et Arnault, comte de Forcalquier. L'inquisition, qui declarait les enfants des heretiques, jusqu'a la deuxieme generation, infames et incapables d'aucuns honneurs publics, en exceptant seulement, ce sont les propres termes des arrets, *ceux qui auraient denonce leur pere*! (*Long mouvement.*) L'inquisition, qui, a l'heure ou je parle, tient encore dans la bibliotheque vaticane les manuscrits de Galilee clos et scelles sous le scelle de l'index! (*Agitation.*) Il est vrai que, pour consoler l'Espagne de ce que vous lui otiez et de ce que vous lui donniez, vous l'avez surnommee la Catholique! (*Rumeurs a droite.*)

Ah! savez-vous? vous avez arrache a l'un de ses plus grands hommes ce cri douloureux qui vous accuse: "J'aime mieux qu'elle soit la Grande que la Catholique!" (*Cris a droite. Longue interruption.—Plusieurs membres interpellent violemment l'orateur.*)

Voila vos chefs-d'oeuvre! Ce foyer qu'on appelait l'Italie, vous l'avez eteint. Ce colosse qu'on appelait l'Espagne, vous l'avez mine. L'une est en cendres, l'autre est en ruine. Voila ce que vous avez fait de deux grands peuples. Qu'est-ce que vous voulez faire de la France? (*Mouvement prolonge.*)

Tenez, vous venez de Rome; je vous fais compliment. Vous avez eu la un beau succes, (*Rires et bravos a gauche.*) Vous venez de baillonner le peuple romain; maintenant vous voulez baillonner le peuple francais. Je comprends, cela est encore plus beau, cela tente. Seulement, prenez garde! c'est malaise. Celui-ci est un lion tout a fait vivant. (*Agitation.*)

A qui en voulez-vous donc? Je vais vous le dire. Vous en voulez a la raison humaine. Pourquoi? Parce qu'elle fait le jour. (*Oui! oui! Non! non!*)

Oui, voulez-vous que je vous dise ce qui vous importune? C'est cette enorme quantite de lumiere libre que la France degage depuis trois siecles, lumiere toute faite de raison, lumiere aujourd'hui plus eclatante que jamais, lumiere qui fait de la nation francaise la nation eclairante, de telle sorte qu'on apercoit la clarte de la France sur la face de tous les peuples de l'univers. (*Sensation.*) Eh bien, cette clarte de la France, cette lumiere libre, cette lumiere directe, cette lumiere qui ne vient pas de Rome, qui vient de Dieu, voila ce que vous voulez eteindre, voila ce que nous voulons conserver! (*Oui! oui!—Bravos a gauche.*)

Je repousse votre loi. Je la repousse parce qu'elle confisque l'enseignement primaire, parce qu'elle degrade l'enseignement secondaire, parce qu'elle abaisse le niveau de la science, parce qu'elle diminue mon pays. (*Sensation.*)

Je la repousse, parce que je suis de ceux qui ont un serrement de coeur et la rougeur au front toutes les fois que la France subit, pour une cause quelconque, une diminution, que ce soit une diminution de territoire, comme par les traites de 1815, ou une diminution de grandeur intellectuelle, comme par votre loi! (*Vifs applaudissements a gauche.*)

Messieurs, avant de terminer, permettez-moi d'adresser ici, du haut de la tribune, au parti clerical, au parti qui nous envahit (*Ecoutez! ecoutez!*), un conseil serieux. (*Rumeurs a droite.*)

Ce n'est pas l'habilete qui lui manque. Quand les circonstances l'aident, il est fort, tres fort, trop fort! (*Mouvement.*) Il sait l'art de maintenir une nation dans un etat mixte et lamentable, qui n'est pas la mort, mais qui n'est plus la vie. (*C'est vrai!*) Il appelle cela gouverner. (*Rires.*) C'est le gouvernement par la lethargie. (*Nouveaux rires.*)

Mais qu'il y prenne garde, rien de pareil ne convient a la France. C'est un jeu redoutable que de lui laisser entrevoir, seulement entrevoir, a cette France, l'ideal que voici: la sacristie souveraine, la liberte trahie, l'intelligence vaincue et liee, les livres dechires, le prone remplacant la presse, la nuit faite dans les esprits par l'ombre des soutanes, et les genies mates par les bedeaux! (*Acclamations a gauche.—Denegations furieuses a droite.*)

C'est vrai, le parti clerical est habile; mais cela ne l'empeche pas d'etre naif. (*Hilarite.*) Quoi! il redoute le socialisme! Quoi! il voit monter le flot, a ce qu'il dit, et il lui oppose, a ce flot qui monte, je ne sais quel obstacle a claire-voie! Il voit monter le flot, et il s'imagine que la societe sera sauvee parce qu'il aura combine, pour la defendre, les hypocrisies sociales avec les resistances materielles, et qu'il aura mis un jesuite partout ou il n'y a pas un gendarme! (*Rires et applaudissements.*) Quelle pitie!

Je le repete, qu'il y prenne garde, le dix-neuvieme siecle lui est contraire. Qu'il ne s'obstine pas, qu'il renonce a maitriser cette grande epoque pleine d'instincts profonds et nouveaux, sinon il ne reussira qu'a la courroucer, il developpera imprudemment le cote redoutable de notre temps, et il fera surgir des eventualites terribles. Oui, avec ce systeme qui fait sortir, j'y insiste, l'education de la sacristie et le gouvernement du confessionnal.... (*Longue interruption. Cris: A l'ordre! Plusieurs membres de la droite se levent. M. le president et M. Victor Hugo echangent un colloque gui ne parvient pas jusqu'a nous. Violent tumulte. L'orateur reprend, en se tournant vers la droite:*)

Messieurs, vous voulez beaucoup, dites-vous, la liberte de l'enseignement; tachez de vouloir un peu la liberte de la tribune. (*On rit. Le bruit s'apaise.*)

Avec ces doctrines qu'une logique inflexible et fatale entraine, malgre les hommes eux-memes, et feconde pour le mal, avec ces doctrines qui font horreur quand on les regarde dans l'histoire.... (*Nouveaux cris: A l'ordre. L'orateur s'interrompant:*) Messieurs, le parti clerical, je vous l'ai dit, nous envahit. Je le combats, et au moment ou ce parti se presente une loi a la main, c'est mon droit de legislateur d'examiner cette loi et d'examiner ce parti. Vous ne m'empecherez pas de le faire. (*Tres bien!*) Je continue.

Oui, avec ce systeme-la, cette doctrine-la et cette histoire-la, que le parti clerical le sache, partout ou il sera, il engendrera des revolutions; partout, pour eviter Torquemada, on se jettera dans Robespierre. (*Sensation.*) Voila ce qui fait du parti qui s'intitule parti catholique un serieux danger public. Et ceux qui, comme moi, redoutent egalement pour les nations le bouleversement anarchique et l'assoupissement sacerdotal, jettent le cri d'alarme. Pendant qu'il en est temps encore, qu'on y songe bien! (*Clameurs a droite.*)

Vous m'interrompez. Les cris et les murmures couvrent ma voix. Messieurs, je vous parle, non en agitateur, mais en honnete homme! (*Ecoutez! ecoutez!*) Ah ca, messieurs, est-ce que je vous serais suspect, par hasard?

CRIS A DROITE.—Oui! oui!

M. VICTOR HUGO.—Quoi! je vous suis suspect! Vous le dites?

CRIS A DROITE.—Oui! oui!

(*Tumulte inexprimable. Une partie de la droite se leve et interpelle l'orateur impassible a la tribune.*)

Eh bien! sur ce point, il faut s'expliquer. (*Le silence se retablit.*) C'est en quelque sorte un fait personnel. Vous ecouterez, je le pense, une explication que vous avez provoquee vous-memes. Ah! je vous suis suspect! Et de quoi? Je vous suis suspect! Mais l'an dernier, je defendais l'ordre en peril comme je defends aujourd'hui la liberte menacee! comme je defendrai l'ordre demain, si le danger revient de ce cote-la. (*Mouvement.*)

Je vous suis suspect! Mais vous etais-je suspect quand j'accomplissais mon mandat de representant de Paris, en prevenant l'effusion du sang dans les barricades de juin? (*Bravos a gauche. Nouveaux cris a droite. Le tumulte recommence.*)

Eh bien! vous ne voulez pas meme entendre une voix qui defend resolument la liberte! Si je vous suis suspect, vous me l'etes aussi. Entre nous le pays jugera. (*Tres bien! tres bien!*)

Messieurs, un dernier mot. Je suis peut-etre un de ceux qui ont eu le bonheur de rendre a la cause de l'ordre, dans les temps difficiles, dans un passe recent, quelques services obscurs. Ces services, on a pu les oublier, je ne les rappelle pas. Mais au moment ou je parle, j'ai le droit de m'y appuyer. (*Non! non!—Si! si!*)

Eh bien! appuye sur ce passe, je le declare, dans ma conviction, ce qu'il faut a la France, c'est l'ordre, mais l'ordre vivant, qui est le progres; c'est l'ordre tel qu'il resulte de la croissance normale, paisible, naturelle du peuple; c'est l'ordre se faisant a la fois dans les faits et dans les idees par le plein rayonnement de l'intelligence nationale. C'est tout le contraire de votre loi! (*Vive adhesion a gauche.*)

Je suis de ceux qui veulent pour ce noble pays la liberte et non la compression, la croissance continue et non l'amoindrissement, la puissance et non la servitude, la grandeur et non le neant! (*Bravo! a gauche.*) Quoi! voila les lois que vous nous apportez! Quoi! vous gouvernants, vous legislateurs, vous voulez vous arreter! vous voulez arreter la France! Vous voulez petrifier la pensee humaine, etouffer le flambeau divin, materialiser l'esprit! (*Oui! oui! Non! non!*) Mais vous ne voyez donc pas les elements memes du temps ou vous etes. Mais vous etes donc dans votre siecle comme des etrangers! (*Profonde sensation.*)

Quoi! c'est dans ce siecle, dans ce grand siecle des nouveautes, des avenements, des decouvertes, des conquetes, que vous revez l'immobilite! (*Tres bien!*) C'est dans le siecle de l'esperance que vous proclamez le desespoir! (*Bravo!*) Quoi! vous jetez a terre, comme des hommes de peine fatigues, la gloire, la pensee, l'intelligence, le progres, l'avenir, et vous dites: C'est assez! n'allons pas plus loin; arretons-nous! (*Denegations a droite.*) Mais vous ne voyez donc pas que tout va, vient, se meut, s'accroit, se transforme et se renouvelle autour de vous, au-dessus de vous, au-dessous de vous! (*Mouvement.*)

Ah! vous voulez vous arreter! Eh bien! je vous le repete avec une profonde douleur, moi qui hais les catastrophes et les ecroulements, je vous avertis la mort dans l'ame (*on rit a droite*), vous ne voulez pas du progres? vous aurez les revolutions! (*Profonde agitation.*) Aux hommes assez insenses pour dire: L'humanite ne marchera pas, Dieu repond par la terre qui tremble!

(*Longs applaudissements a gauche. L'orateur, descendant de la tribune, est entoure par une foule de membres qui le felicitent. L'assemblee se separe en proie a une vive emotion.*)

V

LA DEPORTATION

[Note: Par son message du 31 octobre 1849, M. Louis Bonaparte avait congedie un ministere independant et charge un ministere subalterne de l'execution de sa pensee.

Quelques jours apres, M. Rouher, ministre de la justice, presenta un projet de loi sur la deportation.

Ce projet contenait deux dispositions principales, la deportation simple dans l'ile de Pamanzi et les Marquises, et la deportation compliquee de la detention dans une enceinte fortifiee, la citadelle de Zaoudzi, pres l'ile Mayotte.

La commission nommee par l'assemblee adopta la pensee du projet, l'emprisonnement dans l'exil. Elle l'aggrava meme en ce sens qu'elle autorisait l'application retroactive de la loi aux condamnes anterieurement a sa promulgation. Elle substitua l'ile de Noukahiva a l'ile de Pamanzi, et la forteresse de Vaithau, iles Marquises, a la citadelle de Zaoudzi.

C'etait bien la ce que le deporte Troncon-Ducoudray avait qualifie *la guillotine seche*.

M. Victor Hugo prit la parole contre cette loi dans la seance du 5 avril 1850.

Le lendemain du jour ou ce discours fut prononce, une souscription fut faite pour le repandre dans toute la France. M. Emile de Girardin demanda qu'une medaille fut frappee a l'effigie de l'orateur, et portat pour inscription la date, *5 avril 1850*, et ces paroles extraites du discours:

"Quand les hommes mettent dans une loi l'injustice, Dieu y met la justice, et il frappe avec cette loi ceux qui l'ont faite."

Le gouvernement permit la medaille, mais defendit l'inscription. (*Note de l'editeur.*)]

5 avril 1850.

Messieurs, parmi les journees de fevrier, journees qu'on ne peut comparer a rien dans l'histoire, il y eut un jour admirable, ce fut celui ou cette voix souveraine du peuple qui, a travers les rumeurs confuses de la place publique, dictait les decrets du gouvernement provisoire, prononca cette grande parole: La peine de mort est abolie en matiere politique. (*Tres bien!*) Ce jour-la, tous les coeurs genereux, tous les esprits serieux tressaillirent. Et en effet, voir le progres sortir immediatement, sortir calme et majestueux d'une revolution toute fremissante; voir surgir au-dessus des masses emues le Christ vivant et couronne; voir du milieu de cet immense ecroulement de lois humaines se degager dans toute sa splendeur la loi divine (*Bravo!*); voir la multitude se comporter comme un sage; voir toutes ces passions, toutes ces intelligences, toutes ces ames, la veille encore pleines de colere, toutes ces bouches qui venaient de dechirer des cartouches, s'unir et se confondre dans un seul cri, le plus beau qui puisse etre pousse par la voix humaine: Clemence! c'etait la, messieurs, pour les philosophes, pour les publicistes, pour l'homme chretien, pour l'homme politique, ce fut pour la France et pour l'Europe un magnifique spectacle. Ceux memes que les evenements de fevrier froissaient dans leurs interets, dans leurs sentiments, dans leurs affections, ceux memes qui gemissaient, ceux memes qui tremblaient, applaudirent et reconnurent que les revolutions peuvent meler le bien a leurs explosions les plus violentes, et qu'elles ont cela de merveilleux qu'il leur suffit d'une heure sublime pour effacer toutes les heures terribles. (*Sensation.*)

Du reste, messieurs, ce triomphe subit et eblouissant, quoique partiel, du dogme qui prescrit l'inviolabilite de la vie humaine, n'etonna pas ceux qui connaissent la puissance des idees. Dans les temps ordinaires, dans ce qu'on est convenu d'appeler les temps calmes, faute d'apercevoir le mouvement profond qui se fait sous l'immobilite apparente de la surface, dans les epoques dites epoques paisibles, on dedaigne volontiers les idees; il est de bon gout de les railler. Reve, declamation, utopie! s'ecrie-t-on. On ne tient compte que des faits, et plus ils sont materiels, plus ils sont estimes. On ne fait cas que des gens d'affaires, des esprits *pratiques*, comme on dit dans un certain jargon (*Tres bien!*), et de ces hommes positifs, qui ne sont, apres tout, que des hommes negatifs. (*C'est vrai!*)

Mais qu'une revolution eclate, les hommes d'affaires, les gens habiles, qui semblaient des colosses, ne sont plus que des nains; toutes les realites qui n'ont plus la proportion des evenements nouveaux s'ecroulent et s'evanouissent; les faits materiels tombent, et les idees grandissent jusqu'au ciel. (*Mouvement.*)

C'est ainsi, par cette soudaine force d'expansion que les idees acquierent en temps de revolution, que s'est faite cette grande chose, l'abolition de la peine de mort en matiere politique.

Messieurs, cette grande chose, ce decret fecond qui contient en germe tout un code, ce progres, qui etait plus qu'un progres, qui etait un principe, l'assemblee constituante l'a adopte et consacre. Elle l'a place, je dirais presque au sommet de la constitution, comme une magnifique avance faite par l'esprit de la revolution a l'esprit de la civilisation, comme une conquete, mais surtout comme une promesse, comme une sorte de porte ouverte qui laisse penetrer, au milieu des progres obscurs et incomplets du present, la lumiere sereine de l'avenir.

Et en effet, dans un temps donne, l'abolition de la peine capitale en matiere politique doit amener et amenera necessairement, par la toute-puissance de la logique, l'abolition pure et simple de la peine de mort! (*Oui! oui!*)

Eh bien, messieurs, cette promesse, il s'agit aujourd'hui de la retirer! cette conquete, il s'agit d'y renoncer! ce principe, c'est-a-dire la chose qui ne recule pas, il s'agit de le briser! cette journee memorable de fevrier, marquee par l'enthousiasme d'un grand peuple et par l'enfantement d'un grand progres, il s'agit de la rayer de l'histoire! Sous le titre modeste de *loi sur la deportation*, le gouvernement nous apporte et votre commission vous propose d'adopter un projet de loi que le sentiment public, qui ne se trompe pas, a deja traduit et resume en une seule ligne, que voici: *La peine de mort est retablie en matiere politique.* (*Bravos a gauche.—Denegations a droite.—Il n'est pas question de cela!—On comble une lacune du code! voila tout.—C'est pour remplacer la peine capitale!*)

Vous l'entendez, messieurs, les auteurs du projet, les membres de la commission, les honorables chefs de la majorite se recrient et disent:—Il n'est pas question de cela le moins du monde. Il y a une lacune dans le code penal, on veut la remplir, rien de plus; on veut simplement remplacer la peine de mort.—N'est-ce pas? C'est bien la ce qu'on a dit? On veut donc simplement remplacer la peine de mort, et comment s'y prend-on? On combine le climat ... Oui, quoi que vous fassiez, messieurs, vous aurez beau chercher, choisir, explorer, aller des Marquises a Madagascar, et revenir de Madagascar aux Marquises, aux Marquises, que M. l'amiral Bruat appelle *le tombeau des europeens*, le climat du lieu de deportation sera toujours, compare a la France, un climat meurtrier, et l'acclimatement, deja tres difficile pour des personnes libres, satisfaites, placees dans les meilleures conditions d'activite et d'hygiene, sera impossible, entendez-vous bien? absolument impossible pour de malheureux detenus. (*C'est vrai!*)

Je reprends. On veut donc simplement remplacer la peine de mort. Et que fait-on? On combine le climat, l'exil et la prison. Le climat donne sa malignite, l'exil son accablement, la prison son desespoir; au lieu d'un bourreau on en a trois. La peine de mort est remplacee. (*Profonde sensation.*) Ah! quittez ces precautions de paroles, quittez cette phraseologie hypocrite; soyez du moins sinceres, et dites avec nous: La peine de mort est retablie! (*Bravo! a gauche.*)

Oui, retablie; oui, c'est la peine de mort! et, je vais vous le prouver tout a l'heure, moins terrible en apparence, plus horrible en realite! (*C'est vrai! c'est cela.*)

Mais, voyons, discutons froidement. Apparemment vous ne voulez pas faire seulement une loi severe, vous voulez faire aussi une loi executable, une loi qui ne tombe pas en desuetude le lendemain de sa promulgation? Eh bien! pesez ceci:

Quand vous deposez un exces de severite dans la loi, vous y deposez l'impuissance. (*Oui! oui! c'est vrai!*) Vouloir faire rendre trop a la severite de la loi, c'est le plus sur moyen de ne lui faire rendre rien. Savez-vous pourquoi? C'est parce que la peine juste a, au fond de toutes les consciences, de certaines limites qu'il n'est pas au pouvoir du legislateur de deplacer. Le jour ou, par votre ordre, la loi veut transgresser cette limite, cette limite sacree, cette limite tracee dans l'equite de l'homme par le doigt meme de Dieu, la loi rencontre la conscience qui lui defend de passer outre. D'accord avec l'opinion, avec l'etat des esprits, avec le sentiment public, avec les moeurs, la loi peut tout. En lutte avec ces forces vives de la societe et de la civilisation, elle ne peut rien. Les tribunaux hesitent, les jurys acquittent, les textes defaillent et meurent sous l'oeil stupefait des juges. (*Mouvement.*) Songez-y, messieurs, tout ce que la penalite construit en dehors de la justice s'ecroule promptement, et, je le dis pour tous les partis, eussiez-vous bati vos iniquites en granit, a chaux et a ciment, il suffira pour les jeter a terre d'un souffle (*Oui! oui!*), de ce souffle qui sort de toutes les bouches et qu'on appelle l'opinion. (*Sensation.*) Je le repete, et voici la formule du vrai dans cette matiere: Toute loi penale a de moins en puissance ce qu'elle a de trop en severite. (*C'est vrai!*)

Mais je suppose que je me trompe dans mon raisonnement, raisonnement, remarquez-le bien, que je pourrais appuyer d'une foule de preuves. J'admets que je me trompe. Je suppose que cette nouveaute penale ne tombera pas immediatement en desuetude. Je vous accorde qu'apres avoir vote une pareille loi, vous aurez ce grand malheur de la voir executee. C'est bien. Maintenant, permettez-moi deux questions: Ou est l'opportunite d'une telle loi? ou en est la necessite? L'opportunite? nous dit-on. Oubliez-vous les attentats d'hier, de tous les jours, le 15 mai, le 23 juin, le 13 juin? La necessite? Mais est-ce qu'il n'est pas necessaire d'opposer a ces attentats, toujours possibles, toujours flagrants, une repression enorme, une immense intimidation? La revolution de fevrier nous a ote la guillotine. Nous faisons comme nous pouvons pour la remplacer; nous faisons de notre mieux. (*Mouvement prolonge.*)

Je m'en apercois. (*On rit.*)

Avant d'aller plus loin, un mot d'explication.

Messieurs, autant que qui que ce soit, et j'ai le droit de le dire, et je crois l'avoir prouve, autant que qui que ce soit, je repousse et je condamne, sous un regime de suffrage universel, les actes de rebellion et de desordre, les recours a la force brutale. Ce qui convient a un grand peuple souverain de lui-meme, a un grand peuple intelligent, ce n'est pas l'appel aux armes, c'est l'appel aux idees. (*Sensation.*) Pour moi, et ce doit etre, du reste, l'axiome de la democratie, le droit de suffrage abolit le droit d'insurrection. C'est en cela que le suffrage universel resout et dissout les revolutions. (*Applaudissements.*)

Voila le principe, principe incontestable et absolu; j'y insiste. Pourtant, je dois le dire, dans l'application penale, les incertitudes naissent. Quand de funestes et deplorables violations de la paix publique donnent lieu a des poursuites juridiques, rien n'est plus difficile que de preciser les faits et de proportionner la peine au delit. Tous nos proces politiques l'ont prouve.

Quoi qu'il en soit, la societe doit se defendre. Je suis sur ce point pleinement d'accord avec vous. La societe doit se defendre, et vous devez la proteger. Ces troubles, ces emeutes, ces insurrections, ces complots, ces attentats, vous voulez les empecher, les prevenir, les reprimer. Soit; je le veux comme vous.

Mais est-ce que vous avez besoin d'une penalite nouvelle pour cela? Lisez le code. Voyez-y la definition de la deportation. Quel immense pouvoir pour l'intimidation et pour le chatiment!

Tournez-vous donc vers la penalite actuelle! remarquez tout ce qu'elle remet de terrible entre vos mains!

Quoi! voila un homme, un homme que le tribunal special a condamne! un homme frappe pour le plus incertain de tous les delits, un delit politique, par la plus incertaine de toutes les justices, la justice politique!.... (*Rumeurs a droite.—Longue interruption.*)

Messieurs, je m'etonne de cette interruption. Je respecte toutes les juridictions legales et constitutionnelles; mais quand je qualifie la justice politique en general comme je viens de le faire, je ne fais que repeter ce qu'a dit dans tous les siecles la philosophie de tous les peuples, et je ne suis que l'echo de l'histoire.

Je poursuis.

Voila un homme que le tribunal special a condamne.

Cet homme, un arret de deportation vous le livre. Remarquez ce que vous pouvez en faire, remarquez le pouvoir que la loi vous donne! Je dis le code penal actuel, la loi actuelle, avec sa definition de la deportation.

Cet homme, ce condamne, ce criminel selon les uns, ce heros selon les autres, car c'est la le malheur des temps.... (*Explosion de murmures a droite.*)

M. LE PRESIDENT.—Quand la justice a prononce, le criminel est criminel pour tout le monde, et ne peut etre un heros que pour ses complices. (*Bravos a droite.*)

M. VICTOR HUGO.—Je ferai remarquer ceci a monsieur le president Dupin: le marechal Ney, juge en 1815, a ete declare criminel par la justice. Il est un heros, pour moi, et je ne suis pas son complice. (*Longs applaudissements a gauche.*)

Je reprends. Ce condamne, ce criminel selon les uns, ce heros selon les autres, vous le saisissez; vous le saisissez au milieu de sa renommee, de son influence, de sa popularite; vous l'arrachez a tout, a sa femme, a ses enfants, a ses amis, a sa famille, a sa patrie; vous le deracinez violemment de tous ses interets et de toutes ses affections; vous le saisissez encore tout plein du bruit qu'il faisait et de la clarte qu'il repandait, et vous le jetez dans les tenebres, dans le silence, a on ne sait quelle distance effrayante du sol natal. (*Sensation.*) Vous le tenez la, seul, en proie a lui-meme, a ses regrets, s'il croit avoir ete un homme necessaire a son pays; a ses remords, s'il reconnait avoir ete un homme fatal. Vous le tenez la, libre, mais garde, nul moyen d'evasion, garde par une garnison qui occupe l'ile, garde par un stationnaire qui surveille la cote, garde par l'ocean, qui ouvre entre cet homme et la patrie un gouffre de quatre mille lieues. Vous tenez cet homme la, incapable de nuire, sans echos autour de lui, ronge par l'isolement, par l'impuissance et par l'oubli, decouronne, desarme, brise, aneanti!

Et cela ne vous suffit pas! (*Mouvement.*)

Ce vaincu, ce proscrit, ce condamne de la fortune, cet homme politique detruit, cet homme populaire terrasse, vous voulez l'enfermer! Vous voulez faire cette chose sans nom qu'aucune legislation n'a encore faite, joindre aux tortures de l'exil les tortures de la prison! multiplier une rigueur par une cruaute! (*C'est vrai!*) Il ne vous suffit pas d'avoir mis sur cette tete la voute du ciel tropical, vous voulez y ajouter encore le plafond du cabanon! Cet homme, ce malheureux homme, vous voulez le murer vivant dans une forteresse qui, a cette distance, nous apparait avec un aspect si funebre, que vous qui la construisez, oui, je vous le dis, vous n'etes pas surs de ce que vous batissez la, et que vous ne savez pas vous-memes si c'est un cachot ou si c'est un tombeau! (*Mouvement prolonge.*)

Vous voulez que lentement, jour par jour, heure par heure, a petit feu, cette ame, cette intelligence, cette activite,—cette ambition, soit!—ensevelie toute vivante, toute vivante, je le repete, a quatre mille lieues de la patrie, sous ce soleil etouffant, sous l'horrible pression de cette prison-sepulcre, se torde, se creuse, se devore, desespere, demande grace, appelle la France, implore l'air, la vie, la liberte, et agonise et expire miserablement! Ah! c'est monstrueux! (*Profonde sensation.*) Ah! je proteste d'avance au nom de l'humanite! Ah! vous etes sans pitie et sans coeur! Ce que vous appelez une expiation, je l'appelle un martyre; et ce que vous appelez une justice, je l'appelle un assassinat! (*Acclamations a gauche.*)

Mais levez-vous donc, catholiques, pretres, eveques, hommes de la religion qui siegez dans cette assemblee et que je vois au milieu de nous! levez-vous, c'est votre role! Qu'est-ce que vous faites sur vos bancs? Montez a cette tribune, et venez, avec l'autorite de vos saintes croyances, avec l'autorite de vos saintes traditions, venez dire a ces inspirateurs de mesures cruelles, a ces applaudisseurs de lois barbares, a ceux qui poussent la majorite dans cette voie funeste, dites-leur que ce qu'ils font la est mauvais, que ce qu'ils font la est detestable, que ce qu'ils font la est impie! (*Oui! oui!*) Rappelez-leur que c'est une loi de mansuetude que le Christ est venu apporter au monde, et non une loi de cruaute; dites-leur que le jour ou l'Homme-Dieu a subi la peine de mort, il l'a abolie (*Bravo! a gauche*); car il a montre que la folle justice humaine pouvait frapper plus qu'une tete innocente, qu'elle pouvait frapper une tete divine! (*Sensation.*)

Dites aux auteurs, dites aux defenseurs de ce projet, dites a ces grands politiques que ce n'est pas en faisant agoniser des miserables dans une cellule, a quatre mille lieues de leur pays, qu'ils apaiseront la place publique; que, bien au contraire, ils creent un danger, le danger d'exasperer la pitie du peuple et de la changer en colere. (*Oui! oui!*) Dites a ces hommes d'etre humains; ordonnez-leur de redevenir chretiens; enseignez-leur que ce n'est pas avec des lois impitoyables qu'on defend les gouvernements et qu'on sauve les societes; que ce qu'il faut aux temps douloureux que nous traversons, aux coeurs et aux esprits malades, ce qu'il faut pour resoudre une situation qui resulte surtout de beaucoup de malentendus et de beaucoup de definitions mal faites, ce ne sont pas des mesures de represailles, de reaction, de rancune et d'acharnement, mais des lois genereuses, des lois cordiales, des lois de concorde et de sagesse, et que le dernier mot de la crise sociale ou nous sommes, je ne me lasserai pas de le repeter, non! ce n'est pas la compression, c'est la fraternite; car la fraternite, avant d'etre la pensee du peuple, etait la pensee de Dieu! (*Nouvelles acclamations.*)

Vous vous taisez!—Eh bien! je continue. Je m'adresse a vous, messieurs les ministres, je m'adresse a vous, messieurs les membres de la commission. Je presse de plus pres encore l'idee de votre citadelle, ou de votre forteresse, puisqu'on choque votre sensibilite en appelant cela une citadelle. (*On rit.*)

Quand vous aurez institue ce penitentiaire des deportes, quand vous aurez cree ce cimetiere, avez-vous essaye de vous imaginer ce qui arriverait la-bas? Avez-vous la moindre idee de ce qui s'y passera? Vous etes-vous dit que vous livriez les hommes frappes par la justice politique a l'inconnu et a ce qu'il y a de plus horrible dans l'inconnu? Etes-vous entres avec vous-memes dans le detail de tout ce que renferme d'abominable cette idee, cette affreuse idee de la reclusion dans la deportation? (*Murmures a droite.*)

Tenez, en commencant, j'ai essaye de vous indiquer et de caracteriser d'un mot ce que serait ce climat, ce que serait cet exil, ce que serait ce cabanon. Je vous ai dit que ce seraient trois bourreaux. Il y en a un quatrieme que j'oubliais, c'est le directeur du penitencier. Vous etes-vous rappele Jeannet, le bourreau de Sinnamari? Vous etes-vous rendu compte de ce que serait, je dirais presque necessairement, l'homme quelconque qui acceptera, a la face du monde civilise, la charge morale de cet odieux etablissement des iles Marquises, l'homme qui consentira a etre le fossoyeur de cette prison et le geolier de cette tombe? (*Long mouvement.*)

Vous etes-vous figure, si loin de tout controle et de tout redressement, dans cette irresponsabilite complete, avec une autorite sans limite et des victimes sans defense, la tyrannie possible d'une ame mechante et basse? Messieurs, les Sainte-Helene produisent les Hudson Lowe. (*Bravo!*) Eh bien! vous etes-vous represente toutes les tortures, tous les raffinements, tous les desespoirs qu'un homme qui aurait le temperament de Hudson Lowe pourrait inventer pour des hommes qui n'auraient pas l'aureole de Napoleon?

Ici, du moins, en France, a Doullens, au Mont-Saint-Michel.... (*L'orateur s'interrompt. Mouvement d'attention.*)

Et puisque ce nom m'est venu a la bouche, je saisis cette occasion pour annoncer a M. le ministre de l'interieur que je compte prochainement lui adresser une question sur des faits monstrueux qui se seraient accomplis dans cette prison du Mont-Saint-Michel. (*Chuchotements.—A gauche: Tres bien!—L'orateur reprend.*) Dans nos prisons de France, a Doullens, au Mont-Saint-Michel, qu'un abus se produise, qu'une iniquite se tente, les journaux s'inquietent, l'assemblee s'emeut, et le cri du prisonnier parvient au gouvernement et au peuple, repercute par le double echo de la presse et de la tribune. Mais dans votre citadelle des iles Marquises, le patient sera reduit a soupirer douloureusement:

Ah! si le peuple le savait! (*Tres bien!*) Oui, la, la-bas, a cette epouvantable distance, dans ce silence, dans cette solitude muree, ou n'arrivera et d'ou ne sortira aucune voix humaine, a qui se plaindra le miserable prisonnier? qui l'entendra? Il y aura entre sa plainte et vous le bruit de toutes les vagues de l'ocean. (*Sensation profonde.*)

Messieurs, l'ombre et le silence de la mort peseront sur cet effroyable bagne politique.

Rien n'en transpirera, rien n'en arrivera jusqu'a vous, rien! ... si ce n'est de temps en temps, par intervalles, une nouvelle lugubre qui traversera les mers, qui viendra frapper en France et en Europe, comme un glas funebre, sur le timbre vivant et douloureux de l'opinion, et qui vous dira: Tel condamne est mort! (*Agitation.*)

Ce condamne, ce sera, car a cette heure supreme on ne voit plus que le merite d'un homme, ce sera un publiciste celebre, un historien renomme, un ecrivain illustre, un orateur fameux. Vous preterez l'oreille a ce bruit sinistre, vous calculerez le petit nombre de mois ecoules, et vous frissonnerez! (*Long mouvement.—A gauche: Ils riront!*)

Ah! vous le voyez bien! c'est la peine de mort! la peine de mort desesperee! c'est quelque chose de pire que l'echafaud! c'est la peine de mort sans le dernier regard au ciel de la patrie! (*Bravos repetes a gauche.*)

Vous ne le voudrez pas! vous rejetterez la loi! (*Mouvement.*) Ce grand principe, l'abolition de la peine de mort en matiere politique, ce genereux principe tombe de la large main du peuple, vous ne voudrez pas le ressaisir! Vous ne voudrez pas le reprendre furtivement a la France, qui, loin d'en attendre de vous l'abolition, en attend de vous le complement! Vous ne voudrez pas raturer ce decret, l'honneur de la revolution de fevrier! Vous ne voudrez pas donner un dementi a ce qui etait plus meme que le cri de la conscience populaire, a ce qui etait le cri de la conscience humaine! (*Vive adhesion a gauche.—Murmures a droite.*)

Je sais, messieurs, que toutes les fois que nous tirons de ce mot, la conscience, tout ce qu'on en doit tirer, selon nous, nous avons le malheur de faire sourire de bien grands politiques. (*A droite: C'est vrai!—A gauche: Ils en conviennent!*) Dans le premier moment, ces grands politiques ne nous croient pas incurables, ils prennent pitie de nous, ils consentent a traiter cette infirmite dont nous sommes atteints, la conscience, et ils nous opposent avec bonte la raison d'etat. Si nous persistons, oh! alors ils se fachent, ils nous declarent que nous n'entendons rien aux affaires, que nous n'avons pas le sens politique, que nous ne sommes pas des hommes serieux, et ... comment vous dirai-je cela? ma foi! ils nous disent un gros mot, la plus grosse injure qu'ils puissent trouver, ils nous appellent poetes! (*On rit.*)

Ils nous affirment que tout ce que nous croyons trouver dans notre conscience, la foi au progres, l'adoucissement des lois et des moeurs, l'acceptation des principes degages par les revolutions, l'amour du peuple, le devouement a la liberte, le fanatisme de la grandeur nationale, que tout cela, bon en soi sans doute, mene, dans l'application, droit aux deceptions et aux chimeres, et que, sur toutes ces choses, il faut s'en rapporter, selon l'occasion et la conjoncture, a ce que conseille la raison d'etat. La raison d'etat! ah! c'est la le grand mot! et tout a l'heure je le distinguais au milieu d'une interruption.

Messieurs, j'examine la raison d'etat, je me rappelle tous les mauvais conseils qu'elle a deja donnes. J'ouvre l'histoire, je vois dans tous les temps toutes les bassesses, toutes les indignites, toutes les turpitudes, toutes les lachetes, toutes les cruautes que la raison d'etat a autorisees ou qu'elle a faites. Marat l'invoquait aussi bien que Louis XI; elle a fait le deux septembre apres avoir fait la Saint-Barthelemy; elle a laisse sa trace dans les Cevennes, et elle l'a laissee a Sinnamari; c'est elle qui a dresse les guillotines de Robespierre, et c'est elle qui dresse les potences de Haynau! (*Mouvement.*)

Ah! mon coeur se souleve! Ah! je ne veux, je ne veux, moi, ni de la politique de la guillotine, ni de la politique de la potence, ni de Marat, ni de Haynau, ni de votre loi de deportation! (*Bravos prolonges.*) Et quoi qu'on fasse, quoi qu'il arrive, toutes les fois qu'il s'agira de chercher une inspiration ou un conseil, je suis de ceux qui n'hesiteront jamais entre cette vierge qu'on appelle la conscience et cette prostituee qu'on appelle la raison d'etat. (*Immense acclamation a gauche.*)

Je ne suis qu'un poete, je le vois bien!

Messieurs, s'il etait possible, ce qu'a Dieu ne plaise, ce que j'eloigne pour ma part de toutes mes forces, s'il etait possible que cette assemblee adoptat la loi qu'on lui propose, il y aurait, je le dis a regret, il y aurait un spectacle douloureux a mettre en regard de la memorable journee que je vous rappelais en commencant. Ce serait une epoque de calme defaisant a loisir ce qu'a fait de grand et de bon, dans une sorte d'improvisation sublime, une epoque de tempete. (*Tres bien!*) Ce serait la violence dans le senat, contrastant avec la sagesse dans la place publique. (*Bravo a gauche.*) Ce serait les hommes d'etat se montrant aveugles et passionnes la ou les hommes du peuple se sont montres intelligents et justes! (*Murmures a droite.*) Oui, intelligents et justes! Messieurs, savez-vous ce que faisait le peuple de fevrier en proclamant la clemence? Il fermait la porte des revolutions. Et savez-vous ce que vous faites en decretant les vengeances? Vous la rouvrez. (*Mouvement prolonge.*)

Messieurs, cette loi, dit-on, n'aura pas d'effet retroactif et est destinee a ne regir que l'avenir. Ah! puisque vous prononcez ce mot, l'avenir, c'est precisement sur ce mot et sur ce qu'il contient que je vous engage a reflechir. Voyons, pour qui faites-vous cette loi? Le savez-vous? (*Agitation sur tous les bancs.*)

Messieurs de la majorite, vous etes victorieux en ce moment, vous etes les plus forts, mais etes-vous surs de l'etre toujours? (*Longue rumeur a droite.*)

Ne l'oubliez pas, le glaive de la penalite politique n'appartient pas a la justice, il appartient au hasard. (*L'agitation redouble.*) Il passe au vainqueur avec la fortune. Il fait partie de ce hideux mobilier revolutionnaire que tout coup d'etat heureux, que toute emeute triomphante trouve dans la rue et ramasse le lendemain de la victoire, et il a cela de fatal, ce terrible glaive, que chaque parti est destine tour a tour a le tenir dans sa main et a le sentir sur sa tete. (*Sensation generale.*)

Ah! quand vous combinez une de ces lois de vengeance (*Non! non! a droite*), que les partis vainqueurs appellent lois de justice dans la bonne foi de leur fanatisme (*mouvement*), vous etes bien imprudents d'aggraver les peines et de multiplier les rigueurs. (*Nouveau mouvement.*) Quant a moi, je ne sais pas moi-meme, dans cette epoque de trouble, l'avenir qui m'est reserve. Je plains d'une pitie fraternelle toutes les victimes actuelles, toutes les victimes possibles de nos temps revolutionnaires. Je hais et je voudrais briser tout ce qui peut servir d'arme aux violences. Or cette loi que vous faites est une loi redoutable qui peut avoir d'etranges contre-coups, c'est une loi perfide dont les retours sont inconnus. Et peut-etre, au moment ou je vous parle, savez-vous qui je defends contre vous? C'est vous! (*Profonde sensation.*)

Oui, j'y insiste, vous ne savez pas vous-memes ce qu'a un jour donne, ce que, dans des circonstances possibles, votre propre loi fera de vous! (*Agitation inexprimable. Les interruptions se croisent.*)

Vous vous recriez de ce cote, vous ne croyez pas a mes paroles. (*A droite: Non! non!*) Voyons. Vous pouvez fermer les yeux a l'avenir; mais les fermerez-vous au passe? L'avenir se conteste, le passe ne se recuse pas. Eh bien! tournez la tete, regardez a quelques annees en arriere. Supposez que les deux revolutions survenues depuis vingt ans aient ete vaincues par la royaute, supposez que votre loi de deportation eut existe alors, Charles X aurait pu l'appliquer a M. Thiers, et Louis-Philippe a M. Odilon Barrot. (*Applaudissements a gauche.*)

M. ODILON BARROT, se levant.—Je demande a l'orateur la permission de l'interrompre.

M. VICTOR HUGO.—Volontiers.

M. ODILON BARROT.—Je n'ai jamais conspire; j'ai soutenu le dernier la monarchie; je ne conspirerai jamais, et aucune justice ne pourra pas plus m'atteindre dans l'avenir qu'elle n'aurait pu m'atteindre dans le passe. (*Tres bien! a droite.*)

M. VICTOR HUGO.—M. Odilon Barrot, dont j'honore le noble caractere, s'est mepris sur le sens de mes paroles. Il a oublie qu'au moment ou je parlais, je ne parlais pas de la justice juste, mais de la justice injuste, de la justice politique, de la justice des partis. Or la justice injuste frappe l'homme juste, et pouvait et peut encore frapper M. Odilon Barrot. C'est ce que j'ai dit, et c'est ce que je maintiens. (*Reclamations a droite.*)

Quand je vous parle des revanches de la destinee et de tout ce qu'une pareille loi peut contenir de contrecoups, vous murmurez. Eh bien! j'insiste encore! et je vous previens seulement que, si vous murmurez maintenant, vous murmurerez contre l'histoire. (*Le silence se retablit.—Ecoutez!*)

De tous les hommes qui ont dirige le gouvernement ou domine l'opinion depuis soixante ans, il n'en est pas un, pas un, entendez-vous bien? qui n'ait ete precipite, soit avant, soit apres. Tous les noms qui rappellent des triomphes rappellent aussi des catastrophes; l'histoire les designe par des synonymes ou sont empreintes leurs disgraces, tous, depuis le captif d'Olmutz, qui avait ete La Fayette, jusqu'au deporte de Sainte-Helene, qui avait ete Napoleon. (*Mouvement.*)

Voyez et reflechissez. Qui a repris le trone de France en 1814? L'exile de Hartwell. Qui a regne apres 1830? Le proscrit de Reichenau, redevenu aujourd'hui le banni de Claremont. Qui gouverne en ce moment? Le prisonnier de Ham. (*Profonde sensation.*) Faites des lois de proscription maintenant! (*Bravo! a gauche.*)

Ah! que ceci vous instruise! Que la lecon des uns ne soit pas perdue pour l'orgueil des autres!

L'avenir est un edifice mysterieux que nous batissons nous-memes de nos propres mains dans l'obscurite, et qui doit plus tard nous servir a tous de demeure. Un jour vient ou il se referme sur ceux qui l'ont bati. Ah! puisque nous le construisons aujourd'hui pour l'habiter demain, puisqu'il nous attend, puisqu'il nous saisira sans nul doute, composons-le donc, cet avenir, avec ce que nous avons de meilleur dans l'ame, et non avec ce que nous avons de pire; avec l'amour, et non avec la colere!

Faisons-le rayonnant et non tenebreux! faisons-en un palais et non une prison!

Messieurs, la loi qu'on vous propose est mauvaise, barbare, inique. Vous la repousserez. J'ai foi dans votre sagesse et dans votre humanite. Songez-y au moment du vote. Quand les hommes mettent dans une loi l'injustice, Dieu y met la justice, et il frappe avec cette loi ceux qui l'ont faite. (*Mouvement general et prolonge.*)

Un dernier mot, ou, pour mieux dire, une derniere priere, une derniere supplication.

Ah! croyez-moi, je m'adresse a vous tous, hommes de tous les partis qui siegez dans cette enceinte, et parmi lesquels il y a sur tous ces bancs tant de coeurs eleves et tant d'intelligences genereuses, croyez-moi, je vous parle avec une profonde conviction et une profonde douleur, ce n'est pas un bon emploi de notre temps que de faire des lois comme celle-ci! (*Tres bien! c'est vrai!*) Ce n'est pas un bon emploi de notre temps que de nous tendre les uns aux autres des embuches dans une penalite terrible et obscure, et de creuser pour nos adversaires des abimes de misere et de souffrance ou nous tomberons peut-etre nous-memes! (*Agitation.*)

Mon Dieu! quand donc cesserons-nous de nous menacer et de nous dechirer? Nous avons pourtant autre chose a faire! Nous avons autour de nous les travailleurs qui demandent des ateliers, les enfants qui demandent des ecoles, les vieillards qui demandent des asiles, le peuple qui demande du pain, la France qui demande de la gloire! (*Bravo! a gauche.—On rit a droite.*)

Nous avons une societe nouvelle a faire sortir des entrailles de la societe ancienne, et, quant a moi, je suis de ceux qui ne veulent sacrifier ni l'enfant ni la mere. (*Mouvement.*) Ah! nous n'avons pas le temps de nous hair! (*Nouveau mouvement.*)

La haine depense de la force, et, de toutes les manieres de depenser de la force, c'est la plus mauvaise. (*Tres bien! bravo!*) Reunissons fraternellement tous nos efforts, au contraire, dans un but commun, le bien du pays. Au lieu d'echafauder peniblement des lois d'irritation et d'animosite, des lois qui calomnient ceux qui les font (*mouvement*), cherchons ensemble, et cordialement, la solution du redoutable probleme de civilisation qui nous est pose, et qui contient, selon ce que nous en saurons faire, les catastrophes les plus fatales ou le plus magnifique avenir. (*Bravo! a gauche.*)

Nous sommes une generation predestinee, nous touchons a une crise decisive, et nous avons de bien plus grands et de bien plus effrayants devoirs que nos peres. Nos peres n'avaient que la France a servir; nous, nous avons la France a sauver. Non, nous n'avons pas le temps de nous hair! (*Mouvement prolonge.*) Je vote contre le projet de loi! (*Acclamations a gauche et longs applaudissements.—La seance est suspendue, pendant que tout le cote gauche en masse descend et vient feliciter l'orateur au pied de la tribune.*)

VI

LE SUFFRAGE UNIVERSEL

[Note: Ce discours fut prononce durant la discussion du projet qui devint la funeste loi du 31 mai 1850. Ce projet avait ete prepare, de complicite avec M. Louis Bonaparte, par une commission speciale de dix-sept membres. (*Note de l'editeur.*)]

20 mai 1850.

Messieurs, la revolution de fevrier, et, pour ma part, puisqu'elle semble vaincue, puisqu'elle est calomniee, je chercherai toutes les occasions de la glorifier dans ce qu'elle a fait de magnanime et de beau (*Tres bien! tres bien!*), la revolution de fevrier avait eu deux magnifiques pensees. La premiere, je vous la rappelais l'autre jour, ce fut de monter jusqu'aux sommets de l'ordre politique et d'en arracher la peine de mort; la seconde, ce fut d'elever subitement les plus humbles regions de l'ordre social au niveau des plus hautes et d'y installer la souverainete.

Double et pacifique victoire du progres qui, d'une part, relevait l'humanite, qui, d'autre part, constituait le peuple, qui emplissait de lumiere en meme temps le monde politique et le monde social, et qui les regenerait et les consolidait tous deux a la fois, l'un par la clemence, l'autre par l'egalite. (*Bravo! a gauche.*)

Messieurs, le grand acte, tout ensemble politique et chretien, par lequel la revolution de fevrier fit penetrer son principe jusque dans les racines memes de l'ordre social, fut l'etablissement du suffrage universel, fait capital, fait immense, evenement considerable qui introduisit dans l'etat un element nouveau, irrevocable, definitif. Remarquez-en, messieurs, toute la portee. Certes, ce fut une grande chose de reconnaitre le droit de tous, de composer l'autorite universelle de la somme des libertes individuelles, de dissoudre ce qui restait des castes dans l'unite auguste d'une souverainete commune, et d'emplir du meme peuple tous les compartiments du vieux monde social; certes, cela fut grand. Mais, messieurs, c'est surtout dans son action sur les classes qualifiees jusqu'alors classes inferieures qu'eclate la beaute du suffrage universel. (*Rires ironiques a droite.*)

Messieurs, vos rires me contraignent d'y insister. Oui, le merveilleux cote du suffrage universel, le cote efficace, le cote politique, le cote profond, ce ne fut pas de lever le bizarre interdit electoral qui pesait, sans qu'on put deviner pourquoi,—mais c'etait la sagesse des grands hommes d'etat de ce temps-la (*on rit a gauche*),—qui sont les memes que ceux de ce temps-ci....—(*nouveaux rires approba a gauche*); ce ne fut pas, dis-je, de lever le bizarre interdit electoral qui pesait sur une partie de ce qu'on nommait la classe moyenne, et meme de ce qu'on nommait la classe elevee; ce ne fut pas de restituer son droit a l'homme qui etait avocat, medecin, lettre, administrateur, officier, professeur, pretre, magistrat, et qui n'etait pas electeur; a l'homme qui etait jure, et qui n'etait pas electeur; a l'homme qui etait membre de l'institut, et qui n'etait pas electeur; a l'homme qui etait pair de France, et qui n'etait pas electeur; non, le cote merveilleux, je le repete, le cote profond, efficace, politique du suffrage universel, ce fut d'aller chercher dans les regions douloureuses de la societe, dans les bas-fonds, comme vous dites, l'etre courbe sous le poids des negations sociales, l'etre froisse qui, jusqu'alors, n'avait eu d'autre espoir que la revolte, et de lui apporter l'esperance sous une autre forme (*Tres bien!*), et de lui dire: Vote! ne te bats plus! (*Mouvement.*) Ce fut de rendre sa part de souverainete a celui qui jusque-la n'avait eu que sa part de souffrance! Ce fut d'aborder dans ses tenebres materielles et morales l'infortune qui, dans les extremites de sa detresse, n'avait d'autre arme, d'autre defense, d'autre ressource que la violence, et de lui retirer la violence, et de lui remettre dans les mains, a la place de la violence, le droit! (*Bravos prolonges.*)

Oui, la grande sagesse de cette revolution de fevrier qui, prenant pour base de la politique l'evangile (*a droite: Quelle impiete!*), institua le suffrage universel, sa grande sagesse, et en meme temps sa grande justice, ce ne fut pas seulement de confondre et de dignifier dans l'exercice du meme pouvoir souverain le bourgeois et le proletaire; ce fut d'aller chercher dans l'accablement, dans le delaissement, dans l'abandon, dans cet abaissement qui conseille si mal, l'homme de desespoir, et de lui dire: Espere! l'homme de colere, et de lui dire: Raisonne! le mendiant, comme on l'appelle, le vagabond, comme on l'appelle, le pauvre, l'indigent, le desherite, le malheureux, le miserable, comme on l'appelle, et de le sacrer citoyen! (*Acclamation a gauche.*)

Voyez, messieurs, comme ce qui est profondement juste est toujours en meme temps profondement politique. Le suffrage universel, en donnant un bulletin a ceux qui souffrent, leur ote le fusil. En leur donnant la puissance, il leur donne le calme. Tout ce qui grandit l'homme l'apaise. (*Mouvement.*)

Le suffrage universel dit a tous, et je ne connais pas de plus admirable formule de la paix publique: Soyez tranquilles, vous etes souverains. (*Sensation.*)

Il ajoute: Vous souffrez? eh bien! n'aggravez pas vos souffrances, n'aggravez pas les detresses publiques par la revolte. Vous souffrez? eh bien! vous allez travailler vous-memes, des a present, au grand oeuvre de la destruction de la misere, par des hommes qui seront a vous, par des hommes en qui vous mettrez votre ame, et qui seront, en quelque sorte, votre main. Soyez tranquilles.

Puis, pour ceux qui seraient tentes d'etre recalcitrants, il dit:

—Avez-vous vote? Oui. Vous avez epuise votre droit, tout est dit. Quand le vote a parle, la souverainete a prononce. Il n'appartient pas a une fraction de defaire ni de refaire l'oeuvre collective. Vous etes citoyens, vous etes libres, votre heure reviendra, sachez l'attendre. En attendant, parlez, ecrivez, discutez, enseignez, eclairez; eclairez-vous, eclairez les autres. Vous avez a vous, aujourd'hui, la verite, demain la souverainete, vous etes forts. Quoi! deux modes d'action sont a votre disposition, le droit du souverain et le role du rebelle, vous choisiriez le role du rebelle! ce serait une sottise et ce serait un crime. (*Applaudissements a gauche.*)

Voila les conseils que donne aux classes souffrantes le suffrage universel. (*Oui! oui! a gauche—Rires a droite.*) Messieurs, dissoudre les animosites, desarmer les haines, faire tomber la cartouche des mains de la misere, relever l'homme injustement abaisse et assainir l'esprit malade par ce qu'il y a de plus pur au monde, le sentiment du droit librement exerce, reprendre a chacun le droit de force, qui est le fait naturel, et lui rendre en echange la part de souverainete, qui est le fait social, montrer aux souffrances une issue vers la lumiere et le bien-etre, eloigner les echeances revolutionnaires et donner a la societe, avertie, le temps de s'y preparer, inspirer aux masses cette patience forte qui fait les grands peuples, voila l'oeuvre du suffrage universel (*sensation profonde*), oeuvre eminemment sociale au point de vue de l'etat, eminemment morale au point de vue de l'individu.

Meditez ceci, en effet: sur cette terre d'egalite et de liberte, tous les hommes respirent le meme air et le meme droit. (*Mouvement.*) Il y a dans l'annee un jour ou celui qui vous obeit se voit votre pareil, ou celui qui vous sert se voit votre egal, ou chaque citoyen, entrant dans la balance universelle, sent et constate la pesanteur specifique du droit de cite, et ou le plus petit fait equilibre au plus grand. (*Bravo! a gauche.—On rit a droite.*) Il y a un jour dans l'annee ou le gagne-pain, le journalier, le manoeuvre, l'homme qui traine des fardeaux, l'homme qui casse des pierres au bord des routes, juge le senat, prend dans sa main, durcie par le travail, les ministres, les representants, le president de la republique, et dit: La puissance, c'est moi! Il y a un jour dans l'annee ou le plus imperceptible citoyen, ou l'atome social participe a la vie immense du pays tout entier, ou la plus etroite poitrine se dilate a l'air vaste des affaires publiques; un jour ou le plus faible sent en lui la grandeur de la souverainete nationale, ou le plus humble sent en lui l'ame de la patrie! (*Applaudissements a gauche.—Rires et bruit a droite.*) Quel accroissement de dignite pour l'individu, et par consequent de moralite! Quelle satisfaction, et par consequent quel apaisement! Regardez l'ouvrier qui va au scrutin. Il y entre, avec le front triste du proletaire accable, il en sort avec le regard d'un souverain. (*Acclamations a gauche.—Murmures a droite.*)

Or qu'est-ce que tout cela, messieurs? C'est la fin de la violence, c'est la fin de la force brutale, c'est la fin de l'emeute, c'est la fin du fait materiel, et c'est le commencement du fait moral. (*Mouvement*) C'est, si vous permettez que je rappelle mes propres paroles, le droit d'insurrection aboli par le droit de suffrage. (*Sensation.*)

Eh bien! vous, legislateurs charges par la providence de fermer les abimes et non de les ouvrir, vous qui etes venus pour consolider et non pour ebranler, vous, representants de ce grand peuple de l'initiative et du progres, vous, hommes de sagesse et de raison, qui comprenez toute la saintete de votre mission, et qui, certes, n'y faillirez pas, savez-vous ce que vient faire aujourd'hui cette loi fatale, cette loi aveugle qu'on ose si imprudemment vous presenter? (*Profond silence.*)

Elle vient, je le dis avec un fremissement d'angoisse, je le dis avec l'anxiete douloureuse du bon citoyen epouvante des aventures ou l'on precipite la patrie, elle vient proposer a l'assemblee l'abolition du droit de suffrage pour les classes souffrantes, et, par consequent, je ne sais quel retablissement abominable et impie du droit d'insurrection. (*Mouvement prolonge.*)

Voila toute la situation en deux mots. (*Nouveau mouvement.*)

Oui, messieurs, ce projet, qui est toute une politique, fait deux choses, il fait une loi, et il cree une situation.

Une situation grave, inattendue, nouvelle, menacante, compliquee, terrible.

Allons au plus presse. Le tour de la loi, consideree en elle-meme, viendra. Examinons d'abord la situation.

Quoi! apres deux annees d'agitation et d'epreuves, inseparables, il faut bien le dire, de toute grande commotion sociale, le but etait atteint!

Quoi! la paix etait faite! Quoi! le plus difficile de la solution, le procede, etait trouve, et, avec le procede, la certitude. Quoi! le mode de creation pacifique du progres etait substitue au mode violent; les impatiences et les coleres avaient desarme; l'echange du droit de revolte contre le droit de suffrage etait consomme; l'homme des classes souffrantes avait accepte, il avait doucement et noblement accepte. Nulle agitation, nulle turbulence. Le malheureux s'etait senti rehausse par la confiance sociale. Ce nouveau citoyen, ce souverain restaure, etait entre dans la cite avec une dignite sereine. (*Applaudissements a gauche.—Depuis quelques instants, un bruit presque continuel, venant de certains bancs de la droite, se mele a la voix de l'orateur. M. Victor Hugo s'interrompt et se tourne vers la droite.*)

Messieurs, je sais bien que ces interruptions calculees et systematiques (*denegations a droite.—Oui! oui! a gauche*) ont pour but de deconcerter la pensee de l'orateur (*C'est vrai!*) et de lui oter la liberte d'esprit, ce qui est une maniere de lui oter la liberte de la parole. (*Tres bien!*) Mais c'est la vraiment un triste jeu, et peu digne d'une grande assemblee. (*Denegations a droite.*) Quant a moi, je mets le droit de l'orateur sous la sauvegarde de la majorite vraie, c'est-a-dire de tous les esprits genereux et justes qui siegent sur tous les bancs et qui sont toujours les plus nombreux parmi les elus d'un grand peuple. (*Tres bien! a gauche. —Silence a droite.*)

Je reprends. La vie publique avait saisi le proletaire sans l'etonner ni l'enivrer. Les jours d'election etaient pour le pays mieux que des jours de fete, c'etaient des jours de calme. (*C'est vrai!*) En presence de ce calme, le mouvement des affaires, des transactions, du commerce, de l'industrie, du luxe, des arts, avait repris; les pulsations de la vie reguliere revenaient. Un admirable resultat etait obtenu. Un imposant traite de paix etait signe entre ce qu'on appelle encore le haut et le bas de la societe. (*Oui! oui!*)

Et c'est la le moment que vous choisissez pour tout remettre en question! Et ce traite signe, vous le dechirez! (*Mouvement.*) Et c'est precisement cet homme, le dernier sur l'echelle de vie, qui, maintenant, esperait remonter, peu a peu et tranquillement, c'est ce pauvre, c'est ce malheureux, naguere redoutable, maintenant reconcilie, apaise, confiant, fraternel, c'est lui que votre loi va chercher! Pourquoi? Pour faire une chose insensee, indigne, odieuse, anarchique, abominable! pour lui reprendre son droit de suffrage! pour l'arracher aux idees de paix, de conciliation, d'esperance, de justice, de concorde, et, par consequent, pour le rendre aux idees de violence! Mais quels hommes de desordre etes-vous donc? (*Nouveau mouvement.*)

Quoi! le port etait trouve, et c'est vous qui recommencez les aventures! Quoi! le pacte etait conclu, et c'est vous qui le violez!

Et pourquoi cette violation du pacte? pourquoi cette agression en pleine paix? pourquoi ces emportements? pourquoi cet attentat? pourquoi cette folie? Pourquoi? je vais vous le dire. C'est parce qu'il a plu au peuple, apres avoir nomme qui vous vouliez, ce que vous avez trouve fort bon, de nommer qui vous ne vouliez pas, ce que vous trouvez mauvais. C'est parce qu'il a juge dignes de son choix des hommes que vous jugiez dignes de vos insultes. C'est parce qu'il est presumable qu'il a la hardiesse de changer d'avis sur votre compte depuis que vous etes le pouvoir, et qu'il peut comparer les actes aux programmes, et ce qu'on avait promis avec ce qu'on a tenu. (*C'est cela!*) C'est parce qu'il est probable qu'il ne trouve pas votre gouvernement completement sublime. (*Tres bien!—On rit.*) C'est parce qu'il semble se permettre de ne pas vous admirer comme il convient. (*Tres bien! tres bien!—Mouvement.*) C'est parce qu'il ose user de son vote a sa fantaisie, ce peuple, parce qu'il parait avoir cette audace inouie de s'imaginer qu'il est libre, et que, selon toute apparence, il lui passe par la tete cette autre idee etrange qu'il est souverain. (*Tres bien!*) C'est, enfin, parce qu'il a l'insolence de vous donner un avis sous cette forme pacifique du scrutin et de ne pas se prosterner purement et simplement a vos pieds. (*Mouvement.*) Alors vous vous indignez, vous vous mettez en colere, vous declarez la societe en danger, vous vous ecriez: Nous allons te chatier, peuple! Nous allons te punir, peuple! Tu vas avoir affaire a nous, peuple!—Et comme ce maniaque de l'histoire, vous battez de verges l'ocean! (*Acclamation a gauche.*)

Que l'assemblee me permette ici une observation qui, selon moi, eclaire jusqu'au fond, et d'un jour vrai et rassurant, cette grande question du suffrage universel.

Quoi! le gouvernement veut restreindre, amoindrir, emonder, mutiler le suffrage universel! Mais y a-t-il bien reflechi? Mais voyons, vous, ministres, hommes serieux, hommes politiques, vous rendez-vous bien compte de ce que c'est que le suffrage universel? le suffrage universel vrai, le suffrage universel sans restrictions, sans exclusions, sans defiances, comme la revolution de fevrier l'a etabli, comme le comprennent et le veulent les hommes de progres? (*Au banc des ministres: C'est de l'anarchie. Nous ne voulons pas de ca!*)

Je vous entends, vous me repondez:—Nous n'en voulons pas! c'est le mode de creation de l'anarchie!—(*Oui! oui! a droite.*) Eh bien! c'est precisement tout le contraire. C'est le mode de creation du pouvoir. (*Bravo! a gauche.*) Oui, il faut le dire et le dire bien haut, et j'y insiste, ceci, selon moi, devrait eclairer toute cette discussion: ce qui sort du suffrage universel, c'est la liberte, sans nul doute, mais c'est encore plus le pouvoir que la liberte!

Le suffrage universel, au milieu de toutes nos oscillations orageuses, cree un point fixe. Ce point fixe, c'est la volonte nationale legalement manifestee; la volonte nationale, robuste amarre de l'etat, ancre d'airain qui ne casse pas et que viennent battre vainement tour a tour le flux des revolutions et le reflux des reactions! (*Profonde sensation.*)

Et, pour que le suffrage universel puisse creer ce point fixe, pour qu'il puisse degager la volonte nationale dans toute sa plenitude souveraine, il faut qu'il n'ait rien de contestable (*C'est vrai! c'est cela!*); il faut qu'il soit bien reellement le suffrage universel, c'est-a-dire qu'il ne laisse personne, absolument personne en dehors du vote; qu'il fasse de la cite la chose de tous, sans exception; car, en pareille matiere, faire une exception, c'est commettre une usurpation (*Bravo! a gauche*); il faut, en un mot, qu'il ne laisse a qui que ce soit le droit redoutable de dire a la societe: Je ne te connais pas! (*Mouvement prolonge.*)

A ces conditions, le suffrage universel produit le pouvoir, un pouvoir colossal, un pouvoir superieur a tous les assauts, meme les plus terribles; un pouvoir qui pourra etre attaque, mais qui ne pourra etre renverse, temoin le 15 mai, temoin le 23 juin (*C'est vrai! c'est vrai!*); un pouvoir invincible parce qu'il pose sur le peuple, comme Antee parce qu'il pose sur la terre! (*Applaudissements a gauche.*) Oui, grace au suffrage universel, vous creez et vous mettez au service de l'ordre un pouvoir ou se condense toute la force de la nation; un pouvoir pour lequel il n'y a qu'une chose qui soit impossible, c'est de detruire son principe, c'est de tuer ce qui l'a engendre. (*Nouveaux applaudissements a gauche.*)

Grace au suffrage universel, dans notre epoque ou flottent et s'ecroulent toutes les fictions, vous trouvez le fond solide de la societe. Ah! vous etes embarrasses du suffrage universel, hommes d'etat! ah! vous ne savez que faire du suffrage universel! Grand Dieu! c'est le point d'appui, l'inebranlable point d'appui qui suffirait a un Archimede politique pour soulever le monde! (*Longue acclamation a gauche.*)

Ministres, hommes qui nous gouvernez, en detruisant le caractere integral du suffrage universel, vous attentez au principe meme du pouvoir, du seul pouvoir possible aujourd'hui! Comment ne voyez-vous pas cela?

Tenez, voulez-vous que je vous le dise? Vous ne savez pas vous-memes ce que vous etes ni ce que vous faites. Je n'accuse pas vos intentions, j'accuse votre aveuglement. Vous vous croyez, de bonne foi, des conservateurs, des reconstructeurs de la societe, des organisateurs? Eh bien! je suis fache de detruire votre illusion; a votre insu, candidement, innocemment, vous etes des revolutionnaires! (*Longue et universelle sensation.*)

Oui! et des revolutionnaires de la plus dangereuse espece, des revolutionnaires de l'espece naive! (*Hilarite generale.*) Vous avez, et plusieurs d'entre vous l'ont deja prouve, ce talent merveilleux de faire des revolutions sans le voir, sans le vouloir et sans le savoir (*nouvelle hilarite*), en voulant faire autre chose! (*On rit.—Tres bien! tres bien!*) Vous nous dites: Soyez tranquilles! Vous saisissez dans vos mains, sans vous douter de ce que cela pese, la France, la societe, le present, l'avenir, la civilisation, et vous les laissez tomber sur le pave par maladresse! Vous faites la guerre a l'abime en vous y jetant tete baissee! (*Long mouvement.—M. d'Hautpoul rit.*)

Eh bien! l'abime ne s'ouvrira pas! (*Sensation.*) Le peuple ne sortira pas de son calme! Le peuple calme, c'est l'avenir sauve. (*Applaudissements a gauche.—Rumeurs a droite.*)

L'intelligente et genereuse population parisienne sait cela, voyez-vous, et, je le dis sans comprendre que de telles paroles puissent eveiller des murmures,

Paris offrira ce grand et instructif spectacle que si le gouvernement est revolutionnaire, le peuple sera conservateur. (*Bravo! bravo!—Rires a droite.*)

Il a a conserver, en effet, ce peuple, non-seulement l'avenir de la France, mais l'avenir de toutes les nations! Il a a conserver le progres humain dont la France est l'ame, la democratie dont la France est le foyer, et ce travail magnifique que la France fait et qui, des hauteurs de la France, se repand sur le monde, la civilisation par la liberte! (*Explosion de bravos.*) Oui, le peuple sait cela, et quoi qu'on fasse, je le repete, il ne remuera pas. Lui qui a la souverainete, il saura aussi avoir la majeste. (*Mouvement.*) Il attendra, impassible, que son jour, que le jour infaillible, que le jour legal se leve! Comme il le fait deja depuis huit mois, aux provocations quelles qu'elles soient, aux agressions quelles qu'elles soient, il opposera la formidable tranquillite de la force, et il regardera, avec le sourire indigne et froid du dedain, vos pauvres petites lois, si furieuses et si faibles, defier l'esprit du siecle, defier le bon sens public, defier la democratie, et enfoncer leurs malheureux petits ongles dans le granit du suffrage universel! (*Acclamation prolongee a gauche.*)

Messieurs, un dernier mot. J'ai essaye de caracteriser la situation. Avant de descendre de cette tribune, permettez-moi de caracteriser la loi.

Cette loi, comme brandon revolutionnaire, les hommes du progres pourraient la redouter; comme moyen electoral, ils la dedaignent.

Ce n'est pas qu'elle soit mal faite, au contraire. Tout inefficace qu'elle est et qu'elle sera, c'est une loi savante, c'est une loi construite dans toutes les regles de l'art. Je lui rends justice. (*On rit.*)

Tenez, voyez, chaque detail est une habilete. Passons, s'il vous plait, cette revue instructive. (*Nouveaux rires.—Tres bien!*)

A la simple residence decretee par la constituante, elle substitue sournoisement le domicile. Au lieu de six mois, elle ecrit trois ans, et elle dit: C'est la meme chose. (*Denegations a droite.*) A la place du principe de la permanence des listes, necessaire a la sincerite de l'election, elle met, sans avoir l'air d'y toucher (*on rit*), le principe de la permanence du domicile, attentatoire au droit de l'electeur. Sans en dire un mot, elle biffe l'article 104 du code civil, qui n'exige pour la constatation du domicile qu'une simple declaration, et elle remplace cet article 104 par le cens indirectement retabli, et, a defaut du cens, par une sorte d'assujettissement electoral mal deguise de l'ouvrier au patron, du serviteur au maitre, du fils au pere. Elle cree ainsi, imprudence melee a tant d'habiletes, une sourde guerre entre le patron et l'ouvrier, entre le domestique et le maitre, et, chose coupable, entre le pere et le fils. (*Mouvement.—C'est vrai!*)

Ce droit de suffrage, qui, je crois l'avoir demontre, fait partie de l'entite du citoyen, ce droit de suffrage sans lequel le citoyen n'est pas, ce droit qui fait plus que le suivre, qui s'incorpore a lui, qui respire dans sa poitrine, qui coule dans ses veines avec son sang, qui va, vient et se meut avec lui, qui est libre avec lui, qui nait avec lui pour ne mourir qu'avec lui, ce droit imperdable, essentiel, personnel, vivant, sacre (*on rit a droite*), ce droit, qui est le souffle, la chair et l'ame d'un homme, votre loi le prend a l'homme et le transporte a quoi? A la chose inanimee, au logis, au tas de pierres, au numero de la maison! Elle attache l'electeur a la glebe! (*Bravos a gauche.—Murmures a droite.*)

Je continue.

Elle entreprend, elle accomplit, comme la chose la plus simple du monde, cette enormite, de faire supprimer par le mandataire le titre du mandant. (*Mouvement.*) Quoi encore? Elle chasse de la cite legale des classes entieres de citoyens, elle proscrit en masse de certaines professions liberales, les artistes dramatiques, par exemple, que l'exercice de leur art contraint a changer de residence a peu pres tous les ans.

A DROITE.—Les comediens dehors! Eh bien! tantmieux.

M. VICTOR HUGO.—Je constate, et le *Moniteur* constatera que, lorsque j'ai deplore l'exclusion d'une classe de citoyens digne entre toutes d'estime et d'interet, de ce cote on a ri et on a dit: Tant mieux!

A DROITE.—Oui! oui!

M. TH. BAC.—C'est l'excommunication qui revient. Vos peres jetaient les comediens hors de l'eglise, vous faites mieux, vous les jetez hors de la societe. (*Tres bien! a gauche.*)

A DROITE.—Oui! oui!

M. VICTOR HUGO.—Passons. Je continue l'examen de votre loi. Elle assimile, elle identifie l'homme condamne pour delit commun et l'ecrivain frappe pour delit de presse. (*A droite: Elle fait bien!*) Elle les confond dans la meme indignite et dans la meme exclusion. (*A droite: Elle a raison!*) De telle sorte que si Voltaire vivait, comme le present systeme, qui cache sous un masque d'austerite transparente son intolerance religieuse et son intolerance politique (*mouvement*), ferait certainement condamner Voltaire pour offense a la morale publique et religieuse.... (*A droite: Oui! oui! et l'on ferait tres bien!...—M. Thiers et M. de Montalembert s'agitent sur leur banc.*)

M. TH. BAC.—Et Beranger! il serait indigne!

AUTRES voix.—Et M. Michel Chevalier!

M. VICTOR HUGO.—Je n'ai voulu citer aucun vivant. J'ai pris un des plus grands et des plus illustres noms qui soient parmi les peuples, un nom qui est une gloire de la France, et je vous dis: Voltaire tomberait sous votre loi, et vous auriez sur la liste des exclusions et des indignites le repris de justice Voltaire. (*Long mouvement.*)

A DROITE.—Et ce serait tres bien! (*Inexprimable agitation sur tous les bancs.*)

M. VICTOR HUGO *reprend*:—Ce serait tres bien, n'est-ce pas? Oui, vous auriez sur vos listes d'exclus et d'indignes le repris de justice Voltaire (*nouveau mouvement*), ce qui ferait grand plaisir a Loyola! (*Applaudissements a gauche et longs eclats de rire.*)

Que vous dirai-je? Cette loi construit, avec une adresse funeste, tout un systeme de formalites et de delais qui entrainent des decheances. Elle est pleine de pieges et de trappes ou se perdra le droit de trois millions d'hommes! (*Vive sensation.*) Messieurs, cette loi viole, ceci resume tout, ce qui est anterieur et superieur a la constitution, la souverainete de la nation. (*Oui! oui!*)

Contrairement au texte formel de l'article premier de cette constitution, elle attribue a une fraction du peuple l'exercice de la souverainete qui n'appartient qu'a l'universalite des citoyens, et elle fait gouverner feodalement trois millions d'exclus par six millions de privilegies. Elle institue des ilotes (*mouvement*), fait monstrueux! Enfin, par une hypocrisie qui est en meme temps une supreme ironie, et qui, du reste, complete admirablement l'ensemble des sincerites regnantes, lesquelles appellent les proscriptions romaines amnisties, et la servitude de l'enseignement liberte (*Bravo!*), cette loi continue de donner a ce suffrage restreint, a ce suffrage mutile, a ce suffrage privilegie, a ce suffrage des domicilies, le nom de suffrage universel! Ainsi, ce que nous discutons en ce moment, ce que je discute, moi, a cette tribune, c'est la loi du suffrage universel! Messieurs, cette loi, je ne dirai pas, a Dieu ne plaise! que c'est Tartuffe qui l'a faite, mais j'affirme que c'est Escobar qui l'a baptisee. (*Vifs applaudissements et hilarite sur tous les bancs.*)

Eh bien! j'y insiste, avec toute cette complication de finesses, avec tout cet enchevetrement de pieges, avec tout cet entassement de ruses, avec tout cet echafaudage de combinaisons et d'expedients, savez-vous si, par impossible, elle est jamais appliquee, quel sera le resultat de cette loi? Neant. (*Sensation.*)

Neant pour vous qui la faites. (*A droite: C'est notre affaire!*)

C'est que, comme je vous le disais tout a l'heure, votre projet de loi est temeraire, violent, monstrueux, mais il est chetif. Rien n'egale son audace, si ce n'est son impuissance. (*Oui! c'est vrai!*) Ah! s'il ne faisait pas courir a la paix publique l'immense risque que je viens de signaler a cette grande assemblee, je vous dirais: Mon Dieu! qu'on le vote! il ne pourra rien et il ne fera rien. Les electeurs maintenus vengeront les electeurs supprimes. La reaction aura recrute pour l'opposition. Comptez-y. Le souverain mutile sera un souverain indigne. (*Vive approbation a gauche.*)

Allez, faites! retranchez trois millions d'electeurs, retranchez-en quatre, retranchez-en huit millions sur neuf. Fort bien! Le resultat sera le meme pour vous, sinon pire. (*Oui! oui!*) Ce que vous ne retrancherez pas, ce sont vos fautes (*mouvement*); ce sont tous les contre-sens de votre politique de compression; c'est votre incapacite fatale (*rires au banc des ministres*); c'est votre ignorance du pays actuel; c'est l'antipathie qu'il vous inspire et l'antipathie que vous lui inspirez. (*Nouveau mouvement.*) Ce que vous ne retrancherez pas, c'est le temps qui marche, c'est l'heure qui sonne, c'est la terre qui tourne, c'est le mouvement ascendant des idees, c'est la progression decroissante des prejuges, c'est l'ecartement de plus en plus profond entre le siecle et vous, entre les jeunes generations et vous, entre l'esprit de liberte et vous, entre l'esprit de philosophie et vous. (*Tres bien! tres bien!*)

Ce que vous ne retrancherez pas, c'est ce fait invincible, que, pendant que vous allez d'un cote, la nation va de l'autre, que ce qui est pour vous l'orient est pour elle le couchant, et que vous tournez le dos a l'avenir, tandis que ce grand peuple de France, la face tout inondee de lumiere par l'aube de l'humanite nouvelle qui se leve, tourne le dos au passe! (*Explosion de bravos a gauche.*)

Tenez, faites-en votre sacrifice! que cela vous plaise ou non, le passe est le passe. (*Bravos.*) Essayez de raccommoder ses vieux essieux et ses vieilles roues, attelez-y dix-sept hommes d'etat si vous voulez. (*Rire universel.*) Dix-sept hommes d'etat de renfort! (*Nouveaux rires prolonges.*) Trainez-le au grand jour du temps present, eh bien! quoi! ce sera toujours le passe! On verra mieux sa decrepitude, voila tout. (*Rires et applaudissements a gauche.—Murmures a droite.*)

Je me resume et je finis.

Messieurs, cette loi est invalide, cette loi est nulle, cette loi est morte meme avant d'etre nee. Et savez-vous ce qui la tue? C'est qu'elle ment! (*Profonde sensation.*) C'est qu'elle est hypocrite dans le pays de la franchise, c'est qu'elle est deloyale dans le pays de l'honnetete! C'est qu'elle n'est pas juste, c'est qu'elle n'est pas vraie, c'est qu'elle cherche en vain a creer une fausse justice et une fausse verite sociales! Il n'y a pas deux justices et deux verites. Il n'y a qu'une justice, celle qui sort de la conscience, et il n'y a qu'une verite, celle qui vient de Dieu! Hommes qui nous gouvernez, savez-vous ce qui tue votre loi? C'est qu'au moment ou elle vient furtivement derober le bulletin, voler la souverainete dans la poche du faible et du pauvre, elle rencontre le regard severe, le regard terrible de la probite nationale! lumiere foudroyante sous laquelle votre oeuvre de tenebres s'evanouit. (*Mouvement prolonge.*)

Tenez, prenez-en votre parti. Au fond de la conscience de tout citoyen, du plus humble comme du plus grand, au fond de l'ame—j'accepte vos expressions—du dernier mendiant, du dernier vagabond, il y a un sentiment sublime, sacre, indestructible, incorruptible, eternel, le droit! (*sensation*) ce sentiment, qui est l'element de la raison de l'homme; ce sentiment, qui est le granit de la conscience humaine; le droit, voila le rocher sur lequel viennent echouer et se briser les iniquites, les hypocrisies, les mauvais desseins, les mauvaises lois, les mauvais gouvernements! Voila l'obstacle cache, invisible, obscurement perdu au plus profond des esprits, mais incessamment present et debout, auquel vous vous heurterez toujours, et que vous n'userez jamais, quoi que vous fassiez! (*Non! non!*) Je vous le dis, vous perdez vos peines. Vous ne le deracinerez pas! vous ne l'ebranlerez pas! Vous arracheriez plutot l'ecueil du fond de la mer que le droit du coeur du peuple! (*Acclamations a gauche.*)

Je vote contre le projet de loi. (*La seance est suspendue au milieu d'une inexprimable agitation.*)

VII

REPLIQUE A M. DE MONTALEMBERT

23 mai 1850.

M. VICTOR HUGO.—Je demande la parole pour un fait personnel. (*Mouvement.*)

M. LE PRESIDENT.—M. Victor Hugo a la parole.

M. VICTOR HUGO, *a la tribune.* (*Profond silence.*)

—Messieurs, dans des circonstances graves comme celles que nous traversons, les questions personnelles ne sont bonnes, selon moi, qu'a faire perdre du temps aux assemblees, et si trois honorables orateurs, M. Jules de Lasteyrie, un deuxieme dont le nom m'echappe (*on rit a gauche, tous les regards se portent sur M. Bechard*), et M. de Montalembert, n'avaient pas tous les trois, l'un apres l'autre, dirige contre moi, avec une persistance singuliere, la meme etrange allegation, je ne serais certes pas monte a cette tribune.

J'y monte en ce moment pour n'y dire qu'un mot. Je laisse de cote les attaques passionnees qui m'ont fait sourire. L'honorable general Cavaignac a dit noblement hier qu'il dedaignait de certains eloges; je dedaigne, moi, de certaines injures (*sensation*), et je vais purement et simplement au fait.

L'honorable M. de Lasteyrie a dit, et les deux honorables orateurs ont repete apres lui, avec des formes variees, que j'avais glorifie plus d'un pouvoir, et que par consequent mes opinions etaient mobiles, et que j'etais aujourd'hui en contradiction avec moi-meme.

Si mes honorables adversaires entendent faire allusion par la aux vers royalistes, inspires du reste par le sentiment le plus candide et le plus pur, que j'ai faits dans mon adolescence, dans mon enfance meme, quelques-uns avant l'age de quinze ans, ce n'est qu'une puerilite, et je n'y reponds pas. (*Mouvement.*) Mais si c'est aux opinions de l'homme qu'ils s'adressent, et non a celles de l'enfant (*Tres bien! a gauche.—Rires a droite*), voici ma reponse (*Ecoutez! ecoutez!*):

Je vous livre a tous, a tous mes adversaires, soit dans cette assemblee, soit hors de cette assemblee, je vous livre, depuis l'annee 1827, epoque ou j'ai eu age d'homme, je vous livre tout ce que j'ai ecrit, vers ou prose; je vous livre tout ce que j'ai dit a toutes les tribunes, non seulement a l'assemblee legislative, mais a l'assemblee constituante, mais aux reunions electorales, mais a la tribune de l'institut, mais a la tribune de la chambre des pairs. (*Mouvement.*)

Je vous livre, depuis cette epoque, tout ce que j'ai ecrit partout ou j'ai ecrit, tout ce que j'ai dit partout ou j'ai parle, je vous livre tout, sans rien retenir, sans rien reserver, et je vous porte a tous, du haut de cette tribune, le defi de trouver dans tout cela, dans ces vingt-trois annees de l'ame, de la vie et de la conscience d'un homme, toutes grandes ouvertes devant vous, une page, une ligne, un mot, qui, sur quelque question de principes que ce soit, me mette en contradiction avec ce que je dis et avec ce que je suis aujourd'hui! (*Bravo! bravo!—Mouvement prolonge.*)

Explorez, fouillez, cherchez, je vous ouvre tout, je vous livre tout; imprimez mes anciennes opinions en regard de mes nouvelles, je vous en defie. (*Nouveau mouvement.*)

Si ce defi n'est pas releve, si vous reculez devant ce defi, je le dis et je le declare une fois pour toutes, je ne repondrai plus a cette nature d'attaques que par un profond dedain, et je les livrerai a la conscience publique, qui est mon juge et le votre! (*Acclamations a gauche.*)

M. de Montalembert a dit,—en verite j'eprouve quelque pudeur a repeter de telles paroles,—il a dit que j'avais flatte toutes les causes et que je les avais toutes reniees. Je le somme de venir dire ici quelles sont les causes que j'ai flattees et quelles sont les causes que j'ai reniees.

Est-ce Charles X dont j'ai honore l'exil au moment de sa chute, en 1830, et dont j'ai honore la tombe apres sa mort, en 1836? (*Sensation.*)

VOIX A DROITE.—Antithese!

M. VICTOR HUGO.—Est-ce madame la duchesse de Berry, dont j'ai fletri le vendeur et condamne l'acheteur? (*Tous les yeux se tournent vers M. Thiers.*)

M. LE PRESIDENT, *s'adressant a la gauche.*—Maintenant, vous etes satisfaits; faites silence. (*Exclamations a gauche.*)

M. VICTOR HUGO.—Monsieur Dupin, vous n'avez pas dit cela a la droite hier, quand elle applaudissait.

M. LE PRESIDENT.—Vous trouvez mauvais quand on rit, mais vous trouvez bon quand on applaudit. L'un et l'autre sont contraires au reglement. (*Les applaudissements de la gauche redoublent.*)

M. DE LA MOSKOWA.—Monsieur le president, rappelez-vous le principe de la libre defense des accuses.

M. VICTOR HUGO.—Je continue l'examen des causes que j'ai flattees et que j'ai reniees.

Est-ce Napoleon, pour la famille duquel j'ai demande la rentree sur le sol de la patrie, au sein de la chambre des pairs, contre des amis actuels de M. de Montalembert, que je ne veux pas nommer, et qui, tout couverts des bienfaits de l'empereur, levaient la main contre le nom de l'empereur? (*Tous les regards cherchent M. de Montebello.*)

Est-ce, enfin, madame la duchesse d'Orleans dont j'ai, l'un des derniers, le dernier peut-etre, sur la place de la Bastille, le 24 fevrier, a deux heures de l'apres-midi, en presence de trente mille hommes du peuple armes, proclame la regence, parce que je me souvenais de mon serment de pair de France? (*Mouvement.*) Messieurs, je suis en effet un homme etrange, je n'ai prete dans ma vie qu'un serment, et je l'ai tenu! (*Tres bien! tres bien!*)

Il est vrai que depuis que la republique est etablie, je n'ai pas conspire contre la republique; est-ce la ce qu'on me reproche? (*Applaudissements a gauche.*) Messieurs, je dirai a l'honorable M. de Montalembert: Dites donc quelles sont les causes que j'ai reniees; et, quant a vous, je ne dirai pas quelles sont les causes que vous avez flattees et que vous avez reniees, parce que je ne me sers pas legerement de ces mots-la. Mais je vous dirai quels sont les drapeaux que vous avez, tristement pour vous, abandonnes. Il y en a deux: le drapeau de la Pologne et le drapeau de la liberte. (*A gauche: Tres bien! tres bien!*)

M. JULES DE LASTEYRIE.—Le drapeau de la Pologne, nous l'avons abandonne le 15 mai.

M. VICTOR HUGO.—Un dernier mot.

L'honorable M. de Montalembert m'a reproche hier amerement le crime d'absence. Je lui reponds:—Oui, quand je serai epuise de fatigue par une heure et demie de luttes contre MM. les interrupteurs ordinaires de la majorite (*cris a droite*), qui recommencent, comme vous voyez! (*Rires a gauche.*)

Quand j'aurai la voix eteinte et brisee, quand je ne pourrai plus prononcer une parole, et vous voyez que c'est a peine si je puis parler aujourd'hui (*la voix de l'orateur est, en effet, visiblement alteree*); quand je jugerai que ma presence muette n'est pas necessaire a l'assemblee; surtout quand il ne s'agira que de luttes personnelles, quand il ne s'agira que de vous et de moi, oui, monsieur de Montalembert, je pourrai vous laisser la satisfaction de me foudroyer a votre aise, moi absent, et je me reposerai pendant ce temps-la.

(*Longs eclats de rire a gauche et applaudissements.*) Oui, je pourrai n'etre pas present! Mais attaquez, par votre politique, vous et le parti clerical (*mouvement*), attaquez les nationalites opprimees, la Hongrie suppliciee, l'Italie garrottee, Rome crucifiee (*profonde sensation*); attaquez le genie de la France par votre loi d'enseignement; attaquez le progres humain par votre loi de deportation; attaquez le suffrage universel par votre loi de mutilation; attaquez la souverainete du peuple, attaquez la democratie, attaquez la liberte, et vous verrez, ces jours-la, si je suis absent!

(*Explosion de bravos.—L'orateur, en descendant de la tribune, est entoure d'une foule de membres qui le felicitent, et regagne sa place, suivi par les applaudissements de toute la gauche.—La seance est un moment suspendue.*)

VIII

LA LIBERTE DE LA PRESSE

[Note: Depuis le 24 fevrier 1848, les journaux etaient affranchis de l'impot du timbre.

Dans l'espoir de tuer, sous une loi d'impot, la presse republicaine, M. Louis Bonaparte fit presenter a l'assemblee une loi fiscale, qui retablissait le timbre sur les feuilles periodiques.

Une entente cordiale, scellee par la loi du 31 mai, regnait alors entre le president de la republique et la majorite de la legislative. La commission nommee par la droite donna un assentiment complet a la loi proposee.

Sous l'apparence d'une simple disposition fiscale, le projet soulevait la grande question de la liberte de la presse.

C'est l'epoque ou M. Rouher disait: *la catastrophe de Fevrier.* (*Note de l'editeur.*)]

9 juillet 1850.

Messieurs, quoique les verites fondamentales, qui sont la base de toute democratie, et en particulier de la grande democratie francaise, aient recu le 31 mai dernier une grave atteinte, comme l'avenir n'est jamais ferme, il est toujours temps de les rappeler a une assemblee legislative. Ces verites, selon moi, les voici:

La souverainete du peuple, le suffrage universel, la liberte de la presse, sont trois choses identiques, ou, pour mieux dire, c'est la meme chose sous trois noms differents. A elles trois, elles constituent notre droit public tout entier;

la premiere en est le principe, la seconde en est le mode, la troisieme en est le verbe. La souverainete du peuple, c'est la nation a l'etat abstrait, c'est l'ame du pays. Elle se manifeste sous deux formes; d'une main, elle ecrit, c'est la liberte de la presse; de l'autre, elle vote, c'est le suffrage universel.

Ces trois choses, ces trois faits, ces trois principes, lies d'une solidarite essentielle, faisant chacun leur fonction, la souverainete du peuple vivifiant, le suffrage universel gouvernant, la presse eclairant, se confondent dans une etroite et indissoluble unite, et cette unite, c'est la republique.

Et voyez comme toutes les verites se retrouvent et se rencontrent, parce qu'ayant le meme point de depart elles ont necessairement le meme point d'arrivee! La souverainete du peuple cree la liberte, le suffrage universel cree l'egalite, la presse, qui l'ait le jour dans les esprits, cree la fraternite. Partout ou ces trois principes, souverainete du peuple, suffrage universel, liberte de la presse, existent dans leur puissance et dans leur plenitude, la republique existe, meme sous le mot monarchie. La, ou ces trois principes sont amoindris dans leur developpement, opprimes dans leur action, meconnus dans leur solidarite, contestes dans leur majeste, il y a monarchie ou oligarchie, meme sous le mot republique.

Et c'est alors, comme rien n'est plus dans l'ordre, qu'on peut voir ce phenomene monstrueux d'un gouvernement renie par ses propres fonctionnaires. Or, d'etre renie a etre trahi il n'y a qu'un pas.

Et c'est alors que les plus fermes coeurs se prennent a douter des revolutions, ces grands evenements maladroits qui font sortir de l'ombre en meme temps de si hautes idees et de si petits hommes (*applaudissements*) des revolutions, que nous proclamons des bienfaits quand nous voyons leurs principes, mais qu'on peut, certes, appeler des catastrophes quand on voit leurs ministres! (*Acclamations.*)

Je reviens, messieurs, a ce que je disais.

Prenons-y garde et ne l'oublions jamais, nous legislateurs, ces trois principes, peuple souverain, suffrage universel, presse libre, vivent d'une vie commune. Aussi voyez comme ils se defendent reciproquement! La Liberte de la presse est-elle en peril, le suffrage universel se leve et la protege. Le suffrage universel est-il menace, la presse accourt et le defend. Messieurs, toute atteinte a la liberte de la presse, toute atteinte au suffrage universel est un attentat contre la souverainete nationale. La liberte mutilee, c'est la souverainete paralysee. La souverainete du peuple n'est pas, si elle ne peut agir et si elle ne peut parler. Or, entraver le suffrage universel, c'est lui oter l'action; entraver la liberte de la presse, c'est lui oter la parole.

Eh bien, messieurs, la premiere moitie de cette entreprise redoutable (*mouvement*) a ete faite le 31 mai dernier. On veut aujourd'hui faire la seconde.

Tel est le but de la loi proposee. C'est le proces de la souverainete du peuple qui s'instruit, qui se poursuit et qu'on veut mener a fin. (*Oui! oui! c'est cela!*) Il m'est impossible, pour ma part, de ne pas avertir l'assemblee.

Messieurs, je l'avouerai, j'ai cru un moment que le cabinet renoncerait a cette loi.

Il me semblait, en effet, que la liberte de la presse etait deja toute livree au gouvernement. La jurisprudence aidant, on avait contre la pensee tout un arsenal d'armes parfaitement inconstitutionnelles, c'est vrai, mais parfaitement legales. Que pouvait-on desirer de plus et de mieux? La liberte de la presse n'etait-elle pas saisie au collet par des sergents de ville dans la personne du colporteur? traquee dans la personne du crieur et de l'afficheur? mise a l'amende dans la personne du vendeur? persecutee dans la personne du libraire? destituee dans la personne de l'imprimeur? emprisonnee dans la personne du gerant? Il ne lui manquait qu'une chose, malheureusement notre siecle incroyant se refuse a ce genre de spectacles utiles, c'etait d'etre brulee vive en place publique, sur un bon bucher orthodoxe, dans la personne de l'ecrivain. (*Mouvement.*)

Mais cela pouvait venir. (*Rire approbatif a gauche.*)

Voyez, messieurs, ou nous en etions, et comme c'etait bien arrange! De la loi des brevets d'imprimerie, sainement comprise, on faisait une muraille entre le journaliste et l'imprimeur. Ecrivez votre journal, soit; on ne l'imprimera pas. De la loi sur le colportage, dument interpretee, on faisait une murailleentre le journal et le public. Imprimez votre journal, soit; on ne le distribuera pas. (*Tres bien!*)

Entre ces deux murailles, double enceinte construite autour de la pensee, on disait a la presse: Tu es libre! (*On rit.*) Ce qui ajoutait aux satisfactions de l'arbitraire les joies de l'ironie. (*Nouveaux rires.*)

Quelle admirable loi en particulier que cette loi des brevets d'imprimeur! Les hommes opiniatres qui veulent absolument que les constitutions aient un sens, qu'elles portent un fruit, et qu'elles contiennent une logique quelconque, ces hommes-la se figuraient que cette loi de 1814 etait virtuellement abolie par l'article 8 de la constitution, qui proclame ou qui a l'air de proclamer la liberte de la presse. Ils se disaient, avec Benjamin Constant, avec M. Eusebe Salverte, avec M. Firmin Didot, avec l'honorable M. de Tracy, que cette loi des brevets etait desormais un non-sens; que la liberte d'ecrire, c'etait la liberte d'imprimer ou ce n'etait rien; qu'en affranchissant la pensee, l'esprit de progres avait necessairement affranchi du meme coup tous les procedes materiels dont elle se sert, l'encrier dans le cabinet de l'ecrivain, la mecanique dans l'atelier de l'imprimeur; que, sans cela, ce pretendu affranchissement de la pensee serait une derision. Ils se disaient que toutes les manieres de mettre l'encre en contact avec le papier appartiennent a la liberte; que l'ecritoire et la presse, c'est la meme chose; que la presse, apres tout, n'est que l'ecritoire elevee a sa plus haute puissance; ils se disaient que la pensee a ete creee par Dieu pour s'envoler en sortant du cerveau de l'homme, et que les presses ne font que lui donner ce million d'ailes dont parle l'Ecriture. Dieu l'a faite aigle, et Gutenberg l'a faite legion. (*Applaudissements.*) Que si cela est un malheur, il faut s'y resigner; car, au dix-neuvieme siecle, il n'y a plus pour les societes humaines d'autre air respirable que la liberte. Ils se disaient enfin, ces hommes obstines, que, dans un temps qui doit etre une epoque d'enseignement universel, que, pour le citoyen d'un pays vraiment libre,—a la seule condition de mettre a son oeuvre la marque d'origine, avoir une idee dans son cerveau, avoir une ecritoire sur sa table, avoir une presse dans sa maison, c'etaient la trois droits identiques; que nier l'un, c'etait nier les deux autres; que sans doute tous les droits s'exercent sous la reserve de se conformer aux lois, mais que les lois doivent etre les tutrices et non les geolieres de la liberte. (*Vive approbation a gauche.*)

Voila ce que se disaient les hommes qui ont cette infirmite de s'enteter aux principes, et qui exigent que les institutions d'un pays soient logiques et vraies. Mais, si j'en crois les lois que vous votez, j'ai bien peur que la verite ne soit une demagogue, que la logique ne soit une rouge (*rires*), et que ce ne soient la des opinions et un langage d'anarchistes et de factieux.

Voyez eu regard le systeme contraire! Comme tout s'y enchaine et s'y tient! Quelle bonne loi, j'y insiste, que cette loi des brevets d'imprimeur, entendue comme on l'entend, et pratiquee comme on la pratique! Quelle excellente chose que de proclamer en meme temps la liberte de l'ouvrier et la servitude de l'outil, de dire: La plume est a l'ecrivain, mais l'ecritoire est a la police; la presse est libre, mais l'imprimerie est esclave!

Et, dans l'application, quels beaux resultats! quels phenomenes d'equite! Jugez-en. Voici un exemple:

Il y a un an, le 13 juin, une imprimerie est saccagee. (*Mouvement d'attention.*) Par qui? Je ne l'examine pas en ce moment, je cherche plutot a attenuer le fait qu'a l'aggraver; il y a eu deux imprimeries visitees de cette facon, mais pour l'instant je me borne a une seule. Une imprimerie donc est mise a sac, devastee, ravagee de fond en comble.

Une commission, nommee par le gouvernement, commission dont l'homme qui vous parle etait membre, verifie les faits, entend des rapports d'experts, declare qu'il y a lieu a indemnite, et propose, si je ne me trompe, pour cette imprimerie specialement, un chiffre de 75,000 francs. La decision reparatrice se fait attendre. Au bout d'un an, l'imprimeur victime du desastre recoit enfin une lettre du ministre. Que lui apporte cette lettre? L'allocation de son indemnite? Non, le retrait de son brevet. (*Sensation.*)

Admirez ceci, messieurs! Des furieux devastent une imprimerie. Compensation: le gouvernement ruine l'imprimeur. (*Nouveau mouvement.—En ce moment l'orateur s'interrompt. Il est tres pale et semble souffrant. On lui crie de toutes parts: Reposez-vous! M. de Larochejaquelein lui passe un flacon. Il le respire, et reprend au bout de quelques instants.*)

Est-ce que tout cela n'etait pas merveilleux? Est-ce qu'il ne se degageait pas, de l'ensemble de tous ces moyens d'action places dans la main du pouvoir, toute l'intimidation possible? Est-ce que tout n'etait pas epuise la en fait d'arbitraire et de tyrannie, et y avait-il quelque chose au dela?

Oui, il y avait cette loi.

Messieurs, je l'avoue, il m'est difficile de parler avec sang-froid de ce projet de loi. Je ne suis rien, moi, qu'un homme accoutume, depuis qu'il existe, a tout devoir a cette sainte et laborieuse liberte de la pensee, et, quand je lis cet inqualifiable projet de loi, il me semble que je vois frapper ma mere. (*Mouvement.*)

Je vais essayer pourtant d'analyser cette loi froidement.

Ce projet, messieurs, c'est la son caractere, cherche a faire obstacle de toute part a la pensee. Il fait peser sur la presse politique, outre le cautionnement ordinaire, un cautionnement d'un nouveau genre, le cautionnement eventuel, le cautionnement discretionnaire, le cautionnement de bon plaisir (*rires et bravos*), lequel, a la fantaisie du ministere public, pourra brusquement s'elever a des sommes monstrueuses, exigibles dans les trois jours. Au rebours de toutes les regles du droit criminel, qui presume toujours l'innocence, ce projet presume la culpabilite, et il condamne d'avance a la ruine un journal qui n'est pas encore juge. Au moment ou la feuille incriminee franchit le passage de la chambre d'accusation a la salle des assises, le cautionnement eventuel est la comme une sorte de muet aposte qui l'etrangle entre les deux portes. (*Sensation profonde.*) Puis, quand le journal est mort, il le jette aux jures, et leur dit: Jugez-le! (*Tres bien!*)

Ce projet favorise une presse aux depens de l'autre, et met cyniquement deux poids et deux mesures dans la main de la loi.

En dehors de la politique, ce projet fait ce qu'il peut pour diminuer la gloire et la lumiere de la France. Il ajoute des impossibilites materielles, des impossibilites d'argent, aux difficultes innombrables deja qui genent en France la production et l'avenement des talents. Si Pascal, si La Fontaine, si Montesquieu, si Voltaire, si Diderot, si Jean-Jacques, sont vivants, il les assujettit au timbre. Il n'est pas une page illustre qu'il ne fasse salir par le timbre. Messieurs, ce projet, quelle honte! pose la griffe malpropre du fisc sur la litterature! sur les beaux livres! sur les chefs-d'oeuvre! Ah! ces beaux livres, au siecle dernier, le bourreau les brulait, mais il ne les tachait pas. Ce n'etait plus que de la cendre; mais cette cendre immortelle, le vent venait la chercher sur les marches du palais de justice, et il l'emportait, et il la jetait dans toutes les ames, comme une semence de vie et de liberte! (*Mouvement prolonge.*)

Desormais les livres ne seront plus brules, mais marques. Passons.

Sous peine d'amendes folles, d'amendes dont le chiffre, calcule par le *Journal des Debats* lui-meme, peut varier de 2,500,000 francs a 10 millions pour une seule contravention (*violentes denegations au banc de la commission et au banc des ministres*); je vous repete que ce sont les calculs memes du *Journal des Debats*, que vous pouvez les retrouver dans la petition des libraires, et que ces calculs, les voici. (*L'orateur montre un papier qu'il tient a la main.*) Cela n'est pas croyable, mais cela est!—Sous la menace de ces amendes extravagantes (*nouvelles denegations au banc de la commission:—Vous calomniez la loi*), ce projet condamne au timbre toute edition publiee par livraisons, quelle qu'elle soit, de quelque ouvrage que ce soit, de quelque auteur que ce soit, mort ou vivant; en d'autres termes, il tue la librairie. Entendons-nous, ce n'est que la librairie francaise qu'il tue, car, du contrecoup, il enrichit la librairie belge. Il met sur le pave notre imprimerie, notre librairie, notre fonderie, notre papeterie, il detruit nos ateliers, nos manufactures, nos usines; mais il fait les affaires de la contrefacon; il ote a nos ouvriers leur pain et il le jette aux ouvriers etrangers. (*Sensation profonde.*)

Je continue.

Ce projet, tout empreint de certaines rancunes, timbre toutes les pieces de theatre sans exception, Corneille aussi bien que Moliere. Il se venge du *Tartuffe sur Polyeucte.* (*Rires et applaudissements.*)

Oui, remarquez-le bien, j'y insiste, il n'est pas moins hostile a la production litteraire qu'a la polemique politique, et c'est la ce qui lui donne son cachet de loi clericale. Il poursuit le theatre autant que le journal, et il voudrait briser dans la main de Beaumarchais le miroir ou Basile s'est reconnu. (*Bravos a gauche.*)

Je poursuis.

Il n'est pas moins maladroit que malfaisant. Il supprime d'un coup, a Paris seulement, environ trois cents recueils speciaux, inoffensifs et utiles, qui poussaient les esprits vers les etudes sereines et calmantes. (*C'est vrai! c'est vrai!*)

Enfin, ce qui complete et couronne tous ces actes de lese-civilisation, il rend impossible cette presse populaire des petits livres, qui est le pain a bon marche des intelligences. (*Bravo! a gauche.—A droite: Plus de petits livres! tant mieux! tant mieux!*)

En revanche, il cree un privilege de circulation au profit de cette miserable coterie ultramontaine a laquelle est livree desormais l'instruction publique. (*Oui! oui!*) Montesquieu sera entrave, mais le pere Loriquet sera libre.

Messieurs, la haine pour l'intelligence, c'est la le fond de ce projet. Il se crispe, comme une main d'enfant en colere, sur quoi? Sur la pensee du publiciste, sur la pensee du philosophe, sur la pensee du poete, sur le genie de la France. (*Bravo! bravo!*)

Ainsi, la pensee et la presse opprimees sous toutes les formes, le journal traque, le livre persecute, le theatre suspect, la litterature suspecte, les talents suspects, la plume brisee entre les doigts de l'ecrivain, la librairie tuee, dix ou douze grandes industries nationales detruites, la France sacrifiee a l'etranger, la contrefacon belge protegee, le pain ote aux ouvriers, le livre ote aux intelligences, le privilege de lire vendu aux riches et retire aux pauvres (*mouvement*), l'eteignoir pose sur tous les flambeaux du peuple, les masses arretees, chose impie! dans leur ascension vers la lumiere, toute justice violee, le jury destitue et remplace par les chambres d'accusation, la confiscation retablie par l'enormite des amendes, la condamnation et l'execution avant le jugement, voila ce projet! (*Longue acclamation.*)

Je ne le qualifie pas, je le raconte. Si j'avais a le caracteriser, je le ferais d'un mot: c'est tout le bucher possible aujourd'hui. (*Mouvement.—Protestations a droite.*)

Messieurs, apres trente-cinq annees d'education du pays par la liberte de la presse; alors qu'il est demontre par l'eclatant exemple des Etats-Unis, de l'Angleterre et de la Belgique, que la presse libre est tout a la fois le plus evident symptome et l'element le plus certain de la paix publique; apres trente-cinq annees, dis-je, de possession de la liberte de la presse; apres trois siecles de toute-puissance intellectuelle et litteraire, c'est la que nous en sommes! Les expressions me manquent, toutes les inventions de la restauration sont depassees; en presence d'un projet pareil, les lois de censure sont de la clemence, *la loi de justice et d'amour* est un bienfait, je demande qu'on eleve une statue a M. de Peyronnet! (*Rires et bravos a gauche.—Murmures a droite.*)

Ne vous meprenez pas! ceci n'est pas une injure, c'est un hommage. M. de Peyronnet a ete laisse en arriere de bien loin par ceux qui ont signe sa condamnation, de meme que M. Guizot a ete bien depasse par ceux qui l'ont mis en accusation. (*Oui, c'est vrai! a gauche.*) M. de Peyronnet, dans cette enceinte, je lui rends cette justice, et je n'en doute pas, voterait contre cette loi avec indignation, et, quant a M. Guizot, dont le grand talent honorerait toutes les assemblees, si jamais il fait partie de celle-ci, ce sera lui, je l'espere, qui deposera sur cette tribune l'acte d'accusation de M. Baroche. (*Acclamation prolongee.*)

Je reprends.

Voila donc ce projet, messieurs, et vous appelez cela une loi! Non! ce n'est pas la une loi! Non! et j'en prends a temoin l'honnetete des consciences qui m'ecoutent, ce ne sera jamais la une loi de mon pays! C'est trop, c'est decidement trop de choses mauvaises et trop de choses funestes! Non! non! cette robe de jesuite jetee sur tant d'iniquites, vous ne nous la ferez pas prendre pour la robe de la loi! (*Bravos.*)

Voulez-vous que je vous dise ce que c'est que cela, messieurs? c'est une protestation de notre gouvernement contre nous-memes, protestation qui est dans le coeur de la loi, et que vous avez entendue hier sortir du coeur du ministre! (*Sensation.*) Une protestation du ministere et de ses conseillers contre l'esprit de notre siecle et l'instinct de notre pays; c'est-a-dire une protestation du fait contre l'idee, de ce qui n'est que la matiere du gouvernement contre ce qui en est la vie, de ce qui n'est que le pouvoir contre ce qui est la puissance, de ce qui doit passer contre ce qui doit rester; une protestation de quelques hommes chetifs, qui n'ont pas meme a eux la minute qui s'ecoule, contre la grande nation et contre l'immense avenir! (*Applaudissements.*)

Encore si cette protestation n'etait que puerile, mais c'est qu'elle est fatale! Vous ne vous y associerez pas, messieurs, vous en comprendrez le danger, vous rejetterez cette loi!

Je veux l'esperer, quant a moi. Les clairvoyants de la majorite,—et, le jour ou ils voudront se compter serieusement, ils s'apercevront qu'ils sont les plus nombreux,—les clairvoyants de la majorite finiront par l'emporter sur les aveugles, ils retiendront a temps un pouvoir qui se perd; et, tot ou tard, de cette grande assemblee, destinee a se retrouver un jour face a face avec la nation, on verra sortir le vrai gouvernement du pays.

Le vrai gouvernement du pays, ce n'est pas celui qui nous propose de telles lois. (*Non! non!—A droite: Si! si!*)

Messieurs, dans un siecle comme le notre, pour une nation comme la France, apres trois revolutions qui ont fait surgir une foule de questions capitales de civilisation dans un ordre inattendu, le vrai gouvernement, le bon gouvernement est celui qui accepte toutes les conditions du developpement social, qui observe, etudie, explore, experimente, qui accueille l'intelligence comme un auxiliaire et non comme une ennemie, qui aide la verite a sortir de la melee des systemes, qui fait servir toutes les libertes a feconder toutes les forces, qui aborde de bonne foi le probleme de l'education pour l'enfant et du travail pour l'homme! Le vrai gouvernement est celui auquel la lumiere qui s'accroit ne fait pas mal, et auquel le peuple qui grandit ne fait pas peur! (*Acclamation a gauche.*)

Le vrai gouvernement est celui qui met loyalement a l'ordre du jour, pour les approfondir et pour les resoudre sympathiquement, toutes ces questions si pressantes et si graves de credit, de salaire, de chomage, de circulation, de production et de consommation, de colonisation, de desarmement, de malaise et de bien-etre, de richesse et de misere, toutes les promesses de la constitution, la grande question du peuple, en un mot!

Le vrai gouvernement est celui qui organise, et non celui qui comprime! celui qui se met a la tete de toutes les idees, et non celui qui se met a la suite de toutes les rancunes! Le vrai gouvernement de la France au dix-neuvieme siecle, non, ce n'est pas, ce ne sera jamais celui qui va en arriere! (*Sensation.*)

Messieurs, en des temps comme ceux-ci, prenez garde aux pas en arriere!

On vous parle beaucoup de l'abime, de l'abime qui est la, beant, ouvert, terrible, de l'abime ou la societe peut tomber.

Messieurs, il y a un abime, en effet; seulement il n'est pas devant vous, il est derriere vous.

Vous n'y marchez pas, vous y reculez. (*Applaudissements a gauche.*)

L'avenir ou une reaction insensee nous conduit est assez prochain et assez visible pour qu'on puisse en indiquer des a present les redoutables lineaments. Ecoutez! il est temps encore de s'arreter. En 1829, on pouvait eviter 1830. En 1847, on pouvait eviter 1848. Il suffisait d'ecouter ceux qui disaient aux deux monarchies entrainees: Voila le gouffre!

Messieurs, j'ai le droit de parler ainsi. Dans mon obscurite, j'ai ete de ceux qui ont fait ce qu'ils ont pu, j'ai ete de ceux qui ont averti les deux monarchies, qui l'ont fait loyalement, qui l'ont fait inutilement, mais qui l'ont fait avec le plus ardent et le plus sincere *desir de les sauver.* (*Clameurs et denegations a droite.*)

Vous le niez! Eh bien! je vais vous citer une date. Lisez mon discours du 12 juin 1847 a la chambre des pairs; M. de Montebello, lui, doit s'en souvenir.

(*M. de Montebello baisse la tete et garde le silence. Le calme se retablit.*)

C'est la troisieme fois que j'avertis; sera-ce la troisieme fois que j'echouerai? Helas! je le crains.

Hommes qui nous gouvernez, ministres!—et en parlant ainsi je m'adresse non-seulement aux ministres publics que je vois la sur ce banc, mais aux ministres anonymes, car en ce moment il y a deux sortes de gouvernants, ceux qui se montrent et ceux qui se cachent (*rires et bravos*), et nous savons tous que M. le president de la republique est un Numa qui a dix-sept Egeries (*explosion de rires*), [Note: La commission qui proposait la loi, de connivence avec le president, se composait de dix-sept membres.]—ministres! ce que vous faites, le savez-vous? Ou vous allez, le voyez-vous? Non!

Je vais vous le dire.

Ces lois que vous nous demandez, ces lois que vous arrachez a la majorite, avant trois mois, vous vous apercevrez d'une chose, c'est qu'elles sont inefficaces, que dis-je inefficaces? aggravantes pour la situation.

La premiere election que vous tenterez, la premiere epreuve que vous ferez de votre suffrage remanie, tournera, on peut vous le predire, et de quelque facon que vous vous y preniez, a la confusion de la reaction. Voila pour la question electorale.

Quant a la presse, quelques journaux ruines ou morts enrichiront de leurs depouilles ceux qui survivront. Vous trouvez les journaux trop irrites et trop forts. Admirable effet de votre loi! dans trois mois, vous aurez double leur force. Il est vrai que vous aurez double aussi leur colere. (*Oui! oui!—Profonde sensation.*) O hommes d'etat! (*On rit.*)

Voila pour les journaux.

Quant au droit de reunion, fort bien! les assemblees populaires seront resorbees par les societes secretes. Vous ferez rentrer ce qui veut sortir. Repercussion inevitable. Au lieu de la salle Martel et de la salle Valentino, ou vous etes presents dans la personne de votre commissaire de police, au lieu de ces reunions en plein air ou tout s'evapore, vous aurez partout de mysterieux foyers de propagande ou tout s'aigrira, ou ce qui n'etait qu'une idee deviendra une passion, ou ce qui n'etait que de la colere deviendra de la haine.

Voila pour le droit de reunion.

Ainsi, vous vous serez frappes avec vos propres lois, vous vous serez blesses avec vos propres armes!

Les principes se dresseront de toutes parts contre vous; persecutes, ce qui les fera forts; indignes, ce qui les fera terribles! (*Mouvement.*)

Vous direz: Le peril s'aggrave.

Vous direz: Nous avons frappe le suffrage universel, cela n'a rien fait. Nous avons frappe le droit de reunion, cela n'a rien fait. Nous avons frappe la liberte de la presse, cela n'a rien fait. Il faut extirper le mal dans sa racine.

Et alors, pousses irresistiblement, comme de malheureux hommes possedes, subjugues, traines par la plus implacable de toutes les logiques, la logique des fautes qu'on a faites (*Bravo!*), sous la pression de cette voix fatale qui vous criera: Marchez! marchez toujours!—que ferez-vous?

Je m'arrete. Je suis de ceux qui avertissent, mais je m'impose silence quand l'avertissement peut sembler une injure. Je ne parle en ce moment que par devoir et avec affliction. Je ne veux pas sonder un avenir qui n'est peut-etre que trop prochain. (*Sensation.*) Je ne veux pas presser douloureusement et jusqu'a l'epuisement des conjectures les consequences de toutes vos fautes commencees. Je m'arrete. Mais je dis que c'est une epouvante pour les bons citoyens de voir le gouvernement s'engager sur une pente connue au bas de laquelle il y a le precipice.

Je dis qu'on a deja vu plus d'un gouvernement descendre cette pente, mais qu'on n'en a vu aucun la remonter. Je dis que nous en avons assez, nous qui ne sommes pas le gouvernement, qui ne sommes que la nation, des imprudences, des provocations, des reactions, des maladresses qu'on fait par exces d'habilete et des folies qu'on fait par exces de sagesse! Nous en avons assez des gens qui nous perdent sous pretexte qu'ils sont des sauveurs! Je dis que nous ne voulons plus de revolutions nouvelles. Je dis que, de meme que tout le monde a tout a gagner au progres, personne n'a plus rien a gagner aux revolutions. (*Vive et profonde adhesion.*)

Ah! il faut que ceci soit clair pour tous les esprits! il est temps d'en finir avec ces eternelles declamations qui servent de pretexte a toutes les entreprises contre nos droits, contre le suffrage universel, contre la liberte de la presse, et meme, temoin certaines applications du reglement, contre la liberte de la tribune. Quant a moi, je ne me lasserai jamais de le repeter, et j'en saisirai toutes les occasions, dans l'etat ou est aujourd'hui la question politique, s'il y a des revolutionnaires dans l'assemblee, ce n'est pas de ce cote. (*L'orateur montre la gauche.*)

Il est des verites sur lesquelles il faut toujours insister et qu'on ne saurait remettre trop souvent sous les yeux du pays; a l'heure ou nous sommes, les anarchistes, ce sont les absolutistes; les revolutionnaires, ce sont les reactionnaires! (*Oui! oui! a gauche.—Une inexprimable agitation regne dans l'assemblee.*)

Quant a nos adversaires jesuites, quant a ces zelateurs de l'inquisition, quant a ces terroristes de l'eglise (*applaudissements*), qui ont pour tout argument d'objecter 93 aux hommes de 1850, voici ce que j'ai a leur dire:

Cessez de nous jeter a la tete la terreur et ces temps ou l'on disait: Divin coeur de Marat! divin coeur de Jesus! Nous ne confondons pas plus Jesus avec Marat que nous ne le confondons avec vous! Nous ne confondons pas plus la Liberte avec la Terreur que nous ne confondons le christianisme avec la societe de Loyola; que nous ne confondons la croix du Dieu-agneau et du Dieu-colombe avec la sinistre banniere de saint Dominique; que nous ne confondons le divin supplicie du Golgotha avec les bourreaux des Cevennes et de la Saint-Barthelemy, avec les dresseurs de gibets de la Hongrie, de la Sicile et de la Lombardie (*agitation*); que nous ne confondons la religion, notre religion de paix et d'amour, avec cette abominable secte, partout deguisee et partout devoilee, qui, apres avoir preche le meurtre des rois, preche l'oppression des nations (*Bravo! bravo!*); qui assortit ses infamies aux epoques qu'elle traverse, faisant aujourd'hui par la calomnie ce qu'elle ne peut plus faire par le bucher, assassinant les renommees parce qu'elle ne peut bruler les hommes, diffamant le siecle parce qu'elle ne peut plus decimer le peuple, odieuse ecole de despotisme, de sacrilege et d'hypocrisie, qui dit beatement des choses horribles, qui mele des maximes de mort a l'evangile et qui empoisonne le benitier! (*Mouvement prolonge.—Une voix a droite: Envoyez l'orateur a Bicetre!*)

Messieurs, reflechissez dans votre patriotisme, reflechissez dans votre raison. Je m'adresse en ce moment a cette majorite vraie, qui s'est plus d'une fois fait jour sous la fausse majorite, a cette majorite qui n'a pas voulu de la citadelle ni de la retroactivite dans la loi de deportation, a cette majorite qui vient de mettre a neant la loi des maires. C'est a cette majorite qui peut sauver le pays que je parle. Je ne cherche pas a convaincre ici ces theoriciens du pouvoir qui l'exagerent, et qui, en l'exagerant, le compromettent, qui font de la provocation en artistes, pour avoir le plaisir de faire ensuite de la compression (*rires et bravos*); et qui, parce qu'ils ont arrache quelques peupliers du pave de Paris, s'imaginent etre de force a deraciner la presse du coeur du peuple! (*Bravo! bravo!*)

Je ne cherche pas a convaincre ces hommes d'etat du passe, infiltres depuis trente ans de tous les vieux virus de la politique, ni ces personnages fervents qui excommunient la presse en masse, qui ne daignent meme pas distinguer la bonne de la mauvaise, et qui affirment que le meilleur des journaux ne vaut pas le pire des predicateurs. (*Rires.*)

Non, je me detourne de ces esprits extremes et fermes. C'est vous que j'adjure, vous legislateurs nes du suffrage universel, et qui, malgre la funeste loi recemment votee, sentez la majeste de votre origine, et je vous conjure de reconnaitre et de proclamer par un vote solennel, par un vote qui sera un arret, la puissance et la saintete de la pensee. Dans cette tentative contre la presse, tout le peril est pour la societe. (*Oui! oui!*) Quel coup pretend-on porter aux idees avec une telle loi, et que leur veut-on? Les comprimer? Elles sont incompressibles. Les circonscrire? Elles sont infinies. Les etouffer? Elles sont immortelles. (*Longue sensation.*) Oui! elles sont immortelles! Un orateur de ce cote l'a nie un jour, vous vous en souvenez, dans un discours ou il me repondait; il s'est ecrie que ce n'etaient pas les idees qui etaient immortelles, que c'etaient les dogmes, parce que les idees sont humaines, disait-il, et que les dogmes sont divins. Ah! les idees aussi sont divines! et, n'en deplaise a l'orateur clerical.... (*Violente interruption a droite.—M. de Montalembert s'agite.*)

A DROITE.—A l'ordre! c'est intolerable. (*Cris.*)

M. LE PRESIDENT.—Est-ce que vous pretendez que M. de Montalembert n'est pas representant au meme titre que vous? (*Bruit.*) Les personnalites sont defendues.

UNE VOIX A GAUCHE.—M. le president s'est reveille.

M. CHARRAS.—Il ne dort que lorsqu'on attaque la revolution.

UNE VOIX A GAUCHE.—Vous laissez insulter la republique!

M. LE PRESIDENT.—La republique ne souffre pas et ne se plaint pas.

M. VICTOR HUGO.—Je n'ai pas suppose un instant, messieurs, que cette qualification put sembler une injure a l'honorable orateur auquel je l'adressais. Si elle lui semble une injure, je m'empresse de la retirer.

M. LE PRESIDENT.—Elle m'a paru inconvenante.

(*M. de Montalembert se leve pour repondre.*)

VOIX A DROITE.—Parlez! parlez!

A GAUCHE.—Ne vous laissez pas interrompre, monsieur Victor Hugo!

M. LE PRESIDENT.—Monsieur de Montalembert, laissez achever le discours; n'interrompez pas. Vous parlerez apres.

VOIX A DROITE.—Parlez! parlez!

VOIX A GAUCHE.—Non! non!

M. LE PRESIDENT, *a M. Victor Hugo.*—Consentez-vous a laisser parler M. de Montalembert?

M. VICTOR HUGO.—J'y consens.

M. LE PRESIDENT.—M. Victor Hugo y consent.

M. CHARRAS, *et autres membres.*—A la tribune!

M. LE PRESIDENT.—Il est en face de vous!

M. DE MONTALEMBERT, *de sa place.*—J'accepte pour moi, monsieur le president, ce que vous disiez tout a l'heure de la republique. A travers tout ce discours, dirige surtout contre moi, je ne souffre de rien et ne me plains de rien. (*Approbation a droite.—Reclamations a gauche.*)

M. VICTOR HUGO.—L'honorable M. de Montalembert se trompe quand il suppose que c'est a lui que s'adresse ce discours. Ce n'est pas a lui personnellement que je m'adresse; mais, je n'hesite pas a le dire, c'est a son parti; et quant a son parti, puisqu'il me provoque lui-meme a cette explication, il faut bien que je le lui dise.... (*Rires bruyants a droite.*)

M. PISCATORY.—Il n'a pas provoque.

M. LE PRESIDENT.—Il n'a pas provoque du tout.

M. VICTOR HUGO.—Vous ne voulez donc pas que je reponde?.... (*A gauche: Non! ils ne veulent pas! c'est leur tactique.*)

M. VICTOR HUGO.—Combien avez-vous de poids et de mesures? Voulez-vous, oui ou non, que je reponde? (*Parlez!*) Eh! bien, alors, ecoutez!

VOIX DIVERSES A DROITE.—On ne vous a rien dit, et nous ne voulons pas que vous disiez qu'on vous a provoque.

A GAUCHE.—Si! si! parlez, monsieur Victor Hugo!

M. VICTOR HUGO.—Non, je n'apercois pas M. de Montalembert au milieu des dangers de ma patrie, j'apercois son parti tout au plus; et, quant a son parti, puisqu'il veut que je le lui dise, il faut bien qu'il sache.... (*Interruption a droite.*)

QUELQUES VOIX A DROITE.—Il ne vous l'a pas demande.

M. VICTOR HUGO.—Puisqu'il veut que je le lui dise, il faut bien qu'il sache.... (*Nouvelle interruptions.*)

M. LE PRESIDENT.—M. de Montalembert n'a rien demande, vous n'avez donc rien a repondre!

A GAUCHE.—Les voila qui reculent maintenant! ils ont peur que vous ne repondiez. Parlez!

M. VICTOR HUGO.—Comment! je consens a etre interrompu, et vous ne me laissez pas repondre? Mais c'est un abus de majorite, et rien de plus.

Que m'a dit M. de Montalembert? Que c'etait contre lui que je parlais. (*Interruption a droite.*)

Eh bien! je lui reponds, j'ai le droit de lui repondre, et vous, vous avez le devoir de m'ecouter.

VOIX A DROITE.—Comment donc!

M. VICTOR HUGO.—Sans aucun doute, c'est votre devoir. (*Marques d'assentiment de tous les cotes.*)

J'ai le droit de lui repondre que ce n'est pas a lui que je m'adressais, mais a son parti; et, quant a son parti, il faut bien qu'il le sache, les temps ou il pouvait etre un danger public sont passes.

VOIX A DROITE.—Eh bien! alors, laissez-le tranquille.

M. LE PRESIDENT, *a l'orateur.*—Vous n'etes plus du tout dans la discussion de la loi.

UN MEMBRE A L'EXTREME GAUCHE.—Le president trouble l'orateur.

M. LE PRESIDENT.—Le president fait ce qu'il peut pour ramener l'orateur a la question. (*Vives denegations a gauche.*)

M. VICTOR HUGO.—C'est une oppression! La majorite m'a invite a repondre; veut-elle, oui ou non, que je reponde? (*Parlez donc!*) Ce serait deja fait.

Il m'est impossible d'accepter la question posee ainsi. Que j'aie fait un discours contre M. de Montalembert, non. Je veux et je dois expliquer que ce n'est pas contre M. de Montalembert que j'ai parle, mais contre son parti.

Maintenant, je dois dire, puisque j'y suis provoque....

A DROITE.—Non! non!—A GAUCHE.—Si! si!

M. VICTOR HUGO.—Je dois dire, puisque j'y suis provoque....

A DROITE.—Non! non!—A GAUCHE.—Si! si!

M. LE PRESIDENT, *s'adressant a la droite.*—Ca ne finira pas! Il est evident que c'est vous qui etes dans ce moment-ci les indisciplinables de l'assemblee. Vous etes intolerables de ce cote-ci maintenant.

PLUSIEURS MEMBRES A DROITE.—Non! non!

M. VICTOR HUGO, *s'adressant a la droite.*—Exigez-vous, oui ou non, que je reste sous le coup d'une inculpation de M. de Montalembert?

A DROITE.—Il n'a rien dit!

M. VICTOR HUGO.—Je repete pour la troisieme, pour la quatrieme fois que je ne veux pas accepter cette situation que M. de Montalembert veut me faire. Si vous voulez m'empecher, de force, de repondre, il le faudra bien, je subirai la violence et je descendrai de cette tribune; mais autrement, vous devez me laisser m'expliquer, et ce n'est pas une minute de plus ou de moins qui importe.

Eh bien! j'ai dit a M. de Montalembert que ce n'etait pas a lui que je m'adressais, mais a son parti. Et quant a ce parti.... (*Nouvelle interruption a droite.*)—Vous tairez-vous?

(*Le silence se retablit. L'orateur reprend:*)

Et quant au parti jesuite, puisque je suis provoque a m'expliquer sur son compte (*bruit a droite*); quant a ce parti qui, a l'insu meme de la reaction, est aujourd'hui l'ame de la reaction; a ce parti aux yeux duquel la pensee est une contravention, la lecture un delit, l'ecriture un crime, l'imprimerie un attentat (*bruit*)! quant a ce parti qui ne comprend rien a ce siecle, dont il n'est pas; qui appelle aujourd'hui la fiscalite sur notre presse, la censure sur nos theatres, l'anatheme sur nos livres, la reprobation sur nos idees, la repression sur nos progres, et qui, en d'autres temps, eut appele la proscription sur nos tetes (*C'est cela! bravo!*), a ce parti d'absolutisme, d'immobilite, d'imbecillite, de silence, de tenebres, d'abrutissement monacal; a ce parti qui reve pour la France, non l'avenir de la France, mais, le passe de l'Espagne; il a beau rappeler complaisamment ses titres historiques a l'execration des hommes; il a beau remettre a neuf ses vieilles doctrines rouillees de sang humain; il a beau etre parfaitement capable de tous les guet-apens sur tout ce qui est la justice et le droit; il a beau etre le parti qui a toujours fait les besognes souterraines et qui a toujours accepte dans tous les temps et sur tous les echafauds la fonction de bourreau masque; il a beau se glisser traitreusement dans notre gouvernement, dans notre diplomatie, dans nos ecoles, dans notre urne electorale, dans nos lois, dans toutes nos lois, et en particulier dans celle qui nous occupe; il a beau etre tout cela et faire tout cela, qu'il le sache bien, et je m'etonne d'avoir pu moi-meme croire un moment le contraire, oui, qu'il le sache bien, les temps ou il pouvait etre un danger public sont passes! (*Oui! oui!*).

Oui, enerve comme il l'est, reduit a la ressource des petits hommes et a la misere des petits moyens, oblige d'user pour nous attaq de cette liberte de la presse qu'il voudrait tuer, et qui le tue (*applaudissements*)! heretique lui-meme dans les moyens qu'il emploie, condamne a s'appuyer, dans la politique, sur des voltairiens qui le raillent, et dans la banque sur des juifs qu'il brulerait de si bon coeur (*explosion de rire et d'applaudissements*)! balbutiant en plein dix-neuvieme siecle son infame eloge de l'inquisition, au milieu des haussements d'epaules et des eclats de rire, le parti jesuite ne peut plus etre parmi nous qu'un objet d'etonnement, un accident, un phenomene, une curiosite (*rires*), un miracle, si c'est la le mot qui lui plait (*rire universel*), quelque chose d'etrange et de hideux comme une orfraie qui volerait en plein midi (*vive sensation*), rien de plus. Il fait horreur, soit; mais il ne fait pas peur! Qu'il sache cela, et qu'il soit modeste! Non, il ne fait pas peur! Non, nous ne le craignons pas! Non, le parti jesuite n'egorgera pas la liberte, il fait trop grand jour pour cela. (*Longs applaudissements.*)

Ce que nous craignons, ce dont nous tremblons, ce qui nous fait peur, c'est le jeu redoutable que joue le gouvernement, qui n'a pas les memes interets que ce parti et qui le sert, et qui emploie contre les tendances de la societe toutes les forces de la societe.

Messieurs, au moment de voter sur ce projet insense, considerez ceci.

Tout, aujourd'hui, les arts, les sciences, les lettres, la philosophie, la politique, les royaumes qui se font republiques, les nations qui tendent a se changer en familles, les hommes d'instinct, les hommes de foi, les hommes de genie, les masses, tout aujourd'hui va dans le meme sens, au meme but, par la meme route, avec une vitesse sans cesse accrue, avec une sorte d'harmonie terrible qui revele l'impulsion directe de Dieu. (*Sensation.*)

Le mouvement au dix-neuvieme siecle, dans ce grand dix-neuvieme siecle, n'est pas seulement le mouvement d'un peuple, c'est le mouvement de tous les peuples. La France va devant, et les nations la suivent. La providence nous dit: Allez! et sait ou nous allons.

Nous passons du vieux monde au monde nouveau. Ah! nos gouvernants, ah! ceux qui revent d'arreter l'humanite dans sa marche et de barrer le chemin a la civilisation, ont-ils bien reflechi a ce qu'ils font? Se sont-ils rendu compte de la catastrophe qu'ils peuvent amener, de l'effroyable Fampoux [Note: On se rappelle la catastrophe de chemin de fer a Fampoux.] social qu'ils preparent, quand, au milieu du plus prodigieux mouvement d'idees qui ait encore emporte le genre humain, au moment ou l'immense et majestueux convoi passe a toute vapeur, ils viennent furtivement, chetivement, miserablement mettre de pareilles lois dans les roues de la presse, cette formidable locomotive de la pensee universelle! (*Profonde emotion.*)

Messieurs, croyez-moi, ne nous donnez pas le spectacle de la lutte des lois contre les idees. (*Bravo! a gauche.—Une voix a droite: Et ce discours coutera 25 francs a la France!*)

Et, a ce propos, comme il faut que vous connaissiez pleinement quelle est la force a laquelle s'attaque et se heurte le projet de loi, comme il faut que vous puissiez juger des chances de succes que peut avoir, dans ses entreprises contre la liberte, le parti de la peur,—car il y a en France et en Europe un parti de la peur (*sensation*), c'est lui qui inspire la politique de compression, et, quant a moi, je ne demande pas mieux que de n'avoir pas a le confondre avec le parti de l'ordre,—comme il faut que vous sachiez ou l'on vous mene, a quel duel impossible on vous entraine, et contre quel adversaire, permettez-moi un dernier mot.

Messieurs, dans la crise que nous traversons, crise salutaire, apres tout, et qui se denouera bien, c'est ma conviction, on s'ecrie de tous les cotes: Le desordre moral est immense, le peril social est imminent.

On cherche autour de soi avec anxiete, on se regarde, et l'on se demande:

Qui est-ce qui fait tout ce ravage? Qui est-ce qui fait tout le mal? quel est le coupable? qui faut-il punir? qui faut-il frapper?

Le parti de la peur, en Europe, dit: C'est la France. En France, il dit: C'est Paris. A Paris, il dit: C'est la presse. L'homme froid qui observe et qui pense dit: Le coupable, ce n'est pas la presse, ce n'est pas Paris, ce n'est pas la France; le coupable, c'est l'esprit humain! (*Mouvement.*)

C'est l'esprit humain. L'esprit humain qui a fait les nations ce qu'elles sont; qui, depuis l'origine des choses, scrute, examine, discute, debat, doute, contredit, approfondit, affirme et poursuit sans relache la solution du probleme eternellement pose a la creature par le createur. C'est l'esprit humain qui, sans cesse persecute, combattu, comprime, refoule, ne disparait que pour reparaitre, et, passant d'une besogne a l'autre, prend successivement de siecle en siecle la figure de tous les grands agitateurs! C'est l'esprit humain qui s'est nomme Jean Huss, et qui n'est pas mort sur le bucher de Constance (*Bravo!*); qui s'est nomme Luther, et qui a ebranle l'orthodoxie; qui s'est nomme Voltaire, et qui a ebranle la foi; qui s'est nomme Mirabeau, et qui a ebranle la royaute! (*Longue sensation.*) C'est l'esprit humain qui, depuis que l'histoire existe, a transforme les societes et les gouvernements selon une loi de plus en plus acceptable par la raison, qui a ete la theocratie, l'aristocratie, la monarchie, et qui est aujourd'hui la democratie. (*Applaudissements.*) C'est l'esprit humain qui a ete Babylone, Tyr, Jerusalem, Athenes, Rome, et qui est aujourd'hui Paris; qui a ete tour a tour, et quelquefois tout ensemble, erreur, illusion, heresie, schisme, protestation, verite; c'est l'esprit humain qui est le grand pasteur des generations, et qui, en somme, a toujours marche vers le juste, le beau et le vrai, eclairant les multitudes, agrandissant les ames, dressant de plus en plus la tete du peuple vers le droit et la tete de l'homme vers Dieu. (*Explosion de bravos.*)

Eh bien! je m'adresse au parti de la peur, non dans cette chambre, mais partout ou il est en Europe, et je lui dis: Regardez bien ce que vous voulez faire; reflechissez a l'oeuvre que vous entreprenez, et, avant de la tenter, mesurez-la. Je suppose que vous reussissiez. Quand vous aurez detruit la presse, il vous restera quelque chose a detruire, Paris. Quand vous aurez detruit Paris, il vous restera quelque chose a detruire, la France. Quand vous aurez detruit la France, il vous restera quelque chose a tuer, l'esprit humain. (*Mouvement prolonge.*)

Oui, je le dis, que le grand parti europeen de la peur mesure l'immensite de la tache que, dans son heroisme, il veut se donner. (*Rires et bravos.*) Il aurait aneanti la presse jusqu'au dernier journal, Paris jusqu'au dernier pave, la France jusqu'au dernier hameau, il n'aurait rien fait. (*Mouvement.*) Il lui resterait encore a detruire quelque chose qui est toujours debout, au-dessus des generations et en quelque sorte entre l'homme et Dieu, quelque chose qui a ecrit tous les livres, invente tous les arts, decouvert tous les mondes, fonde toutes les civilisations; quelque chose qui reprend toujours, sous la forme revolution, ce qu'on lui refuse sous la forme progres; quelque chose qui est insaisissable comme la lumiere et inaccessible comme le soleil, et qui s'appelle l'esprit humain! (*Acclamations prolongees.*)

(*Un grand nombre de membres de la gauche quittent leurs places et viennent feliciter l'orateur. La seance est suspendue.*)

IX

REVISION DE LA CONSTITUTION

[Note: M. Louis Bonaparte, voulant se perpetuer, proposait la revision de la constitution. M. Victor Hugo la combattit.

Ce discours fut prononce apres la belle harangue de M. Michel (de Bourges) sur la meme question.

Les debats semblaient epuises par le discours du representant du Cher; M. Victor Hugo les ranima en imprimant un nouveau tour a la discussion. M. Michel (de Bourges) avait use de menagements infinis; il avait ete ecoute avec calme. M. Victor Hugo, laissant de cote les precautions oratoires, entra dans le vif de la question. Il attaqua la reaction de face. Apres lui, la discussion, detournee de son terrain par M. Baroche, fut close.

La proposition de revision fut rejetee. (*Note de l'editeur.*)]

17 juillet 1851.

M. Victor Hugo (*profond silence*).—Messieurs, avant d'accepter ce debat, il m'est impossible de ne pas renouveler les reserves deja faites par d'autres orateurs. Dans la situation actuelle, la loi du 31 mai etant debout, plus de quatre millions d'electeurs etant rayes,—resultat que je ne veux pas qualifier a cette tribune, car tout ce que je dirais serait trop faible pour moi et trop fort pour vous, mais qui finira, nous l'esperons, par inquieter, par eclairer votre sagesse,—le suffrage universel, toujours vivant de droit, etant supprime de fait, nous ne pouvons que dire aux auteurs des diverses propositions qui investissent en ce moment la tribune:

Que nous voulez-vous?

Quelle est la question?

Que demandez-vous?

La revision de la constitution?

Par qui?

Par le souverain!

Ou est-il?

Nous ne le voyons pas. Qu'en a-t-on fait? (*Mouvement.*)

Quoi! une constitution a ete faite par le suffrage universel, et vous voulez la faire defaire par le suffrage restreint!

Quoi! ce qui a ete edifie par la nation souveraine, vous voulez le faire renverser par une fraction privilegiee!

Quoi! cette fiction d'un pays legal, temerairement pose en face de la majestueuse realite du peuple souverain, cette fiction chetive, cette fiction fatale, vous voulez la retablir, vous voulez la restaurer, vous voulez vous y confier de nouveau!

Un pays legal, avant 1848, c'etait imprudent. Apres 1848, c'est insense! (*Sensation.*)

Et puis, un mot.

Quel peut etre, dans la situation presente, tant que la loi du 31 mai n'est pas abrogee, purement et simplement abrogee, entendez-vous bien, ainsi que toutes les autres lois de meme nature et de meme portee qui lui font cortege et qui lui pretent main-forte, loi du colportage, loi contre le droit de reunion, loi contre la liberte de la presse,—quel peut etre le succes de vos propositions?

Qu'en attendez-vous?

Qu'en esperez-vous?

Quoi! c'est avec la certitude d'echouer devant le chiffre immuable de la minorite, gardienne inflexible de la souverainete du peuple, de la minorite, cette fois constitutionnellement souveraine et investie de tous les droits de la majorite, de la minorite, pour mieux dire, devenue elle-meme majorite! quoi! c'est sans aucun but realisable devant les yeux, car personne ne suppose la violation de l'article 111, personne ne suppose le crime ... (*mouvements divers*) quoi! c'est sans aucun resultat parlementaire possible que vous, qui vous dites des hommes pratiques, des hommes positifs, des hommes serieux, qui faites a votre modestie cette violence de vous decerner a vous-memes, et a vous seuls, le titre d'hommes d'etat; c'est sans aucun resultat parlementaire possible, je le repete, que vous vous obstinez a un debat si orageux et si redoutable! Pourquoi? pour les orages du debat! (*Bravo! bravo!*) Pour agiter la France, pour faire bouillonner les masses, pour reveiller les coleres, pour paralyser les affaires, pour multiplier les faillites, pour tuer le commerce et l'industrie! Pour le plaisir! (*Profonde sensation.*)

Fort bien! le parti de l'ordre a la fantaisie de faire du desordre, c'est un caprice qu'il se passe. Il est le gouvernement, il a la majorite dans l'assemblee, il lui plait de troubler le pays, il veut quereller, il veut discuter, il est le maitre!

Soit! Nous protestons; c'est du temps perdu, un temps precieux; c'est la paix publique gravement troublee. Mais puisque cela vous plait, puisque vous le voulez, que la faute retombe sur qui s'obstine a la commettre. Soit, discutons.

J'entre immediatement dans le debat. (*Rumeur a droite. Cris: La cloture! M. Mole, assis au fond de la salle, se leve, traverse tout l'hemicycle, fait signe a la droite, et sort. On ne le suit pas. Il rentre. On rit a gauche. L'orateur continue.*)

Messieurs, je commence par le declarer, quelles que soient les protestations de l'honorable M. de Falloux, les protestations de l'honorable M. Berryer, les protestations de l'honorable M. de Broglie, quelles que soient ces protestations tardives, qui ne peuvent suffire pour effacer tout ce qui a ete dit, ecrit et fait depuis deux ans,—je le declare, a mes yeux, et, je le dis sans crainte d'etre dementi, aux yeux de la plupart des membres qui siegent de ce cote (*l'orateur designe la gauche*), votre attaque contre la republique francaise est une attaque contre la revolution francaise!

Contre la revolution francaise tout entiere, entendez-vous bien; depuis la premiere heure qui a sonne en 1789 jusqu'a l'heure ou nous sommes! (*A gauche: Oui! oui! c'est cela!*)

Nous ne distinguons pas, nous. A moins qu'il n'y ait pas de logique au monde, la revolution et la republique sont indivisibles. L'une est la mere, l'autre est la fille. L'une est le mouvement humain qui se manifeste, l'autre est le mouvement humain qui se fixe. La republique, c'est la revolution fondee. (*Vive approbation.*).

Vous vous debattez vainement contre ces realites; on ne separe pas 89 de la republique, on ne separe pas l'aube du soleil. (*Interruption a droite.—Bravos a gauche.*) Nous n'acceptons donc pas vos protestations. Votre attaque contre la republique, nous la tenons pour une attaque contre la revolution, et c'est ainsi, quant a moi, que j'entends la qualifier a la face du pays. Non, nous ne prenons pas le change! Je ne sais pas si, comme on l'a dit, il y a des masques dans cette enceinte [note: Mot de M. de Morny.], mais j'affirme qu'il n'y aura pas de dupes! (*Rumeurs a droite.*)

Cela dit, j'aborde la question.

Messieurs, en admettant que les choses, depuis 1848, eussent suivi un cours naturel et regulier dans le sens vrai et pacifique de la democratie s'elargissant de jour en jour et du progres, apres trois annees d'essai loyal de la constitution, j'aurais compris qu'on dit:

—La constitution est incomplete. Elle fait timidement ce qu'il fallait faire resolument. Elle est pleine de restrictions et de definitions obscures. Elle ne declare aucune liberte entiere. Elle n'a fait faire, en matiere penale, de progres qu'a la penalite politique elle n'a aboli qu'une moitie de la peine de mort. Elle contient en germe les empietements du pouvoir executif, la censure pour certains travaux de l'esprit, la police entravant le penseur et genant le citoyen. Elle ne degage pas nettement la liberte individuelle. Elle ne degage pas nettement la liberte de l'industrie. (*A gauche: C'est cela!—Murmures a droite.*)

Elle a maintenu la magistrature inamovible et nommee par le pouvoir executif, c'est-a-dire la justice sans racines dans le peuple. (*Rumeurs a droite.*)

Que signifient ces murmures? Comment! vous discutez la republique, et nous ne pourrions pas discuter la magistrature! Vous discutez le peuple, vous discutez le superieur, et nous ne pourrions pas discuter l'inferieur! vous discutez le souverain, nous ne pourrions pas discuter le juge!

M. LE PRESIDENT.—Je fais remarquer que ce qui est permis cette semaine ne le sera pas la semaine prochaine; mais c'est la semaine de la tolerance. (*Rires d'approbation a droite.*)

M. DE PANAT.—C'est la semaine des saturnales!

M. VICTOR HUGO.—Monsieur le president, ce que vous venez de dire n'est pas serieux. (*A gauche: Tres bien!*)

Je reprends, et j'insiste.

J'aurais donc compris qu'on dit: La constitution a des fautes et des lacunes; elle maintient la magistrature inamovible et nommee par le pouvoir executif, c'est-a-dire, je le repete, la justice sans racines dans le peuple. Or il est de principe que toute justice emane du souverain.

En monarchie, la justice emane du roi; en republique, la justice doit emaner du peuple. (*Sensation.*)

Par quel procede? Par le suffrage universel choisissant librement les magistrats parmi les licencies en droit. J'ajoute qu'en republique il est aussi impossible d'admettre le juge inamovible que le legislateur inamovible. (*Mouvement prolonge.*)

J'aurais compris qu'on dit: La constitution s'est bornee a affirmer la democratie; il faut la fonder. Il faut que la republique soit en surete dans la constitution, comme dans une citadelle. Il faut au suffrage universel des extensions et des applications nouvelles. Ainsi, par exemple, la constitution cree l'omnipotence d'une assemblee unique, c'est-a-dire d'une majorite, et nous en voyons aujourd'hui le redoutable inconvenient, sans donner pour contre-poids a cette omnipotence la faculte laissee a la minorite de deferer, dans de certains cas graves et selon des formes faciles a regler d'avance, une sorte d'arbitrage decisoire entre elle et la majorite au suffrage universel directement invoque, directement consulte; mode d'appel au peuple beaucoup moins violent et beaucoup plus parfait que l'ancien procede monarchique constitutionnel, qui consistait a briser le parlement.

J'aurais compris qu'on dit.... (*Interruption et rumeurs a droite.*)

Messieurs, il m'est impossible de ne pas faire une remarque que je soumets a la conscience de tous. Votre attitude, en ce moment, contraste etrangement avec l'attitude calme et digne de ce cote de l'assemblee (*la gauche*). (*Vives reclamations sur les bancs de la majorite.—Allons donc! Allons donc!—La cloture! La cloture!—Le silence se retablit. L'orateur reprend:*)

J'aurais compris qu'on dit: Il faut proclamer plus completement et developper plus logiquement que ne le fait la constitution les quatre droits essentiels du peuple: Le droit a la vie materielle, c'est-a-dire, dans l'ordre economique, le travail assure....

M. GRESLAN.—C'est le droit au travail!

M. VICTOR HUGO *continuant.*—... L'assistance organisee, et, dans l'ordre penal, la peine de mort abolie;

Le droit a la vie intellectuelle et morale, c'est-a-dire l'enseignement gratuit, la conscience libre, la presse libre, la parole libre, l'art et la science libres (*Bravos*);

Le droit a la liberte, c'est-a-dire l'abolition de tout ce qui est entrave au mouvement et au developpement moral, intellectuel, physique et industriel de l'homme;

Enfin, le droit a la souverainete, c'est-a-dire le suffrage universel dans toute sa plenitude, la loi faite et l'impot vote par des legislateurs elus et temporaires, la justice rendue par des juges elus et temporaires.... (*Exclamations a droite.*)

A GAUCHE.—Ecoutez! ecoutez!

PLUSIEURS MEMBRES A DROITE.—Parlez! parlez!

M. VICTOR HUGO *reprenant.*—... La commune administree par des magistrats elus et temporaires; le jury progressivement etendu, elargi et developpe; le vote direct du peuple entier, par oui ou par non, dans de certaines grandes questions politiques ou sociales, et cela apres discussion prealable et approfondie de chaque question au sein de l'assemblee nationale plaidant alternativement, par la voix de la majorite et par la voix de la minorite, le oui et le non devant le peuple, juge souverain. (*Rumeurs a droite.—Longue et vive approbation a gauche.*)

Messieurs, en supposant que la nation et son gouvernement fussent vis-a-vis l'un de l'autre dans les conditions correctes et normales que j'indiquais tout a l'heure, j'aurais compris qu'on dit cela, et qu'on ajoutat:

La constitution de la republique francaise doit etre la charte meme du progres humain au dix-neuvieme siecle, le testament immortel de la civilisation, la bible politique des peuples. Elle doit approcher aussi pres que possible de la verite sociale absolue. Il faut reviser la constitution.

Oui, cela, je l'aurais compris.

Mais qu'en plein dix-neuvieme siecle, mais qu'en face des nations civilisees, mais qu'en presence de cet immense regard du genre humain, qui est fixe de toutes parts sur la France, parce que la France porte le flambeau, on vienne dire: Ce flambeau que la France porte et qui eclaire le monde, nous allons l'eteindre!.... (*Denegations a droite.*)

Qu'on vienne dire: Le premier peuple du monde a fait trois revolutions comme les dieux d'Homere faisaient trois pas. Ces trois revolutions qui n'en font qu'une, ce n'est pas une revolution locale, c'est la revolution humaine; ce n'est pas le cri egoiste d'un peuple, c'est la revendication de la sainte equite universelle, c'est la liquidation des griefs generaux de l'humanite depuis que l'histoire existe (*Vive approbation a gauche.—Rires a droite*); c'est, apres les siecles de l'esclavage, du servage, de la theocratie, de la feodalite, de l'inquisition, du despotisme sous tous les noms, du supplice humain sous toutes les formes, la proclamation auguste des droits de l'homme! (*Acclamation.*)

Apres de longues epreuves, cette revolution a enfante en France la republique; en d'autres termes, le peuple francais, en pleine possession de lui-meme et dans le majestueux exercice de sa toute-puissance, a fait passer de la region des abstractions dans la region des faits, a constitue et institue, et definitivement et absolument etabli la forme de gouvernement la plus logique et la plus parfaite, la republique, qui est pour le peuple une sorte de droit naturel comme la liberte pour l'homme. (*Murmures a droite.—Approbation a gauche.*) Le peuple francais a taille dans un granit indestructible et pose au milieu meme du vieux continent monarchique la premiere assise de cet immense edifice de l'avenir, qui s'appellera un jour les Etats-Unis d'Europe! (_Mouvement. Long eclat de rire a droite.)

[Note: Ce mot, les *Etats-Unis d'Europe*, fit un effet d'etonnement. Il etait nouveau. C'etait la premiere fois qu'il etait prononce a la tribune. Il indigna la droite, et surtout l'egaya. Il y eut une explosion de rires, auxquels se melaient des apostrophes de toutes sortes. Le representant Bancel en saisit au passage quelques-unes, et les nota. Les voici:

M. de Montalembert.—Les Etats-Unis d'Europe! C'est trop fort. Hugo est fou.

M. Mole.—Les Etats-Unis d'Europe! Voila une idee! Quelle extravagance!

_M. Quentin-Bauchard.—Ces poetes! (*Note de l'editeur.*)]

Cette revolution, inouie dans l'histoire, c'est l'ideal des grands philosophes realise par un grand peuple, c'est l'education des nations par l'exemple de la France. Son but, son but sacre, c'est le bien universel, c'est une sorte de redemption humaine. C'est l'ere entrevue par Socrate, et pour laquelle il a bu la cigue; c'est l'oeuvre faite par Jesus-Christ, et pour laquelle il a ete mis en croix! (*Vives reclamations a droite.—Cris: A l'ordre!—Applaudissements repetes a gauche. Longue et generale agitation.*)

M. DE FONTAINE ET PLUSIEURS AUTRES.—C'est un blaspheme!

M. DE HEECKEREN [Note: Plus tard senateur de l'empire, a 30,000 francs par an.].—On devrait avoir le droit de siffler, si on applaudit des choses comme celles-la!

M. VICTOR HUGO.—Messieurs, qu'on dise ce que je viens de dire ou du moins qu'on le voie,—car il est impossible de ne pas le voir, la revolution francaise, la republique francaise, Bonaparte l'a dit, c'est le soleil!—qu'on le voie donc et qu'on ajoute: Eh bien! nous allons detruire tout cela, nous allons supprimer cette revolution, nous allons jeter bas cette republique, nous allons arracher des mains de ce peuple le livre du progres et y raturer ces trois dates: 1792, 1830, 1848; nous allons barrer le passage a cette grande insensee, qui fait toutes ces choses sans nous demander conseil, et qui s'appelle la providence. Nous allons faire reculer la liberte, la philosophie, l'intelligence, les generations; nous allons faire reculer la France, le siecle, l'humanite en marche; nous allons faire reculer Dieu! (*Profonde sensation.*) Messieurs, qu'on dise cela, qu'on reve cela, qu'on s'imagine cela, voila ce que j'admire jusqu'a la stupeur, voila ce que je ne comprends pas. (*A gauche: Tres bien! tres bien!—Rires a droite.*)

Et qui etes-vous pour faire de tels reves? Qui etes-vous pour tenter de telles entreprises? Qui etes-vous pour livrer de telles batailles? Comment vous nommez-vous? Qui etes-vous?

Je vais vous le dire.

Vous vous appelez la monarchie, et vous etes le passe.

La monarchie!

Quelle monarchie? (*Rires et bruit a droite.*)

M. EMILE DE GIRARDIN, *au pied de la tribune.*—Ecoutez donc, messieurs! nous vous avons ecoutes hier.

M. VICTOR HUGO.—Messieurs, me voici dans la realite ardente du debat.

Ce debat, ce n'est pas nous qui l'avons voulu, c'est vous. Vous devez, dans votre loyaute, le vouloir entier, complet, sincere. La question republique ou monarchie est posee. Personne n'a plus le pouvoir, personne n'a plus le droit de l'eluder. Depuis plus de deux ans, cette question, sourdement et audacieusement agitee, fatigue la republique; elle pese sur le present, elle obscurcit l'avenir. Le moment est venu de s'en delivrer. Oui, le moment est venu de la regarder en face, le moment est venu de voir ce qu'elle contient. Cartes sur table! Disons tout. (*Ecoutez! ecoutez!—Profond silence.*)

Deux monarchies sont en presence. Je laisse de cote tout ce qui, aux yeux memes de ceux qui le proposent ou le sous-entendent, ne serait que transition et expedient. La fusion a simplifie la question. Deux monarchies sont en presence.—Deux monarchies seulement se croient en posture de demander la revision a leur benefice, et d'escamoter a leur profit la souverainete du peuple.

Ces deux monarchies sont: la monarchie de principe, c'est-a-dire la legitimite; et la monarchie de gloire, comme parlent certains journaux privilegies (*rires et chuchotements*), c'est-a-dire l'empire.

Commencons par la monarchie de principe. A l'anciennete d'abord.

Messieurs, avant d'aller plus loin, je le dis une fois pour toutes, quand je prononce, dans cette discussion, ce mot monarchie, je mets a part et hors du debat les personnes, les princes, les exiles, pour lesquels je n'ai au fond du coeur que la sympathie qu'on doit a des francais et le respect qu'on doit a des proscrits; sympathie et respect qui seraient bien plus profonds encore, je le declare, si ces exiles n'etaient pas un peu proscrits par leurs amis. (*Tres bien! tres bien!*)

Je reprends. Dans cette discussion, donc, c'est uniquement de la monarchie principe, de la monarchie dogme, que je parle; et une fois les personnes mises a part, n'ayant plus en face de moi que le dogme royaute, j'entends le qualifier, moi legislateur, avec toute la liberte de la philosophie et toute la severite de l'histoire.

Et d'abord, entendons-nous sur ces mots, dogme et principe. Je nie que la monarchie soit ni puisse etre un principe ni un dogme. Jamais la monarchie n'a ete qu'un fait. (*Rumeurs sur plusieurs bancs.*)

Oui, je le repete en depit des murmures, jamais la possession d'un peuple par un homme ou par une famille n'a ete et n'a pu etre autre chose qu'un fait. (*Nouvelles rumeurs.*)

Jamais,—et, puisque les murmures persistent, j'insiste,—jamais ce soi-disant dogme en vertu duquel,—et ce n'est pas l'histoire du moyen age que je vous cite, c'est l'histoire presque contemporaine, celle sur laquelle un siecle n'a pas encore passe,—jamais ce soi-disant dogme en vertu duquel il n'y a pas quatrevingts ans de cela, un electeur de Hesse vendait des hommes tant par tete au roi d'Angleterre pour les faire tuer dans la guerre d'Amerique (*denegations irritees*), les lettres existent, les preuves existent, on vous les montrera quand vous voudrez ... (*le silence se retablit*) jamais, dis-je, ce pretendu dogme n'a pu etre autre chose qu'un fait, presque toujours violent, souvent monstrueux. (*A gauche: C'est vrai! c'est vrai!*)

Je le declare donc, et je l'affirme au nom de l'eternelle moralite humaine, la monarchie est un fait, rien de plus. Or, quand le fait n'est plus, il n'en survit rien, et tout est dit. Il en est autrement du droit. Le droit, meme quand il ne s'appuie plus sur le fait, meme quand il n'a plus l'autorite materielle, conserve l'autorite morale, et il est toujours le droit. C'est ce qui fait que d'une republique etouffee il reste un droit, tandis que d'une monarchie ecroulee il ne reste qu'une ruine. (*Applaudissements.*) Cessez donc, vous legitimistes, de nous adjurer au point de vue du droit. Vis-a-vis du droit du peuple, qui est la souverainete, il n'y pas d'autre droit que le droit de l'homme, qui est la liberte. (*Tres bien!*) Hors de la, tout est chimere. Dire *le droit du roi*, dans le grand siecle ou nous sommes, et a cette grande tribune ou nous parlons, c'est prononcer un mot vide de sens.

Mais, si vous ne pouvez parler au nom du droit, parlerez-vous au nom du fait? Invoquerez-vous l'utilite? C'est beaucoup moins superbe, c'est quitter le langage du maitre pour le langage du serviteur; c'est se faire bien petit. Mais soit! Examinons. Direz-vous que la stabilite politique nait de l'heredite royale? Direz-vous que la democratie est mauvaise pour un etat, et que la royaute est meilleure? Voyons, je ne vais pas me mettre a feuilleter ici l'histoire, la tribune n'est pas un pupitre a in-folio;—je reste dans les faits vivants, actuels, presents a toutes les memoires. Parlez, quels sont vos griefs contre la republique de 1848? Les emeutes? Mais la monarchie avait les siennes. L'etat des finances? Mon Dieu! je n'examine pas, ce n'est pas le moment, si depuis trois ans les finances de la republique ont ete bien democratiquement conduites....

A DROITE.—Non! fort heureusement pour elles!

M. VICTOR HUGO.—... Mais la monarchie constitutionnelle coutait fort cher; mais les gros budgets, c'est la monarchie constitutionnelle qui les a inventes. Je dis plus, car il faut tout dire, la monarchie proprement dite, la monarchie de principe, la monarchie legitime, qui se croit ou se pretend synonyme de stabilite, de securite, de prosperite, de propriete, la vieille monarchie historique de quatorze siecles, messieurs, faisait quelquefois, faisait volontiers banqueroute! (*Rires et applaudissements.*)

Sous Louis XIV, je vous cite la belle epoque, le grand siecle, le grand regne, sous Louis XIV, on voit de temps en temps *palir*, c'est Boileau qui le dit, *le rentier*

A l'aspect d'un arret qui retranche un quartier.

Or, quels que soient les euphemismes d'un ecrivain satirique qui flatte un roi, un arret qui retranche un quartier aux rentiers, messieurs, c'est la banqueroute. (*A gauche: Tres bien!—Rumeurs a droite.—Et les assignats?*)

Sous le regent, la monarchie empoche, ce n'est pas le mot noble, c'est le mot vrai (*on rit*), empoche trois cent cinquante millions par l'alteration des monnaies; c'etait le temps ou on pendait une servante pour cinq sous. Sous Louis XV, neuf banqueroutes en soixante ans.

UNE VOIX AU FOND A DROITE.—Et les pensions des poetes!

M. Victor Hugo s'arrete.

A GAUCHE.—Meprisez cela! Dedaignez! Ne repondez pas!

M. VICTOR HUGO.—Je repondrai a l'honorable interrupteur que, trompe par certains journaux, il fait allusion a une pension qui m'a ete offerte par le roi Charles X, et que j'ai refusee.

M. DE FALLOUX.—Je vous demande pardon, vous l'aviez sur la cassette du roi. (*Rumeurs a gauche.*)

M. BAC.—Meprisez ces injures!

M. DE FALLOUX.—Permettez-moi de dire un mot.

M. VICTOR HUGO.—Vous voulez que je raconte le fait? il m'honore; je le veux bien.

M. DE FALLOUX.—Je vous demande pardon.... (*A gauche: C'est de la personnalite!—On cherche le scandale!—Laissez parler!—N'interrompez pas!—A l'ordre! a l'ordre!*)

M. DE FALLOUX.—L'assemblee a pu observer que je n'ai pas cesse, depuis le commencement de la seance, de garder moi-meme le plus profond silence, et meme, de temps en temps, d'engager mes amis a le garder comme moi. Je demande seulement la permission de rectifier un fait materiel.

M. VICTOR HUGO.—Parlez!

M. DE FALLOUX.—L'honorable M. Victor Hugo a dit: "Je n'ai jamais touche de pension de la monarchie....".

M. VICTOR HUGO.—Non, je n'ai pas dit cela. (*Vives reclamations a droite, melees d'applaudissements et de rires ironiques.*)

PLUSIEURS MEMBRES A GAUCHE, *a M. Victor Hugo.*—Ne repondez pas!

M. SOUBIES, *a la droite.*—Attendez les explications, au moins; vos applaudissements sont indecents!

M. FRICHON, *a M. de Falloux.*—Ancien ministre de la republique, vous la trahissez.

M. LAMARQUE.—C'est le venin des jesuites!

M. VICTOR HUGO, *s'adressant a M. de Falloux, au milieu du bruit.*—Je prie M. de Falloux d'obtenir de ses amis qu'ils veuillent bien permettre qu'on lui reponde. (*Bruit confus.*)

M. DE FALLOUX.—Je fais ce que je puis.

A L'EXTREME GAUCHE.—Faites donc faire silence a droite, monsieur le president!

M. LE PRESIDENT.—On fait du bruit des deux cotes. (*A l'orateur.*) Vous voulez toujours tirer parti, a votre avantage, des interruptions; je les condamne, mais je constate qu'il y a autant de bruit a gauche qu'a droite. (*Violentes reclamations et protestations a l'extreme gauche.—Les membres assis sur les bancs inferieurs de la gauche font des efforts pour ramener le silence.*)

UN MEMBRE A GAUCHE.—Vous n'avez d'oreilles que pour notre cote.

M. LE PRESIDENT.—On interrompt des deux cotes. (*Non! non!—Si! si!*) Je vois, je constate.... (*Nouvelles exclamations bruyantes sur les memes bancs a gauche.*)

Je constate que, depuis cinq minutes, M. Schoelcher et M. Grevy reclament le silence. (*Exclamations et protestations nouvelles a gauche.—M. Schoelcher prononce quelques mots que le bruit nous empeche de saisir.*)

Je constate que vous-memes reclamez le silence depuis plusieurs minutes, monsieur Schoelcher et monsieur Grevy, je vous rends cette justice.

M. SCHOELCHER.—Nous le reclamons, parce que nous nous sommes promis de tout entendre.

UN MEMBRE A L'EXTREME GAUCHE.—Le *Moniteur* repondra a M. le president.

M. LE PRESIDENT.—On peut nier un fait qui se passe dans un bureau, mais on ne peut pas nier un fait qui se passe a la face de l'assemblee. (*De vives apostrophes sont adressees de la gauche a M. le president.*)

Il vous tarde de prendre vos allures accoutumees! (*Exclamations a l'extreme gauche.*)

UN MEMBRE.—C'est a vous qu'il tarde de reprendre les votres....

D'AUTRES MEMBRES.—Ce sont des provocations.

M. LE PRESIDENT.—Je demande le silence des deux cotes.

M. ARNAUD (de l'Ariege.)—Ce sont des personnalites.

M. SAVATIER-LAROCHE.—Ce sont des provocations qu'on cherche a rendre injurieuses.

M. LE PRESIDENT.—Voulez-vous faire silence et ecouter l'orateur? (*Le silence se retablit.*)

M. VICTOR HUGO.—Je remercie l'honorable M. de Falloux. Je ne cherchais pas l'occasion de parler de moi. Il me la donne a propos d'un fait qui m'honore. (*A la droite.*) Ecoutez ce que j'ai a vous dire. Vous avez ri les premiers; vous etes loyaux, je le pense, et je vous predis que vous ne rirez pas les derniers. (*Sensation.*)

UN MEMBRE A L'EXTREME DROITE.—Si!

M. VICTOR HUGO, *a l'interrupteur.*—En ce cas vous ne serez pas loyal. (*Bravos a gauche.—Un profond silence s'etablit.*)

J'avais dix-neuf ans....

UN MEMBRE A DROITE.—Ah! bon, j'etais si jeune! (*Longs murmures a gauche.—Cris: C'est indecent!*)

M. VICTOR HUGO, *se tournant vers l'interrupteur.*—L'homme capable d'une si inqualifiable interruption doit avoir le courage de se nommer. Je le somme de se nommer. (*Applaudissements a gauche.—Silence a droite.—Personne ne se nomme.*)

Il se tait. Je le constate.

(*Les applaudissements de la gauche redoublent.—Silence consterne a droite.*)

M. VICTOR HUGO, *reprenant.*—J'avais dix-neuf ans; je publiai un volume en vers. Louis XVIII, qui etait un roi lettre, vous le savez, le lut et m'envoya une pension de deux mille francs. Cet acte fut spontane de la part du roi, je le dis a son honneur et au mien; je recus cette pension sans l'avoir demandee. La lettre que vous avez dans les mains, monsieur de Falloux, le prouve. (*M. de Falloux fait un signe d'assentiment.—Mouvement a droite.*)

M. DE LAROCHEJAQUELEIN.—C'est tres bien, monsieur Victor Hugo!

M. VICTOR HUGO.—Plus tard, quelques annees apres, Charles X regnait, je fis une piece de theatre, *Marion de Lorme*; la censure interdit la piece, j'allai trouver le roi, je lui demandai de laisser jouer ma piece, il me recut avec bonte, mais refusa de lever l'interdit. Le lendemain, rentre chez moi, je recus de la part du roi l'avis que, pour me dedommager de cet interdit, ma pension etait elevee de deux mille francs a six mille. Je refusai. (*Long mouvement.*) J'ecrivis au ministre que je ne voulais rien que ma liberte de poete mon independance d'ecrivain. (*Applaudissements prolonges a gauche.—Sensation meme a droite.*)

C'est la la lettre que vous tenez entre les mains. (*Bravo! bravo!*) Je dis dans cette lettre que je n'offenserai jamais le roi Charles X. J'ai tenu parole, vous le savez. (*Profonde sensation.*)

M. DE LAROCHEJAQUELEIN.—C'est vrai! dans de bien admirables vers!

M. VICTOR HUGO, *a la droite.*—Vous voyez, messieurs, que vous ne riez plus et que j'avais raison de remercier M. de Falloux. (*Oui! oui! Long mouvement.—Un membre rit au fond de la salle.*)

A GAUCHE.—Allons donc! c'est indecent!

PLUSIEURS MEMBRES DE LA DROITE, *a M. Victor Hugo.*—Vous avez bien fait.

M. SOUBIES.—Celui qui a ri aurait accepte le tout.

M. VICTOR HUGO.—Je disais donc que la monarchie faisait quelquefois banqueroute. Je rappelais que, sous le regent, la monarchie avait empoche trois cent cinquante millions par l'alteration des monnaies. Je continue. Sous Louis XV, neuf banqueroutes.

Voulez-vous que je vous rappelle celles qui me viennent a l'esprit? Les deux banqueroutes Desmaretz, les deux banqueroutes des freres Paris, la banqueroute du Visa et la banqueroute du Systeme.... Est-ce assez de banqueroutes comme cela? Vous en faut-il encore? (*Longue hilarite a gauche.*)

En voici d'autres du meme regne; la banqueroute du cardinal Fleury, la banqueroute du controleur general Silhouette, la banqueroute de l'abbe Terray! Je nomme ces banqueroutes de la monarchie du nom des ministres qu'elles deshonorent dans l'histoire. Messieurs, le cardinal Dubois definissait la monarchie: *Un gouvernement fort, parce qu'il fait banqueroute quand il veut.* (*Nouveaux rires.*)

Eh bien! la republique de 1848, elle, a-t-elle fait banqueroute? Non, quoique, du cote de ce que je suis bien force d'appeler la monarchie, on le lui ait peut-etre un peu conseille. (*On rit encore a gauche, et meme a droite.*)

Messieurs, la republique, qui n'a pas fait banqueroute, et qui, on peut l'affirmer, si on la laisse dans sa franche et droite voie de probite populaire, ne fera pas, ne fera jamais banqueroute (*A gauche: Non! non!*), la republique de 1848 a-t-elle fait la guerre europeenne? Pas davantage.

Son attitude a peut-etre ete meme un peu trop pacifique, et, je le dis dans l'interet meme de la paix, son epee a demi tiree eut suffi pour faire rengainer bien des grands sabres.

Que lui reprochez-vous donc, messieurs les chefs des partis monarchiques, qui n'avez pas encore reussi, qui ne reussirez jamais a laver notre histoire contemporaine tout eclaboussee de sang par 1815? (*Mouvement.*) On a parle de 1793, j'ai le droit de parler de 1815! (*Vive approbation a gauche.*)

Que lui reprochez-vous donc, a la republique de 1848? Mon Dieu! il y a des accusations banales qui trainent dans tous vos journaux, et qui ne sont pas encore usees, a ce qu'il parait, et que je retrouv ce matin meme dans une circulaire pour la revision totale, "les commissaires de M. Ledru-Rollin! les quarante-cinq centimes! les conferences socialistes du Luxembourg!"—Le Luxembourg! ah! oui, le Luxembourg! voila le grand grief! Tenez, prenez garde au Luxembourg; n'allez pas trop de ce cote-la, vous finiriez par y rencontrer le spectre du marechal Ney! (*Longue acclamation.—Applaudissements prolonges a gauche.*)

M. DE RESSEGUIER.—Vous y trouveriez votre fauteuil de pair de France!

M. LE PRESIDENT.—Vous n'avez pas la parole, monsieur de Resseguier.

UN MEMBRE A DROITE.—La Convention a guillotine vingt-cinq generaux!

M. DE RESSEGUIER.—Votre fauteuil de pair de France! (*Bruit.*)

M. LE PRESIDENT.—N'interrompez pas.

M. VICTOR HUGO.—Je crois, Dieu me pardonne, que M. de Resseguier me reproche d'avoir siege parmi les juges du marechal Ney! (*Exclamations a droite.—Rires ironiques et approbatifs a gauche.*)

M. DE RESSEGUIER.—Vous vous meprenez....

M. LE PRESIDENT.—Veuillez vous asseoir; gardez le silence, vous n'avez pas la parole.

M. DE RESSEGUIER, *s'adressant a l'orateur.*—Vous vous meprenez formellement....

M. LE PRESIDENT.—Monsieur de Resseguier, je vous rappelle a l'ordre formellement.

M. DE RESSEGUIER.—Vous vous meprenez avec intention.

M. LE PRESIDENT.—Je vous rappellerai a l'ordre avec inscription au proces-verbal, si vous meprisez tous mes avertissements.

M. VICTOR HUGO.—Hommes des anciens partis, je ne triomphe pas de ce qui est votre malheur, et, je vous le dis sans amertume, vous ne jugez pas votre temps et votre pays avec une vue juste, bienveillante et saine. Vous vous meprenez aux phenomenes contemporains. Vous criez a la decadence. Il y a une decadence en effet, mais, je suis bien force de vous l'avouer, c'est la votre. (*Rires a gauche.—Murmures a droite.*)

Parce que la monarchie s'en va, vous dites: La France s'en va! C'est une illusion d'optique. France et monarchie, c'est deux. La France demeure, la France grandit, sachez cela! (*Tres bien!—Rires a droite.*)

Jamais la France n'a ete plus grande que de nos jours; les etrangers le savent, et, chose triste a dire et que vos rires confirment, vous l'ignorez!

Le peuple francais a l'age de raison, et c'est precisement le moment que vous choisissez pour taxer ses actes de folie. Vous reniez ce siecle tout entier, son industrie vous semble materialiste, sa philosophie vous semble immorale, sa litterature vous semble anarchique. (*Rires ironiques a droite.—Oui! oui!*) Vous voyez, vous continuez de confirmer mes paroles. Sa litterature vous semble anarchique, et sa science vous parait impie. Sa democratie, vous la nommez demagogie. (*Oui! oui! a droite.*)

Dans vos jours d'orgueil, vous declarez que notre temps est mauvais, et que, quant a vous, vous n'en etes pas. Vous n'etes pas de ce siecle. Tout est la. Vous en tirez vanite. Nous en prenons acte.

Vous n'etes pas de ce siecle, vous n'etes plus de ce monde, vous etes morts! C'est bien! je vous l'accorde! (*Rires et bravos.*)

Mais, puisque vous etes morts, ne revenez pas, laissez tranquilles les vivants. (*Rire general.*)

M. DE TINGUY, *a l'orateur.*—Vous nous supposez morts! monsieur le vicomte?

M. LE PRESIDENT.—Vous ressuscitez, vous, monsieur de Tinguy!

M. DE TINGUY.—Je ressuscite le vicomte!

M. VICTOR HUGO, *croisant les bras et regardant la droite en face.*—Quoi! vous voulez reparaitre! (*Nouvelle explosion d'hilarite et de bravos!*)

Quoi! vous voulez recommencer! Quoi! ces experiences redoutables qui devorent les rois, les princes, le faible comme Louis XVI, l'habile et le fort comme Louis-Philippe, ces experiences lamentables qui devorent les familles nees sur le trone, des femmes augustes, des veuves saintes, des enfants innocents, vous n'en avez pas assez! il vous en faut encore. (*Sensation.*)

Mais vous etes donc sans pitie et sans memoire!! Mais, royalistes, nous vous demandons grace pour ces infortunees familles royales!

Quoi! vous voulez rentrer dans cette serie de faits necessaires, dont toutes les phases sont prevues et pour ainsi dire marquees d'avance comme des etapes inevitables! Vous voulez rentrer dans ces engrenages formidables de la destinee! (*Mouvement.*) Vous voulez rentrer dans ce cycle terrible, toujours le meme, plein d'ecueils, d'orages et de catastrophes, qui commence par des reconciliations platrees de peuple a roi, par des restaurations, par les Tuileries rouvertes, par des lampions allumes, par des harangues et des fanfares, par des sacres et des fetes; qui se continue par des empietements du trone sur le parlement, du pouvoir sur le droit, de la royaute sur la nation, par des luttes dans les chambres, par des resistances dans la presse, par des murmures dans l'opinion, par des proces ou le zele emphatique et maladroit des magistrats qui veulent plaire avorte devant l'energie des ecrivains (*vifs applaudissements a gauche*); qui se continue par des violations de chartes ou trempent les majorites complices (*Tres bien!*), par des lois de compression, par des mesures d'exception, par des exactions de police d'une part, par des societes secretes et des conspirations de l'autre,—et qui finit....—Mon Dieu! cette place que vous traversez tous les jours pour venir a ce palais ne vous dit donc rien? (*Interruption.—A l'ordre! a l'ordre!*) Mais frappez du pied ce pave qui est a deux pas de ces funestes Tuileries que vous convoitez encore; frappez du pied ce pave fatal, et vous en ferez sortir, a votre choix, l'echafaud qui precipite la vieille monarchie dans la tombe, ou le fiacre qui emporte la royaute nouvelle dans l'exil! (*Applaudissements prolonges a gauche.—Murmures. Exclamations.*)

M. LE PRESIDENT.—Mais qui menacez-vous donc la? Est-ce que vous menacez quelqu'un? Ecartez cela!

M. VICTOR HUGO.—C'est un avertissement.

M. LE PRESIDENT.—C'est un avertissement sanglant; vous passez toutes les bornes, et vous oubliez la question de la revision. C'est une diatribe, ce n'est pas un discours.

M. VICTOR HUGO.—Comment! il ne me sera pas permis d'invoquer l'histoire!

UNE VOIX A GAUCHE, *s'adressant au president.*—On met la constitution et la republique en question, et vous ne laissez pas parler!

M. LE PRESIDENT.—Vous tuez les vivants et vous evoquez les morts; ce n'est pas de la discussion. (*Interruption prolongee.—Rires approbatifs a droite.*)

M. VICTOR HUGO.—Comment, messieurs, apres avoir fait appel, dans les termes les plus respectueux, a vos souvenirs; apres vous avoir parle de femmes augustes, de veuves saintes, d'enfants innocents; apres avoir fait appel a votre memoire, il ne me sera pas permis, dans cette enceinte, apres ce qui a ete entendu ces jours passes, il ne me sera pas permis d'invoquer l'histoire comme un avertissement, entendez-le bien, mais non comme une menace? il ne me sera pas permis de dire que les restaurations commencent d'une maniere qui semble triomphante et finissent d'une maniere fatale? il ne me sera pas permis de vous dire que les restaurations commencent par l'eblouissement d'elles-memes, et finissent par ce qu'on a appele des catastrophes, et d'ajouter que si vous frappez du pied ce pave fatal qui est a deux pas de vous, a deux pas de ces funestes Tuileries que vous convoitez encore, vous en ferez sortir, a votre choix, l'echafaud qui precipite la vieille monarchie dans la tombe, ou le fiacre qui emporte la royaute nouvelle dans l'exil! (*Rumeurs a droite.—Bravos a gauche*) il ne me sera pas permis de dire cela! Et on appelle cela une discussion libre! (*Vive approbation et applaudissements a gauche.*)

M. EMILE DE GIRARDIN.—Elle l'etait hier!

M. VICTOR HUGO.—Ah! je proteste! Vous voulez etouffer ma voix; mais on l'entendra cependant.... (*Reclamations a droite.*) On l'entendra.

Les hommes habiles qui sont parmi vous, et il y en a, je ne fais nulle difficulte d'en convenir....

UNE VOIX A DROITE.—Vous etes bien bon!

M. VICTOR HUGO.—Les hommes habiles qui sont parmi vous se croient forts en ce moment, parce qu'ils s'appuient sur une coalition des interets effrayes. Etrange point d'appui que la peur! mais, pour faire le mal, c'en est un.—Messieurs, voici ce que j'ai a dire a ces hommes habiles. Avant peu, et quoi que vous fassiez, les interets se rassureront; et, a mesure qu'ils reprendront confiance, vous la perdrez.

Oui, avant peu, les interets comprendront qu'a l'heure qu'il est, qu'au dix-neuvieme siecle, apres l'echafaud de Louis XVI....

M. DE MONTEBELLO.—Encore!

M. VICTOR HUGO.—... Apres l'ecroulement de Napoleon, apres l'exil de Charles X, apres la chute de Louis-Philippe, apres la revolution francaise, en un mot, c'est-a-dire apres le renouvellement complet, absolu, prodigieux, des principes, des croyances, des opinions, des situations, des influences et des faits, c'est la republique qui est la terre ferme, et c'est la monarchie qui est l'aventure. (*Applaudissements.*)

Mais l'honorable M. Berryer vous disait hier: Jamais la France ne s'accommodera de la democratie!

A DROITE.—Il n'a pas dit cela!

UNE VOIX A DROITE.—Il a dit de la republique.

M. DE MONTEBELLO.—C'est autre chose.

M. MATHIEU BOURDON.—C'est tout different.

M. VICTOR HUGO.—Cela m'est egal! j'accepte votre version. M. Berryer nous a dit: Jamais la France ne s'accommodera de la republique.

Messieurs, il y a trente-sept ans, lors de l'octroi de la charte de Louis XVIII, tous les contemporains l'attestent, les partisans de la monarchie pure, les memes qui traitaient Louis XVIII de revolutionnaire et Chateaubriand de jacobin (*hilarite*), les partisans de la monarchie pure s'epouvantaient de la monarchie representative, absolument comme les partisans de la monarchie representative s'epouvantent aujourd'hui de la republique.

On disait alors: C'est bon pour l'Angleterre! exactement comme M. Berryer dit aujourd'hui: C'est bon pour l'Amerique! (*Tres bien! tres bien!*)

On disait: La liberte de la presse, les discussions de la tribune, des orateurs d'opposition, des journalistes, tout cela, c'est du desordre; jamais la France ne s'y fera! Eh bien! elle s'y est faite!

M. DE TINGUY.—Et defaite.

M. VICTOR HUGO.—La France s'est faite au regime parlementaire, elle se fera de meme au regime democratique. C'est un pas en avant. Voila tout. (*Mouvement.*)

Apres la royaute representative, on s'habituera au surcroit de mouvement des moeurs democratiques, de meme qu'apres la royaute absolue on avait fini par s'habituer au surcroit d'excitation des moeurs liberales, et la prosperite publique se degagera a travers les agitations republicaines, comme elle se degageait a travers les agitations constitutionnelles; elle se degagera agrandie et affermie. Les aspirations populaires se regleront comme les passions bourgeoises se sont reglees. Une grande nation comme la France finit toujours par retrouver son equilibre. Sa masse est l'element de sa stabilite.

Et puis, il faut bien vous le dire, cette presse libre, cette tribune souveraine, ces comices populaires, ces multitudes faisant cercle autour d'une idee, ce peuple, auditoire tumultueux et tribunal patient, ces legions de votes gagnant des batailles la ou l'emeute en perdait, ces tourbillons de bulletins qui couvrent la France a un jour donne, tout ce mouvement qui vous effraye n'est autre chose que la fermentation meme du progres (*Tres bien!*), fermentation utile, necessaire, saine, feconde, excellente! Vous prenez cela pour la fievre? C'est la vie. (*Longs applaudissements.*)

Voila ce que j'ai a repondre a M. Berryer.

Vous le voyez, messieurs, ni l'utilite, ni la stabilite politique, ni la securite financiere, ni la prosperite publique, ni le droit, ni le fait, ne sont du cote de la monarchie dans ce debat.

Maintenant, car il faut bien en venir la, quelle est la moralite de cette agression contre la constitution, qui masque une agression contre la republique?

Messieurs, j'adresse ceci en particulier aux anciens, aux chefs vieillis, mais toujours preponderants, du parti monarchique actuel, a ces chefs qui ont fait, comme nous, partie de l'assemblee constituante, a ces chefs avec lesquels je ne confonds pas, je le declare, la portion jeune et genereuse de leur parti, qui ne les suit qu'a regret.

Du reste, je ne veux certes offenser personne, j'honore tous les membres de cette assemblee, et s'il m'echappait quelque parole qui put froisser qui que ce soit parmi mes collegues, je la retire d'avance. Mais enfin, pourtant, il faut bien que je le dise, il y a eu des royalistes autrefois....

M. CALLET.—Vous en savez quelque chose. (*Exclamations a gauche.—N'interrompez pas!*)

M. CHARRAS, *a M. Victor Hugo.*—Descendez de la tribune.

M. VICTOR HUGO.—C'est evident! il n'y a plus de liberte de tribune! (*Reclamations a droite.*)

M. LE PRESIDENT.—Demandez a M. Michel (de Bourges) si la liberte de la tribune est supprimee.

M. SOUBIES.—Elle doit exister pour tous et non pour un seul.

M. LE PRESIDENT.—Monsieur, l'assemblee est la meme; les orateurs changent. C'est a l'orateur a faire l'auditeur, on vous l'a dit avant-hier; c'est M. Michel (de Bourges) qui vous l'a dit.

M. LAMARQUE.—Il a dit le contraire.

M. LE PRESIDENT.—C'est ma variante.

M. MICHEL (de Bourges), *de sa place.*—Monsieur le president, voulez-vous me permettre un mot? (*Signe d'assentiment de M. le president.*)

Vous avez change les termes de ce que j'ai dit hier. Ce que j'ai dit ne vient pas de moi; c'est le plus grand orateur du dix-septieme siecle qui l'a dit, c'est Bossuet. Il n'a pas dit que l'orateur faisait l'auditeur; il a dit que c'etait l'auditeur qui faisait l'orateur. (*A gauche: Tres bien! tres bien!*)

M. LE PRESIDENT.—En renversant les termes de la proposition, il y a une verite qui est la meme; c'est qu'il y a une reaction necessaire de l'orateur sur l'assemblee et de l'assemblee sur l'orateur. C'est Royer-Collard lui-meme qui, desesperant de faire ecouter certaines choses, disait aux orateurs: Faites qu'on vous ecoute.

Je declare qu'il m'est impossible de procurer le meme silence a tous les orateurs, quand ils sont aussi dissemblables. (*Hilarite bruyante sur les bancs de la majorite.—Rumeurs et interpellations diverses a gauche.*)

M. EMILE DE GIRARDIN.—Est-ce que l'injure est permise?

M. CHARRAS.—C'est une impertinence.

M. VICTOR HUGO.—Messieurs, a la citation de Royer-Collard que vient de me faire notre honorable president, je repondrai par une citation de Sheridan, qui disait:—Quand le president cesse de proteger l'orateur, c'est que la liberte de la tribune n'existe plus. —(*Applaudissements repetes a gauche.*)

M. ARNAUD (de l'Ariege).—Jamais on n'a vu une pareille partialite.

M. VICTOR HUGO.—Eh bien! messieurs, que vous disais-je? Je vous disais,—et je rattache cela a l'agression dirigee aujourd'hui contre la republique, et je pretends tirer la moralite de cette agression—je vous disais: Il y a eu des royalistes autrefois. Ces royalistes-la, dont des hasards de famille ont pu meler des traditions a l'enfance de plusieurs d'entre nous, a la mienne en particulier, puisqu'on me le rappelle sans cesse; ces royalistes-la, nos peres les ont connus, nos peres les ont combattus. Eh bien! ces royalistes-la, quand ils confessaient leurs principes, c'etait le jour du danger, non le lendemain! (*A gauche.—Tres bien! tres bien!*)

M. VICTOR HUGO.—Ce n'etaient pas des citoyens, soit; mais c'etaient des chevaliers. Ils faisaient une chose odieuse, insensee, abominable, impie, la guerre civile; mais ils la faisaient, ils ne la provoquaient pas! (*Vive approbation a gauche.*)

Ils avaient devant eux, debout, toute jeune, toute terrible, toute fremissante, cette grande et magnifique et formidable revolution francaise qui envoyait contre eux les grenadiers de Mayence, et qui trouvait plus facile d'avoir raison de l'Europe que de la Vendee.

M. DE LA ROCHEJAQUELEIN.—C'est vrai!

M. VICTOR HUGO.—Ils l'avaient devant eux, et ils lui tenaient tete. Ils ne rusaient pas avec elle, ils ne se faisaient pas renards devant le lion! (*Applaudissements a gauche.—M. de la Rochejaquelein fait un signe d'assentiment.*)

M. VICTOR HUGO, *a M. de la Rochejaquelein.*—Ceci s'adresse a vous et a votre nom; c'est un hommage que je rends aux votres.

Ils ne venaient pas lui derober, a cette revolution, l'un apres l'autre, et pour s'en servir contre elle, ses principes, ses conquetes, ses armes! ils cherchaient a la tuer, non a la voler! (*Bravos a gauche.*)

Ils jouaient franc jeu, en hommes hardis, en hommes convaincus, en hommes sinceres qu'ils etaient; et ils ne venaient pas en plein midi, en plein soleil, ils ne venaient pas en pleine assemblee de la nation, balbutier: Vive le roi! apres avoir crie vingt-sept fois dans un seul jour: Vive la Republique! (*Acclamations a gauche.—Bravos prolonges.*)

M. EMILE DE GIRARDIN.—Ils n'envoyaient pas d'argent pour les blesses de Fevrier.

M. VICTOR HUGO.—Messieurs, je resume d'un mot tout ce que je viens de dire. La monarchie de principe, la legitimite, est morte en France. C'est un fait qui a ete et qui n'est plus.

La legitimite restauree, ce serait la revolution a l'etat chronique, le mouvement social remplace par les commotions periodiques. La republique, au contraire, c'est le progres fait gouvernement. (*Approbation.*)

Finissons de ce cote.

M. LEO DE LABORDE.—Je demande la parole. (*Mouvement prolonge.*)

M. MATHIEU BOURDON.—La legitimite se reveille.

(*M. de Falloux se leve.*)

A GAUCHE.—Non! non! n'interrompez pas! n'interrompez pas!

(*M. de Falloux s'approche de la tribune.—Agitation bruyante.*)

A GAUCHE, *a l'orateur.*—Ne laissez pas parler! ne laissez pas parler!

M. VICTOR HUGO.—Je ne permets pas l'interruption.

(*M. de Falloux monte au bureau aupres du president, et echange avec lui quelques paroles.*)

M. VICTOR HUGO.—L'honorable M. de Falloux oublie tellement les droits de l'orateur, que ce n'est plus a l'orateur qu'il demande la permission de l'interrompre, c'est au president.

M. DE FALLOUX, *revenant au pied de la tribune.*—Je vous demande la permission de vous interrompre.

M. VICTOR HUGO.—Je ne vous la donne pas.

M. LE PRESIDENT.—Vous avez la parole, monsieur Victor Hugo.

M. VICTOR HUGO.—Mais des publicistes d'une autre couleur, des journaux d'une autre nuance, qui expriment bien incontestablement la pensee du gouvernement, car ils sont vendus dans les rues avec privilege et a l'exclusion de tous les autres, ces journaux nous crient:

—Vous avez raison; la legitimite est impossible, la monarchie de droit divin et de principe est morte; mais l'autre, la monarchie de gloire, l'empire, celle-la est non-seulement possible, mais necessaire.

Voila le langage qu'on nous tient.

Ceci est l'autre cote de la question monarchie. Examinons.

Et d'abord, la monarchie de gloire, dites-vous! Tiens! vous avez de la gloire? Montrez-nous-la! (*Hilarite.*) Je serais curieux de voir de la gloire sous ce gouvernement-ci! (*Rires et applaudissements a gauche.*)

Voyons! votre gloire, ou est-elle? Je la cherche. Je regarde autour de moi. De quoi se compose-t-elle?

M. LEPIC.—Demandez a votre pere!

M. VICTOR HUGO.—Quels en sont les elements? Qu'est-ce que j'ai devant moi? Qu'est-ce que nous avons devant les yeux? Toutes nos libertes prises au piege l'une apres l'autre et garrottees; le suffrage universel trahi, livre, mutile; les programmes socialistes aboutissant a une politique jesuite; pour gouvernement, une immense intrigue (*mouvement*), l'histoire dira peut-etre un complot ... (*vive sensation*) je ne sais quel sous-entendu inoui qui donne a la republique l'empire pour but, et qui fait de cinq cent mille fonctionnaires une sorte de franc-maconnerie bonapartiste au milieu de la nation! toute reforme ajournee ou bafouee, les impots improportionnels et onereux au peuple maintenus ou retablis, l'etat de siege pesant sur cinq departements, Paris et Lyon mis en surveillance, l'amnistie refusee, la transportation aggravee, la deportation votee, des gemissements a la kasbah de Bone, des tortures a Belle-Isle, des casemates ou l'on ne veut pas laisser pourrir des matelas, mais ou on laisse pourrir des hommes! ... (*sensation*) la presse traquee, le jury trie, pas assez de justice et beaucoup trop de police, la misere en bas, l'anarchie en haut, l'arbitraire, la compression, l'iniquite! au dehors, le cadavre de la republique romaine! (*Bravos a gauche.*)

VOIX A DROITE.—C'est le bilan de la republique.

M. LE PRESIDENT.—Laissez donc; n'interrompez pas. Cela constate que la tribune est libre. Continuez. (*Tres bien! tres bien! a gauche.*)

M. CHARRAS.—Libre malgre vous.

M. VICTOR HUGO.—... La potence, c'est-a-dire l'Autriche (*mouvement*), debout sur la Hongrie, sur la Lombardie, sur Milan, sur Venise; la Sicile livree aux fusillades; l'espoir des nationalites dans la France detruit; le lien intime des peuples rompu; partout le droit foule aux pieds, au nord comme au midi, a Cassel comme a Palerme; une coalition de rois latente et qui n'attend que l'occasion; notre diplomatie muette, je ne veux pas dire complice; quelqu'un qui est toujours lache devant quelqu'un qui est toujours insolent; la Turquie laissee sans appui contre le czar et forcee d'abandonner les proscrits; Kossuth, agonisant dans un cachot de l'Asie Mineure; voila ou nous en sommes! La France baisse la tete, Napoleon tressaille de honte dans sa tombe, et cinq ou six mille coquins crient: Vive l'empereur! Est-ce tout cela que vous appelez votre gloire, par hasard? (*Profonde agitation.*)

M. DE LADEVANSAYE.—C'est la republique qui nous a donne tout cela!

M. LE PRESIDENT.—C'est aussi au gouvernement de la republique qu'on reproche tout cela!

M. VICTOR HUGO.—Maintenant, votre empire, causons-en, je le veux bien. (*Rires a gauche.*)

M. VIEILLARD [Note: Senateur, sous l'empire, a 30,000 francs par an.]—Personne n'y songe, vous le savez bien.

M. VICTOR HUGO.—Messieurs, des murmures tant que vous voudrez, mais pas d'equivoques. On me crie: Personne ne songe a l'empire. J'ai pour habitude d'arracher les masques.

Personne ne songe a l'empire, dites-vous? Que signifient donc ces cris payes de: Vive l'empereur? Une simple question: Qui les paye?

Personne ne songe a l'empire, vous venez de l'entendre! Que signifient donc ces paroles du general Changarnier, ces allusions aux pretoriens en debauche applaudies par vous? Que signifient ces paroles de M. Thiers, egalement applaudies par vous: L'empire est fait?

Que signifie ce petitionnement ridicule et mendie pour la prolongation des pouvoirs?

Qu'est-ce que la prolongation, s'il vous plait? C'est le consulat a vie. Ou mene le consulat a vie? A l'empire! Messieurs, il y a la une intrigue! Une intrigue, vous dis-je! J'ai le droit de la fouiller. Je la fouille. Allons! le grand jour sur tout cela!

Il ne faut pas que la France soit prise par surprise et se trouve, un beau matin, avoir un empereur sans savoir pourquoi! (*Applaudissements.*)

Un empereur! Discutons un peu la pretention.

Quoi! parce qu'il y a eu un homme qui a gagne la bataille de Marengo, et qui a regne, vous voulez regner, vous qui n'avez gagne que la bataille de Satory! (*Rires.*)

A GAUCHE.—Tres bien! tres bien!—Bravo!

M. EMILE DE GIRARDIN.—Il l'a perdue.

M. FERDINAND BARROT [Note: Senateur de l'empire, a 30,000 francs par an.]—Il y a trois ans qu'il gagne une bataille, celle de l'ordre contre l'anarchie.

M. VICTOR HUGO.—Quoi! parce que, il y a dix siecles de cela, Charlemagne, apres quarante annees de gloire, a laisse tomber sur la face du globe un sceptre et une epee tellement demesures que personne ensuite n'a pu et n'a ose y toucher,—et pourtant il y a eu dans l'intervalle des hommes qui se sont appeles Philippe-Auguste, Francois Ier, Henri IV, Louis XIV! Quoi! parce que, mille ans apres, car il ne faut pas moins d'une gestation de mille annees a l'humanite pour reproduire de pareils hommes, parce que, mille ans apres, un autre genie est venu, qui a ramasse ce glaive et ce sceptre, et qui s'est dresse debout sur le continent, qui a fait l'histoire gigantesque dont l'eblouissement dure encore, qui a enchaine la revolution en France et qui l'a dechainee en Europe, qui a donne a son nom, pour synonymes eclatants, Rivoli, Iena, Essling, Friedland, Montmirail! Quoi! parce que, apres dix ans d'une gloire immense, d'une gloire presque fabuleuse a force de grandeur, il a, a son tour, laisse tomber d'epuisement ce sceptre et ce glaive qui avaient accompli tant de choses colossales, vous venez, vous, vous voulez, vous, les ramasser apres lui, comme il les a ramasses, lui, Napoleon, apres Charlemagne, et prendre dans vos petites mains ce sceptre des titans, cette epee des geants! Pour quoi faire? (*Longs applaudissements.*) Quoi! apres Auguste, Augustule! Quoi! parce que nous avons eu Napoleon le Grand, il faut que nous ayons Napoleon le Petit! (*La gauche applaudit, la droite crie. La seance est interrompue pendant plusieurs minutes. Tumulte inexprimable.*)

A GAUCHE.—Monsieur le president, nous avons ecoute M. Berryer; la droite doit ecouter M. Victor Hugo. Faites taire la majorite.

M. SAVATIER-LAROCHE.—On doit le respect aux grands orateurs. (*A gauche: Tres bien!*)

M. DE LA MOSKOWA [Note: Senateur de l'empire, a 30,000 francs par an.]—M. le president devrait faire respecter le gouvernement de la republique dans la personne du president de la republique.

M. LEPIC [Note: Plus tard, aide de camp de l'empereur.]—On deshonore la republique!

M. DE LA MOSKOWA.—Ces messieurs crient: *Vive la republique!* et insultent le president.

M. ERNEST DE GIRARDIN.—Napoleon Bonaparte a eu six millions de suffrages; vous insultez l'elu du peuple! (*Vive agitation au banc des ministres.—M. le president essaye en vain de se faire entendre au milieu du bruit.*)

M. DE LA MOSKOWA.—Et, sur les bancs des ministres, pas un mot d'indignation n'eclate a de pareilles paroles!

M. BAROCHE, *ministre des affaires etrangeres* [Note: President du conseil d'etat de l'empire, a 150,000 francs par an.]—Discutez, mais n'insultez pas.

M. LE PRESIDENT.—Vous avez le droit de contester l'abrogation de l'art. 45 en termes de droit, mais vous n'avez pas le droit d'insulter! (*Les applaudissements de l'extreme gauche redoublent et couvrent la voix de M. le president.*)

M. LE MINISTRE DES AFFAIRES ETRANGERES.—Vous discutez des projets qu'on n'a pas, et vous insultez! (*Les applaudissements de l'extreme gauche continuent.*)

UN MEMBRE DE L'EXTREME GAUCHE.—Il fallait defendre la republique hier quand on l'attaquait!

M. LE PRESIDENT.—L'opposition a affecte de couvrir d'applaudissements et mon observation et celle de M. le ministre, que la mienne avait precedee.

Je disais a M. Victor Hugo qu'il a parfaitement le droit de contester la convenance de demander la revision de l'art. 45 en termes de droit, mais qu'il n'a pas le droit de discuter, sous une forme insultante, une candidature personnelle qui n'est pas en jeu.

VOIX A L'EXTREME GAUCHE.—Mais si, elle est en jeu.

M. CHARRAS.—Vous l'avez vue vous-meme a Dijon, face a face.

M. LE PRESIDENT.—Je vous rappelle a l'ordre ici, parce que je suis president; a Dijon, je respectais les convenances, et je me suis tu.

M. CHARRAS.—On ne les a pas respectees envers vous.

M. VICTOR HUGO.—Je reponds a M. le ministre et a M. le president, qui m'accusent d'offenser M. le president de la republique, qu'ayant le droit constitutionnel d'accuser M. le president de la republique, j'en userai le jour ou je le jugerai convenable, et je ne perdrai pas mon temps a l'offenser; mais ce n'est pas l'offenser que de dire qu'il n'est pas un grand homme. (*Vives reclamations sur quelques bancs de la droite.*)

M. BRIFFAUT.—Vos insultes ne peuvent aller jusqu'a lui.

M. DE CAULAINCOURT.—Il y a des injures qui ne peuvent l'atteindre, sachez-le bien!

M. LE PRESIDENT.—Si vous continuez apres mon avertissement, je vous rappellerai a l'ordre.

M. VICTOR HUGO.—Voici ce que j'ai a dire, et M. le president ne m'empechera pas de completer mon explication. (*Vive agitation.*)

Ce que nous demandons a M. le president responsable de la republique, ce que nous attendons de lui, ce que nous avons le droit d'attendre fermement de lui, ce n'est pas qu'il tienne le pouvoir en grand homme, c'est qu'il le quitte en honnete homme.

A GAUCHE.—Tres bien! tres bien!

M. CLARY [Note: Senateur de l'empire, a 30,000 francs par an.] Ne le calomniez pas, en attendant.

M. VICTOR HUGO.—Ceux qui l'offensent, ce sont ceux de ses amis qui laissent entendre que le deuxieme dimanche de mai il ne quittera pas le pouvoir purement et simplement, comme il le doit, a moins d'etre un seditieux.

VOIX A GAUCHE.—Et un parjure!

M. VIEILLARD [Note: Senateur de l'empire.]—Ce sont la des calomnies, M. Victor Hugo le sait bien.

M. VICTOR HUGO.—Messieurs de la majorite, vous avez supprime la liberte de la presse; voulez-vous supprimer la liberte de la tribune? (*Mouvement.*) Je ne viens pas demander de la faveur, je viens demander de la franchise. Le soldat qu'on empeche de faire son devoir brise son epee; si la liberte de la tribune est morte, dites-le-moi, afin que je brise mon mandat. Le jour ou la tribune ne sera plus libre, j'en descendrai pour n'y plus remonter. (*A droite: Le beau malheur!*) La tribune sans liberte n'est acceptable que pour l'orateur sans dignite. (*Profonde sensation.*)

Eh bien! si la tribune est respectee, je vais voir. Je continue.

Non! apres Napoleon le Grand, je ne veux pas de Napoleon le Petit!

Allons! respectez les grandes choses. Treve aux parodies! Pour qu'on puisse mettre un aigle sur les drapeaux, il faut d'abord avoir un aigle aux Tuileries! Ou est l'aigle? (*Longs applaudissements.*)

M. LEON FAUCHER.—L'orateur insulte le president de la republique. (*Oui! oui! a droite.*)

M. LE PRESIDENT.—Vous offensez le president de la republique. (*Oui! oui! a droite.—M. Abbatucci* [Note: Ministre de la justice de l'empire, 120,000 francs par an.] *gesticule vivement.*)

M. VICTOR HUGO.—Je reprends.

Messieurs, comme tout le monde, comme vous tous, j'ai tenu dans mes mains ces journaux, ces brochures, ces pamphlets imperialistes ou cesaristes, comme on dit aujourd'hui. Une idee me frappe, et il m'est impossible de ne pas la communiquer a l'assemblee. (*Agitation. L'orateur poursuit:*) Oui, il m'est impossible de ne pas la laisser deborder devant cette assemblee. Que dirait ce soldat, ce grand soldat de la France, qui est couche la, aux Invalides, et a l'ombre duquel on s'abrite, et dont on invoque si souvent et si etrangement le nom? que dirait ce Napoleon qui, parmi tant de combats prodigieux, est alle, a huit cents lieues de Paris, provoquer la vieille barbarie moscovite a ce grand duel de 1812? que dirait ce sublime esprit qui n'entrevoyait qu'avec horreur la possibilite d'une Europe cosaque, et qui, certes, quels que fussent ses instincts d'autorite, lui preferait l'Europe republicaine? que dirait-il, lui! si, du fond de son tombeau, il pouvait voir que son empire, son glorieux et belliqueux empire, a aujourd'hui pour panegyristes, pour apologistes, pour theoriciens et pour reconstructeurs, qui? des hommes qui, dans notre epoque rayonnante et libre, se tournent vers le nord avec un desespoir qui serait risible, s'il n'etait monstrueux? des hommes qui, chaque fois qu'ils nous entendent prononcer les mots democratie, liberte, humanite, progres, se couchent a plat ventre avec terreur et se collent l'oreille contre terre pour ecouter s'ils n'entendront pas enfin venir le canon russe!

(*Longs applaudissements a gauche. Clameurs a droite.—Toute la droite se leve et couvre de ses cris les dernieres paroles de l'orateur.—A l'ordre! a l'ordre! a l'ordre.*)

(*Plusieurs ministres se levent sur leurs bancs et protestent avec vivacite contre les paroles de l'orateur. Le tumulte va croissant. Des apostrophes violentes sont lancees a l'orateur par un grand nombre de membres. MM. Bineau [Note: Senateur, 30,000 francs, et ministre des finances de l'empire, 120,000 francs; total, 150,000 francs par an.], le general Gourgaud et plusieurs autres representants siegeant sur les premiers bancs de la droite se font remarquer par leur animation.*)

M. LE MINISTRE DES AFFAIRES ETRANGERES. [Note: Le meme Baroche.] —Vous savez bien que cela n'est pas vrai! Au nom de la France, nous protestons!

M. DE RANCE. [Note: Commissaire general de police de l'empire, a 40,000 francs par an.]—Nous demandons le rappel a l'ordre.

M. DE CROUSEILHES, *ministre de l'instruction publique.* [Note: Senateur de l'empire, a 30,000 francs par an.]—Faites une application personnelle de vos paroles! A qui les appliquez-vous? Nommez! nommez!

M. LE PRESIDENT.—Je vous rappelle a l'ordre, monsieur Yictor Hugo, parce que, malgre mes avertissements, vous ne cessez pas d'insulter.

QUELQUES VOIX A DROITE.—C'est un insulteur a gages!

M. CHAPOT.—Que l'orateur nous dise a qui il s'adresse.

M. DE STAPLANDE.—Nommez ceux que vous accusez, si vous en avez le courage! (*Agitation tumultueuse.*)

VOIX DIVERSES A DROITE.—Vous etes un infame calomniateur.— C'est une lachete et une insolence. (*A l'ordre! a l'ordre!*)

M. LE PRESIDENT.—Avec le bruit que vous faites, vous avez empeche d'entendre le rappel a l'ordre que j'ai prononce.

M. VICTOR HUGO.—Je demande a m'expliquer. (*Murmures bruyants et prolonges.*)

M. DE HEECKEREN [Note: Senateur de l'empire.]—Laissez, laissez-le jouer sa piece!

M. LEON FAUCHER, *ministre de l'interieur.*—L'orateur.... (*Interruption a gauche.*) L'orateur....

A GAUCHE.—Vous n'avez pas la parole!

M. LE PRESIDENT.—Laissez M. Victor Hugo s'expliquer. Il est rappele a l'ordre.

M. LE MINISTRE DE L'INTERIEUR.—Comment! messieurs, un orateur pourra insulter ici le president de la republique.... (*Bruyante interruption a gauche.*)

M. VICTOR HUGO.—Laissez-moi m'expliquer! je ne vous cede pas la parole.

M. LE PRESIDENT.—Vous n'avez pas la parole. Ce n'est pas a vous a faire la police de l'assemblee. M. Victor Hugo est rappele a l'ordre; il demande a s'expliquer; je lui donne la parole, et vous rendrez la police impossible si vous voulez usurper mes fonctions.

M. VICTOR HUGO.—Messieurs, vous allez voir le danger des interruptions precipitees. (*Plus haut! plus haut!*) J'ai ete rappele a l'ordre, et un honorable membre que je n'ai pas l'honneur de connaitre....

UN MEMBRE *sort des bancs de la droite, vient jusqu'au pied de la tribune et dit*:

—C'est moi.

M. VICTOR HUGO.—Qui, vous?

L'INTERRUPTEUR.—Moi!

M. VICTOR HUGO.—Soit. Taisez-vous.

L'INTERRUPTEUR.—Nous n'en voulons pas entendre davantage. La mauvaise litterature fait la mauvaise politique. Nous protestons au nom de la langue francaise et de la tribune francaise. Portez tout ca a la Porte-Saint-Martin, monsieur Victor Hugo.

M. VICTOR HUGO.—Vous savez mon nom, a ce qu'il parait, et moi je ne sais pas le votre. Comment vous appelez-vous?

L'INTERRUPTEUR.—Bourbousson.

M. VICTOR HUGO.—C'est plus que je n'esperais. (*Long eclat de rire sur tous les bancs. L'interrupteur regagne sa place.*)

M. VICTOR HUGO, *reprenant* ...—Donc, monsieur Bourbousson dit qu'il faudrait m'appliquer la censure.

VOIX A DROITE.—Oui! oui!

M. VICTOR HUGO.—Pourquoi? Pour avoir qualifie comme c'est mon droit, ... (*denegations a droite*) pour avoir qualifie les auteurs des pamphlets cesaristes ... (*Reclamations a droite.—M. Victor Hugo se penche vers le stenographe du* Moniteur *et lui demande communication immediate de la phrase de son discours qui a provoque l'emotion de rassemblee.*)

VOIX A DROITE.—M. Victor Hugo n'a pas le droit de faire changer la phrase au *Moniteur*.

M. LE PRESIDENT.—L'assemblee s'est soulevee contre les paroles qui ont du etre recueillies par le stenographe du *Moniteur*. Le rappel a l'ordre s'applique a ces paroles, telles que vous les avez prononcees, et qu'elles resteront certainement. Maintenant, en vous expliquant, si vous les changez, l'assemblee sera juge.

M. VICTOR HUGO.—Comme le stenographe du *Moniteur* les a recueillies de ma bouche ... (*Interruptions diverses.*)

PLUSIEURS MEMBRES.—Vous les avez changees!—Vous avez parle au stenographe! (*Bruit confus.*)

M. DE PANAT, *questeur, et autres membres.*—Vous n'avez rien a craindre. Les paroles paraitront au *Moniteur* comme elles sont sorties de la bouche de l'orateur.

M. VICTOR HUGO.—Messieurs, demain, quand vous lirez le *Moniteur* ... (*rumeurs a droite*) quand vous y lirez cette phrase que vous avez interrompue et que vous n'avez pas entendue, cette phrase dans laquelle je dis que Napoleon s'etonnerait, s'indignerait de voir que son empire, son glorieux empire, a aujourd'hui pour theoriciens et pour reconstructeurs, qui? des hommes qui, chaque fois que nous prononcons les mots *democratie, liberte, humanite, progres*, se couchent a plat ventre avec terreur, et se collent l'oreille contre terre pour ecouter s'ils n'entendront pas enfin venir le canon russe....

VOIX A DROITE.—A qui appliquez-vous cela?

M. VICTOR HUGO.—J'ai ete rappele a l'ordre pour cela!

M. DE TREVENEUC.—A quel parti vous adressez-vous? VOIX A GAUCHE.—A
Romieu! au *Spectre rouge*!

M. LE PRESIDENT, *a M. Victor Hugo.*—Vous ne pouvez pas isoler une phrase de votre discours entier. Et tout cela est venu a la suite d'une comparaison insultante entre l'empereur qui n'est plus et le president de la republique qui existe. (*Agitation prolongee.—Un grand nombre de membres descendent dans l'hemicycle; ce n'est qu'avec peine que, sur l'ordre de M. le president, les huissiers font reprendre les places et ramenent un peu de silence.*)

M. VICTOR HUGO.—Vous reconnaitrez demain la verite de mes paroles.

VOIX A DROITE.—Vous avez dit: *Vous.*

M. VICTOR HUGO.—Jamais, et je le dis du haut de cette tribune, jamais il n'est entre dans mon esprit un seul instant de s'adresser a qui que ce soit dans l'assemblee. (*Reclamations et rires bruyants a droite.*)

M. LE PRESIDENT.—Alors l'insulte reste tout entiere pour M. le president de la republique.

M. DE HEECKEREN [Footnote: Senateur.].—S'il ne s'agit pas de nous, pourquoi nous le dire, et ne pas reserver la chose pour *l'Evenement*?

M. VICTOR HUGO, *se tournant vers M. le president.* —Vous voyez bien que la majorite se pretend insultee. Ce n'est pas du president de la Republique qu'il s'agit maintenant!

M. LE PRESIDENT.—Vous l'avez traine aussi bas que possible....

M. VICTOR HUGO.—Ce n'est pas la la question!

M. LE PRESIDENT.—Dites que vous n'avez pas voulu insulter M. le president de la republique dans votre parallele, a la bonne heure! (*L'agitation continue; des apostrophes d'une extreme violence, sont adressees a l'orateur et echangees entre plusieurs membres de droite et de gauche. M. Lefebvre-Durufle, s'approchant de la tribune, remet a l'orateur une feuille de papier qu'il le prie de lire.*)

M. VICTOR HUGO, *apres avoir lu.*—On me transmet l'observation que voici, et a laquelle je vais donner immediatement satisfaction. Voici:

"Ce qui a revolte l'assemblee, c'est que vous avez dit *vous*, et que vous n'avez pas parle indirectement."

L'auteur de cette observation reconnaitra demain, en lisant le *Moniteur*, que je n'ai pas dit *vous*, que j'ai parle indirectement, que je ne me suis adresse a personne directement dans l'assemblee. Et je repete que je ne m'adresse a personne.

Faisons cesser ce malentendu.

VOIX A DROITE.—Bien! bien! Passez outre.

M. LE PRESIDENT.—Faites sortir l'assemblee de l'etat ou vous l'avez mise.

Messieurs, veuillez faire silence.

M. VICTOR HUGO.—Vous lirez demain le *Moniteur* qui a recueilli mes paroles, et vous regretterez votre precipitation. Jamais je n'ai songe un seul instant a un seul membre de cette assemblee, je le declare, et je laisse mon rappel a l'ordre sur la conscience de M. le president. (*Mouvement.—Tres bien! tres bien!*)

Encore un instant, et je descends de la tribune.

(*Le silence se retablit sur tous les bancs. L'orateur se tourne vers la droite.*)

Monarchie legitime, monarchie imperiale! qu'est-ce que vous nous voulez? Nous sommes les hommes d'un autre age. Pour nous, il n'y a de fleurs de lys qu'a Fontenoy, et il n'y a d'aigles qu'a Eylau et a Wagram.

Je vous l'ai deja dit, vous etes le passe. De quel droit mettez-vous le present en question? qu'y a-t-il de commun entre vous et lui? Contre qui et pour qui vous coalisez-vous? Et puis, que signifie cette coalition? Qu'est-ce que c'est que cette alliance? Qu'est-ce que c'est que cette main de l'empire que je vois dans la main de la legitimite? Legitimistes, l'empire a tue le duc d'Enghien! Imperialistes, la legitimite a fusille Murat! (*Vive impression.*)

Vous vous touchez les mains; prenez garde, vous melez des taches de sang! (*Sensation.*)

Et puis qu'esperez-vous? detruire la republique? Vous entreprenez la une besogne rude. Y avez-vous bien songe? Quand un ouvrier a travaille dix-huit heures, quand un peuple a travaille dix-huit siecles, et qu'ils ont enfin l'un et l'autre recu leur payement, allez donc essayer d'arracher a cet ouvrier son salaire et a ce peuple sa republique!

Savez-vous ce qui fait la republique forte? savez-vous ce qui la fait invincible? savez-vous ce qui la fait indestructible? Je vous l'ai dit en commencant, et en terminant je vous le repete, c'est qu'elle est la somme du labeur des generations, c'est qu'elle est le produit accumule des efforts anterieurs, c'est qu'elle est un resultat historique autant qu'un fait politique, c'est qu'elle fait pour ainsi dire partie du climat actuel de la civilisation, c'est qu'elle est la forme absolue, supreme, necessaire, du temps ou nous vivons, c'est qu'elle est l'air que nous respirons, et qu'une fois que les nations ont respire cet air-la, prenez-en votre parti, elles ne peuvent plus en respirer d'autre! Oui, savez-vous ce qui fait que la republique est imperissable? C'est qu'elle s'identifie d'un cote avec le siecle, et de l'autre avec le peuple! elle est l'idee de l'un et la couronne de l'autre!

Messieurs les revisionnistes, je vous ai demande ce que vous vouliez. Ce que je veux, moi, je vais vous le dire. Toute ma politique, la voici en deux mots. Il faut supprimer dans l'ordre social un certain degre de misere, et dans l'ordre politique une certaine nature d'ambition. Plus de pauperisme et plus de monarchisme. La France ne sera tranquille que lorsque, par la puissance des institutions qui donneront du travail et du pain aux uns et qui oteront l'esperance aux autres, nous aurons vu disparaitre du milieu de nous tous ceux qui tendent la main, depuis les mendiants jusqu'aux pretendants. (*Explosion d'applaudissements.—Cris et murmures a droite.*)

M. LE PRESIDENT.—Laissez donc finir, pour l'amour de Dieu! (*On rit.*)

M. BELIN.—Pour l'amour du diner.

M. LE PRESIDENT.—Allons! de grace! de grace!

M. VICTOR HUGO.—Messieurs, il y a deux sortes de questions, les questions fausses et les questions vraies.

L'assistance, le salaire, le credit, l'impot, le sort des classes laborieuses ...—eh! mon Dieu! ce sont la des questions toujours negligees, toujours ajournees! Souffrez qu'on vous en parle de temps en temps! Il s'agit du peuple, messieurs! Je continue.—Les souffrances des faibles, du pauvre, de la femme, de l'enfant, l'education, la penalite, la production, la consommation, la circulation, le travail, qui contient le pain de tous, le suffrage universel, qui contient le droit de tous, la solidarite entre hommes et entre peuples, l'aide aux nationalites opprimees, la fraternite francaise produisant par son rayonnement la fraternite europeenne,—voila les questions vraies.

La legitimite, l'empire, la fusion, l'excellence de la monarchie sur la republique, les theses philosophiques qui sont grosses de barricades, le choix entre les pretendants,—voila les fausses questions.

Eh bien! il faut bien vous le dire, vous quittez les questions vraies pour les fausses questions; vous quittez les questions vivantes pour les questions mortes. Quoi! c'est la votre intelligence politique! Quoi! c'est la le spectacle que vous nous donnez! Le legislatif et l'executif se querellent, les pouvoirs se prennent au collet; rien ne se fait, rien ne va; de vaines et pitoyables disputes; les partis tiraillent la constitution dans l'espoir de dechirer la republique; les hommes se dementent, l'un oublie ce qu'il a jure, les autres oublient ce qu'ils ont crie; et pendant ces agitations miserables, le temps, c'est-a-dire la vie, se perd!

Quoi! c'est la la situation que vous nous faites! la neutralisation de toute autorite par la lutte, l'abaissement, et, par consequent, l'effacement du pouvoir, la stagnation, la torpeur, quelque chose de pareil a la mort! Nulle grandeur, nulle force, nulle impulsion. Des tracasseries, des taquineries, des conflits, des chocs. Pas de gouvernement!

Et cela, dans quel moment?

Au moment ou, plus que jamais, une puissante initiative democratique est necessaire! au moment ou la civilisation, a la veille de subir une solennelle epreuve, a, plus que jamais, besoin de pouvoirs actifs, intelligents, feconds, reformateurs, sympathiques aux souffrances du peuple, pleins d'amour et, par consequent, pleins de force! au moment ou les jours troubles arrivent! au moment ou tous les interets semblent prets a entrer en lutte contre tous les principes! au moment ou les problemes les plus formidables se dressent devant la societe et l'attendent avec des sommations a jour fixe! au moment ou 1852 s'approche, masque, effrayant, les mains pleines de questions redoutables! au moment ou les philosophes, les publicistes, les observateurs serieux, ces hommes qui ne sont pas des hommes d'etat, qui ne sont que des hommes sages, attentifs, inquiets, penches sur l'avenir, penches sur l'inconnu, l'oeil fixe sur toutes ces obscurites accumulees, croient entendre distinctement le bruit monstrueux de la porte des revolutions qui se rouvre dans les tenebres. (*Vive et universelle emotion. Quelques rires a droite.*)

Messieurs, je termine. Ne nous le dissimulons pas, cette discussion, si orageuse qu'elle soit, si profondement qu'elle remue les masses, n'est qu'un prelude.

Je le repete, l'annee 1852 approche. L'instant arrive ou vont reparaitre, reveillees et encouragees par la loi fatale du 31 mai, armees par elle pour leur dernier combat contre le suffrage universel garrotte, toutes ces pretentions dont je vous ai parle, toutes ces legitimites antiques qui ne sont que d'antiques usurpations! L'instant arrive ou une melee terrible se fera de toutes les formes dechues, imperialisme, legitimisme, droit de la force, droit divin, livrant ensemble l'assaut au grand droit democratique, au droit humain! Ce jour-la, tout sera, en apparence, remis en question. Grace aux revendications opiniatres du passe, l'ombre couvrira de nouveau ce grand et illustre champ de bataille des idees et du progres qu'on appelle la France. Je ne sais pas ce que durera cette eclipse, je ne sais pas ce que durera ce combat; mais ce que je sais, ce qui est certain, ce que je predis, ce que j'affirme, c'est que le droit ne perira pas! c'est que, quand le jour reparaitra, on ne retrouvera debout que deux combattants, le peuple et Dieu! (*Immense acclamation.—Tous les membres de la gauche recoivent l'orateur au pied de la tribune, et lui serrent la main. La seance est suspendue pendant dix minutes, malgre la voix de M. Dupin et les cris des huissiers.*)

CONGRES DE LA PAIX

A PARIS

I

DISCOURS D'OUVERTURE

21 aout 1849.

M. Victor Hugo est elu president. M. Cobden est elu vice-president. M. Victor Hugo se leve et dit:

Messieurs, beaucoup d'entre vous viennent des points du globe les plus eloignes, le coeur plein d'une pensee religieuse et sainte. Vous comptez dans vos rangs des publicistes, des philosophes, des ministres des cultes chretiens, des ecrivains eminents, plusieurs de ces hommes considerables, de ces hommes publics et populaires qui sont les lumieres de leur nation. Vous avez voulu dater de Paris les declarations de cette reunion d'esprits convaincus et graves, qui ne veulent pas seulement le bien d'un peuple, mais qui veulent le bien de tous les peuples. (*Applaudissements.*) Vous venez ajouter aux principes qui dirigent aujourd'hui les hommes d'etat, les gouvernants, les legislateurs, un principe superieur. Vous venez tourner en quelque sorte le dernier et le plus auguste feuillet de l'evangile, celui qui impose la paix aux enfants du meme Dieu, et, dans cette ville qui n'a encore decrete que la fraternite des citoyens, vous venez proclamer la fraternite des hommes.

Soyez les bienvenus! (*Long mouvement.*)

En presence d'une telle pensee et d'un tel acte, il ne peut y avoir place pour un remerciement personnel. Permettez-moi donc, dans les premieres paroles que je prononce devant vous, d'elever mes regards plus haut que moi-meme, et d'oublier, en quelque sorte, le grand honneur que vous venez de me conferer, pour ne songer qu'a la grande chose que vous voulez faire.

Messieurs, cette pensee religieuse, la paix universelle, toutes les nations liees entre elles d'un lien commun, l'evangile pour loi supreme, la mediation substituee a la guerre, cette pensee religieuse est-elle une pensee pratique? cette idee sainte est-elle une idee realisable? Beaucoup d'esprits positifs, comme on parle aujourd'hui, beaucoup d'hommes politiques vieillis, comme on dit, dans le maniement des affaires, repondent: Non. Moi, je reponds avec vous, je reponds sans hesiter, je reponds: Oui! (*applaudissements*) et je vais essayer de le prouver tout a l'heure.

Je vais plus loin; je ne dis pas seulement: C'est un but realisable, je dis: C'est un but inevitable; on peut en retarder ou en hater l'avenement, voila tout. La loi du monde n'est pas et ne peut pas etre distincte de la loi de Dieu. Or, la loi de Dieu, ce n'est pas la guerre, c'est la paix. (*Applaudissements.*) Les hommes ont commence par la lutte, comme la creation par le chaos. (*Bravo! bravo!*) D'ou viennent-ils? De la guerre; cela est evident. Mais ou vont-ils? A la paix; cela n'est pas moins evident.

Quand vous affirmez ces hautes verites, il est tout simple que votre affirmation rencontre la negation; il est tout simple que votre foi rencontre l'incredulite; il est tout simple que, dans cette heure de nos troubles et de nos dechirements, l'idee de la paix universelle surprenne et choque presque comme l'apparition de l'impossible et de l'ideal; il est tout simple que l'on crie a l'utopie; et, quant a moi, humble et obscur ouvrier dans cette grande oeuvre du dix-neuvieme siecle, j'accepte cette resistance des esprits sans qu'elle m'etonne ni me decourage. Est-il possible que vous ne fassiez pas detourner les tetes et fermer les yeux dans une sorte d'eblouissement, quand, au milieu des tenebres qui pesent encore sur nous, vous ouvrez brusquement la porte rayonnante de l'avenir? (*Applaudissements.*)

Messieurs, si quelqu'un, il y a quatre siecles, a l'epoque ou la guerre existait de commune a commune, de ville a ville, de province a province, si quelqu'un eut dit a la Lorraine, a la Picardie, a la Normandie, a la Bretagne, a l'Auvergne, a la Provence, au Dauphine, a la Bourgogne: Un jour viendra ou vous ne vous ferez plus la guerre, un jour viendra ou vous ne leverez plus d'hommes d'armes les uns contre les autres, un jour viendra ou l'on ne dira plus:—Les normands ont attaque les picards, les lorrains ont repousse les bourguignons. Vous aurez bien encore des differends a regler, des interets a debattre, des contestations a resoudre, mais savez-vous ce que vous mettrez a la place des hommes d'armes? savez-vous ce que vous mettrez a la place des gens de pied et de cheval, des canons, des fauconneaux, des lances, des piques, des epees? Vous mettrez une petite boite de sapin que vous appellerez l'urne du scrutin, et de cette boite il sortira, quoi? une assemblee! une assemblee en laquelle vous vous sentirez tous vivre, une assemblee qui sera comme votre ame a tous, un concile souverain et populaire qui decidera, qui jugera, qui resoudra tout en loi, qui fera tomber le glaive de toutes les mains et surgir la justice dans tous les coeurs, qui dira a chacun: La finit ton droit, ici commence ton devoir. Bas les armes! vivez en paix! (*Applaudissements.*) Et ce jour-la, vous vous sentirez une pensee commune, des interets communs, une destinee commune; vous vous embrasserez, vous vous reconnaitrez fils du meme sang et de la meme race; ce jour-la, vous ne serez plus des peuplades ennemies, vous serez un peuple; vous ne serez plus la Bourgogne, la Normandie, la Bretagne, la Provence, vous serez la France. Vous ne vous appellerez plus la guerre, vous vous appellerez la civilisation.

Si quelqu'un eut dit cela a cette epoque, messieurs, tous les hommes positifs, tous les gens serieux, tous les grands politiques d'alors se fussent ecries:—Oh! le songeur! Oh! le reve-creux! Comme cet homme connait peu l'humanite! Que voila une etrange folie et une absurde chimere!—Messieurs, le temps a marche, et cette chimere, c'est la realite. (*Mouvement.*)

Et, j'insiste sur ceci, l'homme qui eut fait cette prophetie sublime eut ete declare fou par les sages, pour avoir entrevu les desseins de Dieu! (*Nouveau mouvement.*)

Eh bien! vous dites aujourd'hui, et je suis de ceux qui disent avec vous, tous, nous qui sommes ici, nous disons a la France, a l'Angleterre, a la Prusse, a l'Autriche, a l'Espagne, a l'Italie, a la Russie, nous leur disons:

Un jour viendra ou les armes vous tomberont des mains, a vous aussi! Un jour viendra ou la guerre paraitra aussi absurde et sera aussi impossible entre Paris et Londres, entre Petersbourg et Berlin, entre Vienne et Turin, qu'elle serait impossible et qu'elle paraitrait absurde aujourd'hui entre Rouen et Amiens, entre Boston et Philadelphie. Un jour viendra ou vous France, vous Russie, vous Italie, vous Angleterre, vous Allemagne, vous toutes, nations du continent, sans perdre vos qualites distinctes et votre glorieuse individualite, vous vous fondrez etroitement dans une unite superieure, et vous constituerez la fraternite europeenne, absolument comme la Normandie, la Bretagne, la Bourgogne, la Lorraine, l'Alsace, toutes nos provinces, se sont fondues dans la France. Un jour viendra ou il n'y aura plus d'autres champs de bataille que les marches s'ouvrant au commerce et les esprits s'ouvrant aux idees. Un jour viendra ou les boulets et les bombes seront remplaces par les votes, par le suffrage universel des peuples, par le venerable arbitrage d'un grand senat souverain qui sera a l'Europe ce que le parlement est a l'Angleterre, ce que la diete est a l'Allemagne, ce que l'assemblee legislative est a la France! (*Applaudissements.*) Un jour viendra ou l'on montrera un canon dans les musees comme on y montre aujourd'hui un instrument de torture, en s'etonnant que cela ait pu etre! (*Rires et bravos.*) Un jour viendra ou l'on verra ces deux groupes immenses, les Etats-Unis d'Amerique, les Etats-Unis d'Europe (*applaudissements*), places en face l'un de l'autre, se tendant la main par-dessus les mers, echangeant leurs produits, leur commerce, leur industrie, leurs arts, leurs genies, defrichant le globe, colonisant les deserts, ameliorant la creation sous le regard du createur, et combinant ensemble, pour en tirer le bien-etre de tous, ces deux forces infinies, la fraternite des hommes et la puissance de Dieu! (*Longs applaudissements.*)

Et ce jour-la, il ne faudra pas quatre cents ans pour l'amener, car nous vivons dans un temps rapide, nous vivons dans le courant d'evenements et d'idees le plus impetueux qui ait encore entraine les peuples, et, a l'epoque ou nous sommes, une annee fait parfois l'ouvrage d'un siecle.

Et francais, anglais, belges, allemands, russes, slaves, europeens, americains, qu'avons-nous a faire pour arriver le plus tot possible a ce grand jour? Nous aimer. (*Immenses applaudissements.*)

Nous aimer! Dans cette oeuvre immense de la pacification, c'est la meilleure maniere d'aider Dieu!

Car Dieu le veut, ce but sublime! Et voyez, pour y atteindre, ce qu'il fait de toutes parts! Voyez que de decouvertes il fait sortir du genie humain, qui toutes vont a ce but, la paix! Que de progres, que de simplifications! Comme la nature se laisse de plus en plus dompter par l'homme! comme la matiere devient de plus en plus l'esclave de l'intelligence et la servante de la civilisation! comme les causes de guerre s'evanouissent avec les causes de souffrance! comme les peuples lointains se touchent! comme les distances se rapprochent! Et le rapprochement, c'est le commencement de la fraternite.

Grace aux chemins de fer, l'Europe bientot ne sera pas plus grande que ne l'etait la France au moyen age! Grace aux navires a vapeur, on traverse aujourd'hui l'Ocean plus aisement qu'on ne traversait autrefois la Mediterranee! Avant peu, l'homme parcourra la terre comme les dieux d'Homere parcouraient le ciel, en trois pas. Encore quelques annees, et le fil electrique de la concorde entourera le globe et etreindra le monde. (*Applaudissements.*)

Ici, messieurs, quand j'approfondis ce vaste ensemble, ce vaste concours d'efforts et d'evenements, tous marques du doigt de Dieu; quand je songe a ce but magnifique, le bien-etre des hommes, la paix; quand je considere ce que la providence fait pour et ce que la politique fait contre, une reflexion douloureuse s'offre a mon esprit.

Il resulte des statistiques et des budgets compares que les nations europeennes depensent tous les ans, pour l'entretien de leurs armees, une somme qui n'est pas moindre de deux milliards, et qui, si l'on y ajoute l'entretien du materiel des etablissements de guerre, s'eleve a trois milliards. Ajoutez-y encore le produit perdu des journees de travail de plus de deux millions d'hommes, les plus sains, les plus vigoureux, les plus jeunes, l'elite des populations, produit que vous ne pouvez pas evaluer a moins d'un milliard, et vous arrivez a ceci que les armees permanentes coutent annuellement a l'Europe quatre milliards. Messieurs, la paix vient de durer trente-deux ans, et en trente-deux ans la somme monstrueuse de cent vingt-huit milliards a ete depensee pendant la paix pour la guerre! (*Sensation.*) Supposez que les peuples d'Europe, au lieu de se defier les uns des autres, de se jalouser, de se hair, se fussent aimes; supposez qu'ils se fussent dit qu'avant meme d'etre francais, ou anglais, ou allemand, on est homme, et que, si les nations sont des patries, l'humanite est une famille. Et maintenant, cette somme de cent vingt-huit milliards, si follement et si vainement depensee par la defiance, faites-la depenser par la confiance! ces cent vingt-huit milliards donnes a la haine, donnez-les a l'harmonie! ces cent vingt-huit milliards donnes a la guerre, donnez-les a la paix! (*Applaudissements.*) donnez-les au travail, a l'intelligence, a l'industrie, au commerce la navigation, a l'agriculture, aux sciences, aux arts, et representez-vous le resultat. Si, depuis trente-deux ans, cette gigantesque somme de cent vingt-huit milliards avait ete depensee de cette facon, l'Amerique, de son cote, aidant l'Europe, savez-vous ce qui serait arrive? La face du monde serait changee! les isthmes seraient coupes, les fleuves creuses, les montagnes percees, les chemins de fer couvriraient les deux continents, la marine marchande du globe aurait centuple, et il n'y aurait plus nulle part ni landes, ni jacheres, ni marais; on batirait des villes la ou il n'y a encore que des solitudes; on creuserait des ports la ou il n'y a encore que des ecueils; l'Asie serait rendue a la civilisation, l'Afrique serait rendue a l'homme; la richesse jaillirait de toutes parts de toutes les veines du globe sous le travail de tous les hommes, et la misere evanouirait! Et savez-vous ce qui s'evanouirait avec la misere? Les revolutions. (*Bravos prolonges.*) Oui, la face du monde serait changee! Au lieu de se dechirer entre-soi, on se repandrait pacifiquement sur l'univers! Aulieu de faire des revolutions, on ferait des colonies! Aulieu d'apporter la barbarie a la civilisation, on apporterait la civilisation a la barbarie! (*Nouveaux applaudissements.*)

Voyez, messieurs, dans quel aveuglement la preoccupation de la guerre jette les nations et les gouvernants; si les cent vingt-huit milliards qui ont ete donnes par l'Europe depuis trente-deux ans a la guerre qui n'existait pas avaient ete donnes a la paix qui existait, disons-le, et disons-le bien haut, on n'aurait rien vu en Europe de ce qu'on y voit en ce moment; le continent, au lieu d'etre un champ de bataille, serait un atelier; et, au lieu de ce spectacle douloureux et terrible, le Piemont abattu, Rome, la ville eternelle, livree aux oscillations miserables de la politique humaine, la Hongrie et Venise qui se debattent heroiquement, la France inquiete, appauvrie et sombre, la misere, le deuil, la guerre civile, l'obscurite sur l'avenir; au lieu de ce spectacle sinistre, nous aurions sous les yeux l'esperance, la joie, la bienveillance, l'effort de tous vers le bien-etre commun, et nous verrions partout se degager de la civilisation en travail le majestueux rayonnement de la concorde universelle. (*Bravo! bravo! —Applaudissements.*)

Chose digne de meditation! ce sont nos precautions contre la guerre qui ont amene les revolutions. On a tout fait, on a tout depense contre le peril imaginaire. On a aggrave ainsi la misere, qui etait le peril reel. On s'est fortifie contre un danger chimerique, on a tourne ses regards du cote ou n'etait pas le point noir, on a vu les guerres qui ne venaient pas, et l'on n'a pas vu les revolutions qui arrivaient. (*Longs applaudissements.*)

Messieurs, ne desesperons pas pourtant. Au contraire, esperons plus que jamais! Ne nous laissons pas effrayer par des commotions momentanees, secousses necessaires peut-etre des grands enfantements. Ne soyons pas injustes pour les temps ou nous vivons, ne voyons pas notre epoque autrement qu'elle n'est. C'est une prodigieuse et admirable epoque apres tout, et le dix-neuvieme siecle sera, disons-le hautement, la plus grande page de l'histoire. Comme je vous le rappelais tout a l'heure, tous les progres s'y revelent et s'y manifestent a la fois, les uns amenant les autres; chute des animosites internationales, effacement des frontieres sur la carte et des prejuges dans les coeurs, tendance a l'unite, adoucissement des moeurs, elevation du niveau de l'enseignement et abaissement du niveau des penalites, domination des langues les plus litteraires, c'est-a-dire les plus humaines; tout se meut en meme temps, economie politique, science, industrie, philosophie, legislation, et converge au meme but, la creation du bien-etre et de la bienveillance, c'est-a-dire, et c'est la pour ma part le but auquel je tendrai toujours, extinction de la misere au dedans, extinction de la guerre au dehors. (*Applaudissements.*)

Oui, je le dis en terminant, l'ere des revolutions se ferme, l'ere des ameliorations commence. Le perfectionnement des peuples quitte la forme violente pour prendre la forme paisible. Le temps est venu ou la providence va substituer a l'action desordonnee des agitateurs l'action religieuse et calme des pacificateurs. (*Oui! oui!*)

Desormais, le but de la politique grande, de la politique vraie, le voici: faire reconnaitre toutes les nationalites, restaurer l'unite historique des peuples et rallier cette unite a la civilisation par la paix, elargir sans cesse le groupe civilise, donner le bon exemple aux peuples encore barbares, substituer les arbitrages aux batailles; enfin, et ceci resume tout, faire prononcer par la justice le dernier mot que l'ancien monde faisait prononcer par la force. (*Profonde sensation.*)

Messieurs, je le dis en terminant, et que cette pensee nous encourage, ce n'est pas d'aujourd'hui que le genre humain est en marche dans cette voie providentielle. Dans notre vieille Europe, l'Angleterre a fait le premier pas, et par son exemple seculaire elle a dit aux peuples: Vous etes libres. La France a fait le second pas, et elle a dit aux peuples: Vous etes souverains. Maintenant faisons le troisieme pas, et tous ensemble, France, Angleterre, Belgique, Allemagne, Italie, Europe, Amerique, disons aux peuples: Vous etes freres! (*Immense acclamation.—L'orateur se rassied au milieu des applaudissements.*)

II

CLOTURE DU CONGRES DE LA PAIX

24 aout 1849.

Messieurs, vous m'avez permis de vous adresser quelques paroles de bienvenue; permettez-moi de vous adresser quelques paroles d'adieu.

Je serai tres court, l'heure est avancee, j'ai present a l'esprit l'article 3 du reglement, et, soyez tranquilles, je ne m'exposerai pas a me faire rappeler a l'ordre par le president. (*On rit.*)

Nous allons nous separer, mais nous resterons unis de coeur. (*Oui! oui!*) Nous avons desormais une pensee commune, messieurs; et une commune pensee, c'est, en quelque sorte, une commune patrie. (*Sensation.*) Oui, a dater de ce jour, nous tous qui sommes ici, nous sommes compatriotes! (*Oui! oui!*)

Vous avez pendant trois jours delibere, discute, approfondi, avec sagesse et dignite, de graves questions, et a propos de ces questions, les plus hautes que puisse agiter l'humanite, vous avez pratique noblement les grandes moeurs des peuples libres.

Vous avez donne aux gouvernements des conseils, des conseils amis qu'ils entendront, n'en doutez pas! (*Oui! oui!*) Des voix eloquentes se sont elevees parmi vous, de genereux appels ont ete faits a tous les sentiments magnanimes de l'homme et du peuple; vous avez depose dans les esprits, en depit des prejuges et des inimities internationales, le germe imperissable de la paix universelle.

Savez-vous ce que nous voyons, savez-vous ce que nous avons sous les yeux depuis trois jours? C'est l'Angleterre serrant la main de la France, c'est l'Amerique serrant la main de l'Europe, et quant a moi, je ne sache rien de plus grand et de plus beau! (*Explosion d'applaudissements.*)

Retournez maintenant dans vos foyers, rentrez dans vos pays le coeur plein de joie, dites-y que vous venez de chez vos compatriotes de France. (*Mouvement.—Longue acclamation.*) Dites que vous y avez jete les bases de la paix du monde, repandez partout cette bonne nouvelle, et semez partout cette grande pensee.

Apres les voix considerables qui se sont fait entendre, je ne rentrerai pas dans ce qui vous a ete explique et demontre, mais permettez-moi de repeter, pour clore ce congres solennel, les paroles que je prononcais en l'inaugurant. Ayez bon espoir! ayez bon courage! L'immense progres definitif qu'on dit que vous revez, et que je dis que vous enfantez, se realisera. (*Bravo! bravo!*) Songez a tous les pas qu'a deja faits le genre humain! Meditez le passe, car le passe souvent eclaire l'avenir. Ouvrez l'histoire et puisez-y des forces pour votre foi.

Oui, le passe et l'histoire, voila nos points d'appui.

Tenez, ce matin, a l'ouverture de cette seance, au moment ou un respectable orateur chretien [note: M. l'abbe Deguerry, cure de la Madeleine.] tenait vos ames palpitantes sous la grande et penetrante eloquence de l'homme cordial et du pretre fraternel, en ce moment-la, un membre de cette assemblee, dont j'ignore le nom, lui a rappele que le jour ou nous sommes, le 24 aout, est l'anniversaire de la Saint-Barthelemy. Le pretre catholique a detourne sa tete venerable et a repousse ce lamentable souvenir. Eh bien! ce souvenir, je l'accepte, moi! (*Profonde et universelle impression.*) Oui, je l'accepte! (*Mouvement prolonge.*)

Oui, cela est vrai, il y a de cela deux cent soixante et dix-sept annees, a pareil jour, Paris, ce Paris ou vous etes, s'eveillait epouvante au milieu de la nuit. Une cloche, qu'on appelait la cloche d'argent, tintait au palais de justice, les catholiques couraient aux armes, les protestants etaient surpris dans leur sommeil, et un guetapens, un massacre, un crime ou etaient melees toutes les haines, haines religieuses, haines civiles, haines politiques, un crime abominable s'accomplissait. Eh bien! aujourd'hui, dans ce meme jour, dans cette meme ville, Dieu donne rendez-vous a toutes ces haines et leur ordonne de se convertir en amour. (*Tonnerred'applaudissements.*) Dieu retire a ce funebre anniversaire sasignification sinistre; ou il y avait une tache de sang, il met un rayon de lumiere (*long mouvement*); a la place de l'idee de vengeance, de fanatisme et de guerre, il met l'idee de reconciliation, de tolerance et de paix; et, grace a lui, par sa volonte, grace aux progres qu'il amene et qu'il commande, precisement a cette date fatale du 24 aout, et pour ainsi dire presque a l'ombre de cette tour encore debout qui a sonne la Saint-Barthelemy, non seulement anglais et francais, italiens et allemands, europeens et americains, mais ceux qu'on nommait les papistes et ceux qu'on nommait les huguenots se reconnaissent freres (*mouvement prolonge*) et s'unissent dans un etroit et desormais indissoluble embrassement. (_Explosion de bravos et d'applaudissements.—M. l'abbe Deguerry et M. le pasteur Coquerel s'embrassent devant le fauteuil du president.—Les acclamations redoublent dans l'assemblee et dans les tribunes publiques.—M. Victor Hugo reprend.)

Osez maintenant nier le progres! (*Nouveaux applaudissements.*) Mais, sachez-le bien, celui qui nie le progres est un impie, celui qui nie le progres nie la providence, car providence et progres c'est la meme chose, et le progres n'est qu'un des noms humains du Dieu eternel! (*Profonde et universelle sensation.—Bravo! bravo!*)

Freres, j'accepte ces acclamations, et je les offre aux generations futures. (*Applaudissements repetes.*) Oui, que ce jour soit un jour memorable, qu'il marque la fin de l'effusion du sang humain, qu'il marque la fin des massacres et des guerres, qu'il inaugure le commencement de la concorde et de la paix du monde, et qu'on dise:—Le 24 aout 1572 s'efface et disparait sous le 24 aout 1849! (*Longue et unanime acclamation.—L'emotion est a son comble; les bravos eclatent de toutes parts; les anglais et les americains se levent en agitant leurs mouchoirs et leurs chapeaux vers l'orateur, et, sur un signe de M. Cobden, ils poussent sept hourras.*)

COUR D'ASSISES

1851

POUR CHARLES HUGO

[Note: Un braconnier de la Nievre, Montcharmont, condamne a mort, fut conduit, pour y etre execute, dans le petit village ou avait ete commis le crime.

Le patient etait doue d'une grande force physique; le bourreau et ses aides ne purent l'arracher de la charrette. L'execution fut suspendue; il fallut attendre du renfort. Quand les executeurs furent en nombre, le patient fut ramene devant l'echafaud, enleve du tombereau, porte sur la bascule, et pousse sous le couteau.

M. Charles Hugo, dans l'*Evenement*, raconta ce fait avec horreur. Il fut traduit devant la cour d'assises de la Seine, sous l'inculpation d'avoir manque au respect du a la loi.

Il fut defendu par son pere. Il fut condamne. (*Note de l'editeur.*)]

LA PEINE DE MORT

COUR D'ASSISES DE LA SEINE (Proces de *l'Evenement*)

11 juin 1851.

Messieurs les jures, aux premieres paroles que M. l'avocat general a prononcees, j'ai cru un moment qu'il allait abandonner l'accusation. Cette illusion n'a pas longtemps dure. Apres avoir fait de vains efforts pour circonscrire et amoindrir le debat, le ministere public a ete entraine, par la nature meme du sujet, a des developpements qui ont rouvert tous les aspects de la question, et, malgre lui, la question a repris toute sa grandeur. Je ne m'en plains pas.

J'aborde immediatement l'accusation. Mais, auparavant, commencons par bien nous entendre sur un mot. Les bonnes definitions font les bonnes discussions. Ce mot "respect du aux lois", qui sert de base a l'accusation, quelle portee a-t-il? que signifie-t-il? quel est son vrai sens? Evidemment, et le ministere public lui-meme me parait resigne a ne point soutenir le contraire, ce mot ne peut signifier suppression, sous pretexte de respect, de la critique des lois. Ce mot signifie tout simplement respect de l'execution des lois. Pas autre chose. Il permet la critique, il permet le blame, meme severe, nous en voyons des exemples tous les jours, et meme a l'endroit de la constitution, qui est superieure aux lois. Ce mot permet l'invocation au pouvoir legislatif pour abolir une loi dangereuse. Il permet enfin qu'on oppose a la loi un obstacle moral. Mais il ne permet pas qu'on lui oppose un obstacle materiel. Laissez executer une loi, meme mauvaise, meme injuste, meme barbare, denoncez-la a l'opinion, denoncez-la au legislateur, mais laissez-la executer. Dites qu'elle est mauvaise, dites qu'elle est injuste, dites qu'elle est barbare, mais laissez-la executer. La critique, oui; la revolte, non. Voila le vrai sens, le sens unique de ce mot, respect des lois.

Autrement, messieurs, pesez ceci. Dans cette grave operation de l'elaboration des lois, operation qui comprend deux fonctions, la fonction de la presse, qui critique, qui conseille, qui eclaire, et la fonction du legislateur, qui decide,—dans cette grave operation, dis-je, la premiere fonction, la critique, serait paralysee, et par contre-coup la seconde. Les lois ne seraient jamais critiquees, et, par consequent, il n'y aurait pas de raison pour qu'elles fussent jamais ameliorees, jamais reformees, l'assemblee nationale legislative serait parfaitement inutile. Il n'y aurait plus qu'a la fermer. Ce n'est pas la ce qu'on veut, je suppose. (*On rit.*)

Ce point eclairci, toute equivoque dissipee sur le vrai sens du mot "respect du aux lois", j'entre dans le vif de la question.

Messieurs les jures, il y a, dans ce qu'on pourrait appeler le vieux code europeen, une loi que, depuis plus d'un siecle, tous les philosophes, tous les penseurs, tous les vrais hommes d'etat, veulent effacer du livre venerable de la legislation universelle; une loi que Beccaria a declaree impie et que Franklin a declaree abominable, sans qu'on ait fait de proces a Beccaria ni a Franklin; une loi qui, pesant particulierement sur cette portion du peuple qu'accablent encore l'ignorance et la misere, est odieuse a la democratie, mais qui n'est pas moins repoussee par les conservateurs intelligents; une loi dont le roi Louis-Philippe, que je ne nommerai jamais qu'avec le respect du a la vieillesse, au malheur et a un tombeau dans l'exil, une loi dont le roi Louis-Philippe disait: *Je l'ai detestee toute ma vie*; une loi contre laquelle M. de Broglie a ecrit, contre laquelle M. Guizot a ecrit; une loi dont la chambre des deputes reclamait par acclamation l'abrogation, il y a vingt ans, au mois d'octobre 1830, et qu'a la meme epoque le parlement demi-sauvage d'Otahiti rayait de ses codes; une loi que l'assemblee de Francfort abolissait il y a trois ans, et que l'assemblee constituante de la republique romaine, il y a deux ans, presque a pareil jour, a declaree abolie *a jamais*, sur la proposition du depute Charles Bonaparte; une loi que notre constituante de 1848 n'a maintenue qu'avec la plus douloureuse indecision et la plus poignante repugnance; une loi qui, a l'heure ou je parle, est placee sous le coup de deux propositions d'abolition, deposees sur la tribune legislative; une loi enfin dont la Toscane ne veut plus, dont la Russie ne veut plus, et dont il est temps que la France ne veuille plus. Cette loi devant laquelle la conscience humaine recule avec une anxiete chaque jour plus profonde, c'est la peine de mort.

Eh bien! messieurs, c'est cette loi qui fait aujourd'hui ce proces; c'est elle qui est notre adversaire. J'en suis fache pour M. l'avocat general, mais je l'apercois derriere lui! (*Long mouvement.*)

Je l'avouerai, depuis une vingtaine d'annees, je croyais, et moi qui parle j'en avais fait la remarque dans des pages que je pourrais vous lire, je croyais,—mon Dieu! avec M. Leon Faucher, qui, en 1836, ecrivait dans un recueil, la *Revue de Paris*, ceci (je cite):

"L'echafaud n'apparait plus sur nos places publiques qu'a de rares intervalles, et comme un spectacle que la justice a honte de donner." (*Mouvement.*)

Je croyais, dis-je, que la guillotine, puisqu'il faut l'appeler par son nom, commencait a se rendre justice a elle-meme, qu'elle se sentait reprouvee, et qu'elle en prenait son parti. Elle avait renonce a la place de Greve, au plein soleil, a la foule, elle ne se faisait plus crier dans les rues, elle ne se faisait plus annoncer comme un spectacle. Elle s'etait mise a faire ses exemples le plus obscurement possible, au petit jour, barriere Saint-Jacques, dans un lieu desert, devant personne. Il me semblait qu'elle commencait a se cacher, et je l'avais felicitee de cette pudeur. (*Nouveau mouvement.*)

Eh bien! messieurs, je me trompais, M. Leon Faucher se trompait. (*On rit.*) Elle est revenue de cette fausse honte. La guillotine sent qu'elle est une institution sociale, comme on parle aujourd'hui. Et qui sait? peut-etre meme reve-t-elle, elle aussi, sa restauration. (*On rit.*)

La barriere Saint-Jacques, c'est la decheance. Peut-etre allons-nous la voir un de ces jours reparaitre place de Greve, en plein midi, en pleine foule, avec son cortege de bourreaux, de gendarmes et de crieurs publics, sous les fenetres memes de l'hotel de ville, du haut desquelles on a eu un jour, le 24 fevrier, l'insolence de la fletrir et de la mutiler!

En attendant, elle se redresse. Elle sent que la societe ebranlee a besoin, pour se raffermir, comme on dit encore, de revenir a toutes les anciennes traditions, et elle est une ancienne tradition. Elle proteste contre ces declamateurs demagogues qui s'appellent Beccaria, Vico, Filangieri, Montesquieu, Turgot, Franklin; qui s'appellent Louis-Philippe, qui s'appellent Broglie et Guizot (*on rit*), et qui osent croire et dire qu'une machine a couper des tetes est de trop dans une societe qui a pour livre l'evangile! (*Sensation.*)

Elle s'indigne contre ces utopistes anarchiques. (*On rit.*) Et, le lendemain de ses journees les plus funebres et les plus sanglantes, elle veut qu'on l'admire! Elle exige qu'on lui rende des respects! Ou, sinon, elle se declare insultee, elle se porte partie civile, et elle reclame des dommages-interets! (*Hilarite generale et prolongee.*)

M. LE PRESIDENT.—Toute marque d'approbation est interdite, comme toute marque d'improbation. Ces rires sont inconvenants dans une telle question.

M. VICTOR HUGO, *reprenant.*—Elle a eu du sang, ce n'est pas assez, elle n'est pas contente, elle veut encore de l'amende et de la prison!

Messieurs les jures, le jour ou l'on a apporte chez moi pour mon fils ce papier timbre, cette assignation pour cet inqualifiable proces,—nous voyons des choses bien etranges dans ce temps-ci, et l'on devrait y etre accoutume,—eh bien! vous l'avouerai-je, j'ai ete frappe de stupeur, je me suis dit:

Quoi! est-ce donc la que nous en sommes?

Quoi! a force d'empietements sur le bon sens, sur la raison, sur la liberte de pensee, sur le droit naturel, nous en serions la, qu'on viendrait nous demander, non pas seulement le respect materiel, celui-la n'est pas conteste, nous le devons, nous l'accordons, mais le respect moral, pour ces penalites qui ouvrent des abimes dans les consciences, qui font palir quiconque pense, que la religion abhorre, *abhorret a sanguine*; pour ces penalites qui osent etre irreparables, sachant qu'elles peuvent etre aveugles; pour ces penalites qui trempent leur doigt dans le sang humain pour ecrire ce commandement: "Tu ne tueras pas!" pour ces penalites impies qui font douter de l'humanite quand elles frappent le coupable, et qui font douter de Dieu quand elles frappent l'innocent! Non! non! non! nous n'en sommes pas la! non! (*Vive et universelle sensation.*)

Car, et puisque j'y suis amene, il faut bien vous le dire, messieurs les jures, et vous allez comprendre combien devait etre profonde mon emotion, le vrai coupable dans cette affaire, s'il y a un coupable, ce n'est pas mon fils, c'est moi. (*Mouvement prolonge.*)

Le vrai coupable, j'y insiste, c'est moi, moi qui, depuis vingt-cinq ans, ai combattu sous toutes les formes les penalites irreparables! moi qui, depuis vingt-cinq ans, ai defendu en toute occasion l'inviolabilite de la vie humaine!

Ce crime, defendre l'inviolabilite de la vie humaine, je l'ai commis bien avant mon fils, bien plus que mon fils. Je me denonce, monsieur l'avocat general! Je l'ai commis avec toutes les circonstances aggravantes, avec premeditation, avec tenacite, avec recidive! (*Nouveau mouvement.*)

Oui, je le declare, ce reste des penalites sauvages, cette vieille et inintelligente loi du talion, cette loi du sang pour le sang, je l'ai combattue toute ma vie,—toute ma vie, messieurs les jures!—et, tant qu'il me restera un souffle dans la poitrine, je la combattrai de tous mes efforts comme ecrivain, de tous mes actes et de tous mes votes comme legislateur, je le declare (*M. Victor Hugo etend le bras et montre le christ qui est au fond de la salle, au-dessus du tribunal*) devant cette victime de la peine de mort qui est la, qui nous regarde et qui nous entend! Je le jure devant ce gibet ou, il y a deux mille ans, pour l'eternel enseignement des generations, la loi humaine a cloue la loi divine! (*Profonde et inexprimable emotion.*)

Ce que mon fils a ecrit, il l'a ecrit, je le repete, parce que je le lui ai inspire des l'enfance, parce qu'en meme temps qu'il est mon fils selon le sang, il est mon fils selon l'esprit, parce qu'il veut continuer la tradition de son pere. Continuer la tradition de son pere! Voila un etrange delit, et pour lequel j'admire qu'on soit poursuivi! Il etait reserve aux defenseurs exclusifs de la famille de nous faire voir cette nouveaute! (*On rit.*)

Messieurs, j'avoue que l'accusation en presence de laquelle nous sommes me confond.

Comment! une loi serait funeste, elle donnerait a la foule des spectacles immoraux, dangereux, degradants, feroces, elle tendrait a rendre le peuple cruel, a de certains jours elle aurait des effets horribles,—et les effets horribles que produirait cette loi, il serait interdit de les signaler! et cela s'appellerait lui manquer de respect! et l'on en serait comptable devant la justice! et il y aurait tant d'amende et tant de prison! Mais alors, c'est bien! fermons la chambre, fermons les ecoles, il n'y a plus de progres possible, appelons-nous le Mogol ou le Thibet, nous ne sommes plus une nation civilisee! Oui, ce sera plus tot fait, dites-nous que nous sommes en Asie, qu'il y a eu autrefois un pays qu'on appelait la France, mais que ce pays-la n'existe plus, et que vous l'avez remplace par quelque chose qui n'est plus la monarchie, j'en conviens, mais qui n'est certes pas la republique! (*Nouveaux rires.*)

M. LE PRESIDENT.—Je renouvelle mon observation. Je rappelle l'auditoire au silence; autrement, je serai force de faire evacuer la salle.

M. VICTOR HUGO, *poursuivant.*—Mais voyons, appliquons aux faits, rapprochons des realites la phraseologie de l'accusation.

Messieurs les jures, en Espagne, l'inquisition a ete la loi. Eh bien! il faut bien le dire, on a manque de respect a l'inquisition. En France, la torture a ete la loi. Eh bien! il faut bien vous le dire encore, on a manque de respect a la torture. Le poing coupe a ete la loi. On a manque ...—j'ai manque de respect au couperet! Le fer rouge a ete la loi. On a manque de respect au fer rouge! La guillotine est la loi. Eh bien! c'est vrai, j'en conviens, on manque de respect a la guillotine! (*Mouvement.*)

Savez-vous pourquoi, monsieur l'avocat general? Je vais vous le dire. C'est parce qu'on veut jeter la guillotine dans ce gouffre d'execration ou sont deja tombes, aux applaudissements du genre humain, le fer rouge, le poing coupe, la torture et l'inquisition! C'est parce qu'on veut faire disparaitre de l'auguste et lumineux sanctuaire de la justice cette figure sinistre qui suffit pour le remplir d'horreur et d'ombre, le bourreau! (*Profonde sensation.*)

Ah! et parce que nous voulons cela, nous ebranlons la societe! Ah! oui, c'est vrai! nous sommes des hommes tres dangereux, nous voulons supprimer la guillotine! C'est monstrueux!

Messieurs les jures, vous etes les citoyens souverains d'une nation libre, et, sans denaturer ce debat, on peut, on doit vous parler comme a des hommes politiques. Eh bien! songez-y, et, puisque nous traversons un temps de revolutions, tirez les consequences de ce que je vais vous dire. Si Louis XVI eut aboli la peine de mort, comme il avait aboli la torture, sa tete ne serait pas tombee. 93 eut ete desarme du couperet. Il y aurait une page sanglante de moins dans l'histoire, la date funebre du 21 janvier n'existerait pas. Qui donc, en presence de la conscience publique, a la face de la France, a la face du monde civilise, qui donc eut ose relever l'echafaud pour le roi, pour l'homme dont on aurait pu dire: C'est lui qui l'a renverse! (*Mouvement prolonge.*)

On accuse le redacteur de l'*Evenement* d'avoir manque de respect aux lois! d'avoir manque de respect a la peine de mort! Messieurs, elevons-nous un peu plus haut qu'un texte controversable, elevons-nous jusqu'a ce qui fait le fond meme de toute legislation, jusqu'au for interieur de l'homme. Quand Servan, qui etait avocat general cependant,—quand Servan imprimait aux lois criminelles de son temps cette fletrissure memorable: "Nos lois penales ouvrent toutes les issues a l'accusation, et les ferment presque toutes a l'accuse"; quand Voltaire qualifiait ainsi les juges de Calas: *Ah! ne me parlez pas de ces juges, moitie singes et moitie tigres!* (*on rit*); quand Chateaubriand, dans *le Conservateur*, appelait la loi du double vote *loi sotte et coupable*; quand Royer-Collard, en pleine Chambre des deputes, a propos de je ne sais plus quelle loi de censure, jetait ce cri celebre: *Si vous faites cette loi, je jure de lui desobeir*; quand ces legislateurs, quand ces magistrats, quand ces philosophes, quand ces grands esprits, quand ces hommes, les uns illustres, les autres venerables, parlaient ainsi, que faisaient-ils? Manquaient-ils de respect a la loi, a la loi locale et momentanee? c'est possible, M. l'avocat general le dit, je l'ignore; mais ce que je sais, c'est qu'ils etaient les religieux echos de la loi des lois, de la conscience universelle! Offensaient-ils la justice, la justice de leur temps, la justice transitoire et faillible? je n'en sais rien; mais ce que je sais, c'est qu'ils proclamaient la justice eternelle. (*Mouvement general d'adhesion.*)

Il est vrai qu'aujourd'hui, on nous a fait la grace de nous le dire au sein meme de l'assemblee nationale, on traduirait en justice l'athee Voltaire, l'immoral Moliere, l'obscene La Fontaine, le demagogue Jean-Jacques Rousseau! (*On rit.*) Voila ce qu'on pense, voila ce qu'on avoue, voila ou on est! Vous apprecierez, messieurs les jures!

Messieurs les jures, ce droit de critiquer la loi, de la critiquer severement, et en particulier et surtout la loi penale, qui peut si facilement empreindre les moeurs de barbarie, ce droit de critiquer, qui est place a cote du devoir d'ameliorer, comme le flambeau a cote de l'ouvrage a faire, ce droit de l'ecrivain, non moins sacre que le droit du legislateur, ce droit necessaire, ce droit imprescriptible, vous le reconnaitrez par votre verdict, vous acquitterez les accuses.

Mais le ministere public, c'est la son second argument, pretend que la critique de *l'Evenement* a ete trop loin, a ete trop vive. Ah! vraiment, messieurs les jures, le fait qui a amene ce pretendu delit qu'on a le courage de reprocher au redacteur de *l'Evenement*, ce fait effroyable, approchez-vous-en, regardez-le de pres.

Quoi! un homme, un condamne, un miserable homme, est traine un matin sur une de nos places publiques; la, il trouve l'echafaud. Il se revolte, il se debat, il refuse de mourir. Il est tout jeune encore, il a vingt-neuf ans a peine ...—Mon Dieu! je sais bien qu'on va me dire: C'est un assassin! Mais ecoutez!...—Deux executeurs le saisissent, il a les mains liees, les pieds lies, il repousse les deux executeurs. Une lutte affreuse s'engage. Le condamne embarrasse ses pieds garrottes dans l'echelle patibulaire, il se sert de l'echafaud contre l'echafaud. La lutte se prolonge, l'horreur parcourt la foule. Les executeurs, la sueur et la honte au front, pales, haletants, terrifies, desesperes,—desesperes de je ne sais quel horrible desespoir,—courbes sous cette reprobation publique qui devrait se borner a condamner la peine de mort et qui a tort d'ecraser l'instrument passif, le bourreau (*mouvement*), les executeurs font des efforts sauvages. Il faut que force reste a la loi, c'est la maxime. L'homme se cramponne a l'echafaud et demande grace. Ses vetements sont arraches, ses epaules nues sont en sang; il resiste toujours. Enfin, apres trois quarts d'heure, trois quarts d'heure!... (*Mouvement. M. l'avocat general fait un signe de denegation. M. Victor Hugo reprend.*)—On nous chicane sur les minutes ... trente-cinq minutes, si vous voulez!—de cet effort monstrueux, de ce spectacle sans nom, de cette agonie, agonie pour tout le monde, entendez-vous bien? agonie pour le peuple qui est la autant que pour le condamne, apres ce siecle d'angoisse, messieurs les jures, on ramene le miserable a la prison. Le peuple respire. Le peuple, qui a des prejuges de vieille humanite, et qui est clement parce qu'il se sent souverain, le peuple croit l'homme epargne. Point. La guillotine est vaincue, mais elle reste debout. Elle reste debout tout le jour, au milieu d'une population consternee. Et, le soir, on prend un renfort de bourreaux, on garrotte l'homme de telle sorte qu'il ne soit plus qu'une chose inerte, et, a la nuit tombante, on le rapporte sur la place publique, pleurant, hurlant, hagard; tout ensanglante, demandant la vie, appelant Dieu, appelant son pere et sa mere, car devant la mort cet homme etait redevenu un enfant. (*Sensation.*) On le hisse sur l'echafaud, et sa tete tombe!—Et alors un fremissement sort de toutes les consciences. Jamais le meurtre legal n'avait apparu avec plus de cynisme et d'abomination. Chacun se sent, pour ainsi dire, solidaire de cette chose lugubre qui vient de s'accomplir, chacun sent au fond de soi ce qu'on eprouverait si l'on voyait en pleine France, en plein soleil, la civilisation insultee par la barbarie. C'est dans ce moment-la qu'un cri echappe a la poitrine d'un jeune homme, a ses entrailles, a son coeur, a son ame, un cri de pitie, un cri d'angoisse, un cri d'horreur, un cri d'humanite; et ce cri, vous le puniriez! Et, en presence des epouvantables faits que je viens de remettre sous vos yeux, vous diriez a la guillotine: Tu as raison! et vous diriez a la pitie, a la sainte pitie: Tu as tort!

Cela n'est pas possible, messieurs les jures. (*Fremissement d'emotion dans l'auditoire.*)

Tenez, monsieur l'avocat general, je vous le dis sans amertume, vous ne defendez pas une bonne cause. Vous avez beau faire, vous engagez une lutte inegale avec l'esprit de civilisation, avec les moeurs adoucies, avec le progres. Vous avez contre vous l'intime resistance du coeur de l'homme; vous avez contre vous tous les principes a l'ombre desquels, depuis soixante ans, la France marche et fait marcher le monde: l'inviolabilite de la vie humaine, la fraternite pour les classes ignorantes, le dogme de l'amelioration, qui remplace le dogme de la vengeance! Vous avez contre vous tout ce qui eclaire la raison, tout ce qui vibre dans les ames, la philosophie comme la religion, d'un cote Voltaire, de l'autre Jesus-Christ! Vous avez beau faire, cet effroyable service que l'echafaud a la pretention de rendre a la societe, la societe, au fond, en a horreur et n'en veut pas! Vous avez beau faire, les partisans de la peine de mort ont beau faire, et vous voyez que nous ne confondons pas la societe avec eux, les partisans de la peine de mort ont beau faire, ils n'innocenteront pas la vieille penalite du talion! ils ne laveront pas ces textes hideux sur lesquels ruisselle depuis tant de siecles le sang des tetes coupees! (*Mouvement general.*)

Messieurs, j'ai fini.

Mon fils, tu recois aujourd'hui un grand honneur, tu as ete juge digne de combattre, de souffrir peut-etre, pour la sainte cause de la verite. A dater d'aujourd'hui, tu entres dans la veritable vie virile de notre temps, c'est-a-dire dans la lutte pour le juste et pour le vrai. Sois fier, toi qui n'es qu'un simple soldat de l'idee humaine et democratique, tu es assis sur ce banc ou s'est assis Beranger, ou s'est assis Lamennais! (*Sensation.*)

Sois inebranlable dans tes convictions, et, que ce soit la ma derniere parole, si tu avais besoin d'une pensee pour t'affermir dans ta foi au progres, dans ta croyance a l'avenir, dans ta religion pour l'humanite, dans ton execration pour l'echafaud, dans ton horreur des peines irrevocables et irreparables, songe que tu es assis sur ce banc ou s'est assis Lesurques! (*Sensation profonde et prolongee. L'audience est comme suspendue par le mouvement de l'auditoire.*)

LES PROCES DE *L'EVENEMENT*

Charles Hugo alla en prison. Son frere, Francois-Victor, alla en prison. Erdan alla en prison. Paul Meurice alla en prison. Restait Vacquerie. *L'Evenement* fut supprime. C'etait la justice dans ce temps-la. *L'Evenement* disparu reparut sous ce titre *l'Avenement.* Victor Hugo adressa a Vacquerie la lettre qu'onva lire.

Cette lettre fut poursuivie et condamnee. Elle valut six mois de prison, a qui? A celui qui l'avait ecrite? Non, a celui qui l'avait recue. Vacquerie alla a la Conciergerie rejoindre Charles Hugo, Francois-Victor Hugo, Erdan et Paul Meurice.

Victor Hugo etait inviolable.

Cette inviolabilite dura jusqu'en decembre.

En decembre, Victor Hugo eut l'exil.

A M. AUGUSTE VACQUERIE

REDACTEUR EN CHEF DE L'*Avenement du peuple.*

Mon cher ami,

L'*Evenement* est mort, mort de mort violente, mort crible d'amendes et de mois de prison au milieu du plus eclatant succes qu'aucun journal du soir ait jamais obtenu. Le journal est mort, mais le drapeau n'est pas a terre; vous relevez le drapeau, je vous tends la main.

Vous reparaissez, vous, sur cette breche ou vos quatre compagnons de combat sont tombes l'un apres l'autre; vous y remontez tout de suite, sans reprendre haleine, intrepidement; pour barrer le passage a la reaction du passe contre le present, a la conspiration de la monarchie contre la republique, pour defendre tout ce que nous voulons, tout ce que nous aimons, le peuple, la France, l'humanite, la pensee chretienne, la civilisation universelle, vous donnez tout, vous livrez tout, vous exposez tout, votre talent, votre jeunesse, votre fortune, votre personne, votre liberte. C'est bien. Je vous crie: courage! et le peuple vous criera: bravo!

Il y avait quatre ans tout a l'heure que vous aviez fonde l'*Evenement,* vous, Paul Meurice, notre cher et genereux Paul Meurice, mes deux fils, deux ou trois jeunes et fermes auxiliaires. Dans nos temps de trouble, d'irritation et de malentendus, vous n'aviez qu'une pensee: calmer, consoler, expliquer, eclairer, reconcilier. Vous tendiez une main aux riches, une main aux pauvres, le coeur un peu plus pres de ceux-ci. C'etait la la mission sainte que vous aviez revee. Une reaction implacable n'a rien voulu entendre, elle a rejete la reconciliation et voulu le combat; vous avez combattu. Vous avez combattu a regret, mais resolument. —L'*Evenement* ne s'est pas epargne, amis et ennemis lui rendent cette justice, mais il a combattu sans se denaturer. Aucun journal n'a ete plus ardent dans la lutte, aucun n'est reste plus calme par le fond des idees. L'*Evenement*, de mediateur devenu combattant, a continue de vouloir ce qu'il voulait: la fraternite civique et humaine, la paix universelle, l'inviolabilite du droit, l'inviolabilite de la vie, l'instruction gratuite, l'adoucissement des moeurs et l'agrandissement des intelligences par l'education liberale et l'enseignement libre, la destruction de la misere, le bien-etre du peuple, la fin des revolutions, la democratie reine, le progres par le progres. L'*Evenement* a demande de toutes parts et a tous les partis politiques comme a tous les systemes sociaux l'amnistie, le pardon, la clemence. Il est reste fidele a toutes les pages de l'evangile. Il a eu deux grandes condamnations, la premiere pour avoir attaque l'echafaud, la seconde pour avoir defendu le droit d'asile. Il semblait aux ecrivains de l'*Evenement* que ce droit d'asile, que le chretien autrefois reclamait pour l'eglise, ils avaient le devoir, eux, francais, de le reclamer pour la France. La terre de France est sacree comme le pave d'un temple. Ils ont pense cela et ils l'ont dit. Devant les jurys qui ont decide de leur sort, et que couvre l'inviolable respect du a la chose jugee, ils se sont defendus sans concessions et ils ont accepte les condamnations sans amertume. Ils ont prouve que les hommes de douceur sont en meme temps des hommes d'energie.

Voila deux mille ans bientot que cette verite eclate, et nous ne sommes rien, nous autres, aupres des confesseurs augustes qui l'ont manifestee pour la premiere fois au genre humain. Les premiers chretiens souffraient pour leur foi, et la fondaient en souffrant pour elle, et ne flechissaient pas. Quand le supplice de l'un avait fini, un autre etait pret pour recommencer. Il y a quelque chose de plus heroique qu'un heros, c'est un martyr.

Grace a Dieu, grace a l'evangile, grace a la France, le martyre de nos jours n'a pas ces proportions terribles, ce n'est guere que de la petite persecution ou de la grande taquinerie; mais, tel qu'il est, il impose toujours des souffrances et il veut toujours du courage. Courage donc! marchez. Vous qui etes reste debout, en avant! Quand vos compagnons seront libres, ils viendront vous rejoindre. L'*Evenement* n'est plus, l'*Avenement du peuple* le remplacera dans les sympathies democratiques. C'est un autre journal, mais c'est la meme pensee.

Je vous le dis a vous, et je le dis a tous ceux qui acceptent, comme vous, vaillamment, la sainte lutte du progres. Allez, nobles esprits que vous etes tous! ayez foi! Vous etes forts. Vous avez pour vous le temps, l'avenir, l'heure qui passe et l'heure qui vient, la necessite, l'evidence, la raison d'ici-bas, la justice de la-haut. On vous persecutera, c'est possible. Apres?

Que pourriez-vous craindre et comment pourriez-vous douter? Toutes les realites sont avec vous.

On vient a bout d'un homme, de deux hommes, d'un million d'hommes; on ne vient pas a bout d'une verite. Les anciens parlements,—j'espere que nous ne verrons jamais rien de pareil dans ce temps-ci,—* ont quelquefois essaye de supprimer la verite par arret; le greffier n'avait pas acheve de signer la sentence, que la verite reparaissait debout et rayonnante au-dessus du tribunal. Ceci est de l'histoire. Ce qui est subsiste. On ne peut rien contre ce qui est. Il y aura toujours quelque chose qui tournera sous les pieds de l'inquisiteur. Ah! tu veux l'immobilite, inquisiteur! J'en suis fache, Dieu a fait le mouvement. Galilee le sait, le voit, et le dit. Punis Galilee, tu n'atteindras pas Dieu!

Marchez donc, et, je vous le repete, ayez confiance! Les choses pour lesquelles et avec lesquelles vous luttez sont de celles que la violence meme du combat fait resplendir. Quand on frappe sur un homme, on en fait jaillir du sang; quand on frappe sur la verite, on en fait jaillir de la lumiere.

Vous dites que le peuple aime mon nom, et vous me demandez ce que vous voulez bien appeler mon appui. Vous me demandez de vous serrer la main en public. Je le fais, et avec effusion. Je ne suis rien qu'un homme de bonne volonte. Ce qui fait que le peuple, comme vous dites, m'aime peut-etre un peu, c'est qu'on me hait beaucoup d'un certain cote. Pourquoi? je ne me l'explique pas.

Vraiment, je ne m'explique pas pourquoi les hommes, aveugles la plupart et dignes de pitie, qui composent le parti du passe, me font a moi et aux miens l'honneur d'une sorte d'acharnement special. Il semble, a de certains moments, que la liberte de la tribune n'existe pas pour moi, et que la liberte de la presse n'existe pas pour mes fils. Quand je parle, a l'assemblee, les clameurs font effort pour couvrir ma voix; quand mes fils ecrivent, c'est l'amende et la prison. Qu'importe! Ce sont la les incidents du combat. Nos blessures ne sont qu'un detail. Pardonnons nos griefs personnels. Qui que nous soyons, fussions-nous condamnes, nos juges eux-memes sont nos freres. Ils nous ont frappes d'une sentence, ne les frappons pas meme d'une rancune. A quoi bon perdre vingt-quatre heures a maudire ses juges quand on a toute sa vie pour les plaindre? Et puis maudire quelqu'un! a quoi bon? Nous n'avons pas le temps de songer a cela, nous avons autre chose a faire. Fixons les yeux sur le but, voyons le bien du peuple, voyons l'avenir! On peut etre frappe au coeur et sourire.

Savez-vous? j'irai tout cet hiver diner chaque jour a la Conciergerie avec mes enfants. Dans le temps ou nous sommes, il n'y a pas de mal a s'habituer a manger un peu de pain de prison.

Oui, pardonnons nos griefs personnels, pardonnons le mal qu'on nous fait ou qu'on veut nous faire.—Pour ce qui est des autres griefs, pour ce qui est du mal qu'on fait a la republique, pour ce qui est du mal qu'on fait au peuple, oh! cela, c'est different; je ne me sens pas le droit de le pardonner. Je souhaite, sans l'esperer, que personne n'ait de compte a rendre, que personne n'ait de chatiment a subir dans un avenir prochain.

Pourtant, mon ami, quel bonheur, si, par un de ces denouements inattendus qui sont toujours dans les mains de la providence et qui desarment subitement les passions coupables des uns et les legitimes coleres des autres; quel bonheur, si, par un de ces denouements possibles, apres tout, que l'abrogation de la loi du 31 mai permettrait d'entrevoir, nous pouvions arriver surement, doucement, tranquillement, sans secousse, sans convulsion, sans commotion, sans represailles, sans violences d'aucun cote, a ce magnifique avenir de paix et de concorde qui est la devant nous, a cet avenir inevitable ou la patrie sera grande, ou le peuple sera heureux, ou la republique francaise creera par son seul exemple la republique europeenne, ou nous serons tous, sur cette bien-aimee terre de France, libres comme en Angleterre, egaux comme en Amerique, freres comme au ciel!

VICTOR HUGO.

18 septembre 1851.

ENTERREMENTS

1843-1850

I

FUNERAILLES DE CASIMIR DELAVIGNE

20 decembre 1843.

Celui qui a l'honneur de presider en ce moment l'academie francaise ne peut, dans quelque situation qu'il se trouve lui-meme, etre absent un pareil jour ni muet devant un pareil cercueil.

Il s'arrache a un deuil personnel pour entrer dans le deuil general; il fait taire un instant, pour s'associer aux regrets de tous, le douloureux egoisme de son propre malheur. Acceptons, helas! avec une obeissance grave et resignee les mysterieuses volontes de la providence qui multiplient autour de nous les meres et les veuves desolees, qui imposent a la douleur des devoirs envers la douleur, et qui, dans leur toute-puissance impenetrable, font consoler l'enfant qui a perdu son pere par le pere qui a perdu son enfant.

Consoler! Oui c'est le mot. Que l'enfant qui nous ecoute prenne pour supreme consolation, en effet, le souvenir de ce qu'a ete son pere! Que cette belle vie, si pleine d'oeuvres excellentes, apparaisse maintenant tout entiere a son jeune esprit, avec ce je ne sais quoi de grand, d'acheve et de venerable que la mort donne a la vie! Le jour viendra ou nous dirons, dans un autre lieu, tout ce que les lettres pleurent ici. L'academie francaise honorera, par un public eloge, cette ame elevee et sereine, ce coeur doux et bon, cet esprit consciencieux, ce grand talent! Mais, disons-le des a present, dussions nous etre expose a le redire, peu d'ecrivains ont mieux accompli leur mission que M. Casimir Delavigne; peu d'existences ont ete aussi bien occupees malgre les souffrances du corps, aussi bien remplies malgre la brievete des jours. Deux fois poete, doue tout ensemble de la puissance lyrique et de la puissance dramatique, il avait tout connu, tout obtenu, tout eprouve, tout traverse, la popularite, les applaudissements, l'acclamation de la foule, les triomphes du theatre, toujours si eclatants, toujours si contestes. Comme toutes les intelligences superieures, il avait l'oeil constamment fixe sur un but serieux; il avait senti cette verite, que le talent est un devoir; il comprenait profondement, et avec le sentiment de sa responsabilite, la haute fonction que la pensee exerce parmi les hommes, que le poete remplit parmi les esprits. La fibre populaire vibrait en lui; il aimait le peuple dont il etait, et il avait tous les instincts de ce magnifique avenir de travail et de concorde qui attend l'humanite. Jeune homme, son enthousiasme avait salue ces regnes eblouissants et illustres qui agrandissent les nations par la guerre; homme fait, son adhesion eclairee s'attachait a ces gouvernements intelligents et sages qui civilisent le monde par la paix.

Il a bien travaille. Qu'il repose maintenant! Que les petites haines qui poursuivent les grandes renommees, que les divisions d'ecoles, que les rumeurs de partis, que les passions et les ingratitudes litteraires fassent silence autour du noble poete endormi! Injustices, clameurs, luttes, souffrances, tout ce qui trouble et agite la vie des hommes eminents s'evanouit a l'heure sacree ou nous sommes. La mort, c'est l'avenement du vrai. Devant la mort, il ne reste du poete que la gloire, de l'homme que l'ame, de ce monde que Dieu.

II

FUNERAILLES DE FREDERIC SOULIE

27 septembre 1847.

Les auteurs dramatiques ont bien voulu souhaiter que j'eusse dans ce jour de deuil l'honneur de les representer et de dire en leur nom l'adieu supreme a ce noble coeur, a cette ame genereuse, a cet esprit grave, a ce beau et loyal talent qui se nommait Frederic Soulie. Devoir austere qui veut etre accompli avec une tristesse virile, digne de l'homme ferme et rare que vous pleurez. Helas! la mort est prompte. Elle a ses preferences mysterieuses. Elle n'attend pas qu'une tete soit blanchie pour la choisir. Chose triste et fatale, les ouvriers de l'intelligence sont emportes avant que leur journee soit faite. Il y a quatre ans a peine, tous, presque les memes qui sommes ici, nous nous penchions sur la tombe de Casimir Delavigne, aujourd'hui nous nous inclinons devant le cercueil de Frederic Soulie.

Vous n'attendez pas de moi, messieurs, la longue nomenclature des oeuvres, constamment applaudies, de Frederic Soulie. Permettez seulement que j'essaye de degager a vos yeux, en peu de paroles, et d'evoquer, pour ainsi dire, de ce cercueil ce qu'on pourrait appeler la figure morale de ce remarquable ecrivain.

Dans ses drames, dans ses romans, dans ses poemes, Frederic Soulie a toujours ete l'esprit serieux qui tend vers une idee et qui s'est donne une mission. En cette grande epoque litteraire ou le genie, chose qu'on n'avait point vue encore, disons-le a l'honneur de notre temps, ne se separe jamais de l'independance, Frederic Soulie etait de ceux qui ne se courbent que pour preter l'oreille a leur conscience et qui honorent le talent par la dignite. Il etait de ces hommes qui ne veulent rien devoir qu'a leur travail, qui font de la pensee un instrument d'honnetete et du theatre un lieu d'enseignement, qui respectent la poesie et le peuple en meme temps, qui pourtant ont de l'audace, mais qui acceptent pleinement la responsabilite de leur audace, car ils n'oublient jamais qu'il y a du magistrat dans l'ecrivain et du pretre dans le poete.

Voulant travailler beaucoup, il travaillait vite, comme s'il sentait qu'il devait s'en aller de bonne heure. Son talent, c'etait son ame, toujours pleine de la meilleure et de la plus saine energie. De la lui venait cette force qui se resolvait en vigueur pour les penseurs et en puissance pour la foule. Il vivait par le coeur; c'est par la aussi qu'il est mort. Mais ne le plaignons pas; il a ete recompense, recompense par vingt triomphes, recompense par une grande et aimable renommee qui n'irritait personne et qui plaisait a tous. Cher a ceux qui le voyaient tous les jours et a ceux qui ne l'avaient jamais vu, il etait aime et il etait populaire, ce qui est encore une des plus douces manieres d'etre aime. Cette popularite il la meritait; car il avait toujours present a l'esprit ce double but qui contient tout ce qu'il y a de noble dans l'egoisme et tout ce qu'il y a de vrai dans le devouement: etre libre et etre utile.

Il est mort comme un sage qui croit parce qu'il pense; il est mort doucement, dignement, avec le candide sourire d'un jeune homme, avec la gravite bienveillante d'un vieillard. Sans doute il a du regretter d'etre contraint de quitter l'oeuvre de civilisation que les ecrivains de ce siecle font tous ensemble, et de partir avant l'heure solennelle et prochaine peut-etre qui appellera toutes les probites et toutes les intelligences au saint travail de l'avenir. Certes, il etait propre a ce glorieux travail, lui qui avait dans le coeur tant de compassion et tant d'enthousiasme, et qui se tournait sans cesse vers le peuple, parce que la sont toutes les miseres, parce que la aussi sont toutes les grandeurs. Ses amis le savent, ses ouvrages l'attestent, ses succes le prouvent, toute sa vie Frederic Soulie a eu les yeux fixes dans une etude severe sur les clartes de l'intelligence, sur les grandes verites politiques, sur les grands mysteres sociaux. Il vient d'interrompre sa contemplation, il est alle la reprendre ailleurs; il est alle trouver d'autres clartes, d'autres verites, d'autres mysteres, dans l'ombre profonde de la mort.

Un dernier mot, messieurs. Que cette foule qui nous entoure et qui veut bien m'ecouter avec tant de religieuse attention; que ce peuple genereux, laborieux et pensif, qui ne fait defaut a aucune de ces solennites douloureuses et qui suit les funerailles de ses ecrivains comme on suit le convoi d'un ami; que ce peuple si intelligent et si serieux le sache bien, quand les philosophes, quand les ecrivains, quand les poetes viennent apporter ici, a ce commun abime de tous les hommes, un des leurs, ils viennent sans trouble, sans ombre, sans inquietude, pleins d'une foi inexprimable dans cette autre vie sans laquelle celle-ci ne serait digne ni de Dieu qui la donne, ni de l'homme qui la recoit. Les penseurs ne se defient pas de Dieu! Ils regardent avec tranquillite, avec serenite, quelques-uns avec joie, cette fosse qui n'a pas de fond; ils savent que le corps y trouve une prison, mais que l'ame y trouve des ailes.

Oh! les nobles ames de nos morts regrettes, ces ames qui, comme celle dont nous pleurons en ce moment le depart, n'ont cherche dans ce monde qu'un but, n'ont eu qu'une inspiration, n'ont voulu qu'une recompense a leurs travaux, la lumiere et la liberte, non! elles ne tombent pas ici dans un piege! Non! la mort n'est pas un mensonge! Non! elles ne rencontrent pas dans ces tenebres cette captivite effroyable, cette affreuse chaine qu'on appelle le neant! Elles y continuent, dans un rayonnement plus magnifique, leur vol sublime et leur destinee immortelle. Elles etaient libres dans la poesie, dans l'art, dans l'intelligence, dans la pensee; elles sont libres dans le tombeau!

III

FUNERAILLES DE BALZAC

20 aout 1850.

Messieurs,

L'homme qui vient de descendre dans cette tombe etait de ceux auxquels la douleur publique fait cortege. Dans les temps ou nous sommes, toutes les fictions sont evanouies. Les regards se fixent desormais non sur les tetes qui regnent, mais sur les tetes qui pensent, et le pays tout entier tressaille lorsqu'une de ces tetes disparait. Aujourd'hui, le deuil populaire, c'est la mort de l'homme de talent; le deuil national, c'est la mort de l'homme de genie.

Messieurs, le nom de Balzac se melera a la trace lumineuse que notre epoque laissera dans l'avenir.

M. de Balzac faisait partie de cette puissante generation des ecrivains du dix-neuvieme siecle qui est venue apres Napoleon, de meme que l'illustre pleiade du dix-septieme est venue apres Richelieu,—comme si, dans le developpement de la civilisation, il y avait une loi qui fit succeder aux dominateurs par le glaive les dominateurs par l'esprit.

M. de Balzac etait un des premiers parmi les plus grands, un des plus hauts parmi les meilleurs. Ce n'est pas le lieu de dire ici tout ce qu'etait cette splendide et souveraine intelligence. Tous ses livres ne forment qu'un livre, livre vivant, lumineux, profond, ou l'on voit aller et venir et marcher et se mouvoir, avec je ne sais quoi d'effare et de terrible mele au reel, toute notre civilisation contemporaine; livre merveilleux que le poete a intitule comedie et qu'il aurait pu intituler histoire, qui prend toutes les formes et tous les styles, qui depasse Tacite et qui va jusqu'a Suetone, qui traverse Beaumarchais et qui va jusqu'a Rabelais; livre qui est l'observation et qui est l'imagination; qui prodigue le vrai, l'intime, le bourgeois, le trivial, le materiel, et qui par moments, a travers toutes les realites brusquement et largement dechirees, laisse tout a coup entrevoir le plus sombre et le plus tragique ideal.

A son insu, qu'il le veuille ou non, qu'il y consente ou non, l'auteur de cette oeuvre immense et etrange est de la forte race des ecrivains revolutionnaires. Balzac va droit au but. Il saisit corps a corps la societe moderne. Il arrache a tous quelque chose, aux uns l'illusion, aux autres l'esperance, a ceux-ci un cri, a ceux-la un masque. Il fouille le vice, il disseque la passion. Il creuse et sonde l'homme, l'ame, le coeur, les entrailles, le cerveau, l'abime que chacun a en soi. Et, par un don de sa libre et vigoureuse nature, par un privilege des intelligences de notre temps qui, ayant vu de pres les revolutions, apercoivent mieux la fin de l'humanite et comprennent mieux la providence, Balzac se degage souriant et serein de ces redoutables etudes qui produisaient la melancolie chez Moliere et la misanthropie chez Rousseau.

Voila ce qu'il a fait parmi nous. Voila l'oeuvre qu'il nous laisse, oeuvre haute et solide, robuste entassement d'assises de granit, monument! oeuvre du haut de laquelle resplendira desormais sa renommee. Les grands hommes font leur propre piedestal; l'avenir se charge de la statue.

Sa mort a frappe Paris de stupeur. Depuis quelques mois, il etait rentre en France. Se sentant mourir, il avait voulu revoir la patrie, comme la veille d'un grand voyage on vient embrasser sa mere.

Sa vie a ete courte, mais pleine; plus remplie d'oeuvres que de jours.

Helas! ce travailleur puissant et jamais fatigue, ce philosophe, ce penseur, ce poete, ce genie, a vecu parmi nous de cette vie d'orages, de luttes, de querelles, de combats, commune dans tous les temps a tous les grands hommes. Aujourd'hui, le voici en paix. Il sort des contestations et des haines. Il entre, le meme jour, dans la gloire et dans le tombeau. Il va briller desormais, au-dessus de toutes ces nuees qui sont sur nos tetes, parmi les etoiles de la patrie!

Vous tous qui etes ici, est-ce que vous n'etes pas tentes de l'envier?

Messieurs, quelle que soit notre douleur en presence d'une telle perte, resignons-nous a ces catastrophes. Acceptons-les dans ce qu'elles ont de poignant et de severe. Il est bon peut-etre, il est necessaire peut-etre, dans une epoque comme la notre, que de temps en temps une grande mort communique aux esprits devores de doute et de scepticisme un ebranlement religieux. La providence sait ce qu'elle fait lorsqu'elle met ainsi le peuple face a face avec le mystere supreme, et quand elle lui donne a mediter la mort, qui est la grande egalite et qui est aussi la grande liberte.

La providence sait ce qu'elle fait, car c'est la le plus haut de tous les enseignements. Il ne peut y avoir que d'austeres et serieuses pensees dans tous les coeurs quand un sublime esprit fait majestueusement son entree dans l'autre vie, quand un de ces etres qui ont plane longtemps au-dessus de la foule avec les ailes visibles du genie, deployant tout a coup ces autres ailes qu'on ne voit pas, s'enfonce brusquement dans l'inconnu.

Non, ce n'est pas l'inconnu! Non, je l'ai deja dit dans une autre occasion douloureuse, et je ne me lasserai pas de le repeter, non, ce n'est pas la nuit, c'est la lumiere! Ce n'est pas la fin, c'est le commencement! Ce n'est pas le neant, c'est l'eternite! N'est-il pas vrai, vous tous qui m'ecoutez? De pareils cercueils demontrent l'immortalite; en presence de certains morts illustres, on sent plus distinctement les destinees divines de cette intelligence qui traverse la terre pour souffrir et pour se purifier et qu'on appelle l'homme, et l'on se dit qu'il est impossible que ceux qui ont ete des genies pendant leur vie ne soient pas des ames apres leur mort!

LE 2 DECEMBRE 1851

Un vaillant proscrit de decembre, M. Hippolyte Magen, a publie, pendant son exil, a Londres, en 1852 (chez Jeffs, Burlington Arcade), un remarquable recit des faits dont il avait ete temoin. Nous extrayons de ce recit les pages qu'on va lire, en faisant seulement quelques suppressions dans les eloges adresses par M. H. Magen a M. Victor Hugo.

"Le 2 decembre, a dix heures du matin, des representants du peuple etaient reunis dans une maison de la rue Blanche.

"Deux opinions se combattaient. La premiere, emise et soutenue par Victor Hugo, voulait qu'on fit immediatement un appel aux armes; la population etait oscillante, il fallait, par une impulsion revolutionnaire, la jeter du cote de l'assemblee.

"Exciter lentement les coleres, entretenir longtemps l'agitation, tel etait le moyen que Michel (de Bourges) trouvait le meilleur; pour le soutenir il s'appuyait sur le passe. En 1830, on avait d'abord crie, puis lance des pierres aux gardes royaux, enfin on s'etait jete dans la bataille, avec des passions deja fermentees; en fevrier 1848, l'agitation de la rue avait aussi precede le combat.

"La situation actuelle n'offrait pas la moindre analogie avec ces deux epoques.

"Malheureusement le systeme de la temporisation l'emporta; il fut decide qu'on emploierait les vieux moyens, et qu'en attendant, il serait fait un appel aux legions de la garde nationale sur lesquelles on avait le droit de compter. Victor Hugo, Charamaule et Forestier accepterent la responsabilite de ces demarches, et rendez-vous fut pris a deux heures, sur le boulevard du Temple, chez Bonvalet, pour l'execution des mesures arretees.

"Tandis que Charamaule et Victor Hugo remplissaient le mandat qu'ils avaient recu, un incident prouva que, suivant l'opinion repoussee dans la rue Blanche, le peuple attendait une impulsion vigoureuse et revolutionnaire. A la hauteur de la rue Meslay, Charamaule s'apercut que la foule reconnaissait Hugo et s'epaississait autour d'eux:—"Vous etes reconnu, dit-il a son collegue."—Au meme instant, quelques jeunes gens crierent: *Vive Victor Hugo!*

"Un d'eux lui demanda: "Citoyen que faut-il faire?"

"Victor Hugo repondit: "Dechirez les affiches factieuses du coup d'etat et criez: *Vive la constitution!*

"—Et si l'on tire sur nous? lui dit un jeune ouvrier.

"—Vous courrez aux armes", repliqua Victor Hugo.

"Il ajouta:—Louis Bonaparte est un rebelle; il se couvre aujourd'hui de tous les crimes. Nous, representants du peuple, nous le mettons hors la loi; mais, sans meme qu'il soit besoin de notre declaration, il est hors la loi par le seul fait de sa trahison. Citoyens! vous avez deux mains, prenez dans l'une votre droit, dans l'autre votre fusil, et courez sur Bonaparte!"

"La foule poussa une acclamation.

"Un bourgeois qui fermait sa boutique dit a l'orateur: "Parlez moins haut, si l'on vous entendait parler comme cela, on vous fusillerait.

"—Eh bien! repondit Hugo, vous promeneriez mon cadavre, et ce serait une bonne chose que ma mort si la justice de Dieu en sortait!"

"Tous crierent: *Vive Victor Hugo!*—Criez: *Vive la constitution!* leur dit-il. Un cri formidable de *Vive la constitution! Vive la republique!* sortit de toutes les poitrines.

"L'enthousiasme, l'indignation, la colere melaient leurs eclairs dans tous les regards. C'etait la, peut-etre, une minute supreme. Victor Hugo fut tente d'enlever toute cette foule et de commencer le combat.

"Charamaule le retint et lui dit tout bas:—"Vous causerez une mitraillade inutile; tout ce monde est desarme. L'infanterie est a deux pas de nous, et voici l'artillerie qui arrive."

"En effet, plusieurs pieces de canon, attelees, debouchaient par la rue de Bondy, derriere le Chateau-d'Eau. Saisir un tel moment, ce pouvait etre la victoire, mais ce pouvait etre aussi un massacre. "Le conseil de s'abstenir, donne par un homme aussi intrepide que l'a ete Charamaule pendant ces tristes jours, ne pouvait etre suspect; en outre Victor Hugo, quel que fut son entrainement interieur, se sentait lie par la deliberation de la gauche. Il recula devant la responsabilite qu'il aurait encourue; depuis, nous l'avons entendu souvent repeter lui-meme: "Ai-je eu raison? Ai-je eu tort?"

"Un cabriolet passait; Victor Hugo et Charamaule s'y jeterent. La foule suivit quelque temps la voiture en criant: *Vive la republique! Vive Victor Hugo!*

"Les deux representants se dirigerent vers la rue Blanche, ou ils rendirent compte de la scene du Chateau d'Eau; ils essayerent encore de decider leurs collegues a une action revolutionnaire, mais la decision du matin fut maintenue.

"Alors Victor Hugo dicta au courageux Baudin la proclamation suivante:

"Louis-Napoleon est un traitre.

"Il a viole la constitution.

"Il s'est mis hors la loi.

Les representants republicains rappellent au peuple et a l'armee l'article 68 et l'article 110 ainsi concus: "L'assemblee constituante confie la defense de la presente constitution et des droits qu'elle consacre a la garde et au patriotisme de tous les francais."

"Le peuple est a jamais en possession du suffrage universel, n'a besoin d'aucun prince pour le lui rendre, et chatiera le rebelle.

"Que le peuple fasse son devoir.

"Les representants republicains marcheront a sa tete.

"Aux armes! Vive la republique!"

"Michel (de Bourges), Schoelcher, le general Leydet, Joigneaux, Jules Favre, Deflotte, Eugene Sue, Brives, Chauffour, Madier de Montjau,

Cassal, Breymand, Lamarque, Baudin et quelques autres se haterent de mettre sur cette proclamation leurs noms a cote de celui de Victor Hugo.

"A six heures du soir, les membres du conciliabule de la rue Blanche, chasses de la rue de la Cerisaie par un avis que la police marchait sur eux, se retrouvaient au quai de Jemmapes, chez le representant Lafon; a eux s'etaient joints quelques journalistes et plusieurs citoyens devoues a la republique.

"Au milieu d'une vive animation, un comite de resistance fut nomme; il se composait des citoyens:

Victor Hugo,
Carnot,
Michel (de Bourges),
Madier de Montjau,
Jules Favre,
Deflotte,
Faure (du Rhone).

"On attendait impatiemment trois proclamations que Xavier Durrieu avait remises a des compositeurs de son journal. L'une d'elles sera recueillie par l'histoire; elle s'echappa de l'ame de Victor Hugo. La voici:

PROCLAMATION A L'ARMEE.

Soldats!

Un homme vient de briser la constitution, il dechire le serment qu'il avait prete au peuple, supprime la loi, etouffe le droit, ensanglante Paris, garrotte la France, trahit la Republique.

Soldats, cet homme vous engage dans le crime.

Il y a deux choses saintes: le drapeau qui represente l'honneur militaire, et la loi qui represente le droit national. Soldats! le plus grand des attentats, c'est le drapeau leve contre la loi.

Ne suivez pas plus longtemps le malheureux qui vous egare. Pour un tel crime, les soldats francais sont des vengeurs, non des complices.

Livrez a la loi ce criminel. Soldats! c'est un faux Napoleon. Un vrai Napoleon vous ferait recommencer Marengo; lui, il vous fait recommencer Transnonain.

Tournez vos yeux sur la vraie fonction de l'armee francaise. Proteger la patrie, propager la revolution, delivrer les peuples, soutenir les nationalites, affranchir le continent, briser les chaines partout, defendre partout le droit, voila votre role parmi les armees d'Europe; vous etes dignes des grands champs de bataille.

Soldats! l'armee francaise est l'avant-garde de l'humanite. Rentrez en vous-memes, reflechissez, reconnaissez-vous, relevez-vous. Songez a vos generaux arretes, pris au collet par des argousins et jetes, menottes aux mains, dans la cellule des voleurs. Le scelerat qui est a l'Elysee croit que l'armee de la France est une bande du bas-empire, qu'on la paie et qu'on l'enivre, et qu'elle obeit. Il vous fait faire une besogne infame; il vous fait egorger, en plein dix-neuvieme siecle et dans Paris meme, la liberte, le progres, la civilisation; il vous fait detruire, a vous enfants de la France, ce que la France a si glorieusement et si peniblement construit en trois siecles de lumiere et en soixante ans de revolution! Soldats, si vous etes la grande armee, respectez la grande nation!

Nous, citoyens, nous representants du peuple et vos representants,—nous, vos amis, vos freres, nous qui sommes la loi et le droit, nous qui nous dressons devant vous en vous tendant les bras et que vous frappez aveuglement de vos epees, savez-vous ce qui nous desespere? ce n'est pas de voir notre sang qui coule, c'est de voir votre honneur qui s'en va.

Soldats! un pas de plus dans l'attentat, un jour de plus avec Louis Bonaparte, et vous etes perdus devant la conscience universelle. Les hommes qui vous commandent sont hors la loi; ce ne sont pas des generaux, ce sont des malfaiteurs; la casaque des bagnes les attend. Vous soldats, il en est temps encore, revenez a la patrie, revenez a la republique. Si vous persistiez, savez-vous ce que l'histoire dirait de vous? Elle dirait: "Ils ont foule aux pieds de leurs chevaux et ecrase sous les roues de leurs canons toutes les lois de leur pays; eux, des soldats francais, ils ont deshonore l'anniversaire d'Austerlitz; et, par leur faute, par leur crime, il degoutte aujourd'hui du nom de Napoleon sur la France autant de honte qu'il en a autrefois decoule de gloire."

Soldats francais, cessez de preter main-forte au crime!

Pour les representants du peuple restes libres, le representant membre du comite de resistance,

VICTOR HUGO.

Paris, 3 decembre.

"Cette proclamation ... ou brillent toutes les qualites du genie et du patriotisme, fut, a l'aide d'un papier bleu qui multipliait les copies, reproduite cinquante fois; le lendemain elle etait affichee dans les rues Charlot, de l'Homme-Arme, Rambuteau, et sur le boulevard du Temple.

"Cependant on est encore averti que la police a pris l'eveil; a travers une nuit obscure, on se dirige vers la rue Popincourt, ou les ateliers de Frederic Cournet ouvriront un asile sur.

" ... Nos amis remplissent une salle vaste et nue; il y a deux tabourets seulement; Victor Hugo, qui va presider la reunion, en prend un,—l'autre est donne a Baudin, qui servira de secretaire. Dans cette assemblee, on remarquait Guiter, Gindriez, Lamarque, Charamaule, Sartin, Arnaud de l'Ariege, Schoelcher, Xavier Durrieu et Kesler son collaborateur, etc., etc.

"Apres un instant de confusion, qu'en pareille circonstance il est aise de concevoir, plusieurs resolutions furent prises. On avait vu successivement arriver Michel (de Bourges), Esquiros, Aubry (du Nord), Bancel, Duputz, Madier de Montjau et Mathieu (de la Drome); ce dernier ne fit qu'une courte apparition.

"Victor Hugo avait pris la parole et resumait les perils de la situation, les moyens de resistance et de combat.

"Tout a coup, un homme en blouse se presente, effare.

"—Nous sommes perdus, s'ecria-t-il; du point d'observation ou l'on m'a place, j'ai vu se diriger vers nous une troupe nombreuse de soldats.

"—Qu'importe! a repondu Cournet, en montrant des armes, la porte de ma maison est etroite; dans le corridor deux hommes ne marcheraient pas de front; nous sommes ici soixante resolus a mourir; deliberez en paix."

"A ce terrible episode Victor Hugo emprunte un mouvement sublime. Les paroles de Victor Hugo ont ete stenographiees, sur place, par un des assistants, et je puis les donner telles qu'il les prononca. Il s'ecrie: / "Ecoutez, rendez-vous bien compte de ce que vous faites.

"D'un, cote, cent mille hommes, dix-sept batteries attelees, six mille bouches a feu dans les forts, des magasins, des arsenaux, des munitions de quoi faire la campagne de Russie;—de l'autre, cent vingt representants, mille ou douze cents patriotes, six cents fusils, deux cartouches par homme, pas un tambour pour battre le rappel, pas une cloche pour sonner le tocsin, pas une imprimerie pour imprimer une proclamation; a peine, ca et la, une presse lithographique, une cave ou l'on imprimera, en hate et furtivement, un placard a la brosse; peine de mort contre qui remuera un pave, peine de mort contre qui s'attroupera, peine de mort contre qui sera trouve en conciliabule, peine de mort contre qui placardera un appel aux armes; si vous etes pris pendant le combat, la mort; si vous etes pris apres le combat, la deportation et l'exil.—D'un cote, une armee et le crime;—de l'autre, une poignee d'hommes et le droit. Voila cette lutte, l'acceptez-vous?"

"Ce fut un moment admirable; cette parole energique et puissante avait remue toutes les fibres du patriotisme; un cri subit, unanime, repondit: "*Oui, oui, nous l'acceptons!*"

"Et la deliberation recommenca grave et silencieuse."

NOTES

CHAMBRE DES PAIRS

1846.

NOTE 1

LA PROPRIETE DES OEUVRES D'ART

Un projet de loi sur les dessins et modeles de fabrique etait propose par le gouvernement; une longue discussion s'engagea, au sein de la chambre des pairs, sur la question de savoir quelle serait la duree de la propriete de ces dessins et de ces modeles. Le projet du gouvernement decretait une duree de quinze annees. La commission qui avait fait rapport sur le projet de loi proposait d'etendre le droit exclusif d'exploitation d'un modele a trente ans. Quelques membres de la chambre voulaient le maintien pur et simple de la legislation de 1793 qui attribue a l'auteur d'un dessin ou d'un modele artistique destine a l'industrie les memes droits qu'a l'auteur d'une statue ou d'un tableau. Victor Hugo demanda la parole.

Messieurs,

Je n'aurai qu'une simple observation a faire sur la question la plus importante, a mes yeux du moins, la question de duree; et j'appuierai la proposition de la commission, en regrettant, je l'avoue meme, l'ancienne legislation. Je n'ai que tres peu de mots a dire, et je n'abuserai jamais de l'attention de la chambre.

Messieurs, il ne faut pas se dissimuler que c'est un art veritable qui est en question ici. Je ne pretends pas mettre cet art, dans lequel l'industrie entre pour une certaine portion, sur le rang des creations poetiques ou litteraires, creations purement spontanees, qui ne relevent que de l'artiste, de l'ecrivain, du penseur. Cependant, il est incontestable qu'il y a ici dans la question un art tout entier.

Et si la Chambre me permettait de citer quelques-uns des grands noms qui se rattachent a cet art, elle reconnaitrait elle-meme qu'il y a la des genies createurs, des hommes d'imagination, des hommes dont la propriete doit etre protegee par la loi. Bernard de Palissy etait un potier; Benvenuto Cellini etait un orfevre. Un pape a desire un modele de chandeliers d'eglise; Michel-Ange et Raphael ont concouru pour ce modele, et les deux flambeaux ont ete executes. Oserait-on dire que ce ne sont pas la des objets d'art?

Il y a donc ici, permettez-moi d'insister, un art veritable dans la question, et c'est ce qui me fait prendre la parole.

Jusqu'a present cette matiere a ete regie en France par une legislation vague, obscure, incomplete, plutot formee de jurisprudence et d'extensions que composee de textes directs emanes du legislateur. Cette legislation a beaucoup de defauts, mais elle a une qualite qui, a mes yeux, compense tous les defauts, elle est genereuse.

Cette legislation, que donnait-elle a l'art qui est ici en question? Elle lui donnait la duree; et n'oubliez pas ceci: toutes les fois que vous voulez que de grands artistes fassent de grandes oeuvres, donnez-leur le temps, donnez-leur la duree, assurez-leur le respect de leur pensee et de leur propriete. Si vous voulez que la France reste a ce point ou elle est placee, d'imposer a toutes les nations la loi de sa mode, de son gout, de son imagination; si vous voulez que la France reste la maitresse de ce que le monde appelle l'ornement, le luxe, la fantaisie, ce qui sera toujours et ce qui est une richesse publique et nationale; si vous voulez donner a cet art tous les moyens de prosperer, ne touchez pas legerement a la legislation sous laquelle il s'est developpe avec tant d'eclat.

Notez que depuis que cette legislation, incomplete, je le repete, mais genereuse, existe, l'ascendant de la France, dans toutes les matieres d'art et d'industrie melee a l'art, n'a cesse de s'accroitre.

Que demandez-vous donc a une legislation? qu'elle produise de bons effets, qu'elle donne de bons resultats? Que reprochez-vous a celle-ci? Sous son empire, l'art francais est devenu le maitre et le modele de l'art chez tous les peuples qui composent le monde civilise. Pourquoi donc toucher legerement a un etat de choses dont vous avez a vous applaudir?

J'ajouterai en terminant que j'ai lu avec une grande attention l'expose des motifs; j'y ai cherche la raison pour laquelle il etait innove a un etat aussi excellent, je n'en ai trouve qu'une qui ne me parait pas suffisante, c'est un desir de mettre la legislation qui regit cette matiere en harmonie avec la legislation qui regit d'autres matieres qu'on suppose a tort analogues. C'est la, messieurs, une pure question de symetrie. Cela ne me parait pas suffisant pour innover, j'ose dire, aussi temerairement.

J'ai pour M. le ministre du commerce, en particulier, la plus profonde et la plus sincere estime; c'est un homme des plus distingues, et je reconnais avec empressement sa haute competence sur toutes les matieres qui sont soumises a son administration. Cependant je ne me suis pas explique comment il se faisait qu'en presence d'un beau, noble et magnifique resultat, on venait innover dans la loi qui a, en partie du moins, produit cet effet.

Je le repete, je demande de la duree. Je suis convaincu qu'un pas sera fait en arriere le jour ou vous diminuerez la duree de cette propriete. Je ne l'assimile pas d'ailleurs, je l'ai deja dit en commencant, a la propriete litteraire proprement dite. Elle est au-dessous de la propriete litteraire; mais elle n'en est pas moins respectable, nationale et utile. Le jour, dis-je, ou vous aurez diminue la duree de cette propriete, vous aurez diminue l'interet des fabricants a produire des ouvrages d'industrie de plus en plus voisins de l'art; vous aurez diminue l'interet des grands artistes a penetrer de plus en plus dans cette region ou l'industrie se releve par son contact avec l'art.

Aujourd'hui, a l'heure ou nous parlons, des sculpteurs du premier ordre, j'en citerai un, homme d'un merveilleux talent, M. Pradier, n'hesitent pas a accorder leur concours a ces productions qui ne sont pour l'industrie que des consoles, des pendules, des flambeaux, et qui sont, pour les connaisseurs, des chefs-d'oeuvre.

Un jour viendra, n'en doutez pas, ou beaucoup de ces oeuvres que vous traitez aujourd'hui de simples produits de l'industrie, et que vous reglementez comme de simples produits de l'industrie, un jour viendra ou beaucoup de ces oeuvres prendront place dans les musees. N'oubliez pas que vous avez ici, en France, a Paris, un musee compose precisement des debris de cet art mixte qui est en ce moment en question. La collection des vases etrusques, qu'est-ce autre chose?

Si vous voulez maintenir cet art au niveau deja eleve ou il est parvenu en France, si vous voulez augmenter encore ce bel essor qu'il a pris et qu'il prend tous les jours, donnez-lui du temps.

Voila tout ce que je voulais dire.

Je voterai pour tout ce qui tendra a augmenter la duree accordee aux proprietaires de cette sorte d'oeuvres, et je declare, en finissant, que je ne puis m'empecher de regretter l'ancienne legislation. (*Tres bien! tres bien!*)

NOTE 2

LA MARQUE DE FABRIQUE

Dans la discussion du projet de loi relatif aux marques de fabrique, deux systemes etaient en presence, celui de la marque facultative et celui de la marque obligatoire. Analyser cette discussion nous conduirait trop loin; nous pouvons d'ailleurs citer, sans autre commentaire, les deux discours que Victor Hugo prononca dans ce debat.

Messieurs,

Je viens defendre une opinion qui, je le crains, malgre les excellentes observations qui ont ete faites, a peu de faveur dans la chambre. J'ose cependant appeler sur cette opinion l'attention de la noble assemblee. Le projet de loi sur les dessins de fabrique soulevait une question d'art; le projet de loi sur les marques de fabrique souleve une question d'honneur, et toutes les fois que la loi touche a une question d'honneur, il n'est personne qui ne se sente et qui ne soit competent.

Il y a deux sortes de commerce, le bon et le mauvais commerce. Le commerce honnete et loyal, le commerce deloyal et frauduleux. Le commerce honnete, c'est celui qui ne fraude pas; c'est celui qui livre aux consommateurs des produits sinceres; c'est celui qui cherche avant tout, avant meme les benefices d'argent, le plus sur, le meilleur, le plus fecond des benefices, la bonne renommee. La bonne renommee, messieurs, est aussi un capital. Le mauvais commerce, le commerce frauduleux, est celui qui a la fievre des fortunes rapides, qui jette sur tous les marches du monde des produits falsifies; c'est celui, enfin, qui prefere les profits a l'estime, l'argent a la renommee.

Eh bien, de ces deux commerces que la loi actuelle met en presence, lequel voulez-vous proteger? Il me semble que vous devez protection a l'un, et la protection de l'un c'est la repression de l'autre. J'ai cherche dans le projet de loi, dans l'expose des motifs et dans le rapport de M. le baron Charles Dupin, s'il pouvait y avoir quelque mode de repression preferable au seul mode de repression qui se soit presente a mon esprit, et j'avoue, a regret, n'en avoir pas trouve. A mon avis, que je soumets a la chambre, il n'y a d'autre mode de repression pour le mauvais commerce, d'autre mode de protection pour le commerce loyal et honnete, que la marque obligatoire.

Mais on dira: La marque obligatoire est contraire a la liberte. Permettez que je m'explique sur ce point, car il est delicat et grave.

J'aime la liberte, je sais qu'elle est bonne; je ne me borne pas a dire qu'elle est bonne, je le crois, je le sais; je suis pret a me devouer pour cette conviction. La liberte a ses abus et ses perils. Mais a cote des abus elle a ses bienfaits, a cote des perils elle a la gloire. J'aime donc la liberte, je la crois bonne en toute occasion. Je veux la liberte du bon commerce; j'admettrais meme, s'il en etait besoin, la liberte du mauvais commerce, quoique ce soit, a mon avis, la liberte de la ronce et de l'ivraie. Mais, messieurs, je ne pense pas que, dans la question de la marque obligatoire, la liberte soit le moins du monde compromise.

Il existe un commerce, il existe une industrie qui est soumise a la marque obligatoire; ce commerce, je vais le nommer tout de suite, c'est la presse, c'est la librairie. Il n'existe pas un papier imprime, quel qu'il soit, dans quelque but que ce soit, sous quelque denomination que ce soit, si insignifiant qu'il puisse etre, il n'existe pas un papier imprime qui ne doive, aux termes des lois qui nous regissent, porter le nom de l'imprimeur et son adresse. Qu'est-ce que cela? C'est la marque obligatoire. Avez-vous entendu dire que la marque obligatoire ait supprime la liberte de la presse? (*Mouvement.*)

Je ne sache pas d'argument plus fort que celui-ci; car voici une liberte publique, la plus importante de toutes, la plus vitale, qui fonctionne parmi nous sous l'empire de la marque obligatoire, c'est-a-dire de cet obstacle qu'on objecte comme devant ruiner une autre liberte dans ce qu'elle a de plus essentiel et de meilleur. Il est donc evident que puisque la marque obligatoire ne gene dans aucun de ses developpements la plus precieuse de nos libertes, elle n'aura aucun effet funeste, ni meme aucun effet facheux sur la liberte commerciale. J'ajoute qu'a mon avis liberte implique responsabilite. La marque obligatoire, c'est la signature; la marque obligatoire, c'est la responsabilite. Eh bien, messieurs les pairs, je suis de ceux qui ne veulent pas qu'on jouisse de la liberte sans subir la responsabilite. (*Mouvement.*)

Je voterai pour la marque obligatoire.

* * * * *

Je vois la chambre fatiguee, je ne crois pas au succes de l'amendement, et cependant je crois devoir insister. Messieurs, c'est que ma conviction est profonde.

La marque facultative peut-elle avoir ce rare resultat de separer en deux parts le bon et le mauvais commerce, le commerce loyal et le commerce frauduleux? Si je le pensais, je n'hesiterais pas a me rallier au systeme du gouvernement et de la commission. Mais je ne le pense pas.

Dans mon opinion, la marque facultative est une precaution illusoire. Pourquoi? Messieurs les pairs, c'est que l'industrie n'est pas libre; non, l'industrie n'est pas libre devant le commerce. Notez ceci: l'industrie a un interet, le commerce croit souvent en avoir un autre. Quel est l'interet de l'industrie? Donner d'abord de bons produits, et, s'il se peut, des produits excellents, et, s'il se peut, dans les cas ou l'industrie touche a l'art, des produits admirables. Ceci est l'interet de l'industrie, ceci est aussi l'interet de la nation. Quel est l'interet du commerce? Vendre, vendre vite, vendre souvent au hasard, souvent a bon marche et a vil prix. A vil prix! c'est fort cher. Pour cela, que faut-il au commerce, je dis au commerce frauduleux que je voudrais detruire? Il lui faut des produits frelates, falsifies, chetifs, miserables, coutant peu et pouvant, erreur fatale du reste, rapporter beaucoup. Que fait le commerce deloyal? il impose sa loi a l'industrie. Il commande, l'industrie obeit. Il le faut bien. L'industrie n'est jamais face a face avec le consommateur. Entre elle et le consommateur il y a un intermediaire, le marchand; ce que le marchand veut, le fabricant est contraint de le vouloir. Messieurs, prenez garde! Le commerce frauduleux qui n'a malheureusement que trop d'extension, ne voudra pas de la marque facultative; il ne voudra aucune marque. L'industrie gemira et cedera. La marque obligatoire serait une arme. Donnez cette arme, donnez cette defense a l'industrie loyale contre le commerce deloyal. Je vous le dis, messieurs les pairs, je vous le dis en presence des faits deplorables que vous ont cites plusieurs nobles membres de cette Chambre, en presence des debouches qui se ferment, en presence des marches etrangers qui ne s'ouvrent plus, en presence de la diminution du salaire qui frappe l'ouvrier, et de la falsification des denrees qui frappe le consommateur; je vous le dis avec une conviction croissante, devant la concurrence interieure, devant la concurrence exterieure surtout, messieurs les pairs, fondez la sincerite commerciale! (*Mouvement.*)

Mettez la marque obligatoire dans la loi.

L'industrie francaise est une richesse nationale. Le commerce loyal tend a elever l'industrie; le commerce frauduleux tend a l'avilir et a la degrader. Protegez le commerce loyal, frappez le commerce deloyal.

ASSEMBLEE CONSTITUANTE

1848-1849.

NOTE 3

SECOURS AUX THEATRES

17 juillet 1848.

A la suite des fatales journees de juin 1848, les theatres de Paris furent fermes. Cette cloture, qui semblait devoir se prolonger indefiniment, etait une calamite de plus ajoutee aux autres calamites publiques. La ruine des theatres etait imminente. M. Victor Hugo sentit l'urgence de leur situation et leur vint en aide. Il convoqua une reunion speciale des representants de Paris dans le 1er bureau, leur demanda d'appuyer un projet de decret qu'il se chargeait de presenter et qui allouait une subvention d'un million aux theatres, pour les mettre a meme de rouvrir. La proposition fut vivement debattue. Un membre accusa l'auteur du projet de decret de vouloir *faire du bruit.* M. Victor Hugo s'ecria:

Ce que je veux, ce n'est pas du bruit, comme vous dites, c'est du pain! du pain pour les artistes, du pain pour les ouvriers, du pain pour les vingt mille familles que les theatres alimentent! Ce que je veux, c'est le commerce, c'est l'industrie, c'est le travail, vivifies par ces ruisseaux de seve qui jaillissent des theatres de Paris! c'est la paix publique, c'est la serenite publique, c'est la splendeur de la ville de Paris, c'est l'eclat des lettres et des arts, c'est la venue des etrangers, c'est la circulation de l'argent, c'est tout ce que repandent d'activite, de joie, de sante, de richesse, de civilisation, de prosperite, les theatres de Paris ouverts. Ce que je ne veux pas, c'est le deuil, c'est la detresse, c'est l'agitation, c'est l'idee de revolution et d'epouvante que contiennent ces mots lugubres: Les theatres de Paris sont fermes! Je l'ai dit a une autre epoque et dans une occasion pareille, et permettez-moi de le redire: Les theatres fermes, c'est le drapeau noir deploye.

Eh bien, je voudrais que vous, vous les representants de Paris, vous vinssiez dire a cette portion de la majorite qui vous inquiete: Osez deployer ce drapeau noir! osez abandonner les theatres! Mais, sachez-le bien, qui laisse fermer les theatres fait fermer les boutiques! Sachez-le bien, qui laisse fermer les theatres de Paris, fait une chose que nos plus redoutables annees n'ont pas faite; que l'invasion n'a pas faite, que 93 n'a pas faite! Qui ferme les theatres de Paris eteint le feu qui eclaire, pour ne plus laisser resplendir que le feu qui incendie! Osez prendre cette responsabilite!

Messieurs, cette question des theatres est maintenant un cote, un cote bien douloureux, de la grande question des detresses publiques. Ce que nous invoquons ici, c'est encore le principe de l'assistance. Il y a la, autour de nous, je vous le repete, vingt mille familles qui nous demandent de ne pas leur oter leur pain! Le plus deplorable temoignage de la durete des temps que nous traversons, c'est que les theatres, qui n'avaient jamais fait partie que de notre gloire, font aujourd hui partie de notre misere.

Je vous en conjure, reflechissez-y. Ne desertez pas ce grand interet. Faites de moi ce que vous voudrez; je suis pret a monter a la tribune, je suis pret a combattre, *a la poupe, a la proue, ou l'on voudra, n'importe*; mais ne reculons pas! Sans vous, je ne suis rien; avec vous, je ne crains rien! Je vous supplie de ne pas repousser la proposition.

La proposition, appuyee par la presque unanimite des representants de la Seine et adoptee par le comite de l'interieur, fut acceptee par le gouvernement, qui reduisit a six cent mille francs la subvention proposee. M. Victor Hugo, nomme president et rapporteur d'une commission speciale chargee d'examiner le projet de decret, et composee de MM. Leon de Maleville, Bixio et Evariste Bavoux, deposa au nom du comite de l'interieur et lut en seance publique, le 17 juillet, le rapport suivant:

Citoyens representants,

Dans les graves conjonctures ou nous sommes, en examinant le projet de subvention aux theatres de Paris, votre comite de l'interieur et la commission qu'il a nommee ont eu le courage d'ecarter toutes les hautes considerations d'art, de litterature, de gloire nationale, qui viendraient si naturellement en aide au projet, que nous conservons du reste, et que nous ferons certainement valoir a l'occasion dans des temps meilleurs; le comite, dis-je, a eu le courage d'ecarter toutes ces considerations pour ne se preoccuper de la mesure proposee qu'au point de vue de l'utilite politique.

C'est a ce point de vue unique d'une grande et evidente utilite politique et immediate, que nous avons l'honneur de vous proposer l'adoption de la mesure.

Les theatres de Paris sont peut-etre les rouages principaux de ce mecanisme complique qui met en mouvement le luxe de la capitale et les innombrables industries que ce luxe engendre et alimente; mecanisme immense et delicat, que les bons gouvernements entretiennent avec soin, qui ne s'arrete jamais sans que la misere naisse a l'instant meme, et qui, s'il venait jamais a se briser, marquerait l'heure fatale ou les revolutions sociales succedent aux revolutions politiques.

Les theatres de Paris, messieurs, donnent une notable impulsion a l'industrie parisienne, qui, a son tour, communique la vie a l'industrie des departements. Toutes les branches du commerce recoivent quelque chose du theatre. Les theatres de Paris font vivre directement dix mille familles, trente ou quarante metiers divers, occupant chacun des centaines d'ouvriers, et versent annuellement dans la circulation une somme qui, d'apres des chiffres incontestables, ne peut guere etre evaluee a moins de vingt ou trente millions.

La cloture des theatres de Paris est donc une veritable catastrophe commerciale qui a toutes les proportions d'une calamite publique. Les faire vivre, c'est vivifier toute la capitale. Vous avez accorde, il y a peu de jours, cinq millions a l'industrie du batiment; accorder aujourd'hui un subside aux theatres, c'est appliquer le meme principe, c'est pourvoir aux memes necessites politiques. Si vous refusiez aujourd'hui ces six cent mille francs a une industrie utile, vous auriez dans un mois plusieurs millions a ajouter a vos aumones.

D'autres considerations font encore ressortir l'importance politique de la mesure qui rouvrirait nos theatres. A une epoque comme la notre, ou les esprits se laissent entrainer, dans cette espece de lassitude et de desoeuvrement qui suit les revolutions, a toutes les emotions, et quelquefois a toutes les violences de la fievre politique, les representations dramatiques sont une distraction souhaitable, et peuvent etre une heureuse et puissante diversion. L'experience a prouve que, pour le peuple parisien en particulier, il faut le dire a la louange de ce peuple si intelligent, le theatre est un calmant efficace et souverain.

Ce peuple, pareil a tant d'egards au peuple athenien, se tourne toujours volontiers, meme dans les jours d'agitation, vers les joies de l'intelligence et de l'esprit. Peu d'attroupements resistent a un theatre ouvert; aucun attroupement ne resisterait a un spectacle gratis.

L'utilite politique de la mesure de la subvention aux theatres est donc demontree. Il importe que les theatres de Paris rouvrent et se soutiennent, et l'etat consulte un grand interet public en leur accordant un subside qui leur permettra de vivre jusqu'a la saison d'hiver, ou leur prosperite renaitra, nous l'esperons, et sera a la fois un temoignage et un element de la prosperite generale.

Cela pose, ce grand interet politique une fois constate, votre comite a du rechercher les moyens d'arriver surement a ce but: faire vivre les theatres jusqu'a l'hiver. Pour cela, il fallait avant tout qu'aucune partie de la somme votee par vous ne put etre detournee de sa destination, et consacree, par exemple, a payer les dettes que les theatres ont contractees depuis cinq mois qu'ils luttent avec le plus honorable courage contre les difficultes de la situation. Cet argent est destine a l'avenir et non au passe. Il ne pourra etre revendique par aucun creancier. Votre comite vous propose de declarer les sommes allouees aux theatres par le decret incessibles et insaisissables.

Les sommes ne seraient versees aux directeurs des theatres que sous des conditions acceptees par eux, ayant toutes pour objet la meilleure exploitation de chaque theatre en particulier, et que les directeurs seraient tenus d'observer sous peine de perdre leur droit a l'allocation.

Quant aux sommes en elles-memes, votre comite en a examine soigneusement la repartition. Cette repartition a ete modifiee pour quelques theatres, d'accord avec M. le ministre de l'interieur, et toujours dans le but d'utilite positive qui a preoccupe votre comite.

L'allocation de 170,000 francs a ete conservee a l'Opera dont la prosperite se lie si etroitement a la paix de la capitale. La part du Vaudeville a ete portee a 24,000 francs, sous la condition que les directeurs ne negligeront rien pour rendre a ce theatre son ancienne prosperite, et pour y ramener la troupe excellente que tout Paris y applaudissait dans ces derniers temps.

Un theatre oublie a ete retabli dans la nomenclature, c'est le theatre Beaumarchais, c'est-a-dire le theatre special du 8e arrondissement et du faubourg Saint-Antoine. L'assemblee s'associera a la pensee qui a voulu favoriser la reouverture de ce theatre.

Voici cette repartition, telle qu'elle est indiquee et arretee dans l'expose des motifs qui vous a ete distribue ce matin:

Pour l'Opera, Theatre de la Nation 170,000 fr.
Pour le Theatre de la Republique 105,000
Pour l'Opera-Comique 80,000
Pour l'Odeon 45,000
Pour le Gymnase 30,000
Pour la Porte-Saint-Martin 35,000
Pour le Vaudeville 24,000
Pour les Varietes 24,000
Pour le Theatre Montansier 15,000
Pour l'Ambigu-Comique 25,000
Pour la Gaite 25,000
Pour le Theatre-Historique 27,000
Pour le Cirque 4,000
Pour les Folies-Dramatiques 11,000
Pour les Delassements-Comiques 11,000
Pour le Theatre Beaumarchais 10,000
Pour le Theatre Lazary 4,000
Pour le Theatre des Funambules 5,000
Pour le Theatre du Luxembourg 5,000
Pour les theatres de la banlieue 10,000
Pour l'Hippodrome 5,000
Pour eventualites 10,000

Total 680,000 fr.

Le comite a cru necessaire d'ajouter aux subventions reparties une somme de 10,000 francs destinee a des allocations eventuelles qu'il est impossible de ne pas prevoir en pareille matiere.

Afin de multiplier les precautions et de rendre tout abus impossible, votre comite, d'accord avec le ministre, vous propose d'ordonner, par l'article 2 du decret, que la distribution de la somme afferente a chaque theatre sera faite de quinzaine en quinzaine, par cinquiemes, jusqu'au 1er octobre. Les deux tiers au moins de la somme seront affectes au payement des artistes, employes et gagistes des theatres. Enfin, le ministre rendra compte de mois en mois de l'execution du decret a votre comite de l'interieur.

Un decret special avait ete presente pour le Theatre de la Nation; le comite, ne voyant aucun motif a ce double emploi, a fondu les deux decrets en un seul.

Le credit total alloue par les deux decrets ainsi reunis s'eleve a 680,000 francs.

Par toutes les considerations que nous venons d'exposer devant vous, nous esperons, messieurs, que vous voudrez bien voter ce decret dont vous avez deja reconnu et declare l'urgence. Il faut que tous les symptomes de la confiance et de la securite reparaissent; il faut que les theatres rouvrent; il faut que la population reprenne sa serenite en retrouvant ses plaisirs. Ce qui distrait les esprits les apaise. Il est temps de remettre en mouvement tous les moteurs du luxe, du commerce, de l'industrie, c'est-a-dire tout ce qui produit le travail, tout ce qui detruit la misere; les theatres sont un de ces moteurs.

Que les etrangers se sentent rappeles a Paris par le calme retabli; qu'on voie des passants dans les rues la nuit, des voitures qui roulent, des boutiques ouvertes, des cafes eclaires; qu'on puisse rentrer tard chez soi; les theatres vous restitueront toutes ces libertes de la vie parisienne, qui sont les indices memes de la tranquillite publique. Il est temps de rendre sa physionomie vivante, animee, paisible, a cette grande ville de Paris, qui porte avec accablement, depuis un mois bientot, le plus douloureux de tous les deuils, le deuil de la guerre civile!

Et permettez au rapporteur de vous le dire en terminant, messieurs, ce que vous ferez en ce moment sera utile pour le present et fecond pour l'avenir. Ce ne sera pas un bienfait perdu; venez en aide au theatre, le theatre vous le rendra. Votre encouragement sera pour lui un engagement. Aujourd'hui, la societe secourt le theatre, demain le theatre secourra la societe. Le theatre, c'est la sa fonction et son devoir, moralise les masses en meme temps qu'il enrichit la cite. 11 peut beaucoup sur les imaginations; et, dans des temps serieux comme ceux ou nous sommes, les auteurs dramatiques, libres desormais, comprendront plus que jamais, n'en doutez pas, que faire du theatre une chaire de verite et une tribune d'honnetete, pousser les coeurs vers la fraternite, elever les esprits aux sentiments genereux par le spectacle des grandes choses, infiltrer dans le peuple la vertu et dans la foule la raison, enseigner, apaiser, eclairer, consoler, c'est la plus pure source de la renommee, c'est la plus belle forme de la gloire!

La subvention aux theatres fut votee. Les theatres rouvrirent.

NOTE 4

SECOURS AUX TRANSPORTES

14 aout 1848.

Immediatement apres les journees de juin, M. Victor Hugo se preoccupa du sort fait aux transportes. Il appela tous les hommes de bonne volonte, dans toutes les nuances de l'assemblee, a leur venir en aide. Il organisa dans ce but une reunion speciale en dehors de tous les partis.

Voici en quels termes le fait est raconte dans *la Presse* du 14 aout 1848:

"Tous les hommes politiques ne sont pas en declin, heureusement! Au premier rang de ceux qu'on a vus grandir par le courage qu'ils ont deploye sous la grele des balles dans les tristes journees de juin, par la fermete conciliante qu'ils ont apportee a la tribune, et enfin par l'elan d'une fraternite sincere telle que nous la concevons, telle que nous la ressentons, nous aimons a signaler un de nos illustres amis, Victor Hugo, devant lequel plus d'une barricade s'est abaissee, et que la liberte de la presse a trouve debout a la tribune au jour des interpellations adressees a M. le general Cavaignac.

"M. Victor Hugo vient encore de prendre une noble initiative dont nous ne saurions trop le feliciter. Il s'agit de visiter les detenus de juin. Cette proposition a motive la reunion spontanee d'un certain nombre de representants dans l'un des bureaux de l'assemblee nationale; nous en empruntons les details au journal l'*Evenement*:

"La reunion se composait deja de MM. Victor Hugo, Lagrange, l'eveque de Langres, Montalembert, David (d'Angers), Galy-Gazalat, Felix Pyat, Edgar Quinet, La Rochejaquelein, Demesmay, Mauvais, de Voguee, Cremieux, de Falloux, Xavier Durrieu, Considerant, le general Laydet, Vivien, Portalis, Chollet, Jules Favre, Wolowski, Babaud-Laribiere, Antony Thouret.

"M. Victor Hugo a expose l'objet de la reunion. Il a dit:

"Qu'au milieu des reunions qui se sont produites au sein de l'assemblee, et qui s'occupent toutes avec un zele louable, et selon leur opinion consciencieuse, des grands interets politiques du pays, il serait utile qu'une reunion se format qui n'eut aucune couleur politique, qui resumat toute sa pensee dans le seul mot *fraternite*, et qui eut pour but unique l'apaisement des haines et le soulagement des miseres nees de la guerre civile.

"Cette reunion se composerait d'hommes de toutes les nuances, qui oublieraient, en y entrant, a quel parti ils appartiennent, pour ne se souvenir que des souffrances du peuple et des plaies de la France. Elle aurait, sans le vouloir et sans le chercher, un but politique de l'ordre le plus eleve; car soulager les malheurs de la guerre civile dans le present, c'est eteindre les fureurs de la guerre civile dans l'avenir. L'assemblee nationale est animee des intentions les plus patriotiques; elle veut punir les vrais coupables et amender les egares, mais elle ne veut rien au dela de la severite strictement necessaire, et, certainement, a cote de sa severite, elle cherchera toujours les occasions de faire sentir sa paternite. La reunion projetee provoquerait, selon les faits connus et les besoins qui se manifesteraient, la bonne volonte genereuse de l'assemblee.

"Cette reunion ne se compose encore que de membres qui se sont spontanement rapproches et qui appartiennent a toutes les opinions representees dans l'assemblee; mais elle admettrait avec empressement tous les membres qui auraient du temps a donner aux travaux de fraternite qu'elle s'impose. Son premier soin serait de visiter les forts, en ayant soin de ne s'immiscer dans aucune des attributions du pouvoir judiciaire ou du pouvoir administratif. Elle se preoccuperait de tout ce qui peut, sans desarmer, bien entendu, ni enerver l'action de la loi, adoucir la situation des prisonniers et le sort de leurs familles.

"En ce qui touche ces malheureuses familles, la reunion rechercherait les moyens d'assurer l'execution du decret qui leur reserve le droit de suivre les transportes, et qui, evidemment n'a pas voulu que ce droit fut illusoire ou onereux pour les familles pauvres. Le general Cavaignac, consulte par M. Victor Hugo, a pleinement approuve cette pensee, a compris que la prudence s'y concilierait avec l'intention fraternelle et l'unite politique, et a promis de faciliter, par tous les moyens en son pouvoir, l'acces et la visite des prisons aux membres de la reunion; ce sera pour eux une occupation fatigante et penible, mais que le sentiment du bien qu'ils pourront faire leur rendra douce.

"En terminant, M. Victor Hugo a exprime le voeu que la reunion mit a sa tete et choisit pour son president l'homme venerable qu'elle compte parmi ses membres, et qui joint au caractere sacre de representant le caractere sacre d'eveque, M. Parisis, eveque de Langres. Ainsi le double but evangelique et populaire sera admirablement exprime par la personne meme de son president. La fraternite est le premier mot de l'evangile et le dernier mot de la democratie."

"La reunion a completement adhere a ces genereuses paroles. Elle a aussitot constitue son bureau, qui est ainsi compose:

"President, M. Parisis, eveque de Langres; vice-president, M. Victor Hugo; secretaire, M. Xavier Durrieu.

"La reunion s'est separee, apres avoir charge MM. Parisis, Victor Hugo et Xavier Durrieu de demander au general Cavaignac, pour les membres de la reunion, l'autorisation de se rendre dans les forts et les prisons de Paris."

NOTE 5.

LA QUESTION DE DISSOLUTION

En janvier 1849, la question de dissolution se posa. L'assemblee constituante discuta la proposition Rateau. Dans la discussion prealable des bureaux, M. Victor Hugo prononca, le 15 janvier, un discours que la stenographie a conserve. Le voici:

M. VICTOR HUGO.—Posons la question.

Deux souverainetes sont en presence.

Il y a d'un cote l'assemblee, de l'autre le pays

D'un cote l'assemblee. Une assemblee qui a rendu a Paris, a la France, a l'Europe, au monde entier, un service, un seul, mais il est considerable; en juin, elle a fait face a l'emeute, elle a sauve la democratie. Car une portion du peuple n'a pas le droit de revolte contre le peuple tout entier. C'est la le titre de cette assemblee. Ce titre serait plus beau si la victoire eut ete moins dure. Les meilleurs vainqueurs sont les vainqueurs clements. Pour ma part, j'ai combattu l'insurrection anarchique et j'ai blame la repression soldatesque. Du reste, cette assemblee, disons-le, a plutot essaye de grandes choses qu'elle n'en a fait. Elle a eu ses fautes et ses torts, ce qui est l'histoire des assemblees et ce qui est aussi l'histoire des hommes. Un peu de bon, pas mal de mediocre, beaucoup de mauvais. Quant a moi, je ne veux me rappeler qu'une chose, la conduite vaillante de l'assemblee en juin, son courage, le service rendu. Elle a bien fait son entree; il faut maintenant qu'elle fasse bien sa sortie.

De l'autre cote, dans l'autre plateau de la balance, il y a le pays. Qui doit l'emporter? (*Reclamations.*) Oui, messieurs, permettez-moi de le dire dans ma conviction profonde, c'est le pays qui demande votre abdication. Je suis net, je ne cherche pas a etre nomme commissaire, je cherche a dire la verite. Je sais que chaque parti a une pente a s'intituler le pays. Tous, tant que nous sommes, nous nous enivrons bien vite de nous-memes et nous avons bientot fait de crier: Je suis la France! C'est un tort quand on est fort, c'est un ridicule quand on est petit. Je tacherai de ne point donner dans ce travers, j'userai fort peu des grands mots; mais, dans ma conviction loyale, voici ce que je pense: L'an dernier, a pareille epoque, qui est-ce qui voulait la reforme? Le pays. Cette annee, qui est-ce qui veut la dissolution de la chambre? Le pays. Oui, messieurs, le pays nous dit: retirez-vous. Il s'agit de savoir si l'assemblee repondra: je reste.

Je dis qu'elle ne le peut pas, et j'ajoute qu'elle ne le doit pas.

J'ajoute encore ceci. Le pays doit du respect a l'assemblee, mais l'assemblee doit du respect au pays.

Messieurs, ce mot, le pays, est un formidable argument; mais il n'est pas dans ma nature d'abuser d'aucun argument. Vous allez voir que je n'abuse pas de celui-ci.

Suffit-il que la nation dise brusquement, inopinement, a une assemblee, a un chef d'etat, a un pouvoir: va-t'en! pour que ce pouvoir doive s'en aller?

Je reponds: non!

Il ne suffit pas que la nation ait pour elle la souverainete, il faut qu'elle ait la raison.

Voyons si elle a la raison.

Il y a en republique deux cas, seulement deux cas ou le pays peut dire a une assemblee de se dissoudre. C'est lorsqu'il a devant lui une assemblee legislative dont le terme est arrive, ou une assemblee constituante dont le mandat est epuise.

Hors de la, le pays, le pays lui-meme peut avoir la force, il n'a pas le droit.

L'assemblee legislative dont la duree constitutionnelle n'est pas achevee, l'assemblee constituante dont le mandat n'est pas accompli ont le droit, ont le devoir de repondre au pays lui-meme: non! et de continuer, l'une sa fonction, l'autre son oeuvre.

Toute la question est donc la. Je la precise, vous voyez. La Constituante de 1848 a-t-elle epuise son mandat? a-t-elle termine son oeuvre? Je crois que oui, vous croyez que non.

UNE VOIX.—L'assemblee n'a point epuise son mandat.

M. VICTOR HUGO.—Si ceux qui veulent maintenir l'assemblee parviennent a me prouver qu'elle n'a point fait ce qu'elle avait a faire, et que son mandat n'est point accompli, je passe de leur bord a l'instant meme.

Examinons.

Qu'est-ce que la constituante avait a faire? Une constitution.

La constitution est faite.

LE MEME MEMBRE.—Mais, apres la constitution, il faut que l'assemblee fasse les lois organiques.

M. VICTOR HUGO.—Voici le grand argument, faire les lois organiques!

Entendons-nous.

Est-ce une necessite ou une convenance?

Si les lois organiques participent du privilege de la constitution, si, comme la constitution, qui n'est sujette qu'a une seule reserve, la sanction du peuple et le droit de revision, si comme la constitution, dis-je, les lois organiques sont souveraines, inviolables, au-dessus des assemblees legislatives, au-dessus des codes, placees a la fois a la base et au faite, oh! alors, il n'y a pas de question, il n'y a rien a dire, il faut les faire, il y a necessite. Vous devez repondre au pays qui vous presse: attendez! nous n'avons pas fini! les lois organiques ont besoin de recevoir de nous le sceau du pouvoir constituant. Et alors, si cela est, si nos adversaires ont raison, savez-vous ce que vous avez fait vendredi en repoussant la proposition Rateau? vous avez manque a votre devoir!

Mais si les lois organiques par hasard ne sont que des lois comme les autres, des lois modifiables et revocables, des lois que la prochaine assemblee legislative pourra citer a sa barre, juger et condamner, comme le gouvernement provisoire a condamne les lois de la monarchie, comme vous avez condamne les decrets du gouvernement provisoire, si cela est, ou est la necessite de les faire? a quoi bon devorer le temps de la France pour jeter quelques lois de plus a cet appetit de revocation qui caracterise les nouvelles assemblees?

Ce n'est donc plus qu'une question de convenance. Mon Dieu! je suis de bonne composition, si nous vivions dans un temps calme, et si cela vous etait bien agreable, cela me serait egal. Oui, vous trouvez convenable que les redacteurs du texte soient aussi les redacteurs du commentaire, que ceux qui ont fait le livre fassent aussi les notes, que ceux qui ont bati l'edifice pavent aussi les rues a l'entour, que le theoreme constitutionnel fasse penetrer son unite dans tous ses corollaires; apres avoir ete legislateurs constituants, il vous plait d'etre legislateurs organiques; cela est bien arrange, cela est plus regulier, cela va mieux ainsi. En un mot, vous voulez faire les lois organiques; pourquoi? pour la symetrie.

Ah! ici, messieurs, je vous arrete. Pour une assemblee constituante, ou il n'y a plus de necessite il n'y a plus de droit. Car du moment ou votre droit s'eclipse, le droit du pays reparait.

Et ne dites pas que si l'on admet le droit de la nation en ce moment, il faudra l'admettre toujours, a chaque instant et dans tous les cas, que dans six mois elle dira au president de se demettre et que dans un an elle criera a la legislative de se dissoudre. Non! la constitution, une fois sanctionnee par le peuple, protegera le president et la legislative. Reflechissez. Voyez l'abime qui separe les deux situations. Savez-vous ce qu'il faut en ce moment pour dissoudre l'assemblee constituante? Un vote, une boule dans la boite du scrutin. Et savez-vous ce qu'il faudrait pour dissoudre l'assemblee legislative? Une revolution.

Tenez, je vais me faire mieux comprendre encore: faites une hypothese, reculez de quelques mois en arriere, reportez-vous a l'epoque ou vous etiez en plein travail de constitution, et supposez qu'en ce moment-la, au milieu de l'oeuvre ebauchee, le pays, impatient ou egare, vous eut crie: Assez! le mandant brise le mandat; retirez-vous!

Savez-vous, moi qui vous parle en ce moment, ce que je vous eusse dit alors?

Je vous eusse dit: Resistez!

Resister! a qui? a la France?

Sans doute.

Notre devoir eut ete de dire au peuple:—Tu nous as donne un mandat, nous ne te le rapporterons pas avant de l'avoir rempli. Ton droit n'est plus en toi, mais en nous. Tu te revoltes contre toi-meme; car nous, c'est toi. Tu es souverain, mais tu es factieux. Ah! tu veux refaire une revolution? tu veux courir de nouveau les chances anarchiques et monarchiques? Eh bien! puisque tu es a la fois le plus fort et le plus aveugle, rouvre le gouffre, si tu l'oses, nous y tomberons, mais tu y tomberas apres nous.

Voila ce que vous eussiez dit, et vous ne vous fussiez pas separes.

Oui, messieurs, il faut savoir dans l'occasion resister a tous les souverains, aux peuples aussi bien qu'aux rois. Le respect de l'histoire est a ce prix.

Eh bien! moi, qui il y a trois mois vous eusse dit: resistez! aujourd'hui je vous dis: cedez!

Pourquoi?

Je viens de vous l'expliquer.

Parce qu'il y a trois mois le droit etait de votre cote, et qu'aujourd'hui il est du cote du pays.

Et ces dix ou onze lois organiques que vous voulez faire, savez-vous? vous ne les ferez meme pas, vous les baclerez. Ou trouverez-vous le calme, la reflexion, l'attention, le temps pour examiner les questions, le temps pour les laisser murir? Mais telle de ces lois est un code! mais c'est la societe tout entiere a refaire! Onze lois organiques, mais il y en a pour onze mois! Vous aurez vecu presque un an. Un an, dans des temps comme ceux-ci, c'est un siecle, c'est la une fort belle longevite revolutionnaire. Contentez-vous-en.

Mais on insiste, on s'irrite, on fait appel a nos fiertes. Quoi! nous nous retirons parce qu'un flot d'injures monte jusqu'a nous! Nous cedons a un *quinze mai moral!* l'assemblee nationale se laisse chasser! Messieurs, l'assemblee chassee! Comment? par qui? Non, j'en appelle a la dignite de vos consciences, vous ne vous sentez pas chasses! Vous n'avez pas donne les mains a votre honte! Vous vous retirez, non devant les voies de fait des partis, non devant les violences des factions, mais devant la souverainete de la nation. L'assemblee se laisser chasser! Ah! ce degre d'abaissement rendrait sa condamnation legitime, elle la meriterait pour y avoir consenti! Il n'en est rien, messieurs, et la preuve, c'est qu'elle s'en irait meprisee, et qu'elle s'en ira respectee!

Messieurs, je crois avoir ruine les objections les unes apres les autres. Me voici revenu a mon point de depart, le pays a pour lui le droit, et il a pour lui la raison. Considerez qu'il souffre, qu'il est, depuis un an bientot, etendu sur le lit de douleur d'une revolution; il veut changer de position, passez-moi cette comparaison vulgaire, c'est un malade qui veut se retourner du cote droit sur le cote gauche.

UN MEMBRE ROYALISTE.—Non, du cote gauche sur le cote droit. (*Sourires.*)

M. VICTOR HUGO.—C'est vous qui le dites, ce n'est pas moi. (*On rit.*) Je ne veux, moi, ni anarchie ni monarchie. Messieurs, soyons des hommes politiques et considerons la situation. Elle nous dicte notre conduite. Je ne suis pas de ceux qui ont fait la republique, je ne l'ai pas choisie, mais je ne l'ai pas trahie. J'ai la confiance que dans toutes mes paroles vous sentez l'honnete homme. Votre attention me prouve que vous voyez bien que c'est une conscience qui vous parle, je me sens le droit de m'adresser a votre coeur de bons citoyens. Voici ce que je vous dirai: Vous avez sauve le present, maintenant ne compromettez pas l'avenir! Savez-vous quel est le mal du pays en ce moment? C'est l'inquietude, c'est l'anxiete, c'est le doute du lendemain. Eh bien, vous les chefs du pays, ses chefs momentanes, mais reels, donnez-lui le bon exemple, montrez de la confiance, dites-lui que vous croyez au lendemain, et prouvez-le-lui! Quoi! vous aussi, vous auriez peur! Quoi! vous aussi, vous diriez: que va-t-il arriver? Vous craindriez vos successeurs! La constituante redouterait la legislative? Non, votre heure est fixee et la sienne est venue, les temps qui approchent ne vous appartiennent pas. Sachez le comprendre noblement. Deferez au voeu de la France. Ne passez pas de la souverainete a l'usurpation. Je le repete, donnons le bon exemple, retirons-nous a temps et a propos, et croyons tous au lendemain! Ne disons pas, comme je l'ai entendu declarer, que notre disparition sera une revolution. Comment! democrates, vous n'auriez pas foi dans la democratie? Eh bien, moi patriote, j'ai foi dans la patrie. Je voterai pour que l'assemblee se separe au terme le plus prochain.

NOTE 6

ACHEVEMENT DU LOUVRE

Fevrier 1849.

M. VICTOR HUGO.—Je suis favorable au projet. J'y vois deux choses, l'interet de l'etat, l'interet de la ville de Paris.

Certes, creer dans la capitale une sorte d'edifice metropolitain de l'intelligence, installer la pensee la ou etait la royaute, remplacer une puissance par une puissance, ou etait la splendeur du trone mettre le rayonnement du genie, faire succeder a la grandeur du passe ce qui fait la grandeur du present et ce qui fera la beaute de l'avenir, conserver a cette metropole de la pensee ce nom de Louvre, qui veut dire souverainete et gloire; c'est la, messieurs, une idee haute et belle. Maintenant, est-ce une idee utile?

Je n'hesite pas; je reponds: Oui.

Quoi! vivifier Paris, embellir Paris, ajouter encore a la haute idee de civilisation que Paris represente, donner d'immenses travaux sous toutes les formes a toutes les classes d'ouvriers, depuis l'artisan jusqu'a l'artiste, donner du pain aux uns, de la gloire aux autres, occuper et nourrir le peuple avec une idee, lorsque les ennemis de la paix publique cherchent a l'occuper, je ne dis pas a le nourrir, avec des passions, est-ce que ce n'est pas la une pensee utile?

Mais l'argent? cela coutera fort cher. Messieurs, entendons-nous, j'aime la gloire du pays, mais sa bourse me touche. Non-seulement je ne veux pas grever le budget, mais je veux, a tout prix, l'alleger. Si le projet, quoiqu'il me semble beau et utile, devait entrainer une charge pour les contribuables, je serais le premier a le repousser. Mais, l'expose des motifs vous le dit, on peut faire face a la depense par des alienations peu regrettables d'une portion du domaine de l'etat qui coute plus qu'elle ne rapporte.

J'ajoute ceci. Cet ete, vous votiez des sommes considerables pour des resultats nuls, uniquement dans l'intention de faire travailler le peuple. Vous compreniez si bien la haute importance morale et politique du travail, que la seule pensee d'en donner vous suffisait. Quoi! vous accordiez des travaux steriles, et aujourd'hui vous refuseriez des travaux utiles?

Le projet peut etre ameliore. Ainsi, il faudrait conserver toutes les menuiseries de la bibliotheque actuelle, qui sont fort belles et fort precieuses. Ce sont la des details. Je signale une lacune plus importante. Selon moi, il faudrait completer la pensee du projet en installant l'institut dans le Louvre, c'est-a-dire en faisant sieger le senat des intelligences au milieu des produits de l'esprit humain. Representez-vous ce que serait le Louvre alors! D'un cote une galerie de peinture comparable a la galerie du Vatican, de l'autre une bibliotheque comparable a la bibliotheque d'Alexandrie; tout pres cette grande nouveaute des temps modernes, le palais de l'Industrie; toute connaissance humaine reunie et rayonnant dans un monument unique; au centre l'institut, comme le cerveau de ce grand corps.

Les visiteurs de toutes les parties du monde accourraient a ce monument comme a une Mecque de l'intelligence. Vous auriez ainsi transforme le Louvre. Je dis plus, vous n'auriez pas seulement agrandi le palais, vous auriez agrandi l'idee qu'il contenait.

Cette creation, ou l'on trouvera tous les magnifiques progres de l'art contemporain, dotera, sans qu'il en coute un sou aux contribuables, d'une richesse de plus la ville de Paris, et la France d'une gloire de plus. J'appuie le projet.

NOTE 7

SECOURS AUX ARTISTES

3 avril 1849.

Le discours sur les encouragements dus aux arts, prononce par M. Victor Hugo, le 11 novembre 1848, fut combattu, notamment par l'honorable M. Charlemagne, comme exagerant les besoins et les miseres des artistes et des lettres. Peu de mois s'ecoulerent, la question des arts revint devant l'assemblee le 3 avril 1849, et M. Victor Hugo, appele a la tribune par quelques mots de M. Guichard, fut amene a dire:

Les besoins des artistes n'ont jamais ete plus imperieux. Et, messieurs, puisque je suis monte a cette tribune,—c'est l'occasion que M. Guichard m'a offerte qui m'y a fait monter,—je ne voudrais pas en descendre sans vous rappeler un souvenir qui aura peut-etre quelque influence sur vos votes dans la portion de cette discussion qui touche plus particulierement aux interets des lettres et des arts.

Il y a quelques mois, lorsque je discutais a cette meme place et que je combattais certaines reductions speciales qui portaient sur le budget des arts et des lettres, je vous disais que ces reductions, dans certains cas, pouvaient etre funestes, qu'elles pouvaient entrainer bien des detresses, qu'elles pouvaient amener meme des catastrophes. On trouva a cette epoque qu'il y avait quelque exageration dans mes paroles.

Eh bien, messieurs, il m'est impossible de ne pas penser en ce moment, et c'est ici le lieu de le dire, a ce rare et celebre artiste qui vient de disparaitre si fatalement, qu'un secours donne a propos, qu'un travail commande a temps aurait pu sauver.

PLUSIEURS MEMBRES.—Nommez-le!

M. VICTOR HUGO.—Antonin Moine.

M. LEON FAUCHER.—Je demande la parole.

M. VICTOR HUGO.—Oui, messieurs, j'insiste. Ceci merite votre attention. Ce grand artiste, je le dis avec une amere et profonde douleur, a trouve plus facile de renoncer a la vie que de lutter contre la misere. (*Mouvement.*)

Eh bien! que ce soit la un grave et douloureux enseignement. Je le depose dans vos consciences. Je m'adresse a la generosite connue et prouvee de cette assemblee. Je l'ai deja trouvee, nous l'avons tous trouvee sympathique et bienveillante pour les artistes. En ce moment, ce n'est pas un reproche que je fais a personne, c'est un fait que je constate. Je dis que ce fait doit rester dans vos esprits, et que, dans la suite de la discussion, quand vous aurez a voter, soit a propos du budget de l'interieur, soit a propos du budget de l'instruction publique, sur certaines reductions que je ne qualifie pas d'avance, mais qui peuvent etre mal entendues, qui peuvent etre deplorables, vous vous souviendrez que des reductions fatales peuvent, pour faire gagner quelques ecus au tresor public, faire perdre a la France de grands artistes. (*Sensation.*)

CONSEILS DE GUERRE

NOTE 8

L'ETAT DE SIEGE

28 septembre 1848.

Tant que dura l'etat de siege, et a quelque epoque que ce fut, M. Victor Hugo regarda comme de son devoir de lui resister sous quelque forme qu'il se presentat. Un jour, le 28 septembre 1848, il recut en pleine seance de l'assemblee constituante un ordre de comparution comme temoin devant un conseil de guerre, concu en ces termes:

"*Cedule.*

"La presente devra etre apportee en venant deposer.

"REPUBLIQUE FRANCAISE.

"*Liberte, Egalite, Fraternite.*

"Greffe du 2e conseil de guerre permanent de la 1re division militaire, seant a Paris, 37, rue du Cherche-Midi.

"Nous, de Beurmann, capitaine-rapporteur pres le 2e conseil de guerre de la 1re division militaire, requerons le sieur Hugo, Victor, representant du peuple, rue d'Isly, 5, a Paris, de comparaitre a l'audience du 2e conseil de guerre permanent, le 28 du courant 1848, a midi, pour y deposer en personne sur les faits relatifs aux nommes Turmel et Long, insurges. Le temoin est prevenu que, faute par lui de se conformer a la presente assignation, il y sera contraint par les voies de droit.

"Donne a Paris, le 20 du mois de septembre, an 1848.

"*Le rapporteur*, DE BEURMANN."

La forme imperative de cette requisition et les dernieres lignes contenant la menace d'*une contrainte par les voies de droit*, adressee a un representant inviolable, dictaient a M. Victor Hugo son devoir. C'etait, comme il le dit quelques jours apres au ministre de la guerre en lui reprochant le fait, *l'etat de siege penetrant jusque dans l'assemblee*. M. Victor Hugo refusa d'obeir a ce qu'il appela, le lendemain meme, en presence du conseil, *cette etrange intimation*. Il savait, en outre, que sa deposition ne pouvait malheureusement etre d'aucune utilite aux accuses. Deux heures plus tard, nouvelle injonction de comparaitre apportee par un gendarme dans l'enceinte meme de l'assemblee. Nouveau refus de M. Victor Hugo. Dans la soiree, une priere de venir deposer comme temoin lui est transmise de la part des accuses eux-memes. Apres avoir constate son refus au tribunal militaire, M. Victor Hugo se rendit au desir des accuses, et comparut, le lendemain, devant le conseil; mais il commenca par protester contre l'empietement que l'etat de siege s'etait permis sur l'inviolabilite du representant.

Voici en quels termes la *Gazette des Tribunaux* rend compte de cette audience:

2e CONSEIL DE GUERRE DE PARIS

Presidence de M. DESTAING, colonel du 61e regiment de ligne.

Audience du 29 septembre.

INSURRECTION DE JUIN.—AFFAIRE DU CAPITAINE TURMEL ET DU LIEUTENANT LONG, DE LA 7e LEGION.—DEPOSITION DE M. VICTOR HUGO.—INCIDENT.

Un public plus nombreux qu'hier attend l'ouverture de la salle d'audience, appele non-seulement par l'interet qu'inspire l'affaire soumise au conseil, mais plus encore par l'incident souleve a la fin de la derniere audience au sujet de la deposition de M. Victor Hugo, qui doit comparaitre aujourd'hui comme temoin.

L'audience a ete ouverte a onze heures et quelques minutes. Apres avoir ordonne l'introduction des deux accuses Turmel et Long, M. le president demande a l'huissier d'appeler M. Victor Hugo, representant du peuple. L'huissier annonce que M. Victor Hugo ne s'est pas encore presente.

M. LE PRESIDENT.—M. Victor Hugo m'a fait prevenir qu'il se presenterait a l'ouverture de l'audience; il viendra vraisemblablement. En attendant, monsieur le commissaire du gouvernement, vous avez la parole.

M. d'Hennezel, substitut du commissaire du gouvernement, expose les faits qui resultent des debats; et a peine a-t-il prononce quelques phrases que l'huissier annonce l'arrivee de M. Victor Hugo. M. Hugo s'approche.

M. LE PRESIDENT.—Veuillez nous dire vos nom, prenoms, profession et domicile.

M. VICTOR HUGO (*Marques d'attention*).—Avant de vous repondre, monsieur le president, j'ai a dire un mot. En venant deposer devant le conseil, je suis convenu avec M. le president de l'assemblee nationale que j'expliquerais sous quelles reserves je me presente. Je dois cette explication a l'assemblee nationale, dont j'ai l'honneur d'etre membre, et au mandat de representant, dont le respect doit etre impose aux autorites constituees plus encore, s'il est possible, qu'aux simples citoyens. Que le conseil, du reste, ne voie pas dans mes paroles autre chose que l'accomplissement d'un devoir. Personne plus que moi n'honore la glorieuse epaulette que vous portez, et je ne cherche pas, certes, a vous rendre plus difficile la penible mission que vous accomplissez.

Hier, en pleine seance, au milieu de l'assemblee, au moment d'un scrutin, j'ai recu par estafette l'injonction de me rendre immediatement devant le conseil. Je n'ai tenu aucun compte de cette etrange intimation. Je ne devais pas le faire, car il va sans dire que personne n'a le droit d'enlever le representant du peuple a ses travaux. L'exercice des fonctions de representant est sacre; il constitue comme il impose un droit, un devoir inviolable. Je n'ai donc pas tenu compte de l'injonction qui m'etait faite.

Vers la fin de la seance de l'assemblee, qui s'etait prolongee au dela de celle du conseil de guerre, j'ai recu, toujours dans l'assemblee, une nouvelle sommation non moins irreguliere que la premiere. Je pouvais n'y pas repondre, car, au moment meme ou je parle, les comites de l'assemblee nationale sont reunis, et c'est la qu'est ma place, et non ici.

Je me presente cependant, parce que la priere m'en la ete faite. Je dis la priere, en ce qui concerne les defenseurs, dont l'intervention m'a decide, parce que jamais je ne ferai defaut a la priere que l'on m'adressera au nom de malheureux accuses. Je dois le dire, cependant, je ne sais pas pourquoi la defense insiste pour mon audition. Ma deposition est absolument sans importance, et ne peut pas plus etre utile a la defense qu'a l'accusation.

M. LE COMMISSAIRE DU GOUVERNEMENT.—C'est le ministere public aussi, qui, comme la defense, a insiste; le ministere public, qui demandera a M. le president la permission de vous repondre.

M. VICTOR HUGO.—Rien n'etait plus facile que de concilier les droits de la representation nationale et les exigences de la justice, c'etait de demander l'autorisation de M. le president de l'assemblee, et de s'entendre sur l'heure.

M. LE COMMISSAIRE DU GOUVERNEMENT.—Permettez-moi de dire un mot au nom de la loi dont je suis l'organe et au-dessus de laquelle personne ne peut se placer. L'article 80 du code d'instruction criminelle est formel, absolu, personne ne peut s'y soustraire, et tout individu cite regulierement est oblige de se presenter, sous peine d'amende et meme de contrainte par corps. L'assemblee, qui fait des lois, doit assurement obeissance aux lois existantes. M. Galy-Cazalat, qui avait des devoirs a remplir non moins importants que ceux de l'illustre poete que nous citions comme temoin, s'est rendu ici sans arguer d'empechements. Nous le repetons donc, la loi est une; elle doit etre egale pour tout le monde dans ses exigences, comme elle l'est dans sa protection.

M. VICTOR HUGO.—Les paroles de M. le commissaire du gouvernement m'obligent a une courte reponse. La loi, si elle a des exigences, a aussi des exceptions. Sur beaucoup de points, le representant du peuple se trouve protege par des exceptions nombreuses, et cela dans l'unique interet du peuple dont il resume la souverainete. Je maintiens donc qu'aucun pouvoir ne peut arracher le representant de son siege au moment ou il delibere et ou le sort du pays peut dependre du vote qu'il va deposer dans l'urne.

LE DEFENSEUR DES PREVENUS.—Puisque c'est moi qui, en insistant hier pour que le temoin fut appele devant vous, ai provoque l'incident qu'il plait a M. Victor Hugo de prolonger, je demande, a mon tour, au conseil, a dire quelques mots pour revendiquer la responsabilite de ce qui a ete fait a ma priere par le ministere public, et rappeler les veritables droits de chacun ici.

M. Victor Hugo proteste, en son nom et au nom de l'assemblee nationale, contre cet appel de votre justice, qu'il considere comme une violation de son droit de representant.

La question, dit-il, a ete deja jugee. C'est une erreur; elle ne l'a jamais ete, parce que dans des circonstances pareilles elle n'a jamais ete soulevee. Ce qui a ete juge, le voici: c'est que lorsqu'un representant ou un depute est appele pendant le cours de la session d'une assemblee legislative a remplir d'autres fonctions qui, pendant un long temps, l'enleveraient a ses devoirs de legislateur, il doit etre dispense de ces fonctions. Ainsi pour le jury, ainsi pour les devoirs d'un magistrat qui est appele a choisir entre la chambre et le palais. Mais lorsqu'un accuse reclame un temoignage d'ou depend sa liberte, ou son honneur peut-etre; lorsque ce temoignage peut etre donne dans l'intervalle qui separe le commencement d'un scrutin de sa fin; lorsque, au pire, il retardera d'une heure un discours, important sans doute, mais qui peut attendre, que, de par la qualite de representant, en opposant pour tout titre quatre lignes de M. le president de l'assemblee nationale, on puisse refuser ce temoignage, c'est ce que personne n'aurait soutenu, c'est ce que je m'etonne que M. Victor Hugo ait soutenu le premier.

M. Victor Hugo, continue l'honorable defenseur, proteste, au nom de l'assemblee nationale; moi, comme defenseur contribuant a l'administration de la justice, je proteste au nom de la justice meme. Jamais je n'admettrai qu'en venant ici M. le representant Victor Hugo fasse un acte de complaisance. Nous n'acceptons pas l'aumone de son temoignage, la justice commande et ne sollicite pas.

M. VICTOR HUGO.—Je ne refuse point de venir ici, mais je soutiens que personne n'a le droit d'arracher un representant a ses fonctions legislatives; je n'admets point que l'on puisse violer ainsi la souverainete du peuple. Je n'entends point engager ici une discussion sur cette grave question, elle trouvera sa place dans une autre enceinte. Je suis le premier a reconnaitre l'elevation des sentiments du defenseur, mais ce que je veux maintenant, c'est mon droit de representant. Pour le moment, ce n'est pas un refus, ce n'est qu'une question d'heure choisie. Je suis pret, monsieur le president, a repondre a vos questions.

LE DEFENSEUR.—M. Victor Hugo a ecrit sur les derniers jours d'un condamne a mort des pages qui resteront comme l'une des oeuvres les plus belles qui soient sorties de l'esprit humain. Les angoisses des accuses Turmel et Long ne sont pas aussi terribles que celles du condamne, mais elles demandent aussi a n'etre pas prolongees. Eh bien! si M. Victor Hugo, qui le pouvait comme M. Galy-Cazalat, etait venu hier ici, les accuses auraient ete juges hier, et votre tribunal n'eut pas ete dans la necessite de s'assembler une seconde fois. Les accuses n'auraient pas passe une nuit cruelle sous le poids d'une accusation qui peut entrainer la peine des travaux forces.

M. VICTOR HUGO.—J'ai dit en commencant, et je regrette que le defenseur paraisse l'oublier, que jamais un accuse ne me trouverait sourd a son appel. Je devais maintenir, vis-a-vis de quelque autorite que ce soit, l'inviolabilite des deliberations de l'assemblee, qui tient en ses mains les destinees de la France. Maintenant, j'ajoute que, si j'avais pu penser que ma deposition servit la cause des malheureux accuses, je n'aurais pas attendu la citation, j'aurais demande moi-meme, et comme un droit alors, que le conseil m'entendit. Mais ma deposition n'est d'aucune importance, comme ont pu en juger les defenseurs eux-memes, qui ont lu ma declaration ecrite. Je n'avais donc point a hesiter. Je devais preferer a une comparution absolument inutile a l'accuse l'accomplissement du plus serieux de tous les devoirs dans la plus grave de toutes les conjonctures; je devais en outre resister a l'acte inqualifiable qu'avait ose, vis-a-vis d'un representant, se permettre la justice d'exception sous laquelle Paris est place en ce moment.

M. LE PRESIDENT.—Permettez-moi de vous adresser la question: Quels sont vos nom et prenoms?

M. VICTOR HUGO.—Victor Hugo.

M. LE PRESIDENT.—Votre profession?

M. VICTOR HUGO.—Homme de lettres et representant du peuple.

M. LE PRESIDENT.—Votre lieu de naissance?

M. VICTOR HUGO.—Besancon.

M. LE PRESIDENT.—Votre domicile actuel?

M. VICTOR HUGO.—Rue d'Isly, 5.

M. LE PRESIDENT.—Votre domicile precedent?

M. VICTOR HUGO.—Place Royale, 6.

M. LE PRESIDENT.—Que savez-vous sur l'accuse Turmel?

M. VICTOR HUGO.—Je pourrais dire que je ne sais rien. Ma deposition devant M. le juge d'instruction a ete faite dans un moment ou mes souvenirs etaient moins confus, et elle serait plus utile que mes paroles actuelles a la manifestation de la verite. Cependant, voila ce que je crois me rappeler. Nous venions d'attaquer une barricade de la rue Saint-Louis, d'ou partait depuis le matin une fusillade assez vive qui nous avait coute beaucoup de braves gens; cette barricade enlevee et detruite, je suis alle seul vers une autre barricade placee en travers de la rue Vieille-du-Temple, et tres forte. Voulant avant tout eviter l'effusion du sang, j'ai aborde les insurges; je les ai supplies, puis sommes, au nom de l'assemblee nationale dont mes collegues et moi avions recu un mandat, de mettre bas les armes; ils s'y sont refuses.

M. Villain de Saint-Hilaire, adjoint au maire, qui a montre en cette occasion un rare courage, vint me rejoindre a cette barricade, accompagne d'un garde national, homme de coeur et de resolution, et dont je regrette de ne pas savoir le nom, pour m'engager a ne pas prolonger des pourparlers desormais inutiles, et dont ils craignaient quelque resultat funeste. Voyant que mes efforts ne reussissaient pas, je cedai a leurs prieres.

Nous nous retirames a quelque distance pour deliberer sur les mesures que nous avions a prendre. Nous etions derriere l'angle d'une maison. Un groupe de gardes nationaux amena un prisonnier. Comme, depuis quelque temps, j'avais vu beaucoup de prisonniers, je ne pourrais me rappeler si j'ai vu celui-ci.

M. LE PRESIDENT *au temoin.*—Regardez l'accuse, le reconnaissez-vous?

(*Les deux accuses Turmel et Long se levent et se tournent vers Victor Hugo.*)

M. VICTOR HUGO, *montrant Long.*—Je n'ai pas l'honneur de connaitre monsieur. Quant a l'autre accuse, je crois le reconnaitre, il etait amene par un groupe de gardes nationaux. Il vit a mon insigne que j'etais representant.—Citoyen representant, s'ecria-t-il, je suis innocent, faites-moi mettre en liberte.—Mais tous furent unanimes a me dire que c'etait un homme tres dangereux, et qu'il commandait une des barricades qui nous faisaient face. Ce que voyant, je laissai la justice suivre son cours, et on l'emmena.

M. LE PRESIDENT.—Vos souvenirs sont parfaitement fideles. Maintenant vous pouvez retourner a vos travaux legislatifs. Quant a nous, nous avons fait notre devoir, la loi est satisfaite, personne n'a le droit de se mettre au-dessus d'elle.

M. VICTOR HUGO.—Il y a eu confusion dans l'esprit de la defense et du ministere public, et je regretterais de voir cette confusion s'introduire dans l'esprit du conseil. J'ai toujours ete pret, et je l'ai prouve surabondamment, a venir eclairer la justice. C'etait simplement, s'il faut que je le dise encore, une question d'heure a choisir. Mais j'ai toujours nie, et je nierai toujours, que quelque autorite que ce puisse etre, autorite necessairement inferieure a l'assemblee nationale, puisse penetrer jusqu'au representant inviolable, le saisir dans l'enceinte de l'assemblee, l'arracher aux deliberations, et lui imposer un pretendu devoir autre que son devoir de legislateur. Le jour ou cette monstrueuse usurpation serait toleree, il n'y aurait plus de liberte des assemblees, il n'y aurait plus de souverainete du peuple, il n'y aurait plus rien! rien que l'arbitraire et le despotisme et l'abaissement de tout dans le pays. Quant a moi, je ne verrai jamais ce jour-la. (*Mouvement.*)

M. LE PRESIDENT.—Notre devoir est de faire executer les lois, quelque eleve que soit le caractere des personnes appelees devant la justice.

M. VICTOR HUGO.—Ce ne serait point la executer les lois, ce serait les violer toutes a la fois. Je persiste dans ma protestation.

(*M. Victor Hugo se retire au milieu d'un mouvement de curiosite qui l'accompagne au dehors de la salle d'audience.*)

M. LE PRESIDENT *au commissaire du gouvernement.*—Vous avez la parole.

M. d'Hennezel soutient l'accusation contre les deux accuses.

M'es Madier de Montjau et Briquet defendent les accuses.

Le conseil entre dans la salle des deliberations, et, apres une heure ecoulee, M. le president prononce un jugement qui declare Turmel et Long non coupables sur la question d'attentat, mais coupables d'avoir pris part a un mouvement insurrectionnel, etant porteurs d'armes apparentes.

En consequence, Turmel est condamne a deux annees de prison, et Long a une annee de la meme peine, en vertu de l'article 5 de la loi du 24 mai 1834, modifie par l'article 463 du Code penal.

—La grave question soulevee par l'honorable M. Victor Hugo devant le conseil de guerre a ete, a son retour dans le sein de l'assemblee, l'objet de discussions assez animees qui se sont engagees dans la salle des conferences. Les principes poses par M. Victor Hugo ont ete vivement soutenus par les membres les plus competents de l'assemblee. On annoncait quecet incident ferait l'objet d'une lettre que le president de l'assemblee devait adresser au president du conseil de guerre.

CONSEIL D'ETAT

1849

NOTE 9

LA LIBERTE DU THEATRE

En 1849, la commission du conseil d'etat, formee pour preparer la loi sur les theatres, fit appel a l'experience des personnes que leurs etudes ou leur profession interessent particulierement a la prosperite et a la dignite de l'art theatral. Six seances furent consacrees a entendre trente et une personnes, parmi lesquelles onze auteurs dramatiques ou compositeurs, trois critiques, sept directeurs, huit comediens. M. Victor Hugo fut entendu dans les deux seances du 17 et du 30 septembre. Nous donnons ici ces deux seances recueillies par la stenographie et publiees par les soins du conseil d'etat.

Seance du 17 septembre.—Presidence de M. Vivien.

M. VICTOR HUGO.—Mon opinion sur la matiere qui se discute maintenant devant la commission est ancienne et connue; je l'ai meme en partie publiee. J'y persiste plus que jamais. Le temps ou elle prevaudra n'est pas encore venu. Cependant, comme, dans ma conviction profonde, le principe de la liberte doit finir par triompher sur tous les points, j'attache de l'importance a la maniere serieuse dont la commission du conseil d'etat etudie les questions qui lui sont soumises; ce travail preparatoire est utile, et je m'y associe volontiers. Je ne laisserai echapper, pour ma part, aucune occasion de semer des germes de liberte. Faisons notre devoir, qui est de semer les idees; le temps fera le sien, qui est de les feconder.

Je commencerai par dire a la commission que, dans la question des theatres, question tres grande et tres serieuse, il n'y a que deux interets qui me preoccupent. A la verite, ils embrassent tout. L'un est le progres de l'art, l'autre est l'amelioration du peuple.

J'ai dans le coeur une certaine indifference pour les formes politiques, et une inexprimable passion pour la liberte. Je viens de vous le dire, la liberte est mon principe, et, partout ou elle m'apparait, je plaide ou je lutte pour elle.

Cependant si, dans la question theatrale, vous trouvez un moyen qui ne soit pas la liberte, mais qui me donne le progres de l'art et l'amelioration du peuple, j'irai jusqu'a vous sacrifier le grand principe pour lequel j'ai toujours combattu, je m'inclinerai et je me tairai. Maintenant, pouvez-vous arriver a ces resultats autrement que par la liberte?

Vous touchez, dans la matiere speciale qui vous occupe, a la grande, a l'eternelle question qui reparait sans cesse, et sous toutes les formes, dans la vie de l'humanite. Les deux grands principes qui la dominent dans leur lutte perpetuelle, la liberte, l'autorite, sont en presence dans cette question-ci comme dans toutes les autres. Entre ces deux principes, il vous faudra choisir, sauf ensuite a faire d'utiles accommodements entre celui que vous choisirez et celui que vous ne choisirez pas. Il vous faudra choisir; lequel prendrez-vous? Examinons.

Dans la question des theatres, le principe de l'autorite a ceci pour lui et contre lui qu'il a deja ete experimente. Depuis que le theatre existe en France, le principe d'autorite le possede. Si l'on a constate ses inconvenients, on a aussi constate ses avantages, on les connait. Le principe de liberte n'a pas encore ete mis a l'epreuve.

M. LE PRESIDENT.—Il a ete mis a l'epreuve de 1791 a 1806.

M. VICTOR HUGO.—Il fut proclame en 1791, mais non realise; on etait en presence de la guillotine. La liberte germait alors, elle ne regnait pas. Il ne faut point juger des effets de la liberte des theatres par ce qu'elle a pu produire pendant la premiere revolution.

Le principe de l'autorite a pu, lui, au contraire, produire tous ses fruits; il a eu sa realisation la plus complete dans un systeme ou pas un detail n'a ete omis. Dans ce systeme, aucun spectacle ne pouvait s'ouvrir sans autorisation. On avait ete jusqu'a specifier le nombre de personnages qui pouvaient paraitre en scene dans chaque theatre, jusqu'a interdire aux uns de chanter, aux autres de parler; jusqu'a regler, en de certains cas, le costume et meme le geste; jusqu'a introduire dans les fantaisies de la scene je ne sais quelle rigueur hierarchique.

Le principe de l'autorite, realise si completement, qu'a-t-il produit? On va me parler de Louis XIV et de son grand regne. Louis XIV a porte le principe de l'autorite, sous toutes ses formes, a son plus haut degre de splendeur. Je n'ai a parler ici que du theatre. Eh bien! le theatre du dix-septieme siecle eut ete plus grand sans la pression du principe d'autorite. Ce principe a arrete l'essor de Corneille et froisse son robuste genie. Moliere s'y est souvent soustrait, parce qu'il vivait dans la familiarite du grand roi dont il avait les sympathies personnelles. Moliere n'a ete si favorise que parce qu'il etait valet de chambre tapissier de Louis XIV; il n'eut point fait sans cela le quart de ses chefs-d'oeuvre. Le sourire du maitre lui permettait l'audace. Chose bizarre a dire, c'est sa domesticite qui a fait son independance; si Moliere n'eut pas ete valet, il n'eut pas ete libre.

Vous savez qu'un des miracles de l'esprit humain avait ete declare immoral par les contemporains; il fallut un ordre formel de Louis XIV pour qu'on jouat *Tartuffe*. Voila ce qu'a fait le principe de l'autorite dans son plus beau siecle. Je passerai sur Louis XV et sur son temps; c'est une epoque de complete degradation pour l'art dramatique. Je range les tragedies de Voltaire parmi les oeuvres les plus informes que l'esprit humain ait jamais produites. Si Voltaire n'etait pas, a cote de cela, un des plus beaux genies de l'humanite, s'il n'avait pas produit, entre autres grands resultats, ce resultat admirable de l'adoucissement des moeurs, il serait au niveau de Campistron.

Je ne triomphe donc pas du dix-huitieme siecle; je le pourrais, mais je m'abstiens. Remarquez seulement que le chef-d'oeuvre dramatique qui marque la fin de ce siecle, *le Mariage de Figaro*, est du a la rupture du principe d'autorite. J'arrive a l'empire. Alors l'autorite avait ete restauree dans toute sa splendeur, elle avait quelque chose de plus eclatant encore que l'autorite de Louis XIV, il y avait alors un maitre qui ne se contentait pas d'etre le plus grand capitaine, le plus grand legislateur, le plus grand politique, le plus grand prince de son temps, mais qui voulait etre le plus grand organisateur de toutes choses. La litterature, l'art, la pensee ne pouvaient echapper a sa domination, pas plus que tout le reste. Il a eu, et je l'en loue, la volonte d'organiser l'art. Pour cela il n'a rien epargne, il a tout prodigue. De Moscou il organisait le Theatre-Francais. Dans le moment meme ou la fortune tournait et ou il pouvait voir l'abime s'ouvrir, il s'occupait de reglementer les soubrettes et les crispins.

Eh bien, malgre tant de soins et tant de volonte, cet homme, qui pouvait gagner la bataille de Marengo et la bataille d'Austerlitz, n'a pu faire faire un chef-d'oeuvre. Il aurait donne des millions pour que ce chef-d'oeuvre naquit; il aurait fait prince celui qui en aurait honore son regne. Un jour, il passait une revue. Il y avait la dans les rangs un auteur assez mediocre qui s'appelait Barjaud. Personne ne connait plus ce nom. On dit a l'empereur:—Sire, M. Barjaud est la.—Monsieur Barjaud, dit-il aussitot, sortez des rangs.—Et il lui demanda ce qu'il pouvait faire pour lui.

M. SCRIBE.—M. Barjaud demanda une sous-lieutenance, ce qui ne prouve pas qu'il eut la vocation des lettres. Il fut tue peu de temps apres, ce qui aurait empeche son talent (s'il avait eu du talent) d'illustrer le regne imperial.

M. VICTOR HUGO,—Vous abondez dans mon sens. D'apres ce que l'empereur faisait pour des mediocrites, jugez de ce qu'il eut fait pour des talents, jugez de ce qu'il eut fait pour des genies! Une de ses passions eut ete de faire naitre une grande litterature. Son gout litteraire etait superieur, *le Memorial de Sainte-Helene* le prouve. Quand l'empereur prend un livre, il ouvre Corneille.

Eh bien! cette litterature qu'il souhaitait si ardemment pour en couronner son regne, lui ce grand createur, il n'a pu la creer. Qu'ont produit, dans le domaine de l'art, tant d'efforts, tant de perseverance, tant de magnificence, tant de volonte? Qu'a produit ce principe de l'autorite, si puissamment applique par l'homme qui le faisait en quelque sorte vivant? Rien.

M. SCRIBE.—Vous oubliez *les Templiers* de M. Raynouard.

M. VICTOR HUGO.—Je ne les oublie pas. Il y a dans cette piece un beau vers.

Voila, au point de vue de l'art sous l'empire, ce que l'autorite a produit, c'est-a-dire rien de grand, rien de beau.

J'en suis venu a me dire, pour ma part, en voyant ces resultats, que l'autorite pourrait bien ne pas etre le meilleur moyen de faire fructifier l'art; qu'il fallait peut-etre songer a quelque autre chose. Nous verrons tout a l'heure a quoi.

Le point de vue de l'art epuise, passons a l'autre, au point de vue de la moralisation et de l'instruction du peuple. C'est un cote de la question qui me touche infiniment.

Qu'a fait le principe d'autorite a ce point de vue? et que vaut-il? Je me borne toujours au theatre. Le principe d'autorite voulait et devait vouloir que le theatre contribuat, pour sa part, a enseigner au peuple tous les respects, les devoirs moraux, la religion, le principe monarchique qui dominait alors, et dont je suis loin de meconnaitre la puissance civilisatrice. Eh bien, je prends le theatre tel qu'il a ete au siecle par excellence de l'autorite, je le prends dans sa personnification francaise la plus illustre, dans l'homme que tous les siecles et tous les temps nous envieront, dans Moliere. J'observe; que vois-je? Je vois le theatre echapper completement a la direction que lui donne l'autorite. Moliere preche, d'un bout a l'autre de ses oeuvres, la lutte du valet contre le maitre, du fils contre le pere, de la femme contre le mari, du jeune homme contre le vieillard, de la liberte contre la religion.

Nous disons, nous: Dans *Tartuffe*, Moliere n'a attaque que l'hypocrisie. Tous ses contemporains le comprirent autrement.

Le but de l'autorite etait-il atteint? Jugez vous-memes. Il etait completement tourne; elle avait ete radicalement impuissante. J'en conclus qu'elle n'a pas en elle la force necessaire pour donner au peuple, au moins par l'intermediaire du theatre, l'enseignement le meilleur selon elle.

Voyez, en effet. L'autorite veut que le theatre exhorte toutes les desobeissances. Sous la pression des idees religieuses, et meme devotes, toute la comedie qui sort de Moliere est sceptique; sous la pression des idees monarchiques, toute la tragedie qui sort de Corneille est republicaine. Tous deux, Corneille et Moliere, sont declares, de leur vivant, immoraux, l'un par l'academie, l'autre par le parlement.

Et voyez comme le jour se fait, voyez comme la lumiere vient! Corneille et Moliere, qui ont fait le contraire de ce que voulait leur imposer le principe d'autorite sous la double pression religieuse et monarchique, sont-ils immoraux vraiment? L'academie dit oui, le parlement dit oui, la posterite dit non. Ces deux grands poetes ont ete deux grands philosophes. Ils n'ont pas produit au theatre la vulgaire morale de l'autorite, mais la haute morale de l'humanite. C'est cette morale, cette morale superieure et splendide, qui est faite pour l'avenir et que la courte vue des contemporains qualifie toujours d'immoralite.

Aucun genie n'echappe a cette loi, aucun sage, aucun juste! L'accusation d'immoralite a successivement atteint et quelquefois martyrise tous les fondateurs de la sagesse humaine, tous les revelateurs de la sagesse divine. C'est au nom de la morale qu'on a fait boire la cigue a Socrate et qu'on a cloue Jesus au gibet.

Je reprends, et je resume ce que je viens de dire.

Le principe d'autorite, seul et livre a lui-meme, a-t-il su faire fructifier l'art? Non. A-t-il su imprimer au theatre une direction utile dans son sens a l'amelioration du peuple? Non.

Qu'a-t-il fait donc? Rien, ou, pour mieux dire, il a comprime les genies, il a gene les chefs-d'oeuvre.

Maintenant, voulez-vous que je descende de cette region elevee, ou je voudrais que les esprits se maintinssent toujours, pour traiter au point de vue purement industriel la question que vous etudiez? Ce point de vue est pour moi peu considerable, et je declare que le nombre des faillites n'est rien pour moi a cote d'un chef-d'oeuvre cree ou d'un progres intellectuel ou moral du peuple obtenu. Cependant, je ne veux point negliger completement ce cote de la question, et je demanderai si le principe de l'autorite a ete du moins bon pour faire prosperer les entreprises dramatiques? Non. Il n'a pas meme obtenu ce mince resultat. Je n'en veux pour preuve que les dix-huit annees du dernier regne. Pendant ces dix-huit annees, l'autorite a tenu dans ses mains les theatres par le privilege et par la distinction des genres. Quel a ete le resultat?

L'empereur avait juge qu'il y avait beaucoup trop de theatres dans Paris; qu'il y en avait plus que la population de la ville n'en pouvait porter. Par un acte d'autorite despotique, il supprima une partie de ces theatres, il emonda en bas et conserva en haut. Voila ce que fit un homme de genie. La derniere administration des beaux-arts a retranche en haut et multiplie en bas. Cela seul suffit pour faire juger qu'au grand esprit de gouvernement avait succede le petit esprit. Qu'avez-vous vu pendant les dix-huit annees de la deplorable administration qui s'est continuee, en depit des chocs de la politique, sous tous les ministres de l'interieur? Vous avez vu perir successivement ou s'amoindrir toutes les scenes vraiment litteraires.

Chaque fois qu'un theatre montrait quelques velleites de litterature, l'administration faisait des efforts inouis pour le faire rentrer dans des genres miserables. Je caracterise cette administration d'un mot: point de debouches a la pensee elevee, multiplication des spectacles grossiers; les issues fermees en haut, ouvertes en bas. Il suffisait de demander a exploiter un spectacle-concert, un spectacle de marionnettes, de danseurs de corde, pour obtenir la permission d'attirer et de depraver le public. Les gens de lettres, au nom de l'art et de la litterature, avaient demande un second Theatre-Francais; on leur a repondu par une derision, on leur a donne l'Odeon!

Voila comment l'administration comprenait son devoir; voila comment le principe de l'autorite a fonctionne depuis vingt ans. D'une part, il a comprime l'essor de la pensee; de l'autre, il a developpe l'essor, soit des parties infimes de l'intelligence, soit des interets purement materiels. Il a fonde la situation actuelle, dans laquelle nous avons vu un nombre de theatres hors de toute proportion avec la population parisienne, et crees par des fantaisies sans motifs. Je n'epuise pas les griefs. On a dit beaucoup de choses sur la maniere dont on trafiquait des privileges. J'ai peu de gout a ce genre de recherches. Ce que je constate, c'est qu'on a developpe outre mesure l'industrie miserable pour refouler le developpement de l'art.

Maintenant qu'une revolution est survenue, qu'arrive-t-il? C'est que, du moment qu'elle a eclate, tous ces theatres factices sortis du caprice d'un commis, de pis encore quelquefois, sont tombes sur les bras du gouvernement. Il faut, ou les laisser mourir, ce qui est une calamite pour une multitude de malheureux qu'ils nourrissent, ou les entretenir a grands frais, ce qui est une calamite pour le budget. Voila les fruits des systemes fondes sur le principe de l'autorite. Ces resultats, je les ai enumeres longuement. Ils ne me satisfont guere. Je sens la necessite d'en venir a un systeme fonde sur autre chose que le principe d'autorite.

Or, ici, il n'y a pas deux solutions. Du moment ou vous renoncez au principe d'autorite, vous etes contraints de vous tourner vers le principe de liberte.

Examinons maintenant la question des theatres au point de vue de la liberte.

Je veux pour le theatre deux libertes qui sont toutes deux dans l'air de ce siecle, liberte d'industrie, liberte de pensee.

Liberte d'industrie, c'est-a-dire point de privileges; liberte de pensee, c'est-a-dire point de censure.

Commencons par la liberte d'industrie; nous examinerons l'autre question une autre fois. Le temps nous manque aujourd'hui.

Voyons comment nous pourrions organiser le systeme de la liberte. Ici, je dois supposer un peu; rien n'existe.

Je suis oblige de revenir a mon point de depart, car il ne faut pas le perdre de vue un seul instant. La grande pensee de ce siecle, celle qui doit survivre a toutes les autres, a toutes les formes politiques, quelles qu'elles soient, celle qui sera le fondement de toutes les institutions de l'avenir, c'est la liberte. Je suppose donc que la liberte penetre dans l'industrie theatrale, comme elle a penetre dans toutes les autres industries, puis je me demande si elle satisfera au progres de l'art, si elle produira la renovation du peuple. Voici d'abord comment je comprendrais que la liberte de l'industrie theatrale fut proclamee.

Dans la situation ou sont encore les esprits et les questions politiques, aucune liberte ne peut exister sans que le gouvernement y ait pris sa part de surveillance et d'influence. La liberte d'enseignement ne peut, a mon sens, exister qu'a cette condition; il en est de meme de la liberte theatrale. L'etat doit d'autant mieux intervenir dans ces deux questions, qu'il n'y a pas la seulement un interet materiel, mais un interet moral de la plus haute importance.

Quiconque voudra ouvrir un theatre le pourra en se soumettant aux conditions de police que voici ... aux conditions de cautionnement que voici ... aux garanties de diverses natures que voici ... Ce sera le cahier des charges de la liberte.

Ces mesures ne suffisent pas. Je rapprochais tout a l'heure la liberte des theatres de la liberte de l'enseignement; c'est que le theatre est une des branches de l'enseignement populaire. Responsable de la moralite et de l'instruction du peuple, l'etat ne doit point se resigner a un role negatif, et, apres avoir pris quelques precautions, regarder, laisser aller. L'etat doit installer, a cote des theatres libres, des theatres qu'il gouvernera, et ou la pensee sociale se fera jour.

Je voudrais qu'il y eut un theatre digne de la France pour les celebres poetes morts qui l'ont honoree; puis un theatre pour les auteurs vivants. Il faudrait encore un theatre pour le grand opera, un autre pour l'opera-comique. Je subventionnerais magnifiquement ces quatre theatres.

Les theatres livres a l'industrie personnelle sont toujours forces a une certaine parcimonie. Une piece coute 100,000 francs a monter, ils reculeront; vous, vous ne reculerez pas. Un grand acteur met a haut prix ses pretentions, un theatre libre pourrait marchander et le laisser echapper; vous, vous ne marchanderez pas. Un ecrivain de talent travaille pour un theatre libre, il recoit tel droit d'auteur; vous lui donnez le double, il travaillera pour vous. Vous aurez ainsi dans les theatres de l'etat, dans les theatres nationaux, les meilleures pieces, les meilleurs comediens, les plus beaux spectacles. En meme temps, vous, l'etat, qui ne speculez pas, et qui, a la rigueur, en presence d'un grand but de gloire et d'utilite a atteindre, n'etes pas force de gagner de l'argent, vous offrirez au peuple ces magnifiques spectacles au meilleur marche possible.

Je voudrais que l'homme du peuple, pour dix sous, fut aussi bien assis au parterre, dans une stalle de velours, que l'homme du monde a l'orchestre, pour dix francs. De meme que je voudrais le theatre grand pour l'idee, je voudrais la salle vaste pour la foule. De cette facon vous auriez, dans Paris, quatre magnifiques lieux de rendez-vous, ou le riche et le pauvre, l'heureux et le malheureux, le parisien et le provincial, le francais et l'etranger, se rencontreraient tous les soirs, meleraient fraternellement leur ame, et communieraient, pour ainsi dire, dans la contemplation des grandes oeuvres de l'esprit humain. Que sortirait-il de la? L'amelioration populaire et la moralisation universelle.

Voila ce que feraient les theatres nationaux. Maintenant, que feraient les theatres libres? Vous allez me dire qu'ils seraient ecrases par une telle concurrence. Messieurs, je respecte la liberte, mais je gouverne et je tiens le niveau eleve. C'est a la liberte de s'en arranger.

Les depenses des theatres nationaux vous effrayent peut-etre; c'est a tort. Fussent-elles enormes, j'en reponds, bien que mon but ne soit pas de creer une speculation en faveur de l'etat, le resultat financier ne lui sera pas desavantageux. Les hommes speciaux vous diraient que l'etat fera avec ces etablissements de bonnes affaires. Il arrivera alors ce resultat singulier et heureux qu'avec un chef-d'oeuvre un poete pourra gagner presque autant d'argent qu'un agent de change par un coup de bourse.

Surtout, ne l'oubliez pas, aux hommes de talent et de genie qui viendront a moi, je dirai:—Je n'ai pas seulement pour but de faire votre fortune et d'encourager l'art en vous protegeant; j'ai un but plus eleve encore. Je veux que vous fassiez des chefs-d'oeuvre, s'il est possible, mais je veux surtout que vous amelioriez le peuple de toutes les classes. Versez dans la population des idees saines; faites que vos ouvrages ne sortent pas d'une certaine ligne que voici, et qui me parait la meilleure.—C'est la un langage que tout le monde comprendra; tout esprit consciencieux, toute ame honnete sentira l'importance de la mission. Vous aurez un theatre qui attirera la foule et qui repandra les idees civilisatrices, l'heroisme, le devouement, l'abnegation, le devoir, l'amour du pays parla reproduction vraie, animee ou meme patriotiquement exaltee, des grands faits de notre histoire.

Et savez-vous ce qui arrivera? Vous n'attirerez pas seulement le peuple a vos theatres, vous y attirerez l'etranger. Pas un homme riche en Europe qui ne soit tenu de venir a vos theatres completer son education francaise et litteraire. Ce sera la une source de richesse pour la France et pour Paris. Vos magnifiques subventions, savez-vous qui les payera? L'Europe. L'argent de l'etranger affluera chez vous; vous ferez a la gloire nationale, une avance que l'admiration europeenne vous remboursera.

Messieurs, au moment ou nous sommes, il n'y a qu'une seule nation qui soit en etat de donner des produits litteraires au monde entier, et cette nation, c'est la nation francaise. Vous avez donc la un monopole immense, un monopole que l'univers civilise subit depuis dix-huit ans. Les ministres qui nous ont gouvernes n'ont eu qu'une seule pensee: comprimer la litterature francaise a l'interieur, la sacrifier au dehors, la laisser systematiquement spolier dans un royaume voisin par la contrefacon. Je favoriserais, au contraire, cet admirable monopole sous toutes ses formes, et je le repandrais sur le monde entier; je creerais a Paris des foyers lumineux qui eclaireraient toutes les nations, et vers lesquels toutes les nations se tourneraient.

Ce n'est pas tout. Pour achever l'oeuvre, je voudrais des theatres speciaux pour le peuple; ces theatres, je les mettrais a la charge, non de l'etat, mais de la ville de Paris. Ce seraient des theatres crees a ses frais et bien choisis par son administration municipale parmi les theatres deja existants, et des lors subventionnes par elle. Je les appellerais theatres municipaux.

La ville de Paris est interessee, sous tous les rapports, a l'existence de ces theatres. Ils developperaient les sentiments moraux et l'instruction dans les classes inferieures; ils contribueraient a faire regner le calme dans cette partie de la population, d'ou sortent parfois des commotions si fatales a la ville.

Je l'ai dit plus haut d'une maniere generale en me faisant le plagiaire de l'empereur Napoleon, je le repete ici en appliquant surtout mon assertion aux classes inferieures de la population parisienne: le peuple francais, la population parisienne principalement, ont beaucoup du peuple athenien; il faut quelque chose pour occuper leur imagination. Les theatres municipaux seront des especes de derivatifs, qui neutraliseront les bouillonnements populaires. Avec eux, le peuple parisien lira moins de mauvais pamphlets, boira moins de mauvais vins, hantera moins de mauvais lieux, fera moins de revolutions violentes.

L'interet de la ville est patent; il est naturel qu'elle fasse les frais de ces fondations. Elle ferait appel a des auteurs sages et distingues, qui produiraient sur la scene des pieces elementaires, tirees surtout de notre histoire nationale. Vous avez vu une partie de cette pensee realisee par le Cirque; on a eu tort de le laisser fermer.

Les theatres municipaux seraient repartis entre les differents quartiers de la capitale, et places surtout dans les quartiers les moins riches, dans les faubourgs. Ainsi, a la charge de l'etat, quatre theatres nationaux pour la France et pour l'Europe; a la charge de la ville, quatre theatres municipaux pour le peuple des faubourgs; a cote de ce haut enseignement de l'etat, les theatres libres; voila mon systeme.

Selon moi, de ce systeme, qui est la liberte, sortiraient la grandeur de l'art et l'amelioration du peuple, qui sont mes deux buts. Vous avez vu ce qu'avait produit, pour ces deux grands buts, le systeme base sur l'autorite, c'est-a-dire le privilege et la censure. Comparez et choisissez.

M. LE PRESIDENT.—Vous admettez le regime de la liberte, mais vous faites aux theatres libres une condition bien difficile. Ils seront ecrases par ceux de l'etat.

M. VICTOR HUGO.—Le role des theatres libres est loin d'etre nul a cote des theatres de l'etat. Ces theatres lutteront avec les votres. Quoique vous soyez le gouvernement, vous vous trompez quelquefois. Il vous arrive de repousser des oeuvres remarquables; les theatres libres accueilleront ces oeuvres-la. Ils profiteront des erreurs que vous aurez commises, et les applaudissements du public que vous entendrez dans les salles seront pour vous des reproches et vous stimuleront.

On va me dire: Les theatres libres, qui auront peine a faire concurrence au gouvernement, chercheront, pour reussir, les moyens les plus facheux; ils feront appel au devergondage de l'imagination ou aux passions populaires; pour attirer le public, ils speculeront sur le scandale; ils feront de l'immoralite et ils feront de la politique; ils joueront des pieces extravagantes, excentriques, obscenes, et des comedies aristophanesques. S'il y a dans tout cela quelque chose de criminel, on pourra le reprimer par les moyens legaux; sinon, ne vous en inquietez pas. Je suis un de ceux qui ont eu l'inconvenient ou l'honneur, depuis Fevrier, d'etre quelquefois mis sur le theatre. Que m'importe! J'aime mieux ces plaisanteries, inoffensives apres tout, que telles calomnies repandues contre moi par un journal dans ses cinquante mille exemplaires.

Quand on me met sur la scene, j'ai tout le monde pour moi; quand on me travestit dans un journal, j'ai contre moi les trois quarts des lecteurs. Et cependant je ne m'inquiete pas de la liberte de la presse, je ne fais point de proces aux journaux qui me travestissent, je ne leur ecris pas meme de lettres avec un huissier pour facteur. Sachez donc accepter et comprendre la liberte de la pensee sous toutes ses formes, la liberte du theatre comme la liberte de la presse; c'est l'air meme que vous respirez. Contentez-vous, quand les theatres libres ne depassent point certaines bornes que la loi peut preciser, de leur faire une noble et puissante guerre avec vos theatres nationaux et municipaux; la victoire vous restera.

M. SCRIBE.—Les genereuses idees que vient d'emettre M. Victor Hugo sont en partie les miennes; mais il me semble qu'elles gagneraient a etre realisees dans un systeme moins complique. Le systeme de M. Victor Hugo est double, et ses deux parties semblent se contredire. Dans ce systeme, ou la moitie des theatres serait privilegiee et l'autre moitie libre, il y aurait deux choses a craindre: ou bien les theatres du gouvernement et de la ville ne donneraient que des pieces officielles ou personne n'irait, ou bien ils pourraient a leur gre user des ressources immenses de leurs subventions; dans ce cas, les theatres libres seraient evidemment ecrases.

Pourquoi, alors, permettre a ceux-ci de soutenir une lutte inegale, qui doit fatalement se terminer par leur ruine? Si le principe de liberte n'est pas bon en haut, pourquoi serait-il bon en bas? Je voudrais, et sans invoquer d'autres motifs que ceux que vient de me fournir M. Hugo, que tous les theatres fussent places entre les mains du gouvernement.

M. VICTOR HUGO.—Je ne pretends nullement etablir des theatres privilegies; dans ma pensee, le privilege disparait. Le privilege ne cree que des theatres factices. La liberte vaudra mieux; elle fonctionnera pour l'industrie theatrale comme pour toutes les autres. La demande reglera la production. La liberte est la base de tout mon systeme, il est franc et complet; mais je veux la liberte pour tout le monde, aussi bien pour l'etat que pour les particuliers. Dans mon systeme, l'etat a tous les droits de l'individu; il peut fonder un theatre comme il peut creer un journal. Seulement il a plus de devoirs encore. J'ai indique comment l'etat, pour remplir ses devoirs, devait user de la liberte commune; voila tout.

M. LE PRESIDENT.—Voulez-vous me permettre de vous questionner sur un detail? Admettriez-vous dans votre systeme le principe du cautionnement?

M. VICTOR HUGO.—J'en ai deja dit un mot tout a l'heure; je l'admettrais, et voici pourquoi. Je ne veux compromettre les interets de personne, principalement des pauvres et des faibles, et les comediens, en general, sont faibles et pauvres. Avec le systeme de la liberte industrielle il se presentera plus d'un aventurier qui dira:—Je vais louer un local, engager des acteurs; si je reussis, je payerai; si je ne reussis pas, je ne payerai personne.—Or c'est ce que je ne veux point. Le cautionnement repondra. Il aura un autre usage, le payement des amendes qui pourront etre infligees aux directeurs. A mon avis, la liberte implique la responsabilite; c'est pourquoi je veux le cautionnement.

M. LE PRESIDENT.—On a propose devant la commission d'etablir, dans l'hypothese ou la liberte industrielle serait proclamee, des conditions qui empecheraient d'etablir, sous le nom de theatres, de veritables echoppes, conditions de construction, conditions de dimension, etc.

M. VICTOR HUGO.—Ces conditions sont de celles que je mettrais a l'etablissement des theatres.

M. SCRIBE.—Elles me paraissent parfaitement sages.

M. LE PRESIDENT.—On avait propose aussi d'interdire le melange des representations theatrales avec d'autres industries, par exemple les cafes-spectacles.

M. ALEXANDRE DUMAS.—C'est une affaire de police.

M. LE CONSEILLER DUFRESNE.—Comment seront administres, dans le systeme de M. Hugo, les theatres subventionnes?

M. VICTOR HUGO.—Vous me demandez comment je ferais administrer, dans mon systeme, les theatres subventionnes, c'est-a-dire les theatres nationaux et les theatres municipaux.

Je commence par vous dire que, quoi que l'on fasse, le resultat d'un systeme est toujours au-dessous de ce que l'on en attend. Je ne vous promets donc pas la perfection, mais une amelioration immense. Pour la realiser, il est necessaire de choisir avec un soin extreme les hommes qui voudront diriger ce que j'appellerais volontiers les *theatres-ecoles*. Avec de mauvais choix l'institution ne vaudrait pas grand'chose. Il arrivera peut-etre quelquefois qu'on se trompera; le ministere, au lieu de prendre Corneille, pourra prendre M. Campistron; quand il choisira mal, ce seront les theatres libres qui corrigeront le mal, et alors vous aurez le Theatre-Francais ailleurs qu'au Theatre-Francais. Mais cela ne durera pas longtemps.

Je voudrais, a la tete des theatres du gouvernement, des directeurs independants les uns des autres, surbordonnes tous quatre au directeur, ou, pour mieux dire, au ministre des arts, et se faisant, pour ainsi dire, concurrence entre eux. Ils seraient retribues par le gouvernement et auraient un certain interet dans les benefices de leurs theatres.

M. MELESVILLE.—Qui est-ce qui nommera et qui est-ce qui destituera les directeurs?

M. VICTOR Huco.—Le ministre competent les nommera, et ce sera lui aussi qui les destituera. Il en sera pour eux comme pour les prefets.

M. MELESVILLE.—Vous leur faites la une position singuliere. Supposez un homme honorable, distingue, qui aura administre avec succes la Comedie-Francaise; un ministre lui a demande une piece d'une certaine couleur politique, le ministre suivant sera defavorable a cette couleur politique. Le directeur, malgre tout son merite et son service, sera immediatement destitue.

M. ALEXANDRE DUMAS.—C'est un danger commun a tous les fonctionnaires.

Seance du 30 septembre.—Presidence de M. Vivien.

M. LE PRESIDENT.—Un seul systeme repressif parait possible avec le regime legal actuel, c'est celui qui confie la repression aux tribunaux ordinaires.

On a deja signale les dangers de ce systeme; les juges ne peuvent souvent saisir le delit, parce que, pour l'apprecier en pleine connaissance de cause, il faudrait avoir assiste a la representation; puis, quand viendrait la repression, souvent il serait trop tard; representee devant douze aquinze cents personnes reunies ensemble, une piece dangereuse peut avoir produit un mal irreparable, et le proces ne ferait souvent qu'aggraver et propager le scandale. Il parait impossible d'organiser la censure repressive. Aussi, en Angleterre, ou la liberte existe sous toutes ses formes, la censure preventive est admise et exercee avec une grande severite et un arbitraire absolu.

M. VICTOR HUGO.—Nulle comparaison a faire, selon moi, entre la question du theatre en Angleterre et la question du theatre en France.

En Angleterre, le theatre, a l'heure qu'il est, n'existe plus, pour ainsi dire. Tout le theatre anglais est dans Shakespeare, comme toute la poesie espagnole est dans le Romancero. Depuis Shakespeare, rien. Deux theatres defrayent Londres, qui est deux fois plus grand que Paris. De la le peu de souci des anglais pour leur theatre. Ils l'ont abandonne a cette espece de pruderie publique, qui est si puissante en Angleterre, qui y gene tant de libertes, et qu'on appelle le *cant*.

Or, ou Londres a deux theatres, Paris en a vingt; ou l'Angleterre n'a que Shakespeare (pardon d'employer ce diminutif pour un si grand homme!), nous avons Moliere, Corneille, Rotrou, Racine, Voltaire, Le Sage, Regnard, Marivaux, Diderot, Beaumarchais et vingt autres. Cette liberte theatrale, qui peut n'etre pour les anglais qu'une affaire de pruderie, doit etre pour nous une affaire de gloire. C'est bien different.

Je laisse donc l'Angleterre, et je reviens a la France.

Les esprits serieux sont assez d'accord maintenant pour convenir qu'il faut livrer les theatres a une exploitation libre, moyennant certaines restrictions imposees par la loi en vue de l'interet public; mais ils sont assez d'accord aussi pour demander le maintien de la censure preventive en l'ameliorant autant que possible.

J'espere qu'ils arriveront bientot a cette solution plus large et plus vraie, la liberte litteraire des theatres a cote de la liberte industrielle.

Pour resumer en deux mots l'etat de la legislation litteraire, je dirai que c'est *desordre et arbitraire.* Je voudrais arriver a pouvoir la resumer dans ces deux mots, *organisation et liberte.* Pour en venir la, il faudrait faire autrement qu'on n'a fait jusqu'ici. Tout ce qui, dans notre legislation, se rattache a la litterature, a ete etrangement compris jusqu'a ce jour. Vous avez entendu des hommes qui se croient serieux dire pendant trente ans, dans nos assemblees politiques, que c'etaient la des questions frivoles.

A mon avis, il n'y a pas de questions plus graves, et je voudrais qu'on les coordonnat dans un ensemble complet, qu'on fit un code special pour les choses de l'intelligence et de la pensee.

Ce code reglerait d'abord la propriete litteraire, car c'est une chose inouie de penser que, seuls en France, les lettres sont en dehors du droit commun; que la propriete de leurs oeuvres leur est deniee par la societe dans un temps donne et confisquee sur leurs enfants.

Vous sentez l'importance et la necessite de defendre la propriete aujourd'hui. Eh bien, commencez donc par reconnaitre la premiere et la plus sacree de toutes, celle qui n'est ni une transmission, ni une acquisition, mais une creation, la propriete litteraire.

Cessez de traiter l'ecrivain comme un paria, renoncez a ce vieux communisme que vous appelez le domaine public, cessez de voler les poetes et les artistes au nom de l'etat, reconciliez-les avec la societe par la propriete.

Cela fait, organisez.

Il vous sera desormais facile, a vous, l'etat, de donner a la classe des gens de lettres, je ne dirai pas une certaine direction, mais une certaine impulsion.

Favorisez en elle le developpement de cet excellent esprit d'association, qui, a l'heure qu'il est, se manifeste partout, et qui a deja commence a unir les gens de lettres, et, en particulier, les auteurs dramatiques. L'esprit d'association est l'esprit de notre temps; il cree des societes dans la societe. Si ces societes sont excentriques a la societe, elles l'ebranlent et lui nuisent; si elles lui sont concentriques, elles la servent et la soutiennent.

Le dernier gouvernement n'a point compris ces questions. Pendant vingt annees, il a fait tous ses efforts pour dissoudre les associations precieuses qui avaient commence a se former. Il aurait du, au contraire, faire tous ses efforts pour en tirer l'element de prosperite et de sagesse qu'elles renferment. Lorsque vous aurez reconnu et organise ces associations, les delits speciaux, les delits de profession qui echappent a la societe trouveront en elles une repression rapide et tres efficace.

Le systeme actuel, le voici; il est detestable. En principe, c'est l'etat qui regit la liberte litteraire des theatres; mais l'etat est un etre de raison, le gouvernement l'incarne et le represente; mais le gouvernement a autre chose a faire que de s'occuper des theatres, il s'en repose sur le ministre de l'interieur. Le ministre de l'interieur est un personnage bien occupe; il se fait remplacer par le directeur des beaux-arts. La besogne deplait au directeur des beaux-arts, qui la passe au bureau de censure.

Admirez ce systeme qui commence par l'etat et qui finit par un commis! Si bien que cette espece de balayeur d'ordures dramatiques, qu'on appelle un censeur, peut dire, comme Louis XIV: L'etat, c'est moi!

La liberte de la pensee dans un journal, vous la respectez en la surveillant; vous la confiez au jury. La liberte de la pensee sur le theatre, vous l'insultez en la reprimant; vous la livrez a la censure.

Y a-t-il au moins un grand interet qui excuse cela? Point.

Quel bien la censure appliquee au theatre a-t-elle produit depuis trente ans? A-t-elle empeche une allusion politique de se faire jour? Jamais. En general, elle a plutot eveille qu'endormi l'instinct qui pousse le public a faire, au theatre, de l'opposition en riant.

Au point de vue politique, elle ne vous a donc rendu aucun service. En a-t-elle rendu au point de vue moral? Pas davantage.

Rappelez vos souvenirs. A-t-elle empeche des theatres de s'etablir uniquement pour l'exploitation d'un certain cote des appetits les moins nobles de la foule? Non. Au point de vue moral, la censure n'a ete bonne a rien; au point de vue politique, bonne a rien. Pourquoi donc y tenez-vous?

Il y a plus. Comme la censure est reputee veiller aux moeurs publiques, le peuple abdique sa propre autorite, sa propre surveillance, il fait volontiers cause commune avec les licences du theatre contre les persecutions de la censure. Ainsi que je l'ai dit un jour a l'assemblee nationale, de juge il se fait complice.

La difficulte meme de creer des censeurs montre combien la censure est un labeur impossible. Ces fonctions si difficiles, si delicates, sur lesquelles pese une responsabilite si enorme, elles devraient logiquement etre exercees par les hommes les plus eminents en litterature. En trouverait-on parmi eux qui les accepteraient? Ils rougiraient seulement de se les entendre proposer. Vous n'aurez donc jamais pour les remplir que des hommes sans valeur personnelle, et j'ajouterai, des hommes qui s'estiment peu; et ce sont ces hommes que vous faites arbitres, de quoi? De la litterature! Au nom de quoi? De la morale!

Les partisans de la censure nous disent:—Oui, elle a ete mal exercee jusqu'ici, mais on peut l'ameliorer.—Comment l'ameliorer? On n'indique guere qu'un moyen, faire exercer la censure par des personnages considerables, des membres de l'institut, de l'assemblee nationale, et autres, qui fonctionneront, au nom du gouvernement, avec une certaine independance, dit-on, une certaine autorite, et, a coup sur, une grande honorabilite. Il n'y a a cela qu'une petite objection, c'est que c'est impossible.

Tenez, nous avons vu pendant dix-huit ans un corps de l'etat, tres haut place, remplir des fonctions beaucoup moins choquantes pour la susceptibilite des esprits, l'institut de France jugeant d'une maniere prealable, et a un simple point de vue de convenance locale, les ouvrages qui devaient etre presentes a l'exposition annuelle de peinture.

Cette reunion d'hommes distingues, eminents, illustres, a echoue a la tache; elle n'avait aucune autorite, elle etait bafouee chaque annee, et elle a remercie la revolution de Fevrier, qui lui a rendu le service de la destituer de cet emploi. Croyez-moi, n'accouplez jamais ce mot, qui est si noble, l'institut de France, avec ce mot qui l'est si peu, la censure.

Dans votre comite de censure mettrez-vous des membres de l'assemblee nationale elus par cette assemblee? Mais d'abord j'espere que l'assemblee refuserait tout net; et puis, si elle y consentait, en quoi elle aurait grand tort, la majorite vous enverrait des hommes de parti qui vous feraient de belle besogne.

Pour commission de censure, vous bornerez-vous a prendre la commission des theatres? Il y a un element qui y serait necessaire. Eh bien! cet element n'y sera pas. Je veux parler des auteurs dramatiques. Tous refuseront, comptez-y. Que sera alors votre commission de censure? Ce que serait une commission de marine sans marins.

Difficultes sur difficultes. Mais je suppose votre commission composee, soit; fonctionnera-t-elle? Point. Vous figurez-vous un representant du peuple, un conseiller d'etat, un conseiller a la cour de cassation, allant dans les theatres et s'occupant de savoir si telle piece n'est pas faite plutot pour eveiller des appetits sensuels que des idees elevees? Vous les figurez-vous assistant aux repetitions et faisant allonger les jupes des danseuses? Pour ne parler que de la censure du manuscrit, vous les figurez-vous marchandant avec l'auteur la suppression d'un coq-a-l'ane ou d'un calembour?

Vous me direz: Cette commission ne jugera qu'en appel. De deux choses l'une: ou elle jugera en appel sur tous les details qui feront difficulte entre l'auteur et les censeurs inferieurs, et l'auteur ne s'entendra jamais avec les censeurs inferieurs, autant, alors, ne faire qu'un degre; ou bien elle se bornera, sans entrer dans les details, a accorder ou a refuser l'autorisation. Alors la tyrannie sera plus grande qu'elle n'a jamais ete.

Tenez, renoncons a la censure et acceptons resolument la liberte. C'est le plus simple, le plus digne et le plus sur.

En depit de tout sophisme contraire, j'avoue qu'en presence de la liberte de la presse, je ne puis redouter la liberte des theatres. La liberte de la presse presente, a mon avis, dans une mesure beaucoup plus considerable, tous les inconvenients de la liberte du theatre.

Mais liberte implique responsabilite. A tout abus il faut la repression. Pour la presse, je viens de le rappeler, vous avez le jury; pour le theatre, qu'aurez-vous?

La cour d'assises? Les tribunaux ordinaires? Impossible.

Les delits que l'on peut commettre par la voie du theatre sont de toutes sortes. Il y a ceux que peut commettre volontairement un auteur en ecrivant dans une piece des choses contraires aux moeurs; il y a ensuite les delits de l'acteur, ceux qu'il peut commettre en ajoutant aux paroles par des gestes ou des inflexions de voix un sens reprehensible qui n'est pas celui de l'auteur.

Il y a les delits du directeur; par exemple, des exhibitions de nudites sur la scene; puis les delits du decorateur, de certains emblemes dangereux ou seditieux meles a une decoration; puis ceux du costumier, puis ceux du coiffeur, oui, du coiffeur! un toupet peut etre factieux, une paire de favoris a fait defendre *Vautrin*. Enfin il y a les delits du public; un applaudissement qui accentue un vers, un sifflet qui va plus haut que l'acteur et plus loin que l'auteur.

Comment votre jury, compose de bons bourgeois, se tirera-t-il de la?

Comment demelera-t-il ce qui est a celui-ci et ce qui est a celui-la? le fait de l'auteur, le fait du comedien et le fait du public? Quelquefois le delit sera un sourire, une grimace, un geste. Transporterez-vous les jures au theatre, pour en juger? Ferez-vous sieger la cour d'assises au parterre?

Supposez-vous, ce qui, du reste, ne sera pas, que les jurys en general, se defiant de toutes ces difficultes, et voulant arriver a une repression efficace, justement parce qu'ils n'entendent pas grand'chose aux delits de theatre, suivront aveuglement les indications du ministere public et condamneront sans broncher sur oui-dire? Alors savez-vous ce que vous aurez fait? Vous aurez cree la pire des censures, la censure de la peur. Les directeurs, tremblant devant des arrets qui seraient leur ruine, mutileront la pensee et supprimeront la liberte.

Vous etes places entre deux systemes impossibles: la censure preventive, que je vous defie d'organiser convenablement; la censure repressive, la seule admissible maintenant, mais qui echappe aux moyens du droit commun.

Je ne vois qu'une maniere de sortir de cette double impossibilite.

Pour arriver a la solution, reprenons le systeme theatral tel que je vous l'ai indique. Vous avez un certain nombre de theatres subventionnes, tous les autres sont livres a l'industrie privee; a Paris, il y a quatre theatres subventionnes par le gouvernement et quatre par la ville.

L'etat normal de Paris ne comporte pas plus de seize theatres. Sur ces seize theatres, la moitie sera donc sous l'influence directe du gouvernement ou de la ville; l'autre moitie fonctionnera sous l'empire des restrictions de police et autres, que dans votre loi vous imposerez a l'industrie theatrale.

Pour alimenter tous ces theatres et ceux de la province, dont la position sera analogue, vous aurez la corporation des auteurs dramatiques, corporation composee d'environ trois cents personnes et ayant un syndicat.

Cette corporation a le plus serieux interet a maintenir le theatre dans la limite ou il doit rester pour ne point troubler la paix de l'etat et l'honnetete publique. Cette corporation, par la nature meme des choses, a sur ses membres un ascendant disciplinaire considerable. Je suppose que l'etat reconnait cette corporation, et qu'il en fait son instrument. Chaque annee elle nomme dans son sein un conseil de prud'hommes, un jury. Ce jury, elu au suffrage universel, se composera de huit ou dix membres. Ce seront toujours, soyons-en surs, les personnages les plus consideres et les plus considerables de l'association. Ce jury, que vous appellerez *jury de blame* ou de tout autre nom que vous voudrez, sera saisi, soit sur la plainte de l'autorite publique, soit sur celle de la commission dramatique elle-meme, de tous les delits de theatre commis par les auteurs, les directeurs, les comediens. Compose d'hommes speciaux, investi d'une sorte de magistrature de famille, il aura la plus grande autorite, il comprendra parfaitement la matiere, il sera severe dans la repression, et il saura superposer la peine au delit.

Le jury dramatique juge les delits. S'il les reconnait, il les blame; s'il blame deux fois, il y a lieu a la suspension de la piece et a une amende considerable, qui peut, si elle est infligee a un auteur, etre prelevee sur les droits d'auteur recueillis par les agents de la societe.

Si un auteur est blame trois fois, il y a lieu a le rayer de la liste des associes. Cette radiation est une peine tres grave; elle n'atteint pas seulement l'auteur dans son honneur, elle l'atteint dans sa fortune, elle implique pour lui la privation a peu pres complete de ses droits de province.

Maintenant, croyez-vous qu'un auteur aille trois fois devant le jury dramatique? Pour moi, je ne le crois pas. Tout auteur traduit devant le jury se defendra; s'il est blame, il sera profondement affecte par ce blame, et, soyez tranquilles, je connais l'esprit de cette excellente et utile association, vous n'aurez pas de recidives.

Vous aurez donc ainsi, dans le sein de l'association dramatique elle-meme, les gardiens les plus vigilants de l'interet public.

C'est la seule maniere possible d'organiser la censure repressive. De cette maniere vous conciliez les deux choses qui font tout le probleme, l'interet de la societe et l'interet de la liberte.

M. LE CONSEILLER BEHIC.—Mais il y a des auteurs qui ne font pas partie de l'association?

M. VICTOR HUGO.—Il y en a, tout au plus, douze ou quinze; si l'association etait reconnue et patronnee par l'etat, il n'y en aurait plus.

M. LE CONSEILLER BEHIC.—Mais si, par impossible, un auteur persistait a se tenir en dehors de la societe, ou si un auteur blame trois fois, et, par consequent, exclu de la societe, continuait a ecrire pour le theatre, votre systeme repressif ne pourrait s'appliquer. Faudrait-il empecher ces hommes de faire jouer leurs pieces?

M. VICTOR HUGO.—Je n'irais pas jusque-la, mais dans ces cas qui seront bien rares, je laisserais la repression aux tribunaux ordinaires, a la cour d'assises. *Dura lex, sed lex.* Tant pis pour les refractaires.

M. LE PRESIDENT.—Comment entendez-vous l'organisation de votre societe?

M. VICTOR HUGO.—On est recu avocat apres avoir rempli certaines conditions. Une fois avocat, on peut commettre des delits professionnels assez graves, on peut se rendre, par exemple, coupable de diffamation dans une plaidoirie, cela n'arrive meme que trop souvent. Pour les delits professionnels, un avocat n'est justiciable que du conseil de l'ordre. Pourquoi n'etablirait-on pas quelque chose d'analogue pour les auteurs dramatiques? Pour faire partie de leur association, il faudrait evidemment avoir commence a ecrire; il faudrait avoir produit un ou deux ouvrages. On maintiendrait quelque chose d'analogue a ce qui existe maintenant. Une fois admis, l'auteur, comme l'avocat, ne serait justiciable que du syndicat de son ordre pour ses delits professionnels.

M. LE PRESIDENT.—Je ferai remarquer a M. Victor Hugo que, lorsqu'un avocat s'ecarte des convenances dans sa plaidoirie, il y a, eu dehors du conseil de l'ordre, le juge qui peut le reprimander et meme le suspendre.

M. VICTOR HUGO.—En dehors du syndicat de l'ordre des auteurs dramatiques, il y aura aussi un juge qui veillera a la police de l'*audience*, a, la dignite de la representation; ce juge ce sera le public. Sa puissance est grande et serieuse, elle sera plus serieuse encore quand il se sentira reellement investi d'une sorte de magistrature par la liberte meme. Ce juge a puissance de vie et de mort; il peut faire tomber la toile, et alors tout est dit.

M. LE CONSEILLER BEHIC.—L'organisation de la censure repressive, telle que la propose M. Victor Hugo, presente une difficulte dont je le rends juge. On ne peut maintenant faire partie de l'association des auteurs dramatiques qu'apres avoir fait jouer une piece, M. Victor Hugo propose de maintenir des conditions analogues d'incorporation. Quel systeme repressif appliquera-t-il alors a la premiere piece d'un auteur?

M. VICTOR HUGO.—Le systeme de droit commun, comme aux pieces de tous les auteurs qui ne feront pas partie de la societe, la repression du jury.

M. LE CONSEILLER BEHIC.—J'ai une autre critique plus grave a faire au systeme de M. Victor Hugo. Toute personne qui remplit des conditions determinees a droit de se faire inscrire dans l'ordre des avocats. De plus, les avocats peuvent seuls plaider. Si un certain esprit litteraire predominait dans votre association, ne serait-il pas a craindre qu'elle repoussat de son sein les auteurs devoues a des idees contraires, ou meme que ceux-ci ne refusassent de se soumettre a un tribunal evidemment hostile, et aimassent mieux se tenir en dehors? Ne risque-t-on pas de voir alors, en dehors de la corporation des auteurs dramatiques, un si grand nombre d'auteurs que son syndicat deviendrait impuissant a realiser la mission que lui attribue M. Victor Hugo?

M. SCRIBE.—Je demande la permission d'appuyer cette objection par quelques mots. Il y a des esprits independants qui refuseront d'entrer dans notre association, precisement parce qu'ils craindront une justice disciplinaire, a laquelle il n'y aura pas chance d'echapper, et ceux-la seront sans doute les plus dangereux.

Du reste, il y a dans le systeme de M. Victor Hugo des idees larges et vraies, qu'il me semble bon de conserver dans le systeme preventif, le seul qui, selon moi, puisse etre etabli avec quelque chance de succes. Ne pourrait-on pas composer la commission d'appel de personnes considerables de professions diverses, parmi lesquelles se trouveraient, en certain nombre, des auteurs dramatiques elus par le suffrage de leurs confreres?

Si ces auteurs etaient designes par le ministre, par le directeur des beaux-arts, ils n'accepteraient sans doute pas; mais, nommes par leurs confreres, ils accepteront. J'avais soutenu le contraire en combattant le principe de M. Souvestre; les paroles de M. Victor Hugo m'ont fait changer d'opinion. Celui de nous qui serait elu ainsi ne verrait pas de honte a exercer les fonctions de censeur.

M. VICTOR HUGO.—Personne n'accepterait. Les auteurs dramatiques consentiront a exercer la censure repressive, parce que c'est une magistrature; ils refuseront d'exercer la censure preventive, parce que c'est une police.

J'ai dit les motifs qui, a tous les points de vue, me font repousser la censure preventive; je n'y reviens pas.

Maintenant, j'arrive a cette objection, que m'a faite M. Behic et qu'a appuyee M. Scribe. On m'a dit qu'un grand nombre d'auteurs dramatiques pourraient se tenir, pour des motifs divers, en dehors de la corporation, et qu'alors mon but serait manque.

Cette difficulte est grave. Je n'essayerai point de la tourner; je l'aborderai franchement, en disant ma pensee tout entiere. Pour realiser la reforme, il faut agir vigoureusement, et meler a l'esprit de liberte l'esprit de gouvernement. Pourquoi voulez-vous que l'etat, au moment de donner une liberte considerable, n'impose pas des conditions aux hommes appeles a jouir de cette liberte? L'etat dira:—Tout individu qui voudra faire representer une piece sur un theatre du territoire francais pourra la faire representer sans la soumettre a la censure; mais il devra etre membre de la societe des auteurs dramatiques.—Personne, de cette maniere, ne restera en dehors de la societe; personne, pas meme les nouveaux auteurs, car on pourrait exiger pour l'entree dans la societe la composition et non la representation d'une ou plusieurs pieces.

Le temps me manque ici pour dire ma pensee dans toute son etendue; je la completerai ailleurs et dans quelque autre occasion. Je voudrais qu'on organisat une corporation, non pas seulement de tous les auteurs dramatiques, mais encore de tous les lettres. Tous les delits de presse auraient leur repression dans les jugements des tribunaux d'honneur de la corporation. Ne sent-on pas tous les jours l'inefficacite de la repression par les cours d'assises?

Tout homme qui ecrirait et ferait publier quelque cuose serait necessairement compris dans la corporation des gens de lettres. A la place de l'anarchie qui existe maintenant parmi nous, vous auriez une autorite; cette autorite servirait puissamment a la gloire et a la tranquillite du pays.

Aucune tyrannie dans ce systeme; l'organisation. A chacun la liberte entiere de la manifestation de la pensee, sauf a l'astreindre a une condition prealable de garantie qu'il serait possible a tous de remplir.

Les idees que je viens d'exprimer, j'y crois de toute la force de mon ame; mais je pense en meme temps qu'elles ne sont pas encore mures. Leur jour viendra, je le haterai pour ma part. Je prevois les lenteurs. Je suis de ceux qui acceptent sans impatience la collaboration du temps.

M. LE CONSEILLER DEFRESNE.—Ce que M. Victor Hugo et M. Souvestre demandent, c'est tout bonnement l'etablissement d'une jurande ou maitrise litteraire. Je ne dis pas cela pour les blamer. L'institution qu'ils demandent serait une grande et utile institution; mais comme eux, je pense qu'il n'y faut songer que pour un temps plus ou moins eloigne.

M. VICTOR HUGO.—Les associations de l'avenir ne seront point celles qu'ont vues nos peres. Les associations du passe etaient basees sur le principe de l'autorite et faites pour le soutenir et l'organiser; les associations de l'avenir organiseront et developperont la liberte.

Je voudrais voir desormais la loi organiser des groupes d'individualites, pour aider, par ces associations, au progres veritable de la liberte. La liberte jaillirait de ces associations et rayonnerait sur tout le pays. II y aurait liberte d'enseignement avec des conditions fortes imposees a ceux qui voudraient enseigner. Je n'entends pas la liberte d'enseignement comme ce qu'on appelle le parti catholique. Liberte de la parole avec des conditions imposees a ceux qui en usent, liberte du theatre avec des conditions analogues; voila comme j'entends la solution du probleme.

J'ajoute un detail qui complete les idees que j'ai emises sur l'organisation de la liberte theatrale. Cette organisation, on ne pourra guere la commencer serieusement que quand une reforme dans la haute administration aura reuni dans une meme main tout ce qui se rapporte a la protection que l'etat doit aux arts, aux creations de l'intelligence; et cette main, je ne veux pas que ce soit celle d'un directeur, mais celle d'un ministre. Le pilote de l'intelligence ne saurait etre trop haut place. Voyez, a l'heure qu'il est, quel chaos!

Le ministre de la justice a l'imprimerie nationale; le ministre de l'interieur, les theatres, les musees; le ministre de l'instruction publique, les societes savantes; le ministre des cultes, les eglises; le ministre des travaux publics, les grandes constructions nationales. Tout cela devrait etre reuni.

Un meme esprit devrait coordonner dans un vaste systeme tout cet ensemble et le feconder. Que peuvent maintenant toutes ces pensees divergentes, qui tirent chacune de leur cote? Rien, qu'empecher tout progres reel.

Ce ne sont point la des utopies, des reves. Il faut organiser. L'autorite avait organise autrefois assez mal, car rien de veritablement bon ne peut sortir d'elle seule. La liberte l'a debordee et l'a vaincue a jamais. La liberte est un principe fecond; mais, pour qu'elle produise ce qu'elle peut et doit produire, il faut l'organiser.

Organisez donc dans le sens de la liberte, et non pas dans le sens de l'autorite. La liberte, elle est maintenant necessaire. Pourquoi, d'ailleurs, s'en effrayer? Nous avons la liberte du theatre depuis dix-huit mois; quel grand danger a-t-elle fait courir a la France?

Et cependant elle existe maintenant sans etre entouree d'aucune des garanties que je voudrais etablir. Il y a eu de ces pieces qu'on appelle reactionnaires; savez-vous ce qui en est resulte? C'est que beaucoup de gens qui n'etaient pas republicains avant ces pieces le sont devenus apres. Beaucoup des amis de la liberte ne voulaient pas de la republique, parce qu'ils croyaient que l'intolerance etait dans la nature de ce gouvernement; ces hommes-la se sont reconcilies avec la republique le jour ou ils ont vu qu'elle donnait un libre cours a l'expression des opinions, et qu'on pouvait se moquer d'elle, qu'elle etait bonne princesse, en un mot. Tel a ete l'effet des pieces reactionnaires. La republique s'est fait honneur en les supportant.

Voyez maintenant ce qui arrive! La reaction contre la reaction commence. Dernierement, on a represente une piece ultra-reactionnaire; elle a ete sifflee. Et c'est dans ce moment que vous songeriez a vous donner tort en retablissant la censure! Vous releveriez a l'instant meme l'esprit d'opposition qui est au fond du caractere national!

Ce qui s'est passe pour la politique s'est passe aussi pour la morale. En realite, il s'est joue depuis dix-huit mois moins de pieces decolletees qu'il ne s'en jouait d'ordinaire sous l'empire de la censure. Le public sait que le theatre est libre; il est plus difficile. Voila la situation d'esprit ou est le public. Pourquoi donc vouloir faire mal ce que la foule fait bien?

Laissez la la censure, organisez; mais, je vous le repete, organisez la liberte.

ASSEMBLEE LEGISLATIVE

1849-1851

NOTE 10

PILLAGE DES IMPRIMERIES

Aux journees de juin 1848, Victor Hugo, apres avoir contribue a la victoire, etait venu au secours des vaincus. Apres le 13 juin 1849, il accepta le meme devoir. La majorite etait enivree par la colere, et voulait fermer les yeux sur les violences de son triomphe, notamment sur les imprimeries saccagees et pillees. Victor Hugo monta le 15 juin a la tribune. L'incident fut bref, mais significatif. Le voici tel qu'il est au *Moniteur.*

Permanence.—Seance du 15 juin 1849.

INTERPELLATION

La parole est a M. Victor Hugo.

M. VICTOR HUGO.—Messieurs, je demande a l'assemblee la permission d'adresser une question a MM. les membres du cabinet.

Cette assemblee, dans sa moderation et dans sa sagesse, voudra certainement que tous les actes de desordre soient reprimes, de quelque part qu'ils viennent. S'il faut en croire les details publies, des actes de violence regrettables auraient ete commis dans diverses imprimeries. Ces actes constitueraient de veritables attentats contre la legalite, la liberte et la propriete.

Je demande a M. le ministre de la justice, ou, en son absence, a MM. les membres du cabinet presents, si des poursuites ont ete ordonnees, si des informations sont commencees. (*Tres bien! tres bien!*)

PLUSIEURS MEMBRES.—Contre qui?

M. DUFAURE, *ministre de l'interieur.*—Messieurs, nous regrettons aussi amerement que l'honorable orateur qui descend de la tribune les actes a propos desquels il nous interpelle. Ils ont eu lieu, j'ose l'affirmer, spontanement, au milieu des emotions de la journee du 13 juin.... (*Interruptions a gauche.*)

Je dis qu'ils ont eu lieu spontanement, c'est a ce sujet que j'ai ete interrompu. Rien n'avait prevenu l'autorite des actes de violence qui devaient etre commis dans les bureaux de quelques presses de Paris; je veux expliquer seulement comment l'autorite n'etait pas, n'a pas pu etre prevenue, comment l'autorite n'a pas pu les empecher.

On a dit dans des journaux qu'un aide de camp du general Changarnier avait preside a cette devastation. Je le nie hautement. Un aide de camp du general Changarnier a paru sur les lieux pour reprimer cet acte audacieux; il n'a pu le faire, tout ayant ete consomme; d'ailleurs, on ne l'ecoutait pas. J'ajoute qu'aussitot que nous avons ete prevenus de ces faits, ordre a ete donne de faire deux choses, de constater les degats et d'en rechercher les auteurs. On les recherche en ce moment, et je puis assurer a l'assemblee, qu'aussitot qu'ils seront decouverts, le droit commun aura son empire, la loi recevra son execution. (*Tres bien! Tres bien!*)

M. LE PRESIDENT.—L'incident est reserve.

A propos de cet incident, on lit dans le *Siecle* du 17 juin 1848:

M. Victor Hugo etait tres vivement blame aujourd'hui par un grand nombre de ses collegues pour la genereuse initiative qu'il a prise hier en fletrissant du haut de la tribune les actes condamnables commis contre plusieurs imprimeries de journaux.—Ce n'etait pas le moment, lui disait-on, de parler de cela, et dans tous les cas ce n'etait pas a nous a appeler sur ces actes l'attention publique; il fallait laisser ce soin a un membre de l'autre cote, et la chose n'eut pas eu le retentissement que votre parole lui a donne.

Nous etions loin de nous attendre a ce que l'honnete indignation exprimee par M. Victor Hugo, et la loyale reponse de M. le ministre de l'interieurpussent etre l'objet d'un blame meme indirect d'une partie quelconque de l'assemblee. Nous pensions que le sentiment du juste, le respect de la propriete devaient etre au-dessus de toutes les miserables agitations de parti. Nous nous trompions.

M. Victor Hugo racontait lui-meme aujourd'hui dans l'un des groupes qui se formaient ca et la dans les couloirs une reponse qu'il aurait ete amene a faire a l'un de ces moderes excessifs.—Si je rencontrais un tel dans la rue, je lui brulerais la cervelle, dit celui-la.—Vous vous calomniez vous-meme, repondit M. Victor Hugo, vous vouliez dire que vous feriez usage de votre arme contre lui, si vous l'aperceviez sur une barricade.—Non, non! disait l'autre en insistant, dans la rue, ici meme.—Monsieur, dit le poete indigne, vous etes le meme homme qui a tue le general Brea!—Il est difficile de dire l'impression profonde que ce mot a causee a tous les assistants, a l'exception de celui qui venait de provoquer cette reponse foudroyante.

NOTE 11

PROPOSITION MELUN.—ENQUETE SUR LA MISERE

Bureaux.—Juin 1849.

M. VICTOR HUGO.—J'appuie energiquement la proposition.

Messieurs, il est certain qu'a l'heure ou nous sommes, la misere pese sur le peuple. Quelles sont les causes de cette misere? Les longues agitations politiques, les lacunes de la prevoyance sociale, l'imperfection des lois, les faux systemes, les chimeres poursuivies et les realites delaissees, la faute des hommes, la force des choses. Voila, messieurs, de quelles causes est sortie la misere. Cette misere, cette immense souffrance publique, est aujourd'hui toute la question sociale, toute la question politique. Elle engendre a la fois le malaise materiel et la degradation intellectuelle; elle torture le peuple par la faim et elle l'abrutit par l'ignorance.

Cette misere, je le repete, est aujourd'hui la question d'etat. Il faut la combattre, il faut la dissoudre, il faut la detruire, non-seulement parce que cela est humain, mais encore parce que cela est sage. La meilleure habilete aujourd'hui, c'est la fraternite. Le grand homme politique d'a present serait un grand homme chretien.

Reflechissez, en effet, messieurs.

Cette misere est la, sur la place publique. L'esprit d'anarchie passe et s'en empare. Les partis violents, les hommes chimeriques, le communisme, le terrorisme surviennent, trouvent la misere publique a leur disposition, la saisissent et la precipitent contre la societe. Avec de la souffrance, on a sitot fait de la haine! De la ces coups de main redoutables ou ces effrayantes insurrections, le 15 mai, le 24 juin. De la ces revolutions inconnues et formidables qui arrivent, portant dans leurs flancs le mystere de la misere.

Que faire donc en presence de ce danger? Je viens de vous le dire. Oter la misere de la question. La combattre, la dissoudre, la detruire.

Voulez-vous que les partis ne puissent pas s'emparer de la misere publique? Emparez-vous-en. Ils s'en emparent pour faire le mal, emparez-vous-en pour faire le bien. Il faut detruire le faux socialisme par le vrai. C'est la votre mission.

Oui, il faut que l'assemblee nationale saisisse immediatement la grande question des souffrances du peuple. Il faut qu'elle cherche le remede, je dis plus, qu'elle le trouve! Il y a la une foule de problemes qui veulent etre muris et medites. Il importe, a mon sens, que l'assemblee nomme une grande commission centrale, permanente, metropolitaine, a laquelle viendront aboutir toutes les recherches, toutes les enquetes, tous les documents, toutes les solutions. Toutes les specialites economiques, toutes les opinions meme, devront etre representees dans cette commission, qui fera les travaux preparatoires; et, a mesure qu'une idee praticable se degagera de ses travaux, l'idee sera portee a l'assemblee qui en fera une loi. Le code de l'assistance et de la prevoyance sociale se construira ainsi piece a piece avec des solutions diverses, mais avec une pensee unique. Il ne faut pas disperser les etudes; tout ce grand ensemble veut etre coordonne. Il ne faut pas surtout separer l'assistance de la prevoyance, il ne faut pas etudier a part les questions d'hospices, d'hopitaux de refuges, etc. Il faut meler le travail a l'assistance, ne rien laisser degenerer en aumone. Il y a aujourd'hui dans les masses de la souffrance; mais il y a aussi de la dignite. Et c'est un bien. Le travailleur veut etre traite, non comme un pauvre, mais comme un citoyen. Secourez-les en les elevant.

C'est la, messieurs, le sens de la proposition de M. de Melun, et je m'y associe avec empressement.

Un dernier mot. Vous venez de vaincre; maintenant savez-vous ce qu'il faut que vous fassiez? Il faut, vous majorite, vous assemblee, montrer votre coeur a la nation, venir en aide aux classes souffrantes par toutes les lois possibles, sous toutes les formes, de toutes les facons, ouvrir les ateliers et les ecoles, repandre la lumiere et le bien-etre, multiplier les ameliorations materielles et morales, diminuer les charges du pauvre, marquer chacune de vos journees par une mesure utile et populaire; en un mot, dire a tous ces malheureux egares qui ne vous connaissaient pas et qui vous jugeaient mal:—Nous ne sommes pas vos vainqueurs, nous sommes vos freres.

NOTE 12

LA LOI SUR L'ENSEIGNEMENT

Bureaux.—Juin 1849.

M. VICTOR HUGO.—Je parle *sur* la loi. Je l'approuve en ce qu'elle contient un progres. Je la surveille en ce qu'elle peut contenir un peril.

Le progres, le voici. Le projet installe dans l'enseignement deux choses qui y sont nouvelles et qui sont bonnes, l'autorite de l'etat et la liberte du pere de famille. Ce sont la deux sources vives et fecondes d'impulsions utiles.

Le peril, je l'indiquerai tout a l'heure.

Messieurs, deux corporations redoutables, le clerge jusqu'a notre revolution, depuis notre revolution, l'universite, ont successivement domine l'instruction publique dans notre pays, je dirais presque ont fait l'education de la France.

Universite et clerge ont rendu d'immenses services; mais, a cote de ces grands services, il y a eu de grandes lacunes. Le clerge, dans sa vive ardeur pour l'unite de la foi, avait fini par se meprendre, et en etait venu,—ce fut la son tort du temps de nos peres,—a contrarier la marche de l'intelligence humaine et a vouloir eteindre l'esprit de progres qui est le flambeau meme de la France. L'universite, excellente par ses methodes, illustre par ses services, mais enfermee peut-etre dans des traditions trop etroites, n'a pas en elle-meme cette largeur d'idees qui convient aux grandes epoques que nous traversons, et n'a pas toujours fait penetrer dans l'enseignement toute la lumiere possible. Elle a fini par devenir, elle aussi, un clerge.

Les dernieres annees de la monarchie disparue ont vu une lutte acharnee entre ces deux puissances, l'universite et l'eglise, qui se disputaient l'esprit des generations nouvelles.

Messieurs, il est temps que cette guerre finisse et se change en emulation. C'est la le sens, c'est la le but du projet actuel. Il maintient l'universite dans l'enseignement, et il introduit l'eglise par la meilleure de toutes les portes, par la porte de la liberte. Comment ces deux puissances vont-elles se comporter? Se reconcilieront-elles? De quelle facon vont-elles combiner leurs influences? Comment vont-elles comprendre l'enseignement, c'est-a-dire l'avenir? C'est la, messieurs, la question. Chacun de ces deux clerges a ses tendances, tendances auxquelles il faut marquer une limite. Les esprits ombrageux, et en matiere d'enseignement je suis de ce nombre, pourraient craindre qu'avec l'universite seule l'instruction ne fut pas assez religieuse, et qu'avec l'eglise seule l'instruction ne fut pas assez nationale. Or religion et nationalite, ce sont la les deux grands instincts des hommes, ce sont la les deux grands besoins de l'avenir. Il faut donc, je parle en laique et en homme politique, il faut au-dessus de l'eglise et de l'universite quelqu'un pour les dominer, pour les conseiller, pour les encourager, pour les retenir, pour les departager. Qui? l'etat.

L'etat, messieurs, c'est l'unite politique du pays, c'est la tradition francaise, c'est la communaute historique et souveraine de tous les citoyens, c'est la plus grande voix qui puisse parler en France, c'est le pouvoir supreme, qui aie droit d'imposer a l'universite l'enseignement religieux, et a l'eglise l'esprit national.

Le projet actuel installe l'etat au sommet de la loi. Le conseil superieur d'enseignement, tel que le projet le compose, n'est pas autre chose. C'est en cela qu'il me convient.

Je regrette diverses lacunes dans le projet, l'enseignement superieur dont il n'est pas question, l'enseignement professionnel, qui est destine a reclasser les masses aujourd'hui declassees. Nous reviendrons sur ces graves questions.

Somme toute, tel qu'il est, en maintenant l'universite, en acceptant le clerge, le projet fait l'enseignement libre et fait l'etat juge. Je me reserve de l'examiner encore.

M. de Melun, qui soutint la predominance de l'eglise dans l'enseignement, fut nomme commissaire par 20 voix contre 18 donnees a M. Victor Hugo.

NOTE 13

DEMANDE EN AUTORISATION DE POURSUITES CONTRE LES REPRESENTANTS SOMMIER ET RICHARDET

Bureaux.—31 juillet 1849.

M. VICTOR HUGO.—Messieurs, on invoque les idees d'ordre, le respect de l'autorite qu'il faut raffermir, la protection que l'assemblee doit au pouvoir, pour appuyer la demande en autorisation de poursuites. J'invoque les memes idees pour la combattre.

Et en effet, messieurs, quelle est la question? La voici:

Un delit de presse aurait ete commis, il y a quatre mois, dans un departement eloigne, dans une commune obscure, par un journal ignore. Depuis cette epoque, les auteurs presumes de ce delit ont ete nommes representants du peuple. Aujourd'hui on vous demande de les traduire en justice.

De deux choses l'une: ou vous accorderez l'autorisation, ou vous la refuserez. Examinons les deux cas.

Si vous accordez l'autorisation, de ce fait inconnu de la France, oublie de la localite meme ou il s'est produit, vous faites un evenement. Le fait etait mort, vous le ressuscitez; bien plus, vous le grossissez du retentissement d'un proces, de l'eclat d'un debat passionne, de la plaidoirie des avocats, des commentaires de l'opposition et de la presse. Ce delit, commis dans le champ de foire d'un village, vous le jetez sur toutes les places publiques de France. Vous donnez au petit journal de province tous les grands journaux de Paris pour porte-voix. Cet outrage au president de la republique, cet article que vous jugez venimeux, vous le multipliez, vous le versez dans tous les esprits, vous tirez l'offense a huit cent mille exemplaires.

Le tout pour le plus grand avantage de l'ordre, pour le plus grand respect du pouvoir et de l'autorite.

Si vous refusez l'autorisation, tout s'evanouit, tout s'eteint. Le fait est mort, vous l'ensevelissez, voila tout.

Eh bien! messieurs, je vous le demande, qui est-ce qui comprend mieux les interets de l'ordre et de l'autorite et le raffermissement du pouvoir, de nos adversaires qui accordent l'autorisation, ou de nous qui la refusons?

Cette question d'interet social videe et ecartee, permettez-moi de m'elever a des considerations d'une autre nature.

Dans quelle situation etes-vous?

Vous etes une majorite immense, compacte, triomphante, en presence d'une minorite vaincue et decimee. Je constate la situation et je la livre a votre appreciation politique. Le 13 juin a cree pour vous ce que vous appelez des necessites; en tout cas, ce sont des necessites bien fatales et bien douloureuses. Le 13 juin est un fait considerable, terrible, mysterieux, au fond duquel il vous importe, dites-vous, que la justice penetre, que le jour se fasse.

Il faut, en effet, que le pays connaisse dans toute sa profondeur cet evenement d'ou a failli sortir une revolution. Vous avez pu aider la justice. Ce qu'elle vous a demande en fait de poursuites, vous avez pu le lui accorder. Vous avez ete prodigues, c'est mon sentiment.

Mais enfin, de ce cote, tout est fini. Trente-huit representants, c'est assez! c'est trop! Est-ce que le moment n'est pas venu d'etre genereux? Est-ce qu'ici la generosite n'est pas de la sagesse? Quoi! livrer encore deux representants, non plus pour les necessites de l'instruction de juin, mais pour un fait ignore, prescrit, oublie! Messieurs, je vous en conjure, moi qui ai toujours defendu l'ordre, gardez-vous de tout ce qui semblerait violence, reaction, rancune, parti-pris, coup de majorite! Il faut savoir se refuser a soi-meme les dernieres satisfactions de la victoire. C'est a ce prix que, de la situation de vainqueurs, on passe a la condition de gouvernants. Ne soyez pas seulement une majorite nombreuse, soyez une majorite grande!

Tenez, voulez-vous rassurer pleinement le pays? prouvez-lui votre force. Et savez-vous quelle est la meilleure preuve de la force? c'est la mesure. Le jour ou l'opinion publique dira: Ils sont vraiment moderes, la conscience des partis repondra: C'est qu'ils sont vraiment forts!

Je refuse l'autorisation de poursuites.

M. Amable Dubois combattit M. Victor Hugo. M. Amable Dubois fut nomme rapporteur par 14 voix contre 11 donnees a M. Victor Hugo.

NOTE 14.

DOTATION DE M. BONAPARTE.

Bureaux.—6 fevrier 1851.

En janvier 1851, immediatement apres le vote de defiance, M. Louis Bonaparte tendit la main a cette assemblee qui venait de le frapper, et lui demanda trois millions. C'etait une veritable dotation princiere. L'assemblee debattit cette pretention, d'abord dans les bureaux, puis en seance publique. La discussion publique ne dura qu'un jour et fut peu remarquable. La discussion prealable des bureaux, qui eut lieu le 6 fevrier, avait vivement excite l'attention publique, et, quand la question arriva au grand jour, elle avait ete comme epuisee par ce debat preliminaire.

Dans le 12e bureau particulierement, le debat fut vif et prolonge. A deux heures et demie, malgre la seance commencee, la discussion durait encore. Une grande partie des membres de l'assemblee, groupes derriere les larges portes vitrees du 12e bureau, assistaient du dehors a cette lutte ou furent successivement entendus MM. Leon Faucher, Sainte-Beuve, auteur de la redaction de defiance, Michel (de Bourges) et Victor Hugo.

M. Combarel de Leyval prit la parole le premier; M. Leon Faucher et apres lui M. Bineau, tous deux anciens ministres de Bonaparte, soutinrent vivement le projet de dotation. Le discours passionne de M. Leon Faucher amena dans le debat M. Victor Hugo.

M. VICTOR HUGO.—Ce que dit M. Leon Faucher m'oblige a prendre la parole. Je ne dirai qu'un mot. Je ne desire pas etre nomme commissaire; je suis trop souffrant encore pour pouvoir aborder la tribune, et mon intention n'etait pas de parler, meme ici.

Selon moi, l'assemblee, en votant la dotation il y a dix mois, a commis une premiere faute; en la votant de nouveau aujourd'hui, elle commettrait une seconde faute, plus grave encore.

Je n'invoque pas seulement ici l'interet du pays, les detresses publiques, la necessite d'alleger le budget et non de l'aggraver; j'invoque l'interet bien entendu de l'assemblee, j'invoque l'interet meme du pouvoir executif, et je dis qu'a tous ces points de vue, aux points de vue les plus restreints comme aux points de vue les plus generaux, voter ce qu'on vous demande serait une faute considerable.

Et en effet, messieurs, depuis le vote de la premiere dotation, la situation respective des deux pouvoirs a pris un aspect inattendu. On etait en paix, on est en guerre. Un serieux conflit a eclate.

Ce conflit, au dire de ceux-la memes qui soutiennent le plus energiquement le pouvoir executif, ce conflit est une cause de desordre, de trouble, d'agitation dont souffrent tous les interets; ce conflit a presque les proportions d'une calamite publique.

Or, messieurs, sondez ce conflit. Qu'y a-t-il au fond? La dotation.

Oui, sans la dotation, vous n'auriez pas eu les voyages, les harangues, les revues, les banquets de sous-officiers meles aux generaux, Satory, la place du Havre, la societe du Dix-Decembre, les cris de *vive l'Empereur!* et les coups de poing. Vous n'auriez pas eu ces tentatives pretoriennes qui tendaient a donner a la republique l'empire pour lendemain. Point d'argent, point d'empire.

Vous n'auriez pas eu tous ces faits etranges qui ont si profondement inquiete le pays, et qui ont du irresistiblement eveiller le pouvoir legislatif et amener le vote de ce qu'on a appele la coalition, coalition qui n'est au fond qu'une juxtaposition.

Rappelez-vous ce vote, messieurs; les faits ont ete apportes devant vous, vous les avez juges dans votre conscience, et vous avez solennellement declare votre defiance.

La defiance du pouvoir legislatif contre le pouvoir executif!

Or, comment le pouvoir executif, votre subordonne apres tout, a-t-il recu cet avertissement de l'assemblee souveraine?

Il n'en a tenu aucun compte. Il a mis a neant votre vote. Il a declare excellent ce cabinet que vous aviez declare suspect. Resistance qui a aggrave le conflit et qui a augmente votre defiance.

Et aujourd'hui que fait-il?

Il se tourne vers vous, et il vous demande les moyens d'achever quoi? Ce qu'il avait commence. Il vous dit:—Vous vous defiez de moi. Soit! payez toujours, je vais continuer.

Messieurs, en vous faisant de telles demandes, dans un tel moment, le pouvoir executif ecoute peu sa dignite. Vous ecouterez la votre et vous refuserez.

Ce qu'a dit M. Faucher des interets du pays, lorsqu'il a nomme M. Bonaparte, est-il vrai? Moi qui vous parle, j'ai vote pour M. Bonaparte. J'ai, dans la sphere de mon action, favorise son election. J'ai donc le droit de dire quelques mots des sentiments de ceux qui ont fait comme moi, et des miens propres. Eh bien! non, nous n'avons pas vote pour Napoleon, en tant que Napoleon; nous avons vote pour l'homme qui, muri par la prison politique, avait ecrit, en faveur des classes pauvres, des livres remarquables. Nous avons vote pour lui, enfin, parce qu'en face de tant de pretentions monarchiques nous trouvions utile qu'un prince abdiquat ses titres en recevant du pays les fonctions de president de la republique.

Et puis, remarquez encore ceci, ce prince, puisqu'on attache tant d'importance a rappeler ce titre, etait un prince revolutionnaire, un membre d'une dynastie parvenue, un prince sorti de la revolution, et qui, loin d'etre la negation de cette revolution, en etait l'affirmation. Voila pourquoi nous l'avions nomme. Dans ce condamne politique, il y avait une intelligence; dans ce prince, il y avait un democrate. Nous avons espere en lui.

Nous avons ete trompes dans nos esperances. Ce que nous attendions de l'homme, nous l'avons attendu en vain; tout ce que le prince pouvait faire, il l'a fait, et il continue en demandant la dotation. Tout autre, a sa place, ne le pourrait pas, ne le voudrait pas, ne l'oserait pas. Je suppose le general Changarnier au pouvoir. Il suivrait probablement la meme politique que M. Bonaparte, mais il ne songerait pas a venir vous demander 2 millions a ajouter a 1,200,000 francs, par cette raison fort simple qu'il ne saurait reellement, lui, simple particulier avant son election, que faire d'une pareille liste civile. M. Changarnier n'aurait pas besoin de faire crier *vive l'Empereur!* autour de lui. C'est donc le prince, le prince seul, qui a besoin de 2 millions. Le premier Napoleon lui-meme, dans une position analogue, se contenta de 500,000 francs, et, loin de faire des dettes, il payait tres noblement, avec cette somme, celles de ses generaux.

Arretons ces deplorables tendances; disons par notre vote: Assez! assez!

Qui a rouvert ce debat? Est-ce vous? Est-ce nous? Si ranimer cette discussion, c'est faire acte de mauvais citoyen, comme on vient de le dire, est-ce a nous qu'on peut adresser ce reproche? Non, non! Le mauvais citoyen, s'il y en a un, est ailleurs que dans l'assemblee.

Je termine ici ces quelques observations. Quand la majorite a vote la dotation la premiere fois, elle ne savait pas ce qui etait derriere.

Aujourd'hui vous le savez. La voter alors, c'etait de l'imprudence; la voter aujourd'hui, ce serait de la complicite.

Tenez, messieurs du parti de l'ordre, voulez-vous faire de l'ordre? acceptez la republique. Acceptez-la, acceptons-la tous purement, simplement, loyalement. Plus de princes, plus de dynasties, plus d'ambitions extra-constitutionnelles; je ne veux pas dire: plus de complots, mais je dirai plus de reves. Quand personne ne revera plus, tout le monde se calmera. Croyez-vous que ce soit un bon moyen de rassurer les interets et d'apaiser les esprits que de dire sans cesse tout haut:—Cela ne peut durer; et tout bas:—Preparons autre chose!—Messieurs, finissons-en. Toutes ces allures princieres, ces dotations tristement demandees et facheusement depensees, ces esperances qui vont on ne sait ou, ces aspirations a un lendemain dictatorial et par consequent revolutionnaire, c'est de l'agitation, c'est du desordre. Acceptons la republique. L'ordre, c'est le definitif.

On sait que l'assemblee refusa la dotation.

NOTE 15.

LE MINISTRE BAROCHE ET VICTOR HUGO

Seance du 18 juillet 1851.

Apres le discours du 17 juillet, Louis Bonaparte, stigmatise par Victor Hugo d'un nom que la posterite lui conservera, *Napoleon le Petit*, sentit le besoin de repondre. Son ministre, M. Baroche, se chargea de la reponse. Il ne trouva rien de mieux a opposer a Victor Hugo qu'une citation falsifiee. Victor Hugo monta a la tribune pour repliquer au ministre et retablir les faits et les textes. La droite, encore tout ecumante de ses rages de la veille et redoutant un nouveau discours, lui coupa la parole et ne lui permit pas d'achever. On ne croirait pas a de tels faits, si nous ne mettions sous les yeux du lecteur l'extrait de la seance meme du 18 juillet. Le voici:

M. BAROCHE, *ministre des affaires etrangeres*.—Je voudrais ne pas entrer dans cette partie de la discussion qu'a abordee hier M. Victor Hugo.

Mais l'attaque est si agressive, si injurieuse pour un homme dont je m'honore d'etre le ministre, que je me reprocherais de ne pas la repousser. (*Tres bien! tres bien! a droite.*)

Et d'abord, une observation. La seance d'hier a offert un douloureux contraste avec les seances precedentes. Jusque-la, tous les orateurs, l'honorable general Cavaignac, M. Michel (de Bourges) et meme M. Pascal Duprat, malgre la vivacite de son langage, s'etaient efforces de donner a la discussion un caractere de calme et de dignite qu'elle n'aurait jamais du perdre.

C'est hier seulement qu'un langage tout nouveau, tout personnel....

M. VICTOR HUGO.—Je demande la parole. (*Mouvement.*)

M. BAROCHE.—... est venu jeter l'irritation. Eh bien! puisque l'on nous attaque, il faut bien que nous examinions la valeur de celui qui nous attaque.

C'est le meme homme qui a conquis les suffrages des electeurs de la Seine par des circulaires de ce genre.

(*M. le ministre deroule une feuille de papier et lit:*)

"Deux republiques sont possibles:

L'une abattra le drapeau tricolore sous le drapeau rouge, fera des gros sous avec la colonne, jettera bas la statue de Napoleon et dressera la statue de Marat; detruira l'institut, l'ecole polytechnique et la legion d'honneur; ajoutera a l'auguste devise: *Liberte, Egalite, Fraternite* l'option sinistre: *ou la mort!* fera banqueroute, ruinera les riches sans enrichir les pauvres, aneantira le credit, qui est la fortune de tous, et le travail, qui est le pain de chacun; abolira la propriete et la famille, promenera des tetes sur des piques, remplira les prisons par le soupcon et les videra par le massacre, mettra l'Europe en feu et la civilisation en cendres, fera de la France la patrie des tenebres, egorgera la liberte, etouffera les arts, decapitera la pensee, niera Dieu; remettra en mouvement ces deux machines fatales, qui ne vont pas l'une sans l'autre, la planche aux assignats et la bascule de la guillotine; en un mot, fera froidement ce que les hommes de 93 ont fait ardemment, et, apres l'horrible dans le grand, que nos peres ont vu, nous montrera le monstrueux dans le petit...."

M. VICTOR HUGO, *se levant.*—Lisez tout!

M. BAROCHE *reprend.*—Voila, messieurs, un langage qui contraste singulierement avec celui que vous avez entendu hier....

M. VICTOR HUGO.—Mais lisez donc tout!

M. BAROCHE, *continuant.*—Voila l'homme qui reprochait a cette majorite de ruser comme le renard, pour combattre le lion revolutionnaire. Voila l'homme qui, dans des paroles qu'il a vainement cherche a retracter, accusait la majorite, une partie du moins de cette majorite, de se mettre a plat ventre et d'ecouter si elle n'entendait pas venir le canon russe.

* * * * *

M. VICTOR HUGO, *a la tribune.*—Je declare que M. Baroche n'a articule que d'infames calomnies; qu'il a, malgre mes sommations de tout lire, tronque honteusement une citation. J'ai le droit de lui repondre. (*A gauche: Oui! oui!—A droite: Non! non!*)

A GAUCHE.—Parlez! parlez! (*Bruit prolonge.*)

M. LE PRESIDENT.—Quand un orateur n'est pas mele au debat, et qu'un autre implique sa personne dans la discussion, il peut demander la parole et dire: Pourquoi vous adressez-vous a moi? Mais quand un orateur inscrit a parle a son tour pendant trois heures et demie, et qu'on prononce son nom en lui repondant, il n'y a pas la fait personnel, il ne peut exiger la parole sur cela. (*Rumeurs nombreuses.*)

M. JULES FAVRE.—Je demande la parole.

M. LE PRESIDENT.—La parole appartient a M. Dufaure, je ne puis vous la donner.

M. JULES FAVRE.—J'ai demande la parole pour un rappel au reglement. Je n'ai a faire qu'une simple observation (*Parlez! parlez!*), j'ai le droit d'etre entendu.

L'art. 45 du reglement, qui accorde la parole pour un fait personnel, est un article absolu qui protege l'honneur de tous les membres de l'assemblee. Il n'admet pas la distinction qu'a voulu etablir M. le president; je soutiens que M. Victor Hugo a le droit d'etre entendu.

VOIX NOMBREUSES, *a Victor Hugo.*—Parlez! parlez!

M. VICTOR HUGO.—La reponse que j'ai a faire a M. Baroche porte sur deux points.

Le premier point porte sur un document qui n'a ete lu qu'en partie; l'autre est relatif a un fait qui s'est passe hier dans l'assemblee.

L'assemblee doit remarquer que ce n'a ete que lorsqu'une agression personnelle m'a ete adressee pour la troisieme fois que j'ai enfin exige, comme j'en ai le droit, la parole. (*A gauche: Oui! oui!*)

Messieurs, entre le 15 mai et le 23 juin, dans un moment ou une sorte d'effroi bien justifie saisissait les coeurs les plus profondement devoues a la cause populaire, j'ai adresse a mes concitoyens la declaration que je vais vous lire.

Rappelez-vous que des tentatives anarchiques avaient ete faites contre le suffrage universel, siegeant ici dans toute sa majeste; j'ai toujours combattu toutes les tentatives contre le suffrage universel, et, a l'heure qu'il est, je les repousse encore en combattant cette fatale loi du 31 mai. (*Vifs applaudissements a gauche.*)

Entre le 15 mai et le 23 juin donc, je fis afficher sur les murailles de Paris la declaration suivante adressee aux electeurs, declaration dont M. Baroche a lu la premiere partie, et dont, malgre mon insistance, il n'a pas voulu lire la seconde; je vais la lire.... (*Interruption a droite.*)

VOIX NOMBREUSES A DROITE.—Lisez tout! tout! Lisez-la tout entiere!

UN MEMBRE A DROITE, *avec insistance.*—Tout ou rien! tout ou rien.

M. VICTOR HUGO.—Vous avez deja entendu la premiere partie, elle est presente a tous vos esprits. Du reste rien n'est plus simple; je veux bien relire ce qui a ete lu. Ce n'est que du temps perdu.

M. LEBOEUF.—Nous exigeons tout! tout ou rien!

M. VICTOR HUGO, *a M. Leboeuf.*—Ah! vous pretendez me dicter ce que je dois etre et ce que je dois faire a cette tribune! En ce cas c'est different. Puisque vous exigez, je refuse. (*A gauche: Tres bien! vous avez raison.*) Je lirai seulement ce que M. Baroche a eu l'indignite de ne pas lire. (*Tres bien! Tres bien!*)

(*Un long desordre regne dans l'assemblee; la seance reste interrompue pendant quelques instants.*)

M. VICTOR HUGO.—Je lis donc: "Deux republiques sont possibles...."— M. Baroche a lu ce qui etait relatif a la premiere de ces republiques; dans ma pensee, c'est la republique qu'on pouvait redouter a cette epoque du 15 mai et du 23 juin ... (*Interruption.*) Je reprends la lecture ou M. Baroche l'a laissee.... (*Interruption.*)

A DROITE.—Non! non! tout!

M. LE. PRESIDENT.—La gauche est silencieuse; faites comme elle, ecoutez!

M. VICTOR HUGO.—Ecoutez donc, messieurs, un homme qui, visiblement, et grace a vos violences d'hier (*A gauche: Tres bien! Tres bien!*), peut a peine parler. (*La voix de l'orateur est, en effet, profondement alteree par la fatigue.—Rires a droite.—L'orateur reprend.*)

Le silence serait seulement de la pudeur. (*Murmures a droite.*)

M. MORTIMER-TERNAUX.—C'est le mot de Marat a la Convention.

M. LE PRESIDENT, *a la droite.*—C'est vous qui avez donne la parole a l'orateur; ecoutez-le.

VOIX NOMBREUSES.—Parlez! parlez!

M. VICTOR HUGO, *lisant.*—... "L'autre sera la sainte communion de tous les francais des a present et de tous les peuples un jour dans le principe democratique; fondera la liberte sans usurpations et sans violences, une egalite qui admettra la croissance naturelle de chacun, une fraternite non de moines dans un couvent, mais d'hommes libres; donnera a tous l'enseignement, comme le soleil donne la lumiere, gratuitement; introduira la clemence dans la loi penale et la conciliation dans la loi civile; multipliera les chemins de fer, reboisera une partie du territoire, en defrichera une autre; decuplera la valeur du sol; partira de ce principe qu'il faut que tout homme commence par le travail et finisse par la propriete; assurera, en consequence, la propriete comme la representation du travail accompli, et le travail comme l'element de la propriete future, respectera l'heritage, qui n'est autre chose que la main du pere tendue aux enfants a travers le mur du tombeau; combinera pacifiquement, pour resoudre le glorieux probleme du bien-etre universel, les accroissements continus de l'industrie, de la science, de l'art et de la pensee; poursuivra, sans quitter terre pourtant et sans sortir du possible et du vrai, la realisation serieuse de tous les grands reves des sages; batira le pouvoir sur la meme base que la liberte, c'est-a-dire sur le droit; subordonnera la force a l'intelligence; dissoudra l'emeute et la guerre, ces deux formes de la barbarie; fera de l'ordre la loi du citoyen et de la paix la loi des nations; vivra et rayonnera; grandira la France, conquerra le monde; sera, en un mot, le majestueux embrassement du genre humain sous le regard de Dieu satisfait.

"De ces deux republiques, celle-ci s'appelle la civilisation, celle-la s'appelle la terreur. Je suis pret a devouer ma vie pour etablir l'une et empecher l'autre.

"26 mai 1848.

"VICTOR HUGO."

A GAUCHE EN MASSE.—Bravo! bravo!

M. VICTOR HUGO.—Voila ma profession de foi electorale, et c'est a cause de cette profession de foi—je n'en ai pas fait d'autre—que j'ai ete nomme.

M. A. DE KENDREL aine.—Tous les democrates ont vote contre vous.

(*Bruit.*)

UN MEMBRE.—Qu'en savez-vous?

M. BRIVES.—Il y a bien eu des democrates qui ont vote pour M. Baroche. (*Hilarite.*)

M. VICTOR HUGO.—C'est a cause de cette profession de foi que j'ai ete nomme representant. Cette profession de foi, c'est ma vie entiere, c'est tout ce que j'ai dit, ecrit et fait depuis vingt-cinq ans.

Je defie qui que ce soit de prouver que j'ai manque a une seule des promesses de ce programme. Et voulez-vous que je vous dise qui aurait le droit de m'accuser?.... (*Interruption a droite.*)

Si j'avais accepte l'expedition romaine;

Si j'avais accepte la loi qui confisque l'enseignement et qui l'a donne aux jesuites;

Si j'avais accepte la loi de deportation qui retablit la peine de mort en matiere politique;

Si j'avais accepte la loi contre le suffrage universel, la loi contre la liberte de la presse;

Savez-vous qui aurait eu le droit de me dire: Vous etes un apostat? (*Montrant la droite.*) Ce n'est pas ce cote-ci (*montrant la gauche*); c'est celui-la. (*Sensation.—Tres bien! tres bien!*)

J'ai ete fidele a mon mandat. (*Interruption.*)

A DROITE.—Monsieur le president, c'est un nouveau discours. Ne laissez pas continuer l'orateur.

M. LE PRESIDENT.—Votre explication est complete.

M. VICTOR HUGO.—Non! j'ai a repondre aux calomnies de M. Baroche.

CRIS A DROITE.—L'ordre du jour! Assez! ne le laissez pas achever!

A GAUCHE.—C'est indigne! Parlez!

M. VICTOR HUGO.—Quoi! hier la violence morale, aujourd'hui la violence materielle! (*Tumulte.*)

M. LE PRESIDENT.—Je consulte l'assemblee sur l'ordre du jour. (*La droite se leve en masse.*)

A GAUCHE.—Nous protestons! c'est un scandale odieux!

L'ordre du jour est adopte.

M. VICTOR HUGO.—On accuse et on interdit la defense. Je denonce a l'indignation publique la conduite de la majorite. Il n'y a plus de tribune. Je proteste.

(*L'orateur quitte la tribune.—Agitation prolongee.—Protestation a gauche.*)

NOTE 16.

LE RAPPEL DE LA LOI DU 31 MAI

Reunion Lemardelay.—11 novembre 1851.

Les membres de toutes les nuances de l'opposition republicaine s'etaient reunis, au nombre de plus de deux cents, dans les salons Lemardelay, pour deliberer sur la conduite a tenir a propos de la proposition du rappel de la loi du 31 mai.

Le bureau etait occupe par MM. Michel (de Bourges), Victor Hugo et Rigal.

MM. Schoelcher, Laurent (de l'Ardeche), Bac, Mathieu (de la Drome), Madier de Montjau, Emile de Girardin ont parle les premiers.

La question etait celle-ci: De quelle facon la gauche, unanime sur le fond, devait-elle gouverner cette grave discussion? Convenait-il de proceder, pour le rappel de la loi du 31 mai, comme on avait procede pour la revision de la constitution? les orateurs devaient-ils avoir le champ libre? ou valait-il mieux que l'opposition, gardant dans son ensemble le silence de la force, deferat la parole a un seul de ses orateurs, pour protester simplement et solennellement, au nom du droit et au nom du peuple?

La question de liberte devait-elle primer la question de conduite?

—Oui, dit M. Charras avec chaleur, oui, la liberte, la liberte tout entiere. Laissons le champ libre a la discussion. Savez-vous ce qui est advenu du libre et franc-parler sur la revision? Les discours de Michel (de Bourges) et de Victor Hugo ont porte partout la lumiere. Une question dont les habitants des compagnes, les paysans, n'auraient jamais connu l'enonce, est desormais claire, nette, simple pour eux. Liberte de discussion; en consequence, liberte illimitee. J'en appelle a M. Victor Hugo lui-meme; ne vaut-elle pas mieux que toute precaution? Ne l'a-t-il pas recommandee quand il s'est agi de la revision de la loi fondamentale?

M. Dupont (de Bussac) soutient un avis different:—Agir! n'est-ce pas le mot meme de la situation? Est-ce que la discussion n'est point epuisee? Ne faisons pas de discours, faisons un acte. Pas de menace a la droite; a quoi bon? Dans de telles conjonctures, la vraie menace c'est le silence. Que l'opposition en masse se taise; mais qu'elle fasse expliquer son silence par une voix, par un orateur, et que cet orateur fasse entendre contre la loi du 31 mai, en peu de mots dignes, severes, contenus, non pas la critique d'un seul, mais la protestation de tous. La situation est solennelle; l'attitude de la gauche doit etre solennelle. En presence de ce calme, le peuple applaudira et la majorite reflechira.

Apres MM. Jules Favre et Mathieu (de la Drome), M. Victor Hugo prend la parole.

Il declare qu'il se leve pour appuyer la proposition de M. Dupont (de Bussac). Il ajoute:

"La responsabilite des orateurs dans une telle situation est immense; tout peut etre compromis par un mot, par un incident de seance; il importe de tout dire et de ne rien hasarder. D'un cote, il y a le peuple qu'il faut defendre, et de l'autre l'assemblee qu'il ne faut pas brusquer.

M. Victor Hugo peint a grands traits la situation faite a l'avenir par la loi du 31 mai, et il la resume d'un mot, qui a fait tressaillir l'auditoire.

Depuis que l'histoire existe, dit-il, *c'est la premiere fois que la loi donne rendez-vous a la guerre civile.*

Puis il reprend:

Que devons-nous faire? Dans un discours, dans un seul, resumer tout ce que le silence, tout ce que l'abstention du peuple presagent, annoncent de determine, de resolu, d'inevitable.

Montrer du doigt le spectre de 1852, sans menaces.

Il ne faut pas que la majorite puisse dire: On nous menace,

Il ne faut pas que le peuple puisse dire: On me deserte.

M. Victor Hugo termine ainsi:

Je me resume.

Je pense qu'il est sage, qu'il est politique, qu'il est necessaire qu'un orateur seulement parle en notre nom a tous. Comme l'a fort bien dit M. Dupont (de Bussac), pas de discours, un acte!

Maintenant, quel est l'orateur qui parlera? Prenez qui vous voudrez. Choisissez. Je n'en exclus qu'un seul, c'est moi. Pourquoi? Je vais vous le dire.

La droite, par ses violences, m'a contraint plus d'une fois a des represailles a la tribune qui, dans cette occasion, feraient de moi pour elle un orateur irritant. Or, ce qu'il faut aujourd'hui, ce n'est pas l'orateur qui passionne, c'est l'orateur qui concilie. Eh bien! je le declare en presence de la loi du 31 mai, je ne repondrais pas de moi.

Oui, en voyant reparaitre devant nous cette loi que, pour ma part, j'ai deja hautement fletrie a la tribune, en voyant, si l'abrogation est refusee, se dresser dans un prochain avenir l'inevitable conflit entre la souverainete du peuple et l'autorite du parlement, en voyant s'enteter dans leur oeuvre les hommes funestes qui ont aveuglement prepare pour 1852 je ne sais quelle rencontre a main armee du pays legal et du suffrage universel, je ne sais quel duel de la loi, forme perissable, contre le droit, principe eternel! oui! en presence de la guerre civile possible, en presence du sang pret a couler … je ne repondrais pas de me contenir, je ne repondrais pas de ne point eclater en cris d'indignation et de douleur; je ne repondrais pas de ne point fouler aux pieds toute cette politique coupable, qui se resume dans la date sinistre du 31 mai; je ne repondrais pas de rester calme. Je m'exclus.

La reunion adopte a la presque unanimite la proposition de M. Dupont (de Bussac), appuyee par M. Victor Hugo.

M. Michel (de Bourges) est designe pour parler au nom de la gauche.

Milton Keynes UK
Ingram Content Group UK Ltd.
UKHW011100080324
439029UK00005B/338

9 789357 950633